Berufs- und Erwerbsunfähigkeit

AF829293

Meiner lieben Kollegin Tina,
die mir mit Ihrer netten Art
den Abschied aus Münster
nicht leicht gemacht hat,
mit den besten Wünschen!

Herzlichst Harry

# Schriften zum deutschen und europäischen öffentlichen Recht

Herausgegeben von Steffen Detterbeck

Band 1

PETER LANG

Frankfurt am Main · Berlin · Bern · Bruxelles · New York · Oxford · Wien

Henry Roth

# Berufs- und Erwerbsunfähigkeit

## Renten- und Versorgungsansprüche nach geltendem und reformiertem Recht

PETER LANG
Europäischer Verlag der Wissenschaften

Die Deutsche Bibliothek - CIP-Einheitsaufnahme

Roth, Henry:

Berufs- und Erwerbsunfähigkeit : Renten- und Versorgungsansprüche nach geltendem und reformiertem Recht / Henry Roth. - Frankfurt am Main ; Berlin ; Bern ; Bruxelles ; New York ; Oxford ; Wien : Lang, 2000
(Schriften zum deutschen und europäischen öffentlichen Recht ; Bd. 1)
Zugl.: Marburg, Univ., Diss., 1999
ISBN 3-631-36082-7

Gedruckt auf alterungsbeständigem,
säurefreiem Papier.

D 4
ISSN 1438-4388
ISBN 3-631-36082-7



Printed in Germany 1 2 4 5 6 7

# Vorwort

Diese Arbeit hat im Wintersemester 1999/2000 dem Fachbereich Rechtswissenschaften der Philipps-Universität Marburg als Dissertation vorgelegen.

Ich danke Herrn Professor Dr. Steffen Detterbeck ganz besonders dafür, dass er meine Arbeit nicht nur in rechtlicher Hinsicht, sondern auch mit grosser sozialer Kompetenz begleitet hat. Herr Professor Dr. Detterbeck hat mich stets wohlwollend gefördert.

Herzlich danke ich auch Herrn Professor Dr. Hans-Detlef Horn für die zügige Erstellung des Zweitgutachtens.

Bad Berleburg, im Dezember 1999 — Henry Roth

# Inhaltsverzeichnis

## Abkürzungsverzeichnis

| | |
|---|---|
| a.A | andere Ansicht |
| a.a.O. | am angegebenen Ort |
| Abl. EG | Amtsblatt der Europäischen Gemeinschaften |
| Abs. | Absatz |
| ABV | Arbeitsgemeinschaft berufsständischer Versorgungseinrichtungen |
| a.F. | alte Fassung |
| Anm. | Anmerkung |
| AnVNG | Angestelltenversicherungs-Neuregelungsgesetz |
| Art. | Artikel |
| ArVNG | Arbeiterrentenversicherungs-Neuregelungsgesetz |
| Aufl. | Auflage |
| AVG | Angestelltenversicherungsgesetz |
| BÄO | Bundesärzteordnung |
| BayBG | Bayerisches Beamtengesetz |
| BB | Betriebsberater |
| BBG | Bundesbeamtengesetz |
| Bd. | Band |
| BeamtVG | Gesetz über die Versorgung der Beamten und Richter in Bund und Ländern |
| BGB | Bürgerliches Gesetzbuch |
| BGBl. | Bundesgesetzblatt |
| Begr. | Begründung |
| BfA | Bundesversicherungsanstalt für Angestellte |
| BLV | Verordnung über die Laufbahnen der Bundesbeamten |
| BNotO | Bundesnotarordnung |
| BR-Drucks. | Bundesratsdrucksache |
| BRRG | Rahmengesetz zur Vereinheitlichung des Beamtenrechts |
| BSG | Bundessozialgericht |
| BSGE | Entscheidungen des Bundessozialgerichts |
| BSG SozR | Sozialrecht Rechtsprechung und Schrifttum, bearbeitet von Richtern des Bundessozialgerichts |
| BT-Drucks. | Bundestagsdrucksache |
| BVG | Bundesversorgungsgesetz |

| | |
|---|---|
| BVerfGE | Bundesverfassungsgerichtsentscheidungen |
| BVerwG | Bundesverwaltungsgericht |
| BVerwGE | Bundesverwaltungsgerichtsentscheidungen |
| DAngVers | Die Angestellten-Versicherung |
| DB | Der Betrieb |
| DGB | Deutscher Gewerkschaftsbund |
| Diss. | Dissertation |
| DM | Deutsche Mark |
| DÖD | Der öffentliche Dienst |
| DÖV | Die Öffentliche Verwaltung |
| DRV | Deutsche Rentenversicherung |
| EG | Einführungsgesetz, Europäische Gemeinschaft |
| EG Richtl. | Richtlinie der Europäischen Gemeinschaften |
| Erl. | Erläuterungen |
| EStG | Einkommensteuergesetz |
| EU | Europäische Union |
| EUGH | Gerichtshof der europäischen Gemeinschaften |
| EWG | Europäische Wirtschaftsgemeinschaft |
| FamRZ | Zeitschrift für das gesamte Familienrecht |
| ff. | folgende Seiten |
| Fn. | Fußnote |
| FRG | Fremdrentengesetz |
| GG | Grundgesetz |
| GK-SGB | Gemeinschaftskommentar zum Sozialgesetzbuch |
| GMBl. | Gemeinsames Ministerialblatt |
| GS | Großer Senat |
| GS BSG | Großer Senat des Bundessozialgerichts |
| HBG | Hessisches Beamtengesetz |
| HS | Halbsatz |
| iVm | in Verbindung mit |
| JuS | Juristische Schulung |
| LBG | Beamtengesetz für das Land Nordrhein-Westfalen |
| LSG | Landessozialgericht |
| mwN | mit weiteren Nachweisen |
| NÄV | Nordrheinische Ärzteversorgung |
| NJW | Neue Juristische Wochenschrift |
| NJW-RR | Neue Juristische Wochenschrift Rechtsprechungsreport |
| Nr. | Nummer |
| Nrn. | Nummern |
| NVwZ | Neue Zeitschrift für Verwaltungsrecht |

| | |
|---|---|
| NW | Nordrhein-Westfalen |
| NZA | Neue Zeitschrift für Arbeits- und Sozialrecht |
| NZS | Neue Zeitschrift für Sozialrecht |
| OVG | Oberverwaltungsgericht |
| Rd. | Randnummer |
| RehaAnglG | Gesetz über die Angleichung der Leistungen zur Rehabilitation |
| RGBl. | Reichsgesetzblatt |
| RKG | Reichsknappschaftsgesetz |
| RRG | Rentenreformgesetz |
| RÜG | Rentenüberleitungsgesetz |
| RVO | Reichsversicherungsordnung |
| S. | Seite |
| SG | Sozialgericht |
| SGb | Die Sozialgerichtsbarkeit (Zeitschrift) |
| SGB-AT | Sozialgesetzbuch Allgemeiner Teil |
| SGG | Sozialgerichtsgesetz |
| SozSich | Soziale Sicherheit (Zeitschrift) |
| SPD | Sozialdemokratische Partei Deutschlands |
| SozVers | Die Sozialversicherung (Zeitschrift) |
| StGB | Strafgesetzbuch |
| StPO | Strafprozeßordnung |
| SVG | Soldatenversorgungsgesetz |
| v. | von |
| VDR | Verband deutscher Rentenversicherungsträger |
| VG | Verwaltungsgericht |
| VGH | Verwaltungsgerichtshof |
| vgl. | vergleiche |
| VO | Verordnung |
| VSSR | Vierteljahresschrift für Sozialrecht |
| VwGO | Verwaltungsgerichtsordnung |
| VwVfG | Verwaltungsverfahrensgesetz |
| WFG | Gesetz zur Umsetzung des Programms für mehr Wachstum und Beschäftigung in den Bereichen der Rentenversicherung und Arbeitsförderung |
| z.B. | zum Beispiel |
| ZBR | Zeitschrift für Beamtenrecht |
| ZDG | Zivildienstgesetz |
| ZfS | Zentralblatt für Sozialversicherung, Sozialhilfe und Versorgung |
| ZfgV | Zeitschrift für die gesamte Versicherungs-Wirtschaft |
| ZSR | Zeitschrift für Sozialreform |

# A. Einleitung

Allein in den Rentenversicherungen der Arbeiter und Angestellten betrug die Zahl der eine Berufs- oder Erwerbsunfähigkeitsrente beziehenden Rentenempfänger zum 01. Juli 1996 über 1.809.000[1]. Dabei belief sich in den Bereichen der Arbeiter- und Angestelltenversicherungen im Jahr 1995 der Zuwachs der Berufs- und Erwerbsunfähigen auf mehr als 282.000 Versicherte[2]. Am 01. Juli 1997 bezogen bereits 1.837.000 in der gesetzlichen Rentenversicherung Versicherte Berufs- oder Erwerbsunfähigkeitsrente[3]. Heute zählt die gesetzliche Rentenversicherung über 1.900.000 Renten wegen verminderter Erwerbsfähigkeit[4]. Allein die Bundesversicherungsanstalt für Angestellte hatte deshalb für den Monat März 1999 Zahlungen in Höhe von DM 1.055.485.911,16 zu leisten[5]. Bereits diese Zahlen spiegeln die Bedeutung der Rentengewährung im Invaliditätsfall wider.

Durch diese Zahlen wird aber auch die Leistung der verschiedenen Solidargemeinschaften belegt. Invalidität zählt zu denjenigen Wechselfällen des Lebens, denen der Einzelne ohnmächtig gegenüber steht und denen er aus eigener Kraft grundsätzlich nicht mehr entgegentreten kann. Beurteilt man die Berufs- und Erwerbsunfähigkeit, so kann der Ausgangspunkt der Betrachtung nicht allein die bloße nüchterne juristische Betrachtung sein. Gleichzeitig müssen auch die mannigfaltigen Existenzängste und Nöte des Einzelnen reflektiert werden. Hinter jedem Antrag auf Erwerbs- oder Berufsunfähigkeitsrente steht ein Versicherter, dessen persönliches Schicksal mit den Interessen der Versicherten in Einklang gebracht werden muß[6]. Somit sind auch stets die berechtigten Interessen der jeweiligen Solidargemeinschaft zu beachten. Es gilt damit bei der Gewährung von Erwerbs- oder Berufsunfähigkeitsrente den individuellen Bedürfnissen und Existenznöten des Einzelnen gerecht zu werden und gleichzeitig sicherzustellen, daß keine Leistungen zu Lasten der Versichertengemeinschaft zu Unrecht ausgezahlt werden. Die Gewährung der Erwerbs- oder Berufsunfähigkeitsrente steht somit

1 Vgl. Statistisches Jahrbuch für die Bundesrepublik Deutschland, 1997, S. 471.
2 Statistisches Jahrbuch für die Bundesrepublik Deutschland, 1997, S. 469.
3 Vgl. Statistisches Jahrbuch für die Bundesrepublik Deutschland, 1998, S. 455.
4 Genzke, Jürgen, DAngVers 1999, 163 (166, 169).
5 Vgl. die Statistik in: DAngVers 1999, 194.
6 Bialas/Jung, in: Berufsunfähigkeit in der berufsständischen Versorgung, 1995, S. VII.

von Anfang an in einem besonderen Spannungsfeld[7]. In der Praxis des Sozialrechts wird kaum ein Thema so häufig diskutiert wie der Berufsunfähigkeitsfall[8]. Es überrascht daher nicht, daß etwa die Hälfte aller Klagen wegen Rentenangelegenheiten die Erwerbs- und Berufsunfähigkeit betrifft[9].

Zusammenfassend ist damit festzustellen, daß der Gewährung von Erwerbs- und Berufsunfähigkeitsrenten nicht nur eine große rechtspraktische Bedeutung zukommt. Die Entscheidung, ob eine solche Rente gewährt wird oder nicht, hat auch für den Betroffenen eine solche Bedeutung, die sich nicht selten bis auf die grundsätzlichen Fragen der Existenz des Einzelnen auswirkt.

Vor diesem Hintergrund gilt es, den rechtlichen Rahmen, in dem Berufs- oder Erwerbsunfähigkeitsrente gewährt wird, umfassend aufzuzeigen und unter Berücksichtigung der Auswirkungen für den Invaliden und die Solidargemeinschaft kritisch zu hinterfragen. Dabei kommt aber letztendlich nicht nur der Frage, ob eine Rente zu gewähren ist, Bedeutung zu. Auch das Verfahren unterliegt mannigfaltigen besonderen Regelungen, die zahlreiche Fragen aufwerfen.

---

7 Vgl. Kuhberg, in: Berufsunfähigkeit in der berufsständischen Versorgung, 1995, S. 1.

8 Vgl. Kuhberg, in: Berufsunfähigkeit in der berufsständischen Versorgung, Köln, 1995, S. 1.

9 Tennstedt, Berufsunfähigkeit im Sozialrecht, 1972, S. 9 und S. 128f. m.w.N.

# B. Geschichtliche Einordnung

## I. Ausgangspunkt

### *1. Die geschichtliche Bedeutung für das heutige Verständnis der Erwerbs- und Berufsunfähigkeitsrenten*

Ausgangspunkt für die Einordnung der Berufs- und Erwerbsunfähigkeitsrente im öffentlichen Recht ist ihre geschichtliche Bedeutung. Sie wirkt in dem heutigen Verständnis der Berufs- und Erwerbsunfähigkeitsrente fort[10]. Aus diesem Grunde ist es nicht erstaunlich, daß auch heute noch in der höchstrichterlichen Rechtsprechung eine intensive Auseinandersetzung mit den Entscheidungen des Reichsversicherungsamtes für nützlich erachtet wird[11]. Eine kritische Erörterung mit den geschichtlichen Ursprüngen der Rentengewährung bei fehlender oder geminderter Arbeitsfähigkeit ist somit unerläßlich.

### *2. Allgemeine Lage zu Beginn des 19. Jahrhunderts*

In Deutschland konnte eine Sozialverwaltung als Teil staatlicher Exekutive erstmals entstehen, als das geographische Gebilde Deutschland sich in der Reformzeit zu Beginn des 19. Jahrhunderts politisch in moderne Zentralstaaten organisiert hatte[12]. Während dieses Zeitraumes stellte sich gerade für die industrielle Arbeitnehmerschaft die Frage nach den Möglichkeiten der Solidarhaftung einer Gemeinschaft für die widrigen Wechselfälle des Lebens völlig neu. Der aus unzureichender Bereitstellung an Arbeitsplätzen in den neuen Industrien, aus einem starken Überbevölkerungsdruck und aus einer Übersättigungskrise im Handwerk und im Heimgewerbe resultierende Pauperismus schuf insbesondere in der gewerblichen Arbeiterschaft ebenso wie unter den noch im Handwerk selbständig Tätigen ein solches Maß an wirtschaftlicher Verelendung, wie es die bisherigen Träger der Solidarhaftung kaum in Zeiten krisenhafter Zuspitzung gekannt hat-

10 Vgl. BSGE 30, 167 (172ff.).
11 Tennstedt, Berufsunfähigkeit im Sozialrecht, 1972, S. 21.
12 Henning, in: Deutsche Verwaltungsgeschichte, Band 3: Das Deutsche Reich bis Ende der Monarchie, 1984, S. 276.

ten[13]. Bisher hatte ein durch unvorhersehbare Ereignisse in wirtschaftliche Bedrängnis geratenes Mitglied auf den Schutz der Gemeinschaft rechnen können, der es angehörte: seien es die Berufsgenossen, die Familie, das Dorf oder die Stadt; seien es nicht oder nur ad hoc institutionalisierte oder organisierte Hilfsformen[14]. Nunmehr traten aber – durch die industrielle Revolution hervorgerufen – wirtschaftliche und gesellschaftliche Veränderungen ein, die es in erster Linie der lohnabhängigen Industriearbeitnehmerschaft unmöglich machten, eine Selbstversorgung für die Risiken Krankheit, Invalidität, Alter und Tod zu gewährleisten[15].

## II. Die Entwicklung im einzelnen

### *1. Die Arbeiterrentenversicherung*

In Deutschland stellte sich der Staat schon frühzeitig den durch die Industrialisierung entstandenen sozialen Aufgaben. Von den zahlreichen Initiativen zur Lösung der sozialen Fragen sowie zur Integration der wachsenden industriellen Arbeiterschaft in Staat und Gesellschaft war die langfristig bedeutsamste Maßnahme die Sozialversicherungsgesetzgebung. Reichskanzler Bismarck setzte trotz zahlreicher Modifikationen im Wege einer Sozialreform die Schaffung einer für die damalige Zeit weitgehenden Sozialversicherung durch[16]. Durch die neuen sozialen Sicherheitskonzepte sollte auch der Einzelne an den Staat gebunden werden, so daß die Integrationswirkung dieser Maßnahmen nicht übersehen werden darf[17]. Damit sollte die von Bismarck geschaffene Sozialreform nicht nur die von

13 Henning, in: Deutsche Verwaltungsgeschichte, Bd. 3, 1984, S. 277.

14 Henning, in: Deutsche Verwaltungsgeschichte, Bd. 3, 1984, S. 276.

15 Boecken, Die Pflichtaltersversorgung der verkammerten freien Berufe und der Bundesgesetzgeber, 1986, S. 40.

16 Ploetz, Hauptdaten der Weltgeschichte, 1950, S. 149.

17 Rede Otto von Bismarcks vom 18. Mai 1889: „Ich habe lange genug in Frankreich gelebt, um zu wissen, daß die Anhänglichkeit der meisten Franzosen an die Regierung ... wesentlich damit in Verbindung steht, daß die meisten Franzosen Rentenempfänger vom Staate sind ... Die Leute sagen: Wenn der Staat zu Schaden geht, dann verliere ich meine Rente; und wenn es 40 Franken im Jahr sind, so mag er sie nicht verlieren, und er hat Interesse für den Staat ... Wenn wir 700.000 kleine Rentner, die vom Reiche ihre Rente beziehen, haben, gerade in diesen Klassen, die sonst nicht viel zu verlieren haben und bei einer Veränderung irrtümlich glauben, daß sie viel gewinnen können, so halte ich das für einen außerordentlichen Vorteil; wenn sie auch nur 125 bis 200 Mark zu verlieren haben, so erhält sie doch das Metall in ihrer Schwimmkraft; es mag noch so gering sein, es hält sie

den Sozialdemokraten vorangetriebene soziale Revolution auffangen. Die Sozialgesetzgebung stellte sich auch als positives Korrelat des Sozialistengesetzes dar, um der Arbeiterschaft zu demonstrieren, daß es keiner sozialistischen Partei bedürfe, sondern daß sich der Staat ihrer als guter Hausvater annehme[18].

Das Krankenversicherungsgesetz von 1883[19], das Unfallversicherungsgesetz von 1884[20] und nicht zuletzt die Schaffung der Arbeiterrentenversicherung durch das Invaliditäts- und Altersversicherungsgesetz von 1889[21] wurden dabei zur Basis des modernen Wohlfahrtsstaates.

Obgleich die gesetzliche Rentenversicherung erst nach der Krankenversicherung und der Unfallversicherung als letzter der drei Zweige der Bismarckschen Sozialversicherung verwirklicht wurde, war deren überragende Bedeutung schon vor Beginn der Sozialgesetzgebung erkannt worden. In der von Reichskanzler Bismarck vorgetragenen Thronrede Kaiser Wilhelms des I. anläßlich der Eröffnung des Reichstages am 17. November 1881 heißt es unter anderem[22]: „Aber auch diejenigen, welche durch Alter oder Invalidität erwerbsunfähig werden, haben der Gesamtheit gegenüber einen begründeten Anspruch auf ein höheres Maß staatlicher Fürsorge, als ihnen bisher hat zu Theil werden können". Die kaiserliche Botschaft ist dabei nicht etwa identisch mit dem Beginn der Sozialgesetzgebung Bismarcks, sondern sollte vielmehr in einer Situation, in der das erste Gesetzesvorhaben in dieser Richtung – nämlich ein Unfallversicherungsgesetz – zunächst gescheitert war, der Sozialgesetzgebung durch Inanspruchnahme der kaiserlichen Autorität neue Impulse geben[23]. Damit erkannte der Staat schon frühzeitig die Notwendigkeit der Lösung der durch die Industrialisierung besonders die Arbeiterschaft treffenden Probleme im Hinblick auf die Berufsunfähigkeit. Der Staat zog diese Aufgaben auch im Rahmen der Daseinsvorsorge zur sozialen Befriedung und zu Ordnungszwecken an sich[24].

Dabei kannte die Arbeiterversicherung allerdings zunächst nur den Begriff der Erwerbsunfähigkeit, so daß nur Erwerbsunfähigkeitsrente im Rahmen der Invalidenversicherung gewährt wurde[25]. Dem Invalidenbegriff selbst lag die

---

aufrecht. Auch „den gemeinen Mann" sollte es gelehrt werden, „das Reich als eine wohltätige Institution anzusehen".

18 Pohl, in: Deutsche Verwaltungsgeschichte, Band 3, Das Deutsche Reich bis zum Ende der Monarchie, 1984, S. 56.

19 RGBl 1883, No. 9, S. 73ff.

20 RGBl 1884, No. 19, S. 69ff.

21 RGBl 1889, No. 13, S. 97ff.

22 Verhandlungen des Reichstages, Stenographische Berichte 5 / I / Bd.1 S.1.

23 Vgl. Nitsche, Die Geschichte des Leistungs- und Beitragsrechts der gesetzlichen Rentenversicherung von 1889 bis zum Beginn der Rentenreform, 1986, S. 3.

24 Henning, in: Deutsche Verwaltungsgeschichte, Band 3, 1984, S. 277/278.

25 Tennstedt, Berufsunfähigkeit im Sozialrecht, 1972, S. 25.

Dienstuntüchtigkeit zugrunde[26]. Damit knüpfte die Arbeiterrentenversicherung bereits begrifflich an eine eigenständige Terminologie an. Diese eigenständige Terminologie ermöglichte im weiteren auch eine eigenständige Entwicklung in der Sache selbst.

### *2. Die Knappschaften als historische Vorläufer*

Im Rahmen der Sozialversicherungsgesetzgebung konnte bereits auf das Beispiel der Knappschaften zurückgegriffen werden, so daß die staatliche Verwaltung den neuen Aufgaben nicht ganz ohne Erfahrung gegenüber stand[27].

Im Bereich der Montangewerbe bestanden in den verschiedenen Bergbauregionen bereits seit Jahrhunderten selbständige Vorsorgeeinrichtungen, die bei Unfällen, Krankheit, Invalidität sowie in Sterbefällen die wirtschaftliche Not der Bergleute zu lindern versuchten. Soziale Absicherung bei Arbeits- und Erwerbsunfähigkeit wurde damit erstmals durch die Knappschaften gewährt. Diese ersten Versorgungseinrichtungen wurden zunächst allein durch Beiträge von Arbeitnehmern und Arbeitgebern getragen.

Der preußische Staat des Absolutismus versuchte jedoch schon bald diese zunächst genossenschaftlich organisierten Versorgungseinrichtungen in die Funktion einer staatlichen Behörde zu drängen. Beispielsweise durch die Ausführungsverordnung vom 16. Mai 1767 zur revidierten Cleve-Märkischen Bergordnung von 1766 wurde die Verwaltung der Knappschaftskassen so organisiert, daß nicht einmal Anklänge an die bis dahin übliche Selbstverwaltung übrig blieben; obwohl der Staat auch weiterhin an der Aufbringung des Unterstützungsfonds nicht beteiligt war, entschied allein das Bergamt als ausführendes Organ über die Bewilligung von Unterstützungsleistungen, während der Knappschaft selbst nur eine beratende Funktion zukam[28]. Auch in anderen Regionen wurde der Einfluß des Staates immer weiter vorangetrieben[29]. Damit gewann der staatliche Dirigismus auch im sozialen Bereich immer mehr an Boden.

Unter dem Einfluß der Aufklärung im ausgehenden achtzehnten Jahrhundert kam es jedoch dazu, daß gerade den durch staatliche Entscheidung eingesetzten Knappschaftsältesten kein Vertrauen entgegengebracht wurde. Die Aufklärung

---

26 Zu Beginn des 19. Jahrhunderts wurde aus dem Französischen der Begriff „Invalide“ ins Deutsche übertragen, wobei der Begriff zunächst nur für dienstuntüchtig gewordene Soldaten gebraucht wurde.

27 Henning, in: Deutsche Verwaltungsgeschichte, Band 3, 1984, S. 278.

28 Vgl. Henning, in: Deutsche Verwaltungsgeschichte, Band 3, 1984, S. 278.

29 Vgl. Bergordnungen für Schlesien von 1769 und für Magdeburg-Halberstadt von 1772.

bewirkte nicht nur ein Vordringen von Toleranz, Kritikfähigkeit und -möglichkeit sowie Vernunft gegenüber dogmatischen, behördlichen und staatlichen Autoritäten; sie führte letztendlich auch zum aufgeklärten Absolutismus, das heißt einer Bindung der staatlichen Exekutive an Gesetze.

Zwar befaßte sich der Staat im Rahmen der Knappschaftsverwaltung erstmals umfassend mit den sozialen Risiken einer Branche. Andererseits war eine Mitbestimmung und Einflußnahme der Betroffenen jedoch weitgehend ausgeschlossen. Da die Leistungen aber allein von den Branchenangehörigen aufgebracht wurden, konnte eine wirksame, vom breiten Vertrauen der Beteiligten getragene Verwaltung letztendlich nicht ohne Mitwirken und Einfluß der Mitglieder der Versorgungseinrichtung organisiert werden.

Vor diesem Hintergrund schlug Freiherr vom Stein, der später auch die Reform des preußischen Staates vorantrieb[30], vor, wieder zur – wenn auch indirekten – Wahl der Knappschaftsältesten zurückzukehren.

Eine weitere Verselbständigung und Loslösung vom Staat erfuhren die Knappschaften mit der Neuorganisation durch das Gesetz vom 10. April 1854[31]. Durch diese Neuregelung wurden die Knappschaften in die privatrechtliche Organisationsform des Vereins umgewandelt. Gleichwohl wurden Zwangsmitgliedschaft und der staatliche Einfluß der Bergverwaltung weitgehend beibehalten. Erst durch Gesetz vom 10. Juni 1861[32] wurde der staatliche Einfluß zur bloßen Rechtsaufsicht abgeschwächt[33]. Damit kann im Hinblick auf die Knappschaften von einer Loslösung vom Staat und einem – wenn auch zögerlichem – Übergang in die Selbstverwaltung gesprochen werden[34]. Die Funktion und Effizienz der Knappschaften als (wieder) selbständige Versorgungseinrichtungen innerhalb eines staatsfreien Raumes beruht damit letztendlich auf zugestandenem, von der Staatsgewalt abgeleitetem Recht[35].

---

30 Die Reform des preußischen Staates unter dem maßgeblichen Einfluß Steins und von Hardenbergs führte zur Aufhebung der Erbuntertänigkeit, Schaffung von Gewerbefreiheit und Hinführung zu religiöser Toleranz.

31 GS 1854, S. 139ff.

32 GS 1861, S. 425ff.

33 Henning, in: Deutsche Verwaltungsgeschichte, Band 3, 1984, S. 281.

34 Henning, in: Deutsche Verwaltungsgeschichte, Band 3, 1984, S. 280.

35 Vgl. Steffen, Selbstverwaltung in der Sozialversicherung, 1973, S. 16.

### *3. Die Angestelltenversicherung*

#### *a. Der sozialgeschichtliche Hintergrund zur Schaffung einer eigenständigen Regelung für Angestellte*

Eine soziale Absicherung bei teilweisem oder vollständigem Wegfall der Erwerbsmöglichkeit wurde Angestellten bereits durch das Invalidenversicherungsgesetz und die Reichsversicherungsordnung[36] in der Fassung vom 19. Juli 1911 gewährt. Nach Maßgabe dieser Gesetze unterlagen der Versicherungspflicht nicht nur Arbeiter, sondern auch Angestellte, wenn ihr regelmäßiger Jahresarbeitsverdienst eine Höchstgrenze von 2000 Mark nicht überstieg[37]. Sofern der regelmäßige Jahresverdienst eines Angestellten mehr als 2000 Mark, nicht aber mehr als 3000 Mark betrug, wurde dem Einzelnen ein Wahlrecht eingeräumt, freiwillig in die Versicherung einzutreten, wenn er das 40. Lebensjahr noch nicht vollendet hatte[38]. Durch diese Rechtslage in Verbindung mit den tatsächlichen Einkommensverhältnissen wurde der größte Teil der Angestellten von der Invalidenversicherung erfaßt[39].

Gleichwohl wurde aber insbesondere von den Angestelltenverbänden[40] die Schaffung einer eigenständigen Angestelltenversicherung gefordert. Dem Angestellten sollte gegenüber dem Arbeiter eine Sonderstellung zukommen[41].

Hintergrund für diese Forderung war, daß den Angestellten gegenüber den Arbeitern nicht nur eine wesentlich stärkere wirtschaftliche, sondern auch eine wesentlich stärkere gesellschaftliche Stellung zukam[42]. Dem standen aber im Fall der teilweisen oder vollständigen Erwerbsunfähigkeit nur die niedrigen Leistungen der Invalidenversicherung gegenüber, so daß mit dem Eintritt der Invalidität

---

36 RGBl 1911, No. 42, S. 509ff.

37 Vgl. § 1 AVG und § 1226 RVO a.F.

38 Vgl. § 14 AVG, § 1243 RVO a.F.

39 Tennstedt, Berufsunfähigkeit im Sozialrecht, 1972, S. 49.

40 Zwar gab es eine Vielzahl von Angestelltenverbänden, die jeweils unterschiedliche Ansatzpunkte vertraten. Gegensätze bestanden insbesondere zwischen den arbeitgeberloyalen und den oppositionell gewerkschaftlichen beziehungsweise den arbeiterfreundlichen Vereinen. Die damit unterschiedliche Ausprägung der Distanzierung zur Arbeiterschaft läßt aber die Tatsache unberührt, daß eine ganz ausgeprägte Mehrheit der Angestellten für die Schaffung einer eigenständigen, privilegierenden Angestelltenversicherung war, vgl. hierzu die ausführliche Darstellung bei Tennstedt, Berufsunfähigkeit im Sozialrecht, Frankfurt a.M., 1972, S. 53ff.

41 Nach Auffassung von Walter Kuschel sollten damit letztendlich Versicherte erster und zweiter Klasse geschaffen werden, vgl Kuschel, ZfgV 1917, 538 (543).

42 Vgl. Tennstedt, Berufsunfähigkeit im Sozialrecht, 1972, S. 51 m.w.N.

regelmäßig auch der soziale Abstieg einherging. Die Angestellten befanden damit die Leistungen des Invalidengesetzes als äußerst unzureichend und unpassend[43], so daß trotz grundsätzlich bestehender Absicherung die Schaffung einer eigenständigen Regelung für Angestellte vorangetrieben wurde. Diese Situation bildete die Ausgangslage für das Entstehen einer einheitlichen Angestelltenbewegung, deren nachhaltigster Erfolg eine besondere Versicherung für Angestellte wurde[44].

Zwar wurde diesem Bestreben zunächst erhebliche Kritik entgegengebracht. So betonte das Reichsamt des Innern unüberschaubare finanzielle Schwierigkeiten für die Versicherungsträger und große Nachteile für die übrigen Pflichtversicherten[45]. Zudem gab es drängendere soziale Probleme, wie beispielsweise die Fürsorge für nicht im Erwerbsleben stehende Frauen und Mütter sowie für Kinder und Säuglinge[46]. Gleichwohl wurde aber die Schaffung einer günstigen Sonderregelung – auch von hoheitlicher Seite – vorangetrieben, um letztendlich einem Stand zur Hilfe zu kommen, den man als besonders staatstreu ansah und dessen Zufriedenheit man sich auch weiterhin zu erhalten hoffte[47].

*b. Die wesentliche Ausgestaltung*

Vordringliches Ziel der Schaffung einer eigenständigen sozialen Absicherung war der Schutz vor dem sozialen Abstieg des Einzelnen bei Eintritt teilweiser oder vollständiger Erwerbsminderung. Diesem Ziel mußte das Versicherungsgesetz für Angestellte[48] genügen.

§ 25 VfA schrieb fest, daß derjenige Versicherte Ruhegeld erhält, welcher das Alter von 65 Jahren vollendet hat oder durch körperliche Gebrechen oder wegen Schwäche seiner körperlichen und geistigen Kräfte zur Ausübung seines Berufes dauernd unfähig ist. Berufsunfähigkeit war nach dieser Regelung dann anzunehmen, wenn die Arbeitsfähigkeit auf weniger als die Hälfte derjenigen eines körperlich und geistig gesunden Versicherten von ähnlicher Ausbildung und gleichwertigen Kenntnissen und Fähigkeiten herabgesunken war.

Die durch das Versicherungsgesetz für Angestellte mithin erstmals erwähnte und gesetzlich normierte Berufsunfähigkeit privilegierte die Angestellten gegenüber der Regelung des Invalidenversicherungsgesetzes – entsprechend der Inten-

---

43 Tennstedt, Berufsunfähigkeit im Sozialrecht, 1972, S. 50.

44 Tennstedt, Berufsunfähigkeit im Sozialrecht, 1972, S. 52.

45 RT Drucksache, 12. Legislaturperiode, I Session 1907/09 Nr. 986, S. 9.

46 Vgl. Tennstedt, Berufsunfähigkeit im Sozialrecht, 1972, S. 59 m.w.N.

47 Vgl. Tennstedt, Berufsunfähigkeit im Sozialrecht, 1972, S. 60 m.w.N.

48 RGBl 1911, 989. Nach der „großen Novelle“ vom 10. November 1922 (RGBl I, 849) wurde das Gesetz durch Bekanntmachung vom 28. Mai 1924 (RGBL I, 563) neu gefaßt und hieß ab 1. Juli 1924 Angestelltenversicherungsgesetz.

tion des Gesetzgebers – ganz erheblich. Quantitativ unterschieden sich beide dadurch, daß Invalidität nach dem Invalidenversicherungsgesetz erst bei mehr als zwei Drittel Verminderung der Arbeitskraft, Berufsunfähigkeit nach dem Versicherungsgesetz für Angestellte aber schon bei der Hälfte der Verminderung der Arbeitskraft gegeben war. Qualitativ unterschieden sie sich dadurch, daß bei der Invalidenversicherung der Kreis der Verweisungstätigkeiten, das heißt der Tätigkeiten, auf die der Invalide aufgrund seines Restleistungsvermögens noch verwiesen werden konnte, den gesamten allgemeinen Arbeitsmarkt umschloß, während in der Angestelltenversicherung die Verweisbarkeit ungleich stärker eingeschränkt war[49].

Zusammenfassend bleibt damit im Hinblick auf die Schaffung einer eigenständigen sozialen Absicherung festzuhalten, daß insbesondere aus politischen Motiven und politischem Zwang eine Sonderregelung für Angestellte geschaffen wurde, die diese Gruppe bewußt nicht nur am Rande privilegierte und damit die Trennung der Sicherungssysteme zwischen Arbeitern und Angestellten begründete.

### *4. Die Beamtenversorgung*

In die gesetzliche Rentenversicherung wurden Beamte nicht einbezogen. Die Beamtenversorgung einerseits und die Rentenversicherung andererseits waren und sind in den Anspruchsvoraussetzungen, den möglichen Leistungen und in ihrer Ausgestaltung nur zum Teil übereinstimmend. Dies ist eine Folge der unterschiedlichen geschichtlichen Ausgangslage und Zielsetzung[50].

Zunächst kannte auch das Beamtenrecht keine Fürsorge für die widrigen Wechselfälle des Lebens, so daß auch in diesem Bereich eine Absicherung für den Fall der Berufs- und Erwerbsunfähigkeit fehlte. Während im späten Mittelalter und zum Teil auch noch im 16. Jahrhundert die Beamten jeweils nur befristete Dienstverträge erhielten, setzte sich mit dem Beginn der frühen Neuzeit allmählich, im 17. Jahrhundert allgemein die unbefristete Anstellung durch[51].

Mit dem Wegfall der Befristung ging jedoch keinesfalls die Gewährleistung einer umfassenden Alters- und Invaliditätssicherung einher. Vielmehr schieden die meisten Beamten grundsätzlich -sofern ihr Dienstverhältnis nicht durch Tod

---

49 Dersch, Das neue Angestelltenversicherungsgesetz nebst allen Ausführungsbestimmungen, 3. Auflage, 1926, Anm. 6 zu § 30 AVG (= S. 333).

50 Bauer, in: Stegmüller/Schmalhofer/Bauer, Beamtenversorgungsgesetz, Loseblattsammlung, Hauptband I, Stand März 1999, § 1 Anm. 4.

51 Willoweit, in: Deutsche Verwaltungsgeschichte, Band 1: Vom Spätmittelalter bis zum Ende des Reiches, 1983, IV. Kapitel, § 3, S. 357.

endete- mit eintretender Altersschwäche aus dem Dienst[52]. Ein Versorgungsanspruch zur sozialen Absicherung fehlte[53].

Mit Beginn der Neuzeit setzte allerdings die Übung ein, alt und arbeitsunfähig gewordene Beamte durch die Zahlung bescheidener „Gnadengelder" zu unterstützen[54]. Eine durchgängige soziale Absicherung der Beamtenschaft bildete sich erst mit dem 18. Jahrhundert heraus[55]. Beispielgebend war die Königlich Bayerische Haupt-Landes-Pragmatik über die Dienstverhältnisse der Staatsdiener von 1805 mit ihren Grundsätzen des Ruhegehalts (Standesgehalt) sowie der Witwen- und Waisenpension als Verpflichtung des Staates[56].

Heute wird die Versorgung der Beamten durch das Alimentationsprinzip gewährleistet. Das Alimentationsprinzip zählt in unserer Zeit zu den hergebrachten Grundsätzen des Berufsbeamtentums, die durch Art. 33 Abs. 5 GG geschützt werden. Dieser grundrechtsähnliche Anspruch[57] gewährleistet den einzelnen Beamten einen stets angemessenen Lebensunterhalt[58]. Das Beamtenverhältnis wird regelmäßig auf Lebenszeit begründet. Dementsprechend muß auch die Versorgung des Beamten lebenslänglich sein und damit eine umfassende soziale Absicherung garantieren, die in allen Lebenslagen eine hinreichende Absicherung gewährleistet. Die daraus folgende Ungleichbehandlung von Beamten einerseits und von rentenversicherten Arbeitnehmern andererseits ist im Hinblick auf die Eigenständigkeit der versorgungsrechtlichen Rechtssysteme nicht zu beanstanden[59]. Die Zugehörigkeit zu unterschiedlichen Versorgungssystemen rechtfertigt auch unterschiedliche Regelungen[60].

Eine einheitliche Regelung der Beamtenversorgung wurde erst durch das Beamtenversorgungsgesetz vom 1. Januar 1977 geschaffen. Bis dahin war die Versorgung in unterschiedlichen Gesetzen geregelt. Die einheitliche Regelung

52 Press, Calvinismus und Territorialstaat, 1970, S. 157f.

53 Vgl. Willoweit, in: Deutsche Verwaltungsgeschichte, Band 1, 1983, § 3, S. 357/358.

54 Willoweit, in: Deutsche Verwaltungsgeschichte, Band 1, 1983, S. 358 mwN.

55 Vgl. Willoweit, in: Deutsche Verwaltungsgeschichte, Band 1, 1983, S. 359.

56 Conce, in: Deutsche Verwaltungsgeschichte, Band 2: Vom Reichsdeputationshauptbeschluß bis zur Auflösung des Deutschen Bundes, 1983, I. Kapitel, § 2, S. 38 mwN.

57 BVerfGE 12, 81 (87).

58 Zu beachten ist jedoch, daß der Gesetzgebung ein Gestaltungsspielraum belassen ist; dies folgt schon aus dem – vielfach einer Konkretisierung bedürfenden – Grundsatzcharakter. Insbesondere bei der Festsetzung der oberen und unteren Grenzen des angemessenen Lebensunterhalts besteht ein weiter Beurteilungsspielraum des Gesetzgebers, vgl. BVerfGE 8, 1 (22f.).

59 BVerwG, NVwZ 1992, 986 (987).

60 Bauer, in: Stegmüller/Schmalhofer/Bauer, Beamtenversorgungsgesetz, Stand März 1999, § 1 Anm. 4.

konnte erst auf Grund der Regelung des Art. 74 a GG geschehen, durch die dem Bundesgesetzgeber im Jahr 1971 die konkurrierende Gesetzgebungskompetenz für den Bereich der Besoldung und Versorgung im öffentlichen Dienst eingeräumt wurde.

### *5. Die berufsständische Versorgung*

#### *a. Geschichtliche Entwicklung seit Beginn des 19. Jahrhunderts*

Anders als in der gesetzlichen Rentenversicherung, in der schon sehr früh die sogenannten arbeitnehmerähnlichen Personen pflichtversichert wurden[61], verlief die Entwicklung im Hinblick auf die verkammerten freien Berufe. Während die durch die industrielle Revolution im 19. Jahrhundert hervorgerufenen wirtschaftlichen und gesellschaftlichen Veränderungen für die lohnabhängige Industriearbeiterschaft eine soziale Absicherung für die widrigen Wechselfälle des Lebens – wie beispielsweise Krankheit, Alter und Tod – unmöglich gemacht hatten[62], stellte sich die Lage für die Angehörigen der freien Berufsgruppen wesentlich günstiger dar. Zum einen stammten die Freiberufler regelmäßig aus dem Besitzbürgertum, was oftmals Sicherheit durch Grundbesitz, Rendite aus Häusern sowie anderen Kapitalanlagen bedeutete[63]; zum anderen war die Zahl der Berufsangehörigen zunächst verhältnismäßig klein, so daß der Konkurrenzkampf untereinander nicht gravierend war.

Schließlich trugen eine günstige Wirtschaftsentwicklung für die freien Berufe sowie die Stabilität des Geldwertes dazu bei, daß als Vorsorge für Invalidität und Alter Vermögen angesammelt oder eine Privatversicherung abgeschlossen werden konnte[64]. Damit erlaubte die starke wirtschaftliche Stellung der Angehörigen der freien Berufe, eine selbstverantwortliche Alters- und Invalidenvorsorge zu betreiben.

Zu einem erheblichen Einschnitt kam es erstmals mit der auf den ersten Weltkrieg folgenden Inflation. Die Inflation bewirkte, daß gerade die Angehörigen der freien Berufe als Sparer und Vorsorgeversicherte ihres Vermögens und damit auch ihrer sozialen Absicherung verlustig gingen[65]. Diese unvorhergesehene

---

61 Vgl. Boecken, in: Berufsunfähigkeit in der berufsständischen Versorgung, 1995, S. 35; Fürstenberg, Die Alterssicherung der freien Berufe, Diss., 1961, S. 10.

62 Vgl. oben B I 2.

63 Fürstenberg, Die Alterssicherung der freien Berufs, Diss, 1961, S. 30.

64 Boecken, in: Berufsunfähigkeit in der berufsständischen Versorgung, 1995, S. 40.

65 Vgl. Boecken, in: Berufsunfähigkeit in der berufsständischen Versorgung, 1995, S. 41 m.w.N.

Entwicklung, mit der in zahlreichen Fällen eine unmittelbare Existenznot des Einzelnen einherging, führte im Jahr 1923 zur Gründung der Bayerischen Ärzteversorgung für Ärzte, Zahnärzte und Tierärzte als erstes öffentlich-rechtlich organisiertes berufsständisches Versorgungswerk[66]. Bis zu Beginn des Zweiten Weltkrieges folgte im Jahre 1925 die Gründung der Bayerischen Apothekerversorgung[67]. Während des Zweiten Weltkrieges kam es – hervorgerufen durch Preisstops und Rationierung – erneut auch auf dem Gebiet der freiberuflich Tätigen zu wirtschaftlichen Engpässen, die durch die nach Beendigung des Krieges einsetzende Inflation bis zur Währungsreform im Jahr 1948 noch verstärkt wurden[68].

Nach Beendigung des Zweiten Weltkrieges kam eine bis dahin nicht existierende Konkurrenzlage der Freiberufler hinzu. Zudem war der Zugang zu den freien Berufen nunmehr neben dem wohlhabenden Besitzbürgertum auch anderen Gruppen tatsächlich eröffnet. Damit stand aber nicht mehr von vornherein fest, daß der Einzelne gerade im Fall der Erwerbs- und Berufsunfähigkeit auf eigenes Vermögen und den damit verbundenen finanziellen Rückhalt zurückgreifen konnte. Somit war die bis dahin maßgebliche Grundlage zur Alters- und insbesondere Invalidenversicherung weggefallen, so daß nunmehr ein durchgängiges Bedürfnis bestand, die fehlende soziale Absicherung zu gewährleisten.

*aa. Einbeziehung in die Angestelltenversicherung*

Bundesregierung und Bundestag diskutierten in Vorbereitung der 1957 realisierten Rentenreform auch die Versorgung der freien Berufe und deren Einbeziehung in die Angestelltenversicherung. Im Zuge der Überlegungen zur Sozialreform sprach sich aber der Gesetzgeber für eigenständige Einrichtungen der freien Berufe zur Alters- und Invaliditätssicherung aus, was sich im Nachhinein als weitreichende sozialpolitische Entscheidung herausstellte[69], die bis heute diskutiert wird[70].

---

66 Schmitt-Lermann, Hundert Jahre Bayerische Versicherungskammer, in: Die Bayerische Versicherungskammer in Vergangenheit und Gegenwart, 1975, S. 37.

67 Hahn, Die öffentlich-rechtliche Alterssicherung der verkammerten freien Berufe, 1974, S. 107.

68 Boecken, in: Berufsunfähigkeit in der berufsständischen Versorgung, 1995, S. 41.

69 Vgl. Vogt, Ärztliche Selbstverwaltung im Wandel, 1998, S. 1006.

70 Vgl. hierzu die aktuelle politische Diskussion über das Befreiungsrecht in der gesetzlichen Rentenversicherung für die angestellt tätigen Freiberufler nach § 6 SGB VI, zusammenfassend Kunz/Kunz, DB 1999, 583ff.

*bb. Gruppenversicherung als Angebot der privaten Versicherungswirtschaft*

Die private Versicherungswirtschaft plädierte zunächst für eine soziale Absicherung im Wege der Gruppenversicherung[71]. Diese Angebote trafen jedoch bei den meisten freiberuflich Tätigen auf Bedenken. Die Bedenken rührten gerade aus den schlechten Erfahrungen, die die Freiberufler infolge der vorangegangenen Krisen als Versicherungsnehmer privater Lebens-, Alters- und Invaliditätsversicherungen gemacht hatten[72].

*cc. Gründung der berufsständischen Versorgungseinrichtungen*

Vor dem Hintergrund, daß einerseits gerade der privaten Versicherungswirtschaft Bedenken entgegengebracht wurden, andererseits aber auch für die freiberuflich Tätigen eine Absicherung gegen das Risiko der Berufsunfähigkeit und eine wirksame Altersvorsorge unerläßlich wurden, hat sich für die verkammerten freien Berufe ein öffentlich-rechtliches Pflichtversicherungssystem auf berufsständischer Ebene entwickelt, nämlich die sogenannten berufsständischen Versorgungswerke. Zwar führte die Gründung der öffentlich-rechtlich organisierten Versorgungswerke insbesondere wegen der vorherrschenden liberalen Wirtschaftspolitik nicht zu einer generellen (Zwangs-)Lösung für alle verkammerten freien Berufe[73].

Daß die berufsständischen Versorgungswerke gerade im Bereich der verkammerten freien Berufe entstanden sind, beruht vor allem auf der öffentlich-rechtlichen Einbindung dieser Berufe[74]. Gerade die mit dem Kammerwesen hauptsächlich verbundenen gesetzlichen Regelungen des Berufszuganges sowie die Pflichtmitgliedschaft in den Kammern gewährleistete die – nicht nur organisatorische – Möglichkeit, die jeweiligen Berufsangehörigen zu erfassen[75].

---

71 Boecken, in: Berufsunfähigkeit in der berufsständischen Versorgung, 1995, S. 46.

72 Fürstenberg, Die Alterssicherung der verkammerten freien Berufe, Diss., 1961, S. 55.

73 Boecken, in: Berufsunfähigkeit in der berufsständischen Versorgung, 1995,, S. 47.

74 Vgl. Deneke, Zur Alters- und Hinterbliebenen-Vorsorge in den freien Berufen, in: Der Mensch im sozioökonomischen Prozeß, Festschrift für Wilfried Schreiber, 1969, S. 325ff (331).

75 Boecken, in: Berufsunfähigkeit in der berufsständischen Versorgung, 1995, S. 38.

*b. Darstellung der heutigen Lage*

*aa. Die einzelnen Gruppen in der berufsständischen Versorgung*

Entsprechend den Tätigkeitsfeldern gibt es heute insbesondere auf den Gebieten der heilkundlichen Berufe (zum Beispiel Ärzte und Apotheker), der freien technischen Berufe (insbesondere Architekten) sowie der beratenden Berufe (Rechtsanwälte, Steuerberater und Wirtschaftsprüfer) berufsständische dem öffentlichen Recht unterfallende Versorgungseinrichtungen.

*bb. Abgrenzung*

Eine eigenständige berufsständische Versorgungseinrichtung existiert demgegenüber nicht für selbständige Lehrer, Erzieher und Musiker. Die selbständigen Lehrer und Erzieher wurden bereits im Rahmen der Angestelltenversicherung durch Gesetz vom 10. November 1922[76] in den Bereich der gesetzlichen Invaliden- und Altersvorsorge integriert. Ebenso wurden Musiker und Hebammen mit Niederlassungserlaubnis durch Verordnung vom 8. Oktober 1929[77] der Angestelltenversicherung unterstellt. Gleiches gilt für die in der Kranken-, Wochen-, Säuglings- und Kinderpflege selbständig Tätigen[78]. Als weitere in der Angestelltenversicherung pflichtversicherte Gruppe der Freiberufler sind die Seelotsen der Reviere im Sinne des Gesetzes über das Seelotsenwesen zu nennen[79]. Die in diesem Bereich zuvor als berufsständische Versorgung organisierte Pensions- und Umlagenkasse dient heute als Zusatzversorgung[80]. Schließlich wurde für die selbständigen Künstler und Publizisten wegen der zutage getretenen völlig unzureichenden Vorsorge und sozialen Absicherung trotz der bereits bestehenden freiwilligen Versicherung beziehungsweise Pflichtversicherung kraft Antrages durch das Gesetz über die Sozialversicherung der selbständigen Künstler und Publizisten[81] die gesetzliche Rentenversicherungspflicht begründet[82].

---

76 RGBl 1922 I S. 849.

77 RGBl 1929 I S. 151.

78 Vgl. Verordnung vom 14.3.1938, RGBl 1938, I S. 142 und Vereinfachungsverordnung vom 17.3.1945, RGBl 1945, I S. 41.

79 Vgl. RVÄndG zum 1.1.1970 vom 28.7.1969, BGBl 1969 I, S. 956.

80 Boecken, in: Berufsunfähigkeit in der berufsständischen Versorgung, 1995, S. 36, 37; Hahn, Die öffentlich-rechtliche Alterssicherung der verkammerten freien Berufe, 1974, S. 136f.

81 Gesetz vom 27.7.1981, BGBl 1981 I S. 705.

82 Boecken, in: Berufsunfähigkeit in der berufsständischen Versorgung, 1995, S. 37; vgl. Bunge, JZ 1981, 119.

# C. Die gesetzliche Rentenversicherung

Für Arbeiter und Angestellte gab es – entsprechend der unterschiedlichen historischen Entwicklung der sozialen Absicherung[83] – zunächst keine gemeinsame Regelung, die die Voraussetzungen einer Rente wegen Berufsunfähigkeit festschrieb. Die Berufsunfähigkeit war für Arbeiter bis zur Neuordnung des Sozialversicherungsrechts in § 1246 RVO geregelt. Die entsprechende Regelung für Angestellte fand sich in § 23 AVG.

Heute ist die Berufsunfähigkeit für Arbeiter und Angestellte einheitlich in § 43 SGB VI geregelt. Die Neuregelung ist auf das Rentenreformgesetz 1992[84] zurückzuführen. Sie lehnt sich im wesentlichen an das bisher geltende Recht an[85].

Grundlegende Neuregelungen in bezug auf Renten wegen verminderter Erwerbsfähigkeit erfolgten durch das Rentenreformgesetz 1992 nicht, so daß die Rechtsprechung des Bundessozialgerichts zum bisherigen Recht auch weiterhin Anwendung findet[86]. Gerade das Sozialversicherungsrecht ist weitaus stärker als andere Rechtsgebiete auf das für seinen Bereich zuständige höchste Gericht – das Bundessozialgericht in Kassel – ausgerichtet[87]. Damit ist jedoch keinesfalls ausgeschlossen, daß sich das Sozialversicherungsrecht – gerade vor dem Hintergrund immer neuer, drängender sozialer Aufgaben auf der einen Seite und finanziellen Anspannungen auf der anderen Seite – in einem ständigen Umbruch befindet[88]. Hiervon ist auch die Rente wegen Berufsunfähigkeit betroffen. Dabei zählt der Begriff der Berufsunfähigkeit zu den problematischsten Begriffen des gesamten Sozialrechts[89].

---

83 Vgl. hierzu oben B II 1, 3.

84 RRG vom 18.12.1989, BGBl I S. 2261.

85 Jörg, in: Kreikebohm, Sozialgesetzbuch – Gesetzliche Rentenversicherung – SGB VI, Kommentar,1997, § 43 Rd. 1; Erlenkämper, in: Erlenkämper/Fichte, Sozialrecht, 3. Auflage, 1996, S. 26.

86 Kreßel/Wollenschläger, Leitfaden zum Sozialversicherungsrecht, 2. Auflage, 1996, § 9 Rd. 153.

87 Niesel, in: Kasseler Kommentar Sozialversicherungsrecht, Loseblattsammlung, Stand Dezember 1998, Vorwort.

88 Niesel, in: Kasseler Kommentar Sozialversicherungsrecht, Stand Dezember 1998, Vorwort.

89 Fichte, in: Erlenkämper/Fichte, Sozialrecht, 3. Auflage, 1996, S. 360; vgl. Eichenhofer, Sozialrecht, 2. Auflage, 1997, § 14 Rd. 320 S. 163; vgl. BSGE 9, 254; BSGE 30, 167, BSGE 43, 75; vgl. Burger, VSSR 1975, 46ff.

Gerade dieses Rechtsgebiet befindet sich – ausgelöst durch einen dringenden Reformbedarf[90] – in einem ständigen Fluß, so daß heute in dem Bereich der Rentengewährung wegen Berufsunfähigkeit die bestehende Praxis kritisch hinterfragt werden muß und neue Lösungsvorschläge diskutiert werden müssen.

Hinzuweisen ist in diesem Zusammenhang vor allem auf das am 22. Dezember 1997 im Bundesgesetzblatt verkündete Rentenreformgesetz 1999[91]. Dieses sieht eine wesentliche Reform der gesetzlichen Rentenversicherung, insbesondere des Rechts der Erwerbsminderungsrenten vor. Gerade die beabsichtigte Neuordnung des Rechts der Renten wegen verminderter Erwerbsfähigkeit ist jedoch durch das Gesetz zu Korrekturen in der Sozialversicherung und zur Sicherung der Arbeitnehmerrechte[92] wieder verschoben worden. Die Neuregelung soll frühestens am 01. Januar 2001 in Kraft treten, soweit nicht bis zu diesem Zeitpunkt durch Gesetz etwas anderes geregelt ist. Auf politischer Ebene besteht zwar hinsichtlich einiger wesentlicher Punkte grundsätzliche Übereinstimmung über die gegebene Reformbedürftigkeit. Die nähere Ausgestaltung ist jedoch in vielerlei Punkten noch völlig offen[93]. Zu erwarten ist zudem, daß das bislang geltende Recht der Erwerbsminderungsrenten – vor allem das Recht der Berufsunfähigkeitsrente und die hierzu bestehende Rechtsprechung – auch im Falle einer tatsächlichen Neuordnung des bestehenden Systems noch auf lange Sicht – ja sogar für Jahrzehnte – von wesentlicher Relevanz sein wird. Dies folgt vor allem aus Gründen des Bestandsschutzes, der nach den bisher geäußerten Vorstellungen der SPD-Alterssicherungskommission unter anderem für die rentennahen Jahrgänge der Personen, die das 40. Lebensjahr vollendet haben, gewahrt werden soll[94]. Die derzeit bestehende Praxis verliert damit sicherlich für die nächsten Jahre nicht ihre bisherige Bedeutung, so daß auch der Darstellung der bisherigen Rechtslage nicht weniger Gewicht zukommen darf, als den bestehenden Reformbemühungen und den hier zu erwartenden Neuerungen und deren Auswirkungen.

---

90 Vgl. Kamprad, SGb 1993, 413 (416).

91 BGBl. 1997 Teil I S. 2998ff.

92 BGBl. 1998 Teil I S. 3843ff.

93 Vgl. hierzu, insbesondere zu den vom Rentenreformgesetz 1999 teilweise abweichenden Vorstellungen der SPDAlterssicherungskommission, umfassend unten D V 3 a – c.

94 Vgl. BT-Drucks. 13/8032 S. 3.

# D. Berufsunfähigkeit in der gesetzlichen Rentenversicherung

## I. Voraussetzungen der Rente wegen Berufsunfähigkeit

§ 43 SGB VI schreibt für den Fall der Berufsunfähigkeit einen Rentenanspruch des in der gesetzlichen Rentenversicherung Versicherten fest und regelt die hierfür geltenden tatbestandlichen Voraussetzungen. Hierbei handelt es sich um feststehende, unabdingbare Tatbestandsmerkmale, deren kumulatives Vorliegen für die Gewährung einer Berufsunfähigkeitsrente erforderlich ist.

### *1. Zeitgrenze*

#### *a. Sinn und Zweck*

Im Hinblick darauf, daß Sinn und Zweck der Gewährung einer Rente wegen Berufsunfähigkeit im wesentlichen die soziale Absicherung des Versicherten ist, ergibt sich aus der Sache selbst, daß eine Berufsunfähigkeitsrente nur zu gewähren ist, wenn eine entsprechende, gesetzlich verankerte anderweitige Absicherung nicht gewährleistet ist.

In diesem Zusammenhang ist im besonderen die Regelung des § 115 Abs. 3 SGB VI von Relevanz. Regelungsinhalt der Norm ist, daß Versicherten, die bis zur Vollendung des 65. Lebensjahres eine Rente wegen verminderter Erwerbsfähigkeit bezogen haben, anschließend die Regelaltersrente zu gewähren ist, während der zuvor bestehende Rentenanspruch wegfällt[95]. Folge dieser Regelung ist damit das Bestehen einer Zeitgrenze, nach deren Erreichung eine Berufsunfähigkeitsrente nicht beziehungsweise nicht mehr weiter gewährt werden darf. § 115 Abs. 3 SGB VI bewirkt damit einen gesetzlichen Ausschluß der Berufsunfähigkeitsrente beziehungsweise – sofern bereits eine Rente wegen Berufsunfähigkeit vor Eintritt dieser Grenze gewährt wurde – eine Rentenumwandlung von Amts wegen. Da nach § 115 Abs. 3 S. 1 SGB VI die Altersrente mit Vollendung des 65. Lebensjahres von Amts wegen festzustellen und zu leisten ist, ist der Wegfall der Berufsunfähigkeitsrente unabhängig von der Frage, ob der betroffene Versi-

95 Ruland, Rentenversicherung, in: v.Maydell/Ruland, Sozialrechtshandbuch, 2. Auflage, 1996, S. 877 (929) Rd. 122.

cherte überhaupt einen Antrag auf Gewährung einer Altersrente gestellt hat oder nicht[96].

Dem steht auch nicht die Regelung des § 115 Abs. 1 S. 1 SGB VI entgegen, wonach das die Gewährung einer Altersrente betreffende Verfahren grundsätzlich nur auf Antrag eingeleitet wird. Zwar darf nach § 18 S. 2 SGB X der Rentenversicherungsträger nicht ohne Antrag tätig werden. Etwas anderes gilt jedoch dann, wenn ihm ausdrücklich ein Tätigwerden von Amts wegen obliegt. Gerade aus dem Spannungsfeld Altersrente/Berufsunfähigkeitsrente heraus ist es erforderlich, daß die Gewährung einer Berufsunfähigkeitsrente nicht von der Frage abhängig sein darf, ob ein Versicherter einen Antrag auf Gewährung einer Altersrente gestellt hat oder nicht. Andernfalls könnte der Versicherte den Beginn der Altersrente selbst bestimmen. Bei Hinausschieben des Bezugs von Altersrente könnte der durch den Bezug einer Berufsunfähigkeitsrente sozial abgesicherte Versicherte allein auf Kosten der Solidargemeinschaft letztlich seine eigene Altersrente erhöhen, da ihn ein späterer Beginn der Altersrente in den Genuß eines höheren Zugangsfaktors nach § 77 Abs. 2 Nr. 2 SGB VI bringt. Aus diesem Grund besteht nach § 115 Abs. 3 S. 1 SGB VI eine – erforderliche – Ausnahme von dem an sich gemäß § 115 Abs. 1 SGB VI bestehenden Erfordernis einer Antragstellung[97]. Zudem ergibt sich die Zulässigkeit der Ausnahme vom Antragserfordernis aber auch daraus, daß der Antrag auf Altersrente nicht zu den Anspruchsvoraussetzungen zählt, sondern lediglich Verfahrensvoraussetzung ist[98].

*b. Rechtsfolgen des Eintritts der Zeitgrenze*

Fallen aus tatsächlichen oder rechtlichen Gründen die Anspruchsvoraussetzungen für eine Rente weg, endet nach § 100 Abs. 3 S. 1 SGB VI die Rentenzahlung mit Beginn des Kalendermonats, zu dessen Beginn der Wegfall wirksam ist. Versicherte, die nicht am ersten Tag eines Monats geboren sind, verlieren damit ihren Anspruch auf Berufsunfähigkeitsrente mit Ablauf des Kalendermonats des 65. Geburtstages. Eine zeitliche Aufspaltung in einen Anspruch auf Berufsunfähigkeitsrente bis zum jeweiligen Geburtstag selbst und in einen Anspruch auf Altersrente ab diesem Tag findet nicht statt, da die Altersrente erst ab dem Folgemonat zu leisten ist[99].

---

96 Schmidt, in: Kreikebohm, Sozialgesetzbuch, 1997, § 115 SGB VI, Rd. 28.

97 Vgl. hierzu Niesel, in: Kasseler Kommentar Sozialversicherungsrecht, Stand Dezember 1998, § 43 Rd. 8.

98 Vgl. Kreßel/Wollenschläger, Leitfaden zum Sozialversicherungsrecht, 2. Auflage, 1996, § 9 Rd. 184.

99 Vgl. Niesel, in: Kasseler Kommentar Sozialversicherungsrecht, Stand Dezember 1998, § 43 Rd. 8; Jörg, in: Kreike bohm, Sozialgesetzbuch, 1997, § 43 Rd. 7.

Eine Besonderheit besteht bei denjenigen Versicherten, die am Ersten eines Monats geboren sind, da diese das jeweilige Lebensjahr bereits mit Ablauf des letzten Tages des Vormonats vollenden. Folge hiervon ist, daß die Rente wegen Berufsunfähigkeit nach Vollendung des 65. Lebensjahres bereits mit dem Geburtstagsmonat in die Regelaltersrente umzuwandeln ist[100]. Zwar hat der jeweilige Leistungsempfänger das Recht, der Umwandlung der bisher bezogenen Leistungen wegen Berufsunfähigkeit in eine Altersrente zu widersprechen oder einen späteren Beginn der Altersrente zu bestimmen. Eine solche Verschiebung des Beginns der Altersrente kann für den Leistungsempfänger durchaus von Vorteil sein. So bestimmt beispielsweise § 77 Abs. 2 Nr. 2 SGB VI, daß sich der Zugangsfaktor für die Altersrente trotz Erfüllung der Wartezeit nach dem 65. Lebensjahr für jeden Monat um den Faktor 0,005 erhöht, in dem die Rente nicht in Anspruch genommen wird[101]. Diesen möglichen Vorteilen steht jedoch auf der anderen Seite gegenüber, daß der Anspruch auf Weiterzahlung der Berufsunfähigkeitsrente mit Vollendung des 65. Lebensjahres auf jeden Fall erlischt. Die möglichen Vorteile eines verzögerten Beginns der Altersrente werden also mit einem Verlust des Anspruchs auf Rente wegen Berufsunfähigkeit gewissermaßen erkauft[102].

*c. Verfahren bei Wegfall der Berufsunfähigkeitsrente mit Vollendung des 65. Lebensjahres*

In verfahrensmäßiger Hinsicht sind im Hinblick auf den Wegfall der Berufsunfähigkeitsrente bei Vollendung des 65. Lebensjahres des Versicherten und dem damit verbundenen Erwerb eines Anspruchs auf Altersrente zwei mögliche Konstellationen zu berücksichtigen.

*aa. Verfahren bei befristeter Berufsunfähigkeitsrente*

Zum einen ist denkbar, daß der Bescheid über die Berufsunfähigkeitsrente bereits unter der Befristung der Entstehung eines Anspruchs auf Altersrente ergangen ist. In diesem Fall bestehen keine verfahrensmäßigen Besonderheiten. Da die Gewährung einer Rente regelmäßig in der Form einer Leistungsfeststellung erfolgt, trifft der jeweilige Rentenversicherungsträger mit dieser Feststellung zugleich ei-

---

100 Niesel, in: Kasseler Kommentar Sozialversicherungsrecht, Stand Dezember 1998, § 43 Rd. 8.

101 Im Ergebnis führt eine derartige Vorgehensweise dazu, daß eine Steigerung der persönlichen Entgeltpunkte um 0,5% pro Monat, also um 6% pro Jahr für die gesamte Rentenlaufzeit erfolgt.

102 Vgl. Schmidt, in: Kreikebohm, Sozialgesetzbuch, 1997, § 115 Rd. 30.

ne Regelung auf dem Gebiet des öffentlichen Rechts und erläßt damit einen begünstigenden Verwaltungsakt[103] im Sinne des § 31 SGB X. Somit findet auch § 39 Abs. 2 SGB X Anwendung, wonach unter anderem ein Verwaltungsakt nur solange wirksam bleibt, bis er sich durch Zeitablauf oder auf andere Weise erledigt hat. Erledigung tritt folglich auch bei Fristablauf eines befristeten Verwaltungsaktes ein[104], so daß die Rente in einem solchen Fall mit Erreichen der Altersgrenze ohne weiteres wegfällt.

*bb. Verfahren bei unbefristet gewährter Berufsunfähigkeitsrente*

Zum anderen ist der Fall denkbar, daß der die Berufsunfähigkeitsrente bewilligende Bescheid keine Befristung des Anspruchs für die Zeit bis zur Vollendung des 65. Lebensjahres enthält. Hierbei ist zu berücksichtigen, daß der die Berufsunfähigkeitsrente bewilligende Bescheid einen Verwaltungsakt mit Dauerwirkung darstellt, da hierdurch eine laufende, regelmäßig wiederkehrende (Sozial-) Leistung bewilligt wird[105]. Damit ist § 48 SGB X anzuwenden, wonach ein Verwaltungsakt mit Dauerwirkung mit Wirkung für die Zukunft aufzuheben ist, wenn sich die ihm zugrundeliegenden tatsächlichen oder rechtlichen Verhältnisse geändert haben. Die Entstehung eines Anspruchs auf Altersrente ist dabei als wesentliche Änderung im Sinne dieser Norm anzusehen, da ein Vergleich zwischen den Verhältnissen im Zeitpunkt des Ergehens der bescheidmäßigen Feststellung der Leistung (hier: kein neben dem Anspruch auf Berufsunfähigkeitsrente bestehender Anspruch auf Altersrente) und dem Zustand im Zeitpunkt der Vollendung des 65. Lebensjahres des Versicherten (Entstehen des Anspruchs auf Altersrente) eine gänzlich veränderte Sachlage ergibt[106].

Allerdings ist in diesen Fällen wegen der Bestandskraft des unbefristeten Rentenbescheides auf jeden Fall ein Aufhebungsbescheid gemäß § 48 SGB X erforderlich[107], selbst wenn – wie hier gemäß § 115 Abs. 3 S.1 SGB VI – der Anspruch kraft Gesetzes wegfällt[108]. Etwas anderes könnte nur im Falle einer ausdrücklichen anderweitigen Bestimmung gelten. Bei Wegfall der Berufsunfähig-

---

103 Vgl. BSGE 20, 223 (223,224).

104 Schroeder-Printzen, in: Schroeder-Printzen, Sozialgesetzbuch, Verwaltungsverfahren – SGB X –, Kommentar, 3. Auflage, 1996, § 39 Anm. 10, Rd. 12.

105 Vgl. Wiesner, in: Schroeder-Printzen, Sozialgesetzbuch, 3. Auflage, 1996, § 48 Anm. 2, Rd. 3.

106 Vgl. Wiesner, in: Schroeder-Printzen, Sozialgesetzbuch, 3. Auflage, 1996, § 48 Anm. 3.1, 3.2, Rd. 7, 8.

107 Vgl. Jörg, in: Kreikebohm, Sozialgesetzbuch, 1997, § 43 Rd. 8, Niesel, in: Kasseler Kommentar Sozialversicherungsrecht, Stand Dezember 1998, § 43 Rd. 9.

108 BSG SozR 5850 § 4 Nr. 8, S. 13 (14).

keitsrente aufgrund Entstehung eines Anspruchs auf Altersrente fist damit in jedem Falle die Erteilung eines entsprechenden Aufhebungsbescheides erforderlich.

### *2. Eintritt des Versicherungsfalles*

Zweite Voraussetzung eines Anspruchs auf Gewährung einer Berufsunfähigkeitsrente ist der Eintritt des Versicherungsfalles, also die Berufsunfähigkeit selbst.

#### *a. Begriff der Berufsunfähigkeit*

Die Berufsunfähigkeit wird durch die Erwerbsunfähigkeit, die in § 44 SBG VI geregelt ist, begrenzt. Anders als beispielsweise im Bereich der berufsständischen Versorgung[109] wird im Rahmen der gesetzlichen Rentenversicherung zwischen Berufsunfähigkeit und Erwerbsunfähigkeit unterschieden. Nach der gesetzlichen Definition des § 43 Abs. 2 SGB VI ist derjenige Versicherte berufsunfähig, dessen Leistungsfähigkeit aus gesundheitlichen Gründen so gemindert ist, daß er weder in seinem bisherigen Beruf noch in einem anderen zumutbaren Verweisungsberuf die Hälfte des Arbeitsentgelts eines vergleichbaren Arbeitnehmers erreichen kann. Hat der Versicherte wegen gesundheitlicher Einschränkungen vollständig die Möglichkeit verloren, durch regelmäßige Erwerbstätigkeit Arbeitsentgelt oder Arbeitseinkommen zu erzielen, so ist er nicht nur berufs-, sondern erwerbsunfähig nach § 44 SGB VI.

Während ein Anspruch auf Rente wegen Berufsunfähigkeit vorliegt, wenn der Versicherte aus gesundheitlichen Gründen seinen Beruf oder eine entsprechende Verweisungstätigkeit nicht mehr ausüben kann, ist für die Erwerbsunfähigkeitsrente Voraussetzung nach § 44 SGB VI, daß überhaupt keine Erwerbstätigkeit – sei es im bisherigen oder in einem anderen Beruf – mehr möglich ist.

Der Begriff der Berufsunfähigkeit setzt damit voraus, daß der Gesundheitszustand des berufsunfähigen Versicherten grundsätzlich noch die Ausübung einer Tätigkeit zuläßt, mit der auch Einkommen erzielt werden kann.

#### *b. Normzweck*

Die Berufsunfähigkeitsrente soll den durch die gesundheitlich bedingte Aufgabe des Berufes eintretenden Einkommensverlust ausgleichen[110] und den beruflich

109 Vgl. hierzu unten F II 1.

110 BSG, SozR 2200 § 1246 Rd. 124 m.w.N; Kamprad, in: Hauck, Sozialgesetzbuch

Qualifizierten vor dem sozialen Abstieg bewahren[111]. Ihr kommt daher in erster Linie eine Lohnersatzfunktion zu. Darüber hinaus soll sie auch diejenigen immateriellen Nachteile ausgleichen, die mit der Berufsunfähigkeit einhergehen[112]. Die Berufsunfähigkeitsrente gewährt damit auch eine Absicherung der beruflichen Qualifikation gegen das Risiko eines nicht zumutbaren beruflichen Abstiegs aus gesundheitlichen Gründen. Gleichzeitig ist sie – in Abgrenzung zur Erwerbsunfähigkeitsrente – aber auch darauf angelegt, daß der Versicherte ergänzend Erwerbseinkommen erzielt[113]. Aus diesem Grund beträgt die Berufsunfähigkeitsrente gemäß § 67 Nr. 2 SGB VI zwei Drittel der Erwerbsunfähigkeitsrente, von deren Voraussetzungen sie sich insbesondere hinsichtlich des Umfangs der Erwerbsminderung unterscheidet.

Die Auswirkungen eines Hinzuverdienens sind in § 43 Abs. 5 SGB VI geregelt. Der Hinzuverdienst berührt nicht den Rentenanspruch, sondern bestimmt lediglich den Umfang der Rentenzahlung[114]. Ziel der zum 1. Januar 1996 in das SBG VI eingefügten Hinzuverdienstregelung ist die Stärkung der Lohnersatzfunktion der Rente wegen verminderter Erwerbsfähigkeit, so daß durch die gesetzliche Neuregelung der Ausgleich immaterieller Nachteile, die sich durch den Verlust der bisherigen beruflichen Position ergeben, in den Hintergrund getreten ist[115].

### *c. Voraussetzungen der Berufsunfähigkeit in der gesetzlichen Rentenversicherung im einzelnen*

Nach der Regelung des § 43 Abs. 2 SBG VI ist für die Entscheidung, ob Berufsunfähigkeitsrente zu gewähren ist, der bisherige Berufsweg, der qualitative

---

– SGB VI –, Loseblattsammlung, Grundwerk 1990, Stand: 1. März 1999, § 43 Rd. 1; Kreßel/Wollenschläger, Leitfaden zum Sozialversicherungsrecht, 2. Auflage, 1996, § 9 Rd. 154; Seidel, Die gesicherten Risiken, in: Handbuch der gesetzlichen Rentenversicherung, Festschrift aus Anlaß des einhundertjährigen Bestehens der gesetzlichen Rentenversicherung, 1990, S. 565 Rd. 4.

111 Seidel, Die gesicherten Risiken, in: Handbuch der gesetzlichen Rentenversicherung, 1990, S. 584, Rd. 104.

112 BSG, SozR 2200 § 1246 Nr. 124 m.w.N.; a.A. LSG Stuttgart, JuS 1980, 155 (156) m.w.N. Die Ablehnung des Ausgleichs immaterieller Schäden wird damit begründet, daß der Sozialversicherung ein derartiger Ersatz grundsätzlich fremd sei.

113 Vgl. Erlenkämper, in: Erlenkämper/Fichte, Sozialrecht, 3. Auflage, 1996, S. 28.

114 Ruland, in: v.Maydell/Ruland, Sozialrechtshandbuch, 2. Auflage, 1996, S. 877 (953) Rd. 170.

115 Niesel, in: Kasseler Kommentar Sozialversicherungsrecht, Stand: Dezember 1998, § 43 Rd. 2.

Wert des bisherigen Berufes, die Frage der Minderung der Erwerbsfähigkeit, also das Leistungsvermögen des Versicherten, die Arbeitsmarktlage und damit das Verhältnis zwischen Erwerbsfähigkeit und Arbeitsmarkt, die Frage nach der Zumutbarkeit einer Verweistätigkeit sowie die Frage, ob der Versicherte trotz Leistungsbeeinträchtigung die Lohnhälfte -das ist die Hälfte des Durchschnittsentgeltes eines vergleichbaren gesunden Versicherten- noch erwirtschaften kann, von Bedeutung.

*aa. Maßgebliche berufliche Tätigkeit*

Um zu beurteilen, ob ein Versicherter noch die Leistungs- und Lohnhälfte in seinem bisherigen Beruf oder in einer zumutbaren anderen Tätigkeit erreichen kann, ist zunächst sein bisheriger Hauptberuf genau zu bestimmen. Vom Hauptberuf hängt sowohl der Grenzwert der Lohnhälfte[116] als auch die Verweisbarkeit[117] ab. Daher muß im Einzelfall geprüft werden, ob eine versicherungsrechtlich geschützte Tätigkeit vorliegt und wie diese qualitativ einzustufen ist[118].

Ausgangspunkt für die Prüfung, ob Berufsunfähigkeit vorliegt, ist mithin die Frage nach dem bisher ausgeübten Beruf[119].

Beruf ist jede auf Dauer angelegte, nicht nur vorübergehende Tätigkeit, die zur Schaffung und Erhaltung der Lebensgrundlage dient[120]. Dabei braucht es sich nicht um gesetzlich geregelte oder überlieferte Berufsbilder zu handeln, sondern es kommt auch eine atypische Betätigung in Betracht[121]. Beruf kann damit auch eine Tätigkeit sein, die keinerlei Aus- oder Vorbildung erfordert oder die nach einer kurzen Anlernzeit ausgeübt werden kann.

Generell ist der Begriff des Berufes weit auszulegen und erfaßt auch Tätigkeiten, die von traditionellen Berufsbildern abweichen[122].

---

116 Vgl. unten D I 2 c ee (9).

117 Vgl. unten D I 2 c ee.

118 VDR, DRV 1993, 493 (535).

119 Vgl. BSG SozR 2200 § 1246 Nrn. 107, 169; Lange, in: Handbuch des Fachanwalts – Sozialrecht –, 2. Auflage, 1990, hrsg. von Ulrich Hambüchen, G Rd. 66 S. 190.

120 BVerfGE 14, 19 (22); 16, 147 (163); 50, 290 (362); Scholz, in: Maunz/Dürig, Art. 12 Rd. 18; Jarass, in: Jarass/Pieroth, 4. Auflage, 1997, Art. 12 Rd. 4.

121 VDR, DRV 1993, 493 (535) m.w.N.

122 BSGE 22, 92 (94); BVerfGE 14, 19 (22); Jarass/Pieroth, Grundgesetz für die Bundesrepublik Deutschland, 4. Auflage, 1997, Art. 12 Rd. 4.

*(1). Dauerhaftigkeit*

Das aus der Definiton des Berufes erwachsende Erfordernis der Dauerhaftigkeit bedeutet – entgegen der früher vertretenen Ansicht – nicht, daß der bisherige Beruf über bestimmte längere Zeiträume (zum Beispiel über die Zeit der sogenannten kleinen Wartezeit von fünf Jahren Versicherungszeit) hinweg ausgeübt wurde[123]. Gleichwohl kann aber gerade im Bereich der Berufsunfähigkeit nicht auf das Merkmal der Dauerhaftigkeit verzichtet werden. Zweck der Berufsunfähigkeitsrente ist es unter anderem, den durch die gesundheitlich bedingte Aufgabe des Berufes eintretenden Einkommensverlust auszuschließen[124].

Der Einkommensverlust muß damit gerade durch die gesundheitliche Beeinträchtigung hervorgerufen worden sein. Insoweit ist jedoch zu beachten, daß Beruf nicht der zuletzt belegte bestimmte Arbeitsplatz ist. Es kommt vielmehr auf die Arbeitsmöglichkeit in diesem Beruf schlechthin an, also auch auf andere Arbeitsplätze oder bei einem anderen Arbeitgeber[125]. Aus diesem Grund steht der Berufsunfähigkeit nicht entgegen, wenn eine auf Dauer angelegte, vollwertig ausgeübte Tätigkeit gegeben ist, das konkrete Arbeitsverhältnis aber aus anderen, beispielsweise betrieblichen Gründen aufgegeben wurde[126].

Hieraus kann jedoch nicht gefolgert werden, daß es damit grundsätzlich gänzlich dahinstehen kann, ob die vollwertig ausgeübte Tätigkeit aus gesundheitlichen oder aus sonstigen Gründen aufgegeben wird[127]. Andernfalls würde gerade die Trennung zwischen konkretem Arbeitsplatz und auf Dauer angelegtem Beruf mißachtet. Anknüpfungspunkt ist damit allein die Frage, ob der Versicherte seinen Beruf auf Dauer ausgeübt hat oder ausüben wollte. An einer solchen Dauerhaftigkeit fehlt es aber, wenn die von dem Versicherten ausgeübte Tätigkeit von vornherein zeitlich begrenzt war oder nur übergangsweise ausgeübt wurde[128]. Gleiches gilt dann, wenn die Tätigkeit ohne jede Aussicht auf Weiterbeschäftigung oder ohne dauerhafte Unterhaltssicherungsfunktion betrieben wurde. In diesen Fällen unterfällt die ausgeübte Tätigkeit bereits nicht dem versicherten Risikobereich.

---

123 Vgl. Fichte, in: Erlenkämper/Fichte, Sozialrecht, 3. Auflage, 1996, S. 370.

124 Vgl. oben D I 2 b.

125 Fichte, in: Erlenkämper/Fichte, Sozialrecht, 3. Auflage, 1996, S. 369.

126 BSG SozR 2200 § 1246 Nr. 163.

127 So aber VDR, DRV 1993, 493 (539) unter Hinweis auf BSG SozR 2200 § 1246 Nr. 163.

128 Eine von vornherein zeitlich begrenzte vorübergehende Einnahmequelle in diesem Sinne ist auch die Tätigkeit eines Berufsspitzensportlers, weil sie selbst bei völliger Gesundheit altersbedingt nur eine relativ kurze Zeitspanne ausgeübt werden kann, vgl. VDR, DRV 1993, 493 (539); vgl. unten D 2 c ee (8).

Andererseits ist es aber ausreichend, daß sich der Versicherte dem ausgeübten Beruf dauerhaft zugewandt hatte, dieser dem Erwerbsleben insoweit also schon das Gepräge gegeben hatte und der Versicherte ihn durch Ereignisse aus dem versicherten Risikobereich (zum Beispiel Erkrankung, Unfall) unfreiwillig verloren hat[129]. Die objektiv ermittelbare Zeitdauer einer verrichteten Erwerbstätigkeit ist mithin für die Ermittlung des Hauptberufes grundsätzlich bloßer Anhaltspunkt.

Der Dauerhaftigkeit steht damit nicht entgegen, wenn der Wechsel in eine andere Tätigkeit subjektiv auf Dauer angedacht war, diese Tätigkeit aber lediglich eine relativ kurze Zeit ausgeübt wurde. Dies gilt zum einen dann, wenn die zuletzt ausgeübte Tätigkeit die oberste Sprosse einer beruflichen Stufenleiter darstellt und ein Abbruch der Tätigkeit nach nur kurzfristigem Tätigsein in diesem Bereich durch Umstände verursacht wurde, die auf die Einbuße der Arbeitskraft zurückzuführen sind, also auch dann, wenn sich allein aus ihr im Einzelfall das Gepräge der beruflichen Tätigkeit ergibt. Eine solche besondere Bedeutung liegt zum anderen auch dann vor, wenn ein Wechsel von einer qualifizierten zu einer geringerwertigeren Beschäftigung gegeben war und diese Beschäftigung nicht nur zeitlich begrenzt war[130].

Der Zeitdauer einer verrichteten Tätigkeit kommt jedoch dann eine entscheidende Bedeutung für die Feststellung der Dauerhaftigkeit zu, wenn sich allein aus dem Tätigkeitszeitraum ergibt, daß sich der Versicherte endgültig der nunmehr ausgeübten Berufstätigkeit zugewandt hat[131]. In diesem Fall kommt die subjektive Einstellung des Versicherten, an einem bestimmten Beruf dauerhaft festzuhalten, allein schon in dem Verhalten des Betroffenen objektiv zum Ausdruck. Somit ist ein Wechsel der Berufstätigkeit insbesondere auch dann zu bejahen, wenn der Versicherte eine bestimmte Tätigkeit längere Zeit ausgeübt hat, ohne versucht zu haben, zur früheren Arbeit zurückzukehren, obwohl ein solcher Versuch nicht als von vornherein erfolglos hätte angesehen werden müssen[132]. Damit kommt es für die Dauerhaftigkeit nicht darauf an, ob der Versicherte freiwillig oder unfreiwillig eine konkrete Tätigkeit ausgeübt hat[133]. Ein besonderes Gewicht kommt der Tätigkeitsdauer vor diesem Hintergrund auch dann zu, wenn eine erforderliche Ausbildung für den bisherigen Beruf nicht durchlaufen wurde

---

129 Vgl. Fichte, in: Erlenkämper/Fichte, Sozialrecht, 3. Auflage, 1996, S. 370.

130 VDR, DRV 1993, 493 (538/539) mit zahlreichen weiteren Nachweisen.

131 Vgl. VDR 1993, 493 (540) m.w.N.

132 VDR 1993, 493 (541) m.w.N.

133 Allerdings ist die Freiwilligkeit insbesondere dann gewichtiges Indiz für die Dauerhaftigkeit, wenn mit einem Wechsel für den Versicherten gewichtige Vorteile im Hinblick auf die jeweiligen Arbeitsbedingungen und das Arbeitseinkommen verbunden sind.

oder aber eine solche Ausbildung abgeschlossen wurde, während im übrigen ein ganz erheblicher Teil der tatsächlich verrichteten Tätigkeit – die ein gänzlich anderes Gepräge aufweist – bis zum Eintritt des Versicherungsfalles ausgeübt wurde.

Zusammenfassend ist damit in bezug auf die Dauerhaftigkeit der ausgeübten Tätigkeit festzustellen:

Die Frage, ob eine berufliche Tätigkeit auf Dauer ausgeübt wurde oder werden sollte, bestimmt sich zunächst in erster Linie anhand der subjektiven Einstellung des Versicherten zu seiner Tätigkeit. Dabei ist das objektive Merkmal der Zeitdauer eingangs nur bloßer Anhaltspunkt. Insoweit ist jedoch zu berücksichtigen, daß sich allein aus der Zeitdauer im Einzelfall ein Indiz für die Dauerhaftigkeit des ausgeübten Berufes ergibt, wenn anhand des Tätigkeitszeitraumes feststeht, daß sich der Versicherte mit dem Wechsel des Berufes abgefunden hat und die neue Tätigkeit auch als Beruf ausübt.

Bei der Frage der Dauerhaftigkeit ist weiter die Vorschrift des § 43 Abs. 1 Nr. 2 SGB VI von Relevanz. Danach besteht ein Anspruch auf Rente wegen Berufsunfähigkeit aus der gesetzlichen Rentenversicherung in der Regel nur, wenn der Versicherte in den letzten fünf Jahren vor Eintritt der Berufsunfähigkeit drei Jahre an Pflichtbeitragszeiten zurückgelegt hat. Gerade hieraus ergibt sich der Wille des Gesetzgebers, daß der Berufsunfähigkeitsrente eine Lohnersatzfunktion zukommen soll. Rente wegen Berufsunfähigkeit soll grundsätzlich nur der erhalten, der durch den Eintritt der Berufsunfähigkeit aus seinem Beruf herausgerissen worden ist[134].

*(2). Lösung vom Hauptberuf im einzelnen*

Ein Wechsel des Berufes liegt vor, wenn sich der Versicherte von seinem alten Beruf freiwillig gelöst hat und eine andere versicherungspflichtige Tätigkeit oder Beschäftigung nicht nur vorübergehend angenommen hat[135]. Die Frage, ob sich der Versicherte dauerhaft von seiner bisherigen Tätigkeit abgewandt und eine neue Tätigkeit auf Dauer aufgenommen hat, reduziert sich letztendlich allein auf die Problematik der Dauerhaftigkeit, so daß auch die zur Dauerhaftigkeit entwikkelten Grundsätze für die Frage des Wechsels des Berufes maßgeblich sind. Mithin kommt es auch für die Feststellung, ob eine Lösung vom Hauptberuf vorliegt, in erster Linie auf die subjektive Einstellung des Versicherten an[136].

---

134 Vgl. Erlenkämper, in: Erlenkämper/Fichte, Sozialrecht, 3. Auflage, 1997, S. 27.
135 Vgl. BSGE 41, 129 (130); BSGE 15, 213 (214); BSGE 46, 121 (122).
136 Vgl. oben D I 2 c aa (1).

Vor diesem Hintergrund liegt ein Wechsel beispielsweise dann vor, wenn sich der Versicherte wegen besserer Verdienstmöglichkeiten oder Arbeitsbedingungen, aus betrieblichen Gründen oder wegen eines Wohnortwechsels einer anderen Tätigkeit freiwillig zuwendet; hat der Versicherte seine berufliche Tätigkeit unfreiwillig aufgegeben, liegt auch dann eine Lösung vor, wenn er sich mit dem Wechsel abgefunden hat und die Ausübung eines anderen Berufes zwangsläufig auf Dauer ausgerichtet ist[137].

Damit führen aber von vornherein befristete minderqualifizierte Tätigkeiten oder vorübergehende Beschäftigungen nicht zu einer Lösung vom bisherigen Beruf[138]. Auch allein der bloße Zeitablauf[139] oder der Verlust der beruflichen Qualifikation[140] ziehen eine Lösung vom Beruf nicht zwingend nach sich, solange sich nicht aus den übrigen Umständen des Einzelfalles die Dauerhaftigkeit der Abwendung von der bisherigen Tätigkeit ergibt.

Keine Lösung vom Beruf ist auch die gesundheitsbedingte Aufgabe einer beruflichen Tätigkeit, da die gesetzliche Rentenversicherung ja gerade durch die Gewährung von Berufsunfähigkeitsrente diesen Versicherungsfall abdecken soll[141]. Demgegenüber sind andere erhebliche Gründe zur Berufsaufgabe – wie zum Beispiel Kündigung, betriebliche Umstellung, technische Entwicklung, Wirtschaftskrise – dem nicht gleichgestellt, so daß sie zu einer Loslösung vom Beruf führen können[142]. Auch insoweit ist zunächst auf den Willen des Versicherten entsprechend den für den Begriff der Dauerhaftigkeit geltenden allgemeinen Grundsätzen abzustellen. In diesen Fällen ist aber der Wille des Versicherten, zur früheren Tätigkeit zurückzukehren, nur beachtlich, wenn er realisierbar ist beziehungsweise die Realisierbarkeit nicht objektiv ausgeschlossen ist. Voraussetzung für das Verneinen einer dauerhaften Zuwendung zu einer neuen Tätigkeit ist damit, daß der Versicherte eine reelle Chance zur Rückkehr in den bisherigen Beruf hat und sie auch zu nutzen versucht[143].

137 Vgl. BSG SozR 2200 § 1246 Nr. 158.
138 BSG SozR 2200 § 1246 Nr. 130.
139 BSG SozR § 1246 Nr. 66; vgl. auch BSG SozR § 1246 Nr. 112.
140 Niesel, in: Kasseler Kommentar Sozialversicherungsrecht, Stand Dezember 1998, § 43 Rd. 32.
141 BSGE 29, 63; vgl. BSG SozR 2200 § 1246 Nr. 158, Jörg, in: Kreikebohn, Sozialgesetzbuch, 1997, § 43 Rd. 27.
142 BSGE 32, 242 (244).
143 BSG SozR 2200 § 1246 Nr. 158.

*(3). Hauptberuf bei mehreren Beschäftigungen*

Eine besondere Problematik ergibt sich dann, wenn der Versicherte mehrere Berufe nebeneinander ausgeübt hat oder sogenannte Mischtätigkeiten, das heißt Tätigkeiten, die sowohl Merkmale des ursprünglichen Berufsbildes als auch solche anderer Berufe aufweisen, verrichtet hat. In diesem Fall liegt gerade keine vollständige Lösung vom Hauptberuf vor, so daß das Merkmal, welche Tätigkeit zuletzt allein als auf Dauer angelegte Tätigkeit ausgeübt wurde, nicht greift.

*(a). Gleichwertige Tätigkeiten*

Bei gleichwertigen Tätigkeiten kann das Gepräge des ausgeübten Berufes bereits an Hand der zeitlich überwiegenden Tätigkeit ermittelt werden[144].

*(b). Ungleichwertige Mischtätigkeiten oder Berufsausübungen*

Fraglich ist jedoch, ob das zeitliche Moment auch dann allein ausschlaggebend ist, wenn qualitativ unterschiedliche Tätigkeiten von dem Versicherten verrichtet werden. Dies ist beispielsweise dann der Fall, wenn neben einer qualitativ wenig anspruchsvollen Tätigkeit – etwa als Hilfskraft – Tätigkeiten ausgeübt werden, die besondere organisatorische Fähigkeiten voraussetzen oder die Tätigkeiten mit weitreichenden Weisungsbefugnissen verbunden sind. Hierfür spricht zwar, daß der zeitliche Umfang einer (Teil-) Beschäftigung in der Regel ohne besondere Schwierigkeiten ausgemacht werden kann, so daß damit auch eine nachvollziehbare und vor allem auch prognostizierbare Entscheidung getroffen werden kann. Gleichwohl ist hiermit noch nichts zu dem eigentlichen Gepräge der jeweiligen beruflichen Tätigkeit gesagt. So ist im Einzelfall durchaus denkbar, daß eine – jedenfalls nicht völlig untergeordnete – qualifizierte Tätigkeit auch vor dem Hintergrund des zeitlichen Überwiegens anderer minder qualifizierter Tätigkeiten der Beschäftigung das entscheidende Gepräge gibt. Dies muß jedenfalls dann der Fall sein, wenn der Versicherte zwar eine Mischtätigkeit, die verschiedenen Berufsbildern entspricht, ausübt, er seinen Arbeitsplatz aber nur aufgrund seiner beruflichen Qualifikation für den nicht völlig untergeordneten weiteren Teilberuf erlangt hat. Für dieses weite Verständnis spricht auch das in § 2 Abs. 2 SBG I festgeschriebene Günstigkeitsprinzip, wonach den sozialen Rechten im Rahmen der Auslegung ein möglichst weiter Geltungsbereich zu gewähren ist.

---

144 Niesel, in: Kasseler Kommentar Sozialversicherungsrecht, Stand Dezember 1998, § 43 Rd. 22; Jörg, in: Kreikebohm, Sozialgesetzbuch, 1997, § 43 Rd. 21; BSG SozR 3 – 2200 § 146 Nr. 41.

Aus diesen Erwägungen muß das Vorgesagte auch dann gelten, wenn der Versicherte verschiedene Berufe ausübt und aufgrund der besonderen Umstände des Einzelfalles der qualifizierten Tätigkeit entscheidendes Gewicht – beispielsweise aufgrund des erzielten Einkommens – zukommt, obwohl sie zeitlich hinter der minder qualifizierten Tätigkeit zurückbleibt.

*(4). Sonderfälle bei der Bestimmung des Hauptberufes*

Trotz dauerhaft ausgeübter Tätigkeit im oben dargelegten Sinn gibt es Ausnahmesituationen, die es erfordern, diese Tätigkeit bei der Ermittlung der maßgeblichen beruflichen Tätigkeit nicht als Hauptberuf anzusehen.

*(a). Fehlen einer vollwertigen Ausübung schon bei Berufsaufnahme*

*(aa). Grundsatz*

Zum einen ist hier der Fall anzuführen, in dem die tatsächlich dauerhaft ausgeübte Tätigkeit schon bei deren Aufnahme nicht vollwertig ausgeübt werden konnte[145]. Insbesondere ist hier ein anomaler Körper- oder Geisteszustand zu nennen, durch den die Erwerbsfähigkeit von Anfang an eingeschränkt war. Eine Rentengewährung kann im Hinblick auf die von Anfang an nicht vollwertig ausgeübte Tätigkeit nicht erfolgen. Das ergibt sich bereits daraus, daß die Gewährung einer Berufsunfähigkeitsrente im weiteren voraussetzt, daß eine Minderung der Erwerbsfähigkeit eingetreten ist[146]. „Herabsinken" der Erwerbsfähigkeit setzt voraus, daß diese Fähigkeit zumindest im wesentlichen einmal bestanden und sich lediglich im Laufe der Zeit durch besondere Umstände – wie zum Beispiel Krankheit oder Unfall – verringert hat[147]. Es widerspricht versicherungsrechtlichen Grundsätzen, wenn die Fähigkeit zur Verrichtung eines Berufes, der an sich überhaupt nicht ausgeübt werden kann, Gegenstand der Versicherung ist[148]. War der Versicherte damit bereits bei Aufnahme der Tätigkeit nicht in der Lage, diese vollwertig auszuüben, so kann sich in Ansehung dieser Tätigkeit kein Anspruch auf Berufsunfähigkeitsrente ergeben. Jedenfalls kann die von Anfang an nicht vollwertig ausgeübte Tätigkeit nicht als maßgebliche berufliche Tätigkeit angesehen werden.

---

145 BSGE 57, 291 (295); BSGE 22, 140 (141).
146 Vgl. unten D I 2 c cc.
147 BSGE 25, 227 (230).
148 BSGE 25, 227 (230); BSG SozR 2200 § 1246 Nr. 126.

Anzumerken ist in diesem Zusammenhang einzig, daß bei von Anfang an nicht vollwertiger Ausübung einer beruflichen Tätigkeit ein Versicherungsschutz nicht etwa voll ausscheidet. Vielmehr muß in einem solchen Fall ermittelt werden, ob ein geringer bewerteter Beruf zugrunde gelegt werden kann, den der Versicherte ohne wesentliche Einschränkungen hätte ausfüllen können[149]. Sofern ein solcher Beruf feststellbar ist, ist dieser als maßgeblicher Hauptberuf heranzuziehen.

*(bb). Schwierigkeiten bei der Feststellung der nicht vollwertigen Ausübung bei Berufsaufnahme*

Zu berücksichtigen ist jedoch die in praktischer Hinsicht bestehende besondere Problematik der Feststellung, ob der Versicherte bereits bei Aufnahme der Tätigkeit diese nicht vollwertig ausüben konnte. Zu denken ist vor allem an die Konstellation, daß der Versicherte einen bestimmten Beruf tatsächlich ohne Beanstandungen jahrelang ausgeübt hat[150]. In diesem Fall spricht zunächst die tatsächliche Vermutung dafür, daß er zumindest bei Aufnahme der Tätigkeit über die für diesen Beruf erforderlichen Fähigkeiten verfügt hat[151].

Diese Vermutung ergibt sich ohne weiteres aus den tatsächlichen Gegebenheiten des Berufslebens. Es ist nämlich davon auszugehen, daß ein Arbeitgeber nicht bereit ist, eine Person in einer Tätigkeit zu belassen, die diese nicht vollwertig ausfüllen kann. Zumindest eine über mehrere Jahre dauernde Tätigkeit läßt somit grundsätzlich den sicheren Schluß darauf zu, daß der Versicherte die erforderlichen Fähigkeiten irgendwann einmal besessen und erst im Laufe der Zeit verloren hat, also die Tätigkeit bei Berufsaufnahme zunächst auch vollwertig ausgeübt hat.

Im Einzelfall kann auch eine wesentlich kürzere Ausübung des jeweiligen Berufes die Annahme einer entsprechenden Vermutung rechtfertigen. Abhängig ist dies vor allem von der Qualität des Berufes und im besonderen von den Auswirkungen einer nicht vollwertigen Ausübung des Berufes.

Der tatsächlichen Berufsausübung kommt – vor allem nach der ständigen Rechtsprechung des Bundessozialgerichts – ein hoher Beweiswert zu. Eine Entkräftung einer solchen – aus der tatsächlich dauerhaften Ausübung des Berufes folgenden – Vermutung der Möglichkeit der vollwertigen Verrichtung der Tätigkeit bei Aufnahme des Berufes ist nicht ohne Schwierigkeiten möglich. So kommt der tatsächlichen Berufsausübung beispielsweise ein höherer Beweiswert

---

149 BSGE 25, 227 (230).
150 Vgl. BSGE 25, 227 (229).
151 BSGE 25, 227 (229); vgl. unten D I 2 c cc (4) (a).

zu, als einem medizinischen Gutachten, durch welches das Nichtvorliegen der erforderlichen Fähigkeiten bei Berufsaufnahme bestätigt wird[152].

Eine Entkräftung der aus der jahrelangen Berufsausübung folgenden Vermutung der vollwertigen Ausübung der Tätigkeit bei Berufsaufnahme ist damit nur im Ausnahmefall möglich. Angesichts des hohen Beweiswerts der lang andauernden Berufsausübung müssen hier gravierende Umstände gegeben sein, aus denen mit Sicherheit schlußgefolgert werden kann, daß der Betroffene die Tätigkeit über die entsprechend lange Zeit, jedoch von Anfang an nicht vollwertig ausgeübt hat. Beispielsweise ist hier an den Fall zu denken, daß durch Zeugenaussagen – insbesondere auch nach den Angaben des Arbeitgebers des Betroffenen – feststeht, daß eine vollwertige Ausübung der beruflichen Tätigkeit von Anfang an nicht gegeben war.

*(b). Hauptberuf bei Tätigkeiten, die allein auf Kosten der Gesundheit ausgeübt wurden*

Ein weiterer Fall, in dem die tatsächlich ausgeübte Tätigkeit nicht als bisheriger Beruf heranzuziehen ist, ist gegeben, wenn die bisherige Tätigkeit nur auf Kosten der Gesundheit ausgeübt werden konnte. Eine solche Tätigkeit, die einzig zu Lasten der Gesundheit geht, liegt etwa vor, wenn sie mit ständigem Heben verbunden ist oder nur oder überwiegend in einer bestimmten Zwangshaltung (zum Beispiel Sitzen oder Stehen) ausgeübt werden kann und die Arbeit vom Versicherten nur unter Inkaufnahme einer Verschlechterung seiner ohnehin schon angegriffenen Gesundheit geleistet wird.

Auch hier würde es versicherungsrechtlichen Grundsätzen widersprechen, wenn die Fähigkeit zur Verrichtung eines bestimmten Berufes Gegenstand einer Versicherung sein könnte, obwohl der Versicherte diesen Beruf nach seinem Gesundheitszustand von Beginn an eigentlich nicht hätte ausüben dürfen, ihn vielmehr nur auf Kosten seiner Gesundheit verrichtet hat[153]. Dies ergibt sich bereits aus Sinn und Zweck von Versicherungen allgemein. Versicherungen sind nämlich als Verlagerung wirtschaftlicher Risiken des Versicherungsnehmers in eine vom Versicherer organisierte Gefahrengemeinschaft zu definieren[154].

Der Begriff des Risikos umschreibt den wirtschaftlichen Gehalt der vom Versicherer zu tragenden Gefahr. Das Risiko beruht auf einer Summe objektiver und subjektiver Umstände, aufgrund derer ein ersatzpflichtiger Schaden möglicher-

---

152 Jörg, in: Kreikebohm, Sozialgesetzbuch, 1997, § 43 Rd. 20; Niesel, in: Kasseler Kommentar Sozialversicherungsrecht, Stand Dezember 1998, § 43 Rd. 31, 80 m.w.N.; BSG SozR 2200 § 1247 Nr. 12; vgl. Adami, SozVers 1989, 64 (65).

153 Vgl. BSGE 22 (1965), 140 (141); BSGE 57 (1985), 291 (295).

154 Münchener Rechts-Lexikon, Band 3 R-Z, 1987, S. 915.

weise eintreten kann. Führt eine Person eine Tätigkeit von Anfang an nur auf Kosten ihrer Gesundheit aus, so ist nicht nur die bloße Möglichkeit des Eintritts des Versicherungsfalles, sondern vielmehr eine an Sicherheit grenzende Wahrscheinlichkeit des Eintritts des Versicherungsfalles gegeben.

Eine Absicherung eines derart wahrscheinlichen Eintritts eines Schadens ist jedoch von Sinn und Zweck der Berufsunfähigkeitsrente nicht gedeckt, da hierdurch nur eine Absicherung gegen den unwägbaren Eintritt der Berufsunfähigkeit, nicht aber die Absicherung einer von Anfang an nahezu sicher bevorstehenden gesundheitsbedingten Aufgabe einer beruflichen Tätigkeit bezweckt wird. Aus gleichen Erwägungen ist es im übrigen auch nicht möglich, einen Versicherten auf eine Tätigkeit, die er nur auf Kosten seiner Gesundheit verrichten kann, zu verweisen[155].

*(5). Hauptberuf und Umschulung*

Hat ein Versicherter erfolgreich den Versuch einer Umschulung unternommen, so kann zweifelhaft sein, ob sein zuvor ausgeübter Beruf oder der im Rahmen der Umschulung erlernte Beruf als Hauptberuf anzusehen ist.

Ansatzpunkt für die Entscheidung dieser Frage ist die Feststellung, ob der Umschulungsberuf nach den oben dargestellten Grundsätzen zur Dauerhaftigkeit der beruflichen Tätigkeit auch tatsächlich ausgeübt wurde, da hiernach „bisheriger Beruf" nur eine versicherungspflichtige Tätigkeit sein kann und die Versicherungspflicht grundsätzlich mit dem Eintritt des Tatbestandes, an den das Gesetz die Rechtsfolge der Versicherungspflicht knüpft, eintritt. Dies ist regelmäßig der Zeitpunkt der Aufnahme einer entsprechenden Tätigkeit. Der Umschulungsberuf ist damit bisheriger Beruf, wenn er bereits versicherungspflichtig ausgeübt wurde[156].

Hat der Versicherte die Tätigkeit, zu der er mit Erfolg umgeschult wurde, aber noch nicht versicherungspflichtig ausgeübt, so kann der Umschulungsberuf nicht ohne weiteres als Hauptberuf angesehen werden. Eine erfolgreiche Umschulung allein hat vielmehr noch keine Bedeutung für die Bestimmung des bisherigen Berufes[157]. Andererseits erweitert aber auch eine solche Umschulung den Kreis der Verweisungstätigkeiten im Sinne des § 43 Abs. 2 S. 3 SGB VI[158].

---

155 BSGE 22, 140 (141); BSGE 31, 103 (105); zur Verweisbarkeit vgl. unten D I 2 c ee.

156 Ruland, in: v.Maydell/Ruland, Sozialrechtshandbuch, 2. Auflage, 1996, S. 877 (934) Rd. 136 m.w.N.

157 BSGE 31, 103; BSGE 57, 291 (293).

158 BSGE 31 (1970), 103 (105); zu den Verweisungsmöglichkeiten vgl. unten D I 2 c ee.

*(6). Hauptberuf bei Auslandsberührung*

Im Ausland ausgeübte Tätigkeiten sind für die Bestimmung des bisherigen Berufes grundsätzlich nicht zu berücksichtigen, da sie nicht der deutschen Versicherungspflicht unterliegen[159]. Eine Ausnahme besteht insoweit nur, wenn es sich um eine Tätigkeit in einem anderen Staat der EU – beziehungsweise einem durch zwischenstaatliche Vereinbarungen gleichgestellten Staat – handelt, die auch im Hinblick auf die Erfüllung der Wartezeit gemäß Art. 45 VO 1408/71 zu berücksichtigen ist[160].

Nur eine solche Berücksichtigung von in einem anderen EU-Staat ausgeübten Tätigkeiten entspricht dem Sinn und Zweck der einschlägigen EGV-Regelungen (Art. 42 des EG-Vertrages, Präambel und Art. 45 der VO Nr. 1408/71). Diese Regelungen sollen sicherstellen, daß Arbeitnehmer, die von der Freizügigkeit innerhalb der EG-Staaten Gebrauch machen, bei gleicher beruflicher Qualifikation und Leistung innerhalb der Gesellschaft keine sozialversicherungsrechtlichen Nachteile erleiden[161]. Solche Nachteile würden jedoch entstehen, wenn eine zuletzt im Ausland ausgeübte Tätigkeit für die Qualifizierung des Hauptberufes des Versicherten außer Betracht bleiben müßte. Beispielsweise könnte ein späterer beruflicher Aufstieg in einem anderen EG-Staat bei der Festsetzung einer deutschen Rente wegen Berufsunfähigkeit nicht berücksichtigt werden, obwohl er berücksichtigt würde, wenn der Versicherte nicht von der Freizügigkeit Gebrauch gemacht hätte und der berufliche Aufstieg in der Bundesrepublik Deutschland erfolgt wäre[162].

Zum anderen wären Fälle denkbar, in denen eine in Deutschland zurückgelegte Berufstätigkeit überhaupt nicht als bisher verrichtete Tätigkeit rechtserheblich wäre, weil beispielsweise nach Beendigung der deutschen Versicherungszeit die Wartezeit[163] noch nicht erfüllt war und erst danach in einem anderen EG-Staat erfüllt worden ist[164]. Könnte die berufliche Tätigkeit außerhalb der Bundesrepublik Deutschland nicht beachtet werden, so wäre damit überhaupt kein maßgeblicher Hauptberuf des Versicherten gegeben, da die in der Bundesrepublik

159 Vgl. Niesel, in Kasseler Kommentar Sozialversicherungsrecht, Stand Dezember 1998, § 43 Rd. 26.
160 BSGE 64, 85; BSGE 47, 183.
161 Vgl. BSGE 47, 183 (186); Die EWG-VO Nr. 1408/71 und ihre DurchführungsVO Nr. 574/71 koordinieren die unterschiedlichen sozialversicherungsrechtlichen Systeme der beteiligten Staaten.
162 BSGE 47, 183 (186).
163 Vgl. hierzu unten D I 4 a.
164 Vgl. BSGE 47, 183 (185).

Deutschland ausgeübte Tätigkeit gerade mangels Eintritts der erforderlichen Wartezeit außer Betracht bleiben müßte.

Gleichwohl ist eine Berücksichtigung der im EU-Ausland ausgeübten Tätigkeit nicht unproblematisch. Von Bedeutung ist in diesem Zusammenhang insbesondere die Gefahr, daß sich der deutsche Rentenversicherungsträger häufig zu – unter Umständen schwierigen – Untersuchungen im Herkunftsstaat veranlaßt sehen müßte, um die Qualifikation der im Ausland ausgeübten Tätigkeit festzustellen, damit eine tarifliche Einstufung in eine entsprechende deutsche Lohngruppe ermöglicht wird.

Um diesen Schwierigkeiten zu begegnen, wurde zunächst durch VO Nr. 2000/83 im Anhang VI Abschnitt C der VO Nr. 1408/71 die Nr. 15 eingefügt[165], durch die im Ergebnis eine Berücksichtigung von im Ausland durchgeführten Tätigkeiten bei der Bestimmung des Hauptberufes ausgeschlossen wurde. Nach den obigen Darlegungen ist diese Regelung jedoch nicht mit dem Grundgedanken der in Art. 42 EGV festgeschriebenen Freizügigkeit vereinbar und wurde entsprechend vom EUGH für nichtig erklärt[166]. Mit der damit festgestellten Nichtigkeit der Nr. 15 des Anhangs VI Abschnitt C der VO Nr. 1408/71 ergibt sich, daß ein anschließend im EU-Ausland ausgeübter Beruf auch dann als bisheriger Beruf zugrunde zu legen ist, wenn dieser dem vorher im Bundesgebiet ausgeübten Beruf qualitativ nicht entspricht[167]. Die Anspruchsvoraussetzungen für die begehrte Berufsunfähigkeitsrente sind im weiteren jedoch ausschließlich nach deutschem Recht zu beurteilen[168].

Sofern der Versicherte im EU-Ausland hingegen eine geringerwertige Tätigkeit aufgenommen hat, liegt auf der anderen Seite eine Lösung[169] vom bisher in der Bundesrepublik Deutschland ausgeübten Beruf vor, sofern die Aufnahme der neuen Tätigkeit freiwillig erfolgt ist[170].

Abschließend ist in diesem Zusammenhang festzustellen, daß Beschäftigungen, die in nicht der EU angehörenden Staaten ausgeübt wurden, für die Bestim-

---

165 Wortlaut: Ist nach den deutschen Rechtsvorschriften für den Anspruch auf Rente wegen Berufsunfähigkeit oder Erwerbsunfähigkeitsrente oder Bergmannsrente wegen verminderter bergmännischer Berufsfähigkeit oder Knappschaftsrente wegen Berufsunfähigkeit oder Erwerbsunfähigkeit auf den bisherigen Beruf abzustellen, so werden bei der Prüfung dieses Anspruchs nur nach deutschen Rechtsvorschriften versicherungspflichtige Beschäftigungen berücksichtigt.

166 EUGH NJW 1988, 2170 (2171).

167 Niesel, in: Kasseler Kommentar Sozialversicherungsrecht, Stand Dezember 1998, § 43 Rd. 26.

168 Vgl. BSGE 47 (1979), 183 (186).

169 Vgl. oben D I 2 c aa (2).

170 Ruland, DRV 1990, 709 (723).

mung des bisherigen Berufes unbeachtlich sind[171]. Ein im Inland erworbener Berufsschutz geht jedoch durch eine Tätigkeit im Ausland grundsätzlich nicht verloren[172].

*bb. Qualitativer Wert des bisherigen Berufes*

Zu beachten ist im weiteren, daß es sich bei der Berufsunfähigkeit in der gesetzlichen Rentenversicherung um einen Bereich handelt, der in der Bundesrepublik Deutschland mehrere hunderttausend Arbeitnehmer betrifft. Insoweit liegt ein Massenphänomen vor, welches zu einer Massenverwaltung führt. Damit reicht für eine sinnvolle Handhabung nicht die bloße Feststellung des bisherigen Berufes aus. Gerade im Interesse der Rechtssicherheit und gleichmäßigen Sachbehandlung ist es erforderlich, gleichwertige Berufstätigkeiten in Berufsgruppen zusammenzufassen, um eine gerechte Sachbehandlung zu gewährleisten[173].

Zur Feststellung, welche Berufstätigkeiten gleichwertig sind, hat das Bundessozialgericht ein Mehrstufenschema entwickelt. Neben der Feststellung der maßgeblichen beruflichen Tätigkeit gilt es damit im weiteren, den qualitativen Wert dieser beruflichen Tätigkeit zu bestimmen. Ziel einer solchen qualitativen Einstufung der beruflichen Tätigkeit ist es zum einen, daß sich die Entscheidung im Einzelfall an der Realität des Arbeitslebens ausrichtet. Zum anderen sollen dem Rentenversicherungsträger Maßstäbe geboten werden, die es einer Massenverwaltung ermöglichen, wirkungsvoll alle Fälle nach gleichen Kriterien zu beurteilen[174].

Die Beantwortung der weiteren Frage, zu welcher Gruppe des Mehrstufenschemas eine Berufstätigkeit aufgrund ihrer tatsächlichen Qualitätsmerkmale gehört, ist ein Vorgang der Subsumtion dieser durch ihre Qualitätsmerkmale identifizierten Berufstätigkeit unter die konkretisierten Tatbestandsmerkmale der einzelnen Berufsgruppen[175]. Hierbei gilt es die Qualitätsmerkmale der jeweiligen beruflichen Tätigkeit im Einzelfall mit dem rechtlichen Inhalt der Berufsgruppen, insbesondere mit den entsprechenden Qualitätsgrenzen zu vergleichen und auf Übereinstimmungen zu untersuchen[176]. Bei dem durch das Bundessozialgericht

171 BSGE 50, 165 (166ff.).

172 König, SozVers 1985, 230; Wiegand, SozVers 1984, 147; Ruland DRV 1990, 709 (723); Kinzel DAngVers 1984, 343 (344).

173 Vgl. BSG SozR 2200 § 1246 Nrn. 95, 110; Hennies, in: Berliner Kommentar zum Rentenreformgesetz 1992 – Die Rentenversicherung im Sozialgerichtsbuch, Band IV, Loseblattsammlung, 1990, Stand Januar 1999, § 43 Rd. 6.

174 Vgl. DRV 1993, 493 (548); May, SGb 1994, 359 (362); BSGE 41, 129 (132).

175 May, SGb 1994, 359 (362).

176 May, SGb 1994, 359 (362).

entwickelten Mehrstufenschema handelt es sich um einen Fall der richterlichen Rechtsfortbildung[177]. Dieses Schema ist nach der Qualität der Arbeit, also berufshierarchisch ausgerichtet.

*(1). Aufbau des Mehrstufenschemas*

Ausgangspunkt für die an der Leistungsqualität ausgerichtete Zusammenfassung von Berufsgruppen ist die aus dem Handwerk stammende Einteilung „ungelernt, angelernt und gelernt“[178]. Dem liegt die Annahme zugrunde, daß sich an der Art und Dauer der Ausbildung zeigt, welches Maß an Wissen, Können und Fertigkeiten für den tatsächlich ausgeübten Beruf erforderlich ist.

Hierbei kommt es jedoch im konkreten Fall nur abstrakt darauf an, ob und welche Ausbildung für die jeweilige Tätigkeit in der Regel gefordert wird. Nicht erheblich ist, ob der Versicherte die für den Beruf erforderliche Berufsausbildung auch tatsächlich durchlaufen hat. In dem Fall, in dem der Versicherte die Ausbildung tatsächlich nicht durchlaufen hat, ist lediglich zu prüfen, ob die abweichend vom normalen Ausbildungsweg erlangte berufliche Position tatsächlich in voller Breite derjenigen des vergleichbaren Versicherten mit normalem Ausbildungsgang entspricht[179].

Dies folgt bereits aus einer am Gerechtigkeitsgedanken ausgerichteten Betrachtungsweise. Diese erfordert, daß im Verfahren der Gewährung der Berufsunfähigkeitsrente von der konkreten Qualität einer geleisteten Tätigkeit auszugehen ist. Die erlangte Ausbildung kann hierfür nur ein Indikator sein. Würde andernfalls einzig von der Ausbildung des Versicherten ausgegangen, so wären Fälle denkbar, in denen beispielsweise ein qualitativ hochwertig Ausgebildeter, der tatsächlich eine qualitativ nicht entsprechende Tätigkeit ausübt, vor demjenigen Versicherten bevorzugt würde, der zwar lediglich eine qualitativ minderwertigere Ausbildung durchlaufen, dieses Manko jedoch durch persönlichen Einsatz (beispielsweise durch private Fortbildung) ausgeglichen hat und eine höherwertige Tätigkeit ausübt. Demgegenüber steht jedoch das besondere praktische Problem, daß bei einer Massenverwaltung, wie sie die Träger der gesetzlichen Rentenversicherung durchzuführen haben, die vielfältigen Besonderheiten einer individuellen Arbeitsleistung der Versicherten ebenso wie die Besonderheiten des Arbeitsplatzes kaum zu überblicken und auch praktisch nicht in jedem Einzelfall aufzuklären sind[180].

---

177 Wilde/Schimmelpfennig-Schulte, NZA 1989, 93.
178 Wilde/Schimmelpfennig-Schulte, NZA 1989, 93 (94); BSGE 68, 277 (279).
179 BSG SozR 2200 § 1246 Nrn. 53, 149.
180 Vgl. BSGE 41, 129 (133).

*(a). Mehrstufenschema bei Arbeiterberufen*

Nach der ständigen Rechtsprechung des Bundessozialgerichts ist im Rahmen der Arbeiterberufe von einem 4-Stufen-Schema auszugehen. Die bestehenden vier Gruppen sind – wie bereits dargestellt – zunächst nach der Leistungsqualität geordnet[181] und darüber hinaus durch bestimmte Leitberufe gekennzeichnet[182].

*(aa). Grundsätzliche Zuordnung der Leitberufe Vorarbeiter mit Vorgesetztenfunktion / besonders hoch qualifizierter Facharbeiter auf der ersten Stufe des Mehrstufenschemas*

Auf der ersten Stufe der Arbeiterberufe findet sich der Bereich der hochqualifizierten Facharbeiter und der Facharbeiter mit Vorgesetztenfunktion. Wesentliches Charakteristikum dieser Gruppe ist vor allem eine bestehende Leitungsfunktion. Zunächst war das Bundessozialgericht lediglich von einem 3-Stufen-Schema ausgegangen[183], welches gerade diese 1. Stufe nicht beinhaltete[184]. Hiervon ist das Bundessozialgericht jedoch abgerückt[185], da es für erforderlich gehalten wurde, bestimmte Vorarbeiter, deren Berufstätigkeit infolge besonderer geistiger und persönlicher Anforderungen die des reinen Facharbeiters in ihrer Qualität noch deutlich überragt, in einer besonderen Gruppe zusammenzufassen.

Aufgrund dieser Vorgaben sind die Voraussetzungen dieser 1. Stufe hinsichtlich der Eigenschaft als Vorarbeiter mit Vorgesetztenfunktion nur erfüllt, wenn der betroffene Arbeitnehmer als Facharbeiter mit einer Weisungsbefugnis gegenüber anderen Facharbeitern ausgestattet ist[186]. Anerkannt ist in diesem Zusammenhang, daß eine bloße Weisungsbefugnis gegenüber Angelernten und Hilfsar-

---

181 Ruland, in: v.Maydell/Ruland, Sozialrechtshandbuch, 2. Auflage, 1996, S. 877 (935) Rd. 141.

182 BSGE 68, 277 (278); BSG SozR 2200 § 1246 Nr. 143; Wilde/Schimmelpfennig-Schulte, NZA 1989, 93 (95).

183 Vgl. BSGE 38, 153 (154); BSGE 41, 129 (131). Hier wurde unterschieden zwischen einer oberen, einer mittleren und einer unteren Gruppe von Arbeiterberufen; vgl. auch Zweng/Scheerer/Buschmann, Handbuch der gesetzlichen Rentenversicherung, 2. Auflage, Band 2, Loseblattsammlung, Stand September 1986, § 1246 RVO S. 27f..

184 Vgl. Adami, SozVers 1989, 64 (67); Göring, SozVers 1989, 117.

185 BSG SozR 2200 § 1246, Nr. 16.

186 Vgl. Niesel, in: Kasseler Kommentar Sozialversicherungsrecht, Stand Dezember 1998, § 43 Rd. 36; Jörg, in: Kreikebohm, Sozialgesetzbuch, 1997, § 43 Rd. 29; Wilde / Schimmelpfennig-Schulte, NZA 1989, 93 (95).

beitern nicht genügt[187]. Die Anzahl der unterstellten Mitarbeiter ist nicht entscheidend[188]. Weiter ist unerheblich, ob der Versicherte in der Lage ist, allen ihm unterstellten Facharbeitern fachliche Weisungen zu erteilen, da diesbezüglich allein maßgeblich ist, daß er die Aufsicht über die ihm unterstellten Facharbeiter führt und allgemeine Weisungen erteilen kann, mithin durch eine besondere Verantwortung herausgehoben ist[189].

Neben der damit erforderlichen großen Bedeutung und dem hohen Gewicht für die ausgeübte Tätigkeit und den Betriebsablauf ist das Fehlen einer Weisungsabhängigkeit von einem anderen in einem Arbeitsverhältnis stehenden Beschäftigten Voraussetzung für die Einordnung der Tätigkeit des Versicherten in die Spitzengruppe „Vorarbeiter mit Vorgesetzteneigenschaften“[190].

Sofern auf der anderen Seite eine Weisungsunterworfenheit hinsichtlich Vorgesetzten im Angestelltenverhältnis besteht, schadet dies nicht[191]. Ihre Begründung findet diese Regelung in der Tatsache, daß eine Weisungsgebundenheit gegenüber Vorgesetzten im Angestelltenverhältnis nichts daran ändert, daß eine entsprechende Tätigkeit die übliche Facharbeitertätigkeit infolge besonderer geistiger und persönlicher Anforderungen qualitätsmäßig deutlich überragt.

Neben dem Leitberuf des Vorarbeiters mit Vorgesetztenfunktion ist im weiteren auch der Leitberuf des besonders hoch qualifizierten Facharbeiters auf der ersten Stufe des Mehrstufenschemas einzuordnen. Insoweit ist eine Gleichstellung gegeben[192]. Als so besonders hoch qualifizierter Facharbeiter ist derjenige Versicherte anzusehen, der eine vorgeschriebene, mit einer Fach- oder Gehilfenprüfung abgeschlossene Ausbildung in einem anerkannten Ausbildungsberuf absolviert hat und darüber hinaus eine längere, planmäßige, spezielle weitere Ausbildung mit Prüfungsabschluß durchlaufen mußte und auch durchlaufen hat[193].

Auch hierunter fallen die Versicherten, die – aufgrund ihrer Qualifikation – wesentlich höherwertige Arbeiten als ihre zur Gruppe der Facharbeiter[194] zählen-

---

187 Jörg, in: Kreikebohm, Sozialgesetzbuch, 1997, § 43 Rd. 29; Niesel, in: Kasseler Kommentar Sozialversicherungsrecht, Stand Dezember 1998, § 43 Rd. 36.

188 Niesel, in: Kasseler Kommentar Sozialversicherungsrecht, Stand Dezember 1998, § 43 Rd. 36.

189 Ruland, in: v.Maydell/Ruland, Sozialrechtshandbuch, 2. Auflage, 1996, S. 877 (935) Rd. 142.

190 Wilde/Schimmelpfennig-Schulte, NZA 1989, 93 (95) m.w.N.

191 Jörg, in: Kreikebohm, Sozialgesetzbuch, 1997, § 43 Rd. 29; Niesel, in: Kasseler Kommentar Sozialversicherungsrecht, Stand Dezember 1998, § 43 Rd. 36; BSG SozR 2200 § 1246 Nr. 44 m.w.N.

192 BSGE 45, 276; 54 181; 56, 132.

193 Vgl. Wilde/Schimmelpfennig-Schulte, NZA 1989, 93 (95).

194 Vgl. unten D I 2 c bb (1) (a) (cc).

den Arbeitskollegen verrichten[195]. Eine solche höherwertige Tätigkeit ist vor allem dann anzunehmen, wenn diese die Tätigkeit eines „normalen“ Facharbeiters nach den geistigen und persönlichen Anforderungen in der Qualität der Berufstätigkeit deutlich überragt[196], was sich vor allem auch an der Höhe der Entlohnung zeigt. Ein besonders hoher Akkordlohn reicht hierfür allein jedoch nicht aus, da ein solcher vorwiegend Äquivalent besonderer Tüchtigkeit ist, nicht jedoch sonstige Rückschlüsse auf die Wertigkeit der Tätigkeit zuläßt. Auf Weisungsbefugnisse gegenüber anderen Facharbeitern kommt es – anders als beim Facharbeiter mit Vorgesetztenfunktion – nicht an[197].

Letztlich sind auch weitere Tätigkeitsfelder der ersten Stufe grundsätzlich zuzuordnen, soweit sie durch eine besondere Verantwortung gekennzeichnet sind, die es rechtfertigt, diese Tätigkeiten als besonders hochwertig anzusehen. In erster Linie ist hier der Handwerksmeister, der Auszubildende betreut beziehungsweise ausbildet, zu nennen[198]. Die besondere Wertigkeit einer solchen Tätigkeit ergibt sich bereits aus den in § 21 HwO gesetzlich normierten Voraussetzungen, die in einer Person vorhanden sein müssen, damit diese zur Ausbildung berechtigt ist. Voraussetzung ist hiernach vor allem, daß das Merkmal der persönlichen Eignung gegeben ist, was wiederum voraussetzt, daß diese durch das Bestehen der Meisterprüfung in dem Handwerk, in dem ausgebildet werden soll, nachgewiesen ist. Die besondere Wertigkeit einer solchen Tatsache folgt bereits aus der herausragenden Verantwortung, die mit der Ausbildung junger Handwerker verbunden ist. Insofern ist eine grundsätzliche Einordnung solcher Tätigkeiten auf der ersten Stufe des Mehrstufenschemas gerechtfertigt und auch geboten.

*(bb). Tarifvertragliche Einordnung als weiteres wesentliches Zuordnungskriterium – Ein Problemaufriß*

*(aaa). Auffassung der Rechtsprechung*

Neben diesen bereits aufgezeigten Erfordernissen für die Einstufung der beruflichen Tätigkeit in den Leitberuf „Vorarbeiter mit Vorgesetztenfunktion“ kommt der tarifvertraglichen Einordnung der Tätigkeit nach Auffassung der Rechtsprechung eine besondere Relevanz zu[199]. Für die Einordnung der beruflichen Tätigkeit auf der ersten Stufe des Mehrstufenschemas soll in der Regel erforderlich sein, daß die Berufsart wegen ihrer herausgehobenen Funktion in die Spitzen-

195 Vgl. Fichte, in: Erlenkämper/Fichte, Sozialrecht, 3. Auflage, 1996, S. 372.
196 BSG SozR 2200 § 1246 Nrn. 37, 144.
197 BSG SozR 2200 § 1246 Nr. 37.
198 Vgl. Fichte, in: Erlenkämper/Fichte, Sozialrecht, 3. Auflage, 1996, S. 372.
199 Vgl. Adami, SozVers 1989, 64 (67).

gruppe des jeweiligen Tarifvertrages eingestuft ist[200]. Dies folgt nach der Rechtsprechung des Bundessozialgerichts daraus, daß die tarifliche Einstufung im Rahmen der qualitativen Bewertung des Hauptberufes in unterschiedlicher Stärke indizielle Bedeutung hat[201] und in der Spitzengruppe eines Tarifvertrages enthaltene Berufsarten in der Regel aufgrund deren überragender Qualität dort eingeordnet sind.

Die große indizielle Bedeutung der tarifvertraglichen Einstufung – so wird vorgebracht – finde ihre Rechtfertigung vor allem in der Tatsache, daß die Tarifpartner am Arbeitsleben unmittelbar beteiligt sind und damit deren Bewertung von Berufstätigkeiten als zuverlässig anzusehen sei[202].

Ist eine berufliche Tätigkeit in der Spitzengruppe eines Tarifvertrages angesiedelt, so kann diese Tätigkeit nach der Rechtsprechung nur ausnahmsweise einer niedrigeren Gruppe zugeordnet werden. Die Rechtsprechung des Bundessozialgerichts läßt derartige Ausnahmen nur zu, sofern die tarifliche Einordnung auf qualitätsfremden Merkmalen beruht[203]. Solch qualitätsfremde Merkmale sind beispielsweise gegeben, wenn die tarifliche Einordnung lediglich auf Nachteilen oder Erschwernissen beruht, die die Verrichtung einer bestimmten Tätigkeit mit sich bringt. Zu denken ist hier insbesondere an eine höhere tarifliche Einstufung aufgrund Akkord-, Nacht- oder Schmutzarbeit[204]. Als qualitätsfremde Einordnungsmerkmale sind ferner soziale Gründe, wie beispielsweise ein Bewährungsaufstieg anzusehen[205].

Weitere Ausnahmefälle hat die Rechtsprechung schließlich hinsichtlich der Gründe Lebensalter/lange Betriebszugehörigkeit[206], besonders hoher Stundenlohn[207], Höherstufung als „Beamtendiensttuer“[208] gemacht.

---

200 Jörg, in: Kreikebohm, Sozialgesetzbuch, 1997, § 43 Rd. 29; Wilde/Schimmelpfennig-Schulte, NZA 1989, 93 (95).

201 VDR, DRV 1993, 494 (547); vgl. auch Meyer, in: Gemeinschaftskommentar zum Sozialgesetzbuch – Gesetzliche Rentenversicherung SGB VI, Loseblattsammlung, Band 3, Grundwerk 1992, Stand: 1992, § 43 Rd. 239.

202 VDR, DRV 1993, 494 (547); ständige Rechtsprechung vgl. BSGE 41,129, (134), BSG SozR 2200 § 1246 Nrn. 11, 17, 23, 29, 31, 71, 99, 111, 116, 122, 123, 129, 132, 164; Fichte, in: Erlenkämper/Fichte, Sozialrecht, 3. Auflage, 1996, S. 374.

203 Vgl. VDR, DRV 1993, 494 (547).

204 BSG, NZA 1992, 85 (86); Kapischke/Schultz; BB 1993, 2527 (2528).

205 VDR, DRV 1993, 494 (547); vgl. auch Meyer, in: GK-SGB VI, Band 3, Stand: 1997, § 43 Rd. 244 m.w.N.

206 BSG SozR 2200 § 1246 Nr. 31.

207 BSG SozR 2200 § 1246 Nr. 77.

208 BSG SozR 2200 § 1246 Nr. 132; a.A. BSG SozR 2200 § 1246 Nrn. 122, 123.

*(bbb). Problemstellungen bei Berufsbildern, die nicht durch Tarifverträge abgedeckt sind*

Fraglich ist hier bereits, welche Tarifverträge für die Einstufung der beruflichen Tätigkeit maßgeblich sind. Grundsätzlich soll nach der Rechtsprechung zunächst der für den bisherigen Beruf sachlich einschlägige Tarifvertrag heranzuziehen sein. Besondere Probleme können in diesem Zusammenhang jedoch auftreten, wenn die Berufsgruppe im Tarifvertrag nicht erwähnt ist oder die Berufstätigkeit keinem Tarifvertrag unterliegt. In derartigen Fällen sind bei der Frage der Einstufung auch andere Tarifverträge desselben örtlichen Tarifbezirks heranzuziehen. Hierbei gilt es vor allem, dem bisherigen Beruf verwandte Tätigkeiten herauszufinden, um so eine entsprechende Einstufung vorzunehmen.

Sofern keine sichere Zuordnung möglich ist, bleibt nur der Weg, über andere Indizien als die tarifvertragliche Einordnung eine nähere Zuordnung zu treffen. Hier ist insbesondere auf die Verkehrsanschauung abzustellen, wobei besonderes Augenmerk auf die Entlohnung zu legen ist[209].

Ebenso wie im Hinblick auf tarifvertraglich ausdrücklich geregelte Einstufungen ist auch zu prüfen, ob die Höhe der Entlohnung nicht durch Gründe bedingt ist, die als qualitätsfremd anzusehen sind.

*(ccc). Problemstellungen durch die strikte Übertragung der tarifvertraglichen Grundsätze durch die Justiz*

Die vorstehend dargestellte Einstufung einer beruflichen Tätigkeit unter besonderer Berücksichtigung der tariflichen Einordnung ist ständige Rechtsprechung. Zwar hatte der 4. Senat des Bundessozialgerichts diese Rechtsprechung in zwei Entscheidungen im Jahre 1987 ausdrücklich aufgegeben[210] und als Korrelat hierfür dem Merkmal der Dauer der Ausbildung eine überragende Bedeutung beigemessen. Nach neueren Entscheidungen des 5. und des 13. Senats ist jedoch weiter unabhängig von der Dauer der Ausbildung auf die Einschätzung durch die Tarifpartner abzustellen[211].

---

209 VDR, DRV 1993, 494 (547).

210 BSG, SozR 2200 § 1246 Nr. 143, hier hat das Bundessozialgericht entsprechende tatrichterliche Feststellungen für entbehrlich angesehen, wenn hinreichend sicher feststeht, daß das durch tatsächliche Arbeitsleistung gezeigte Können den Versicherten jedenfalls in die Nähe eines Versicherten der betreffenden Gruppe rückt; vgl. insbesondere BSG SozR 2200 § 1246 Nr. 149.

211 Vgl. zum Beispiel BSG SozR 2200 § 1246 Nr. 16, 111, 116, 122, 123, 129, 164; vgl. auch BSGE 68, 277 (281).

Zwar bezeichnet das Bundessozialgericht die tarifliche Einstufung in einer Vielzahl von Entscheidungen lediglich als Indiz[212]. Tatsächlich erfolgt die Einstufung in den Entscheidungen aber regelmäßig einzig und allein aufgrund dieser Vorgabe. In der Praxis besteht somit eine dauernde unkritische Heranziehung der jeweiligen Tarifverträge ohne wirkliche Berücksichtigung anderweitiger Indizien. Die tarifliche Einstufung hat so den Bedeutungsgehalt eines unerläßlichen Wesensmerkmals.

Diese Rechtsprechungspraxis ist vermehrt auf Kritik gestoßen. Zur Begründung der Kritik wird angeführt, daß die tarifliche Eingruppierung der einzelnen Tätigkeiten häufig von Erwägungen bestimmt werde, die ihren Grund nicht in der Qualität der Arbeit hätten[213]. Daher seien tarifvertragliche Einordnungen keine geeignete Grundlage für die Einordnung in das ursprünglich gerade an der Qualität der Arbeit ausgerichtete Mehrstufenschema.

Auch wird insoweit eine eintretende Rechtsunsicherheit beanstandet[214], da gerade die zur Eingruppierung maßgeblichen Gründe nicht ohne weiteres ersichtlich sind. Zudem seien auch vordergründig nach qualitativen Arbeitsanforderungen geordnete Tarifverträge nicht zur Festschreibung einer berufsständischen Hierarchie aufgestellt worden. Vielmehr seien sie oftmals machtfunktionale Kompromisse bei der Durchsetzung grundsätzlicher Vergütungsvorstellungen[215]. Aus diesem Grunde seien tarifvertragliche Einstufungen für die Beurteilung des qualitativen Wertes einer beruflichen Tätigkeit ungeeignet[216].

Zudem wird vorgebracht, daß sich im Rahmen der Massenverwaltung für den Versicherungsträger kaum zuverlässig klären lasse, inwieweit die Erwägungen der Tarifvertragspartner bei der tariflichen Einstufung mit Blick auf das Mehrstufenschema sachgerecht oder sachfremd seien. Insoweit führe das maßgebliche Abstellen der Rechtsprechung auf die tarifvertragliche Einstufung zu willkürlichen Ergebnissen, zumal für das jeweilige Gericht nicht feststellbar sei, welche Motive, Vorbehalte und Verhandlungskompromisse für die tarifvertragliche Eingruppierung maßgeblich gewesen sind[217].

212 insbesondere in der Rechtsprechung des 5. Senats des Bundessozialgerichts.
213 So Fichte, in: Erlenkämper/Fichte, Sozialrecht, 3. Auflage, 1996, S. 386.
214 So Meyer, in: GK-SGB VI, Band 3, Stand: 1997, § 43 Rd. 238.
215 So Meyer, in: GK-SGB VI, Band 3, Stand: 1997, § 43 Rd. 246.
216 So im Ergebnis Meyer, in: GK-SGB VI, Band 3, Stand: 1997, § 43 Rd. 246 m.w.N.
217 So Fichte, in: Erlenkämper/Fichte, Sozialrecht, 3. Auflage, 1996, S. 375, 386.

*(ddd). Bewertung*

Diese Kritik erweist sich im Ergebnis als begründet. Zunächst ist zwar hervorzuheben, daß die in ständiger Rechtsprechung geübte gerichtliche Praxis des Bundessozialgerichts, nämlich die lohnvertragliche tarifliche Einstufung als geeignetes Hilfsmittel zur Qualifizierung der verrichteten Tätigkeit mit – zumindest – Indizwirkung anzusehen, grundsätzlich als hinnehmbar angesehen werden könnte, wenn es gelungen wäre, den Indizwert der lohntariflichen Einstufung klar zu definieren[218].

Wie weit die indizielle Wirkung geht, ist jedoch nach der Rechtsprechung der einzelnen Senate des Bundessozialgerichts nicht vollständig geklärt[219]. Dies zeigt sich bereits deutlich an der verschiedenartigen Wortwahl der einzelnen Senate. So wird die Indizwirkung der tarifvertraglichen Einstufung beispielsweise als „relativ zuverlässig"[220], „wichtig"[221], „wichtigst"[222] und „zuverlässigst"[223] bezeichnet. Einzig der 1. Senat des Bundessozialgerichts hat durchgängig die Formulierung „relativ zuverlässig" gewählt. Eine genaue Definition der Grenzen der Reichweite der Indizwirkung ist bislang jedoch nicht erfolgt. So drängt sich im Ergebnis die Frage auf, wann die „Bewertungsmacht" der Tarifpartner Anlaß zu Überprüfungen gibt.

In diesem Zusammenhang ist vor allem die Tatsache relevant, daß es nicht Aufgabe der Tarifvertragsparteien ist, ihre Gründe für eine Einstufung zu dokumentieren[224]. Dies führt im rein tatsächlichen Bereich dazu, daß im Ergebnis kaum feststellbar ist, ob die tarifliche Einstufung einer beruflichen Tätigkeit auf der Qualität der Tätigkeit oder auf qualitätsfremden Merkmalen beruht.

Die Rechtsprechung nimmt trotz dieser Problematik ohne weiteres an, daß bei einem grundsätzlich nach Qualitätsstufen geordneten Tarifvertrag davon auszugehen ist, daß die Einordnung auch einzig auf der Qualität der Tätigkeit beruht. Ermittlungen über die Qualität der vom Versicherten ausgeübten Tätigkeit werden nur dann für erforderlich gehalten, wenn konkrete Anhaltspunkte für eine qualitätsfremde Einordnung bestehen oder substantiiert vorgetragen ist, daß die verrichtete Tätigkeit und die tatsächlich bestehenden Kenntnisse und Fähigkeiten nicht der erfolgten tariflichen Einstufung entsprechen[225]. Die ausschließliche

---

218 So auch Oberfeld, Sgb 1985, 309 (310).
219 Vgl. Wilde/Schimmelpfennig-Schulte, NZA 1989, 93 (96).
220 BSG 2200 SozR § 1246 Nr. 75.
221 BSG 2200 SozR § 1246 Nr. 17.
222 BSG 2200 SozR § 1246 Nr. 27.
223 BSG 2200 SozR § 1246 Nr. 5.
224 Vgl. Kapischke/Schultz, BB 1993, 2527 (2528).
225 Vgl. auch Adami, SozVers 1989, 64 (68).

Ausrichtung an dem Tarifvertrag ist damit der Regelfall, während eine Überprüfung auf eine bestehende tatsächliche Abweichung im konkreten Fall nur ausnahmsweise erfolgt. Praktisch behandelt vor allem der 5. Senat des Bundessozialgerichts die tarifvertragliche Einstufung als unmittelbar rechtserheblich[226].

Dieses Regel-/Ausnahmeprinzip ist jedoch nicht haltbar. Die tarifliche Einstufung kann vielmehr die Gerichte grundsätzlich nur dann von einer eigenen Bewertung freistellen, wenn sie mit der Bedeutung, die § 43 SGB VI fordert, in Einklang steht. Eine solche Übereinstimmung ist jedoch nur im Ausnahmefall ohne weitere Schwierigkeiten feststellbar. Insbesondere folgt dies daraus, daß für die einzelnen Tarifvertragsparteien unterschiedliche Gesichtspunkte zum gleichen Ergebnis führen können. Beispielsweise sei hier genannt, daß ein Beruf höherwertig eingestuft wird, weil er in einem Bezirk ein Mangelberuf ist und deshalb durch tarifvertragliche Höherstufung attraktiver gestaltet werden soll.

Auch zeigt eine tarifvertragliche Einstufung nicht, ob diese aufgrund des hohen Grades an Verantwortung oder der hierfür erforderlichen Qualifikation oder allein deshalb erfolgt ist, weil nur zu diesem Entgelt sich jemand bereitfindet, diese Arbeit auszuführen[227]. Letztlich entscheidend gegen die von den Sozialgerichten geübte Praxis – quasi ausschließlich von der tarifvertraglichen Einstufung ausgehend die Wertigkeit einer beruflichen Tätigkeit zu bestimmen und damit selbst von einer eigenen Bewertung enthoben zu sein – spricht jedoch, daß hierdurch Ergebnisse eintreten können, die mit dem Gleichheitssatz des Art. 3 Abs. 1 GG nicht in Einklang stehen[228].

Gerade im Hinblick auf die dargelegte Tatsache, daß viele Tarifregelungen allein aus der Kompromißbereitschaft der Tarifvertragsparteien resultieren, ergibt sich, daß Tarifverträge einen unterschiedlichen fachlichen Geltungsbereich haben können und damit auch abweichende Eingruppierungen für völlig identische Tätigkeiten aufweisen können[229]. Das kann im Einzelfall zur Folge haben, daß ein Berufsbild und damit auch der jeweilige Versicherte in einem Tarifvertragsgebiet höher eingestuft ist als in einem benachbarten Tarifvertragsgebiet.

Richtet die Rechtsprechung aber die Einstufung der Qualität der beruflichen Tätigkeit im Sinne von § 43 SGB VI allein nach der im Tarifvertragsgebiet des betroffenen Versicherten bestehenden tarifvertraglichen Regelung aus – quasi als ob dieser Einstufung Tatbestandswirkung zukommt –, so führt dies zu einer Pra-

226 Vgl. Oberfeld, Sgb 1985, 309 (311); vgl. auch BSGE 68, 277 (281), hier betont der 5. Senat, daß der qualitative Wert durch das Ergebnis der Tarifvertragsparteien vorgegeben sei, weshalb für den Richter in der Regel kein Raum bleibe, selbst eine Bewertung vorzunehmen.

227 So Göring, SozVers 1989, 117 (119).

228 So auch Kapischke/Schultz, BB 1993, 2527 (2528).

229 Vgl. Kapischke/Schultz, BB 1993, 2527 (2529).

xis, die von den betroffenen Versicherten nicht verstanden und auch nicht gebilligt wird. Wie könnte einem Versicherten auch plausibel erklärt werden, daß seine berufliche Tätigkeit in einem benachbarten Tarifvertragsgebiet anders qualitativ bewertet wird als in dem für ihn maßgeblichen Tarifvertragsgebiet? Jedenfalls ist – gerade im Hinblick auf die gravierenden rechtlichen Folgen bei unterschiedlicher tariflicher Einstufung – ein sachlich nachvollziehbarer Grund, der eine entsprechende Ungleichbehandlung rechtfertigen könnte, nicht ersichtlich.

Diesem Ergebnis steht auch nicht die Entscheidung des Bundesverfassungsgerichts vom 10. November 1981 zur Verfassungsmäßigkeit der Rechtsprechung des Bundessozialgerichts über die Voraussetzungen der Rente wegen Berufsunfähigkeit entgegen[230]. Festgestellt hat hier das Bundesverfassungsgericht lediglich, daß das Mehrstufenschema als solches mit Art. 3 Abs. 1 GG vereinbar ist[231]. Nicht festgestellt hat das Bundesverfassungsgericht jedoch die Frage der Verfassungsmäßigkeit, sofern die Einordnung in das Mehrstufenschema allein – oder zumindest hauptsächlich – anhand der tarifvertraglichen Einstufung erfolgt.

Zwar ist der Auffassung des Bundessozialgerichts insoweit zuzugeben, daß die Orientierung an der tariflichen Einordnung einer beruflichen Tätigkeit im Ansatz auch dazu dienen kann, gesellschaftliche Entwicklungsprozesse bei der Beurteilung der Berufsunfähigkeit zu berücksichtigen, da bei einem Neuabschluß von Tarifverträgen auch regelmäßig gesellschaftliche Wertänderungen von Belang sind.

Ein Verfahren, bei dem die tarifvertragliche Einordnung für die Bestimmung der Wertigkeit einer beruflichen Tätigkeit als ein Faktor unter mehreren herangezogen wird, bietet jedoch ohne weiteres die Möglichkeit, einen Wandel in der Gesellschaft zu berücksichtigen. Zudem muß Beachtung finden, daß Tarifverträge regelmäßig für einen längeren Zeitraum abgeschlossen werden. Eine auf einer gesellschaftlichen Entwicklung beruhende veränderte Wertung würde bei einer im wesentlichen auf einem Tarifvertrag beruhenden Einordnung erst mit Abschluß eines neuen Tarifvertrages berücksichtigt werden können.

Insoweit erscheint es angezeigt, die Wertigkeit einer beruflichen Tätigkeit anhand einer Gesamtschau verschiedener Merkmale unter besonderer Berücksichtigung der Gegebenheiten des Einzelfalles zu ermitteln. Gerade hierdurch ist es ohne weiteres möglich, die veränderten gesellschaftlichen Ansichten bereits vor Abschluß eines neuen Tarifvertrages in die Bestimmung der Wertigkeit einzubeziehen. Beispielsweise ist hier anzuführen, daß sich eine auf geänderten gesellschaftlichen Ansichten beruhende Neubewertung einer beruflichen Tätigkeit unter anderem auch in der Höhe der Entlohnung niederschlägt.

---

230 BVerfGE 59, 36ff.

231 Vgl. hierzu umfassend unten D I 2 c bb (1) (a) (gg).

Zwar führt das Bundessozialgericht im weiteren zur Rechtfertigung einer ausschließlichen Heranziehung der tarifvertraglichen Einstufung zur Bestimmung der Qualität einer Tätigkeit an, daß die den Verhandlungen der Tarifvertragsparteien zugrundeliegende Lebenswirklichkeit den qualitativen Wert einer beruflichen Tätigkeit vorgibt, so daß – insbesondere wegen der höheren Sachkunde der Tarifvertragsparteien – für die Gerichte kein Raum sei, selbst eine Bewertung vorzunehmen. Vielmehr sei die Bewertung durch die Tarifvertragsparteien zu respektieren[232].

Soweit das Bundessozialgericht hiernach eine feststehende – einer gerichtlichen Überprüfung entzogene – Bewertung einer beruflichen Tätigkeit allein aufgrund der tarifvertraglichen Einstufung annimmt, erweist sich diese Annahme als von der weiteren Begründung des Bundessozialgerichts nicht gedeckt, ja sogar widersprüchlich. Zunächst stellt das Bundessozialgericht in seiner hierzu ergangenen Grundsatzentscheidung darauf ab, daß die soziale Wirklichkeit insbesondere durch die Tarifvertragsparteien geschaffen wird[233]. Eine tariflich orientierte Prüfung biete einen flexiblen Rahmen, der es erlaube, gesellschaftliche Entwicklungen auch ohne entsprechende Gesetzesänderungen zu berücksichtigen[234].

Durch die gewählten Formulierungen („insbesondere", tariflich „orientierte" Prüfung) zeigt das Bundessozialgericht zunächst, daß die tarifliche Einstufung an sich nur ein Maßstab unter mehreren Indikatoren für die berufliche Tätigkeit sein soll. Insoweit ist die in der Entscheidung BSGE 68, 277 letztendlich getroffene Feststellung, daß die Bewertung durch die Tarifpartner an sich bindend sein soll, bereits nicht von der gewählten Ausgangssituation gedeckt. Dies wird im weiteren besonders an der Tatsache deutlich, daß das Bundessozialgericht eingangs dieser Grundsatzentscheidung darstellt, daß Maßstab zunächst die Dauer der Ausbildung sein soll. Hieran zeige sich, welches Maß an Wissen, Können und Fertigkeiten vermittelt werden müsse[235]. Auch stellt das Bundessozialgericht hier fest, daß der Umfang der Ausbildung[236] und die besonderen Anforderungen der bisherigen Berufstätigkeit[237] weitere Kriterien sind. Warum bei Vorliegen einer tariflichen Einstufung dann aber diese Kriterien völlig ohne Bedeutung sein sollen – was nach der von der Rechtsprechung des 5. Senats des Bundessozialge-

---

232 BSGE 68, 277 (281).

233 BSGE 68, 277 (281).

234 Vgl. BSG SozR 2200 § 1246 Nrn. 111, 116, wonach die tarifliche Einstufung ebenfalls nicht nur ein verläßliches Indiz für die Qualität der Tätigkeit bei Berufen, sondern im Ergebnis vielmehr eine zu akzeptierende, der gerichtlichen Überprüfung nicht zugängliche Bewertung beinhaltet.

235 BSGE 68, 277 (279).

236 BSGE 68, 277 (280).

237 BSGE 68, 277 (280).

richts tatsächlich geübten Praxis aber gerade der Fall ist –, wird nicht plausibel erläutert.

Hieran zeigt sich im Ergebnis die Motivation des Bundessozialgerichts, die tarifliche Einstufung als ausreichend für die Bestimmung der Wertigkeit einer beruflichen Tätigkeit anzusehen. Wie das Bundessozialgericht selbst ausführt, könne hierdurch eine von der Massenverwaltung kaum beziehungsweise nicht zu bewältigende Kasuistik vermieden werden[238].

Die Einführung des für alle Versicherten geltenden objektiven Maßstabs der tarifvertraglichen Einstufung gewährleiste eine zur Rechtssicherheit beitragende Gleichbehandlung der Versicherten durch Verwaltung und Gerichte im ganzen Bundesgebiet[239].

Schließlich wird auf diese Weise deutlich, daß hinter der „Tarifgläubigkeit“[240] des Bundessozialgerichts Praktikabilitätserwägungen stehen. Bei der Vielzahl der zu entscheidenden Einzelfälle („Massenverwaltung“) ist es in der Praxis für eine schnelle Entscheidungsfindung sicherlich von Vorteil, sich auf eine bereits getroffene Einschätzung Dritter zu verlassen, und nicht erst selbst eine Einordnung anhand verschiedener Indikatoren vornehmen zu müssen. Daß letztere Vorgehensweise deutlich schwieriger handhabbar und auch zeitintensiver ist, steht außer Frage.

Warum aber gerade die angestrebte Vermeidung einer Kasuistik, also eine Vermeidung des Vergleichs einzelner konkreter Fälle eine zur Rechtssicherheit beitragende Gleichbehandlung der Versicherten gewährleisten soll, ist nicht nachvollziehbar. Hinzuweisen ist nur auf die bereits oben dargestellte Möglichkeit des Bestehens einer unterschiedlichen Einstufung identischer Berufe in verschiedenen, gegebenenfalls benachbarten Tarifvertragsgebieten. Vielmehr ist es doch gerade die Kasuistik, die zur Einzelfallgerechtigkeit beiträgt. Daß hieraus ein gewisser Verlust an Orientierungsgewißheit regelmäßig folgt, was ebenso regelmäßig die praktische Handhabung erschwert, mag zwar rechtspolitisch bedauerlich erscheinen, ist jedoch letztlich nicht zu vermeiden. Nur so kann verhindert werden, daß im Rahmen der zu treffenden Entscheidungen der Willkür Tür und Tor geöffnet ist[241]. Dies ist jedoch weiter der Fall, wenn das Bundessozialgericht

---

238 BSGE 68, 277 (282).

239 BSGE 68, 277 (282).

240 So zutreffend Fichte, in: Erlenkämper/Fichte, Sozialrecht, 3. Auflage, 1996, S. 375; vgl. Zweng/Scheerer/Buschmann, Handbuch der gesetzlichen Rentenversicherung, 2. Auflage, Stand September 1986, § 1256 RVO S. 328, die davon sprechen, daß Mehrstufenschema und Tarifvertrag für das Bundessozialgericht das Gerüst der Entscheidung stellen, das entgegen dem gesetzlichen Auftrag zur individuellen Entscheidung fast schon zu einer Art Ritual erstarrt sei.

241 Vgl. Fichte, in: Erlenkämper/Fichte, Sozialrecht, 3. Auflage, 1996, S. 386.

nicht von seiner Rechtsprechung der alles überragenden Maßgeblichkeit der tariflichen Einstufung abkehrt.

Davon auszugehen, daß die Tarifvertragsparteien stets objektive Einordnungen treffen, erscheint „blauäugig“[242]. Dies umsomehr, als nicht anzunehmen ist, daß die Tarifvertragsparteien der Verwaltung beziehungsweise dem Gericht alle maßgeblichen Gründe für eine erfolgte Einordnung, gegebenenfalls sogar ausschlaggebende sachfremde Motive mitteilen, was nach der Rechtsprechung des Bundessozialgerichts einzig dazu führen könnte, daß eine von der tarifvertraglichen Einstufung abweichende Einordnung anhand anderweitiger Indikatoren gerichtlicherseits erfolgen müßte.

*(eee). Zusammenfassung*

Zusammenfassend ist damit im Ergebnis festzustellen, daß die starke tarifvertraglich ausgerichtete Rechtsprechung des Bundessozialgerichts zu überdenken ist[243]. Jedenfalls die starre Bewertung einer beruflichen Tätigkeit einzig anhand der tarifvertraglichen Ausrichtung bietet nicht die Gewähr einer gleichmäßigen Sachbehandlung. Angebrachter erscheint vielmehr, die Qualität des jeweiligen Hauptberufes im Einzelfall für die Einordnung des Berufes in das Mehrstufenschema anhand einer Gesamtschau verschiedener Merkmale zu ermitteln.

Neben dem Merkmal der tariflichen Einstufung sind die Merkmale Ausbildung, Ausbildungsdauer, Höhe der Entlohnung und Dauer der Berufsausübung in Betracht zu ziehen[244]. Diese Merkmale können kombiniert, aber im jeweiligen Einzelfall auch individuell zur Bestimmung der Wertigkeit einer beruflichen Tätigkeit genutzt werden. Beispielsweise in dem Fall, in dem ein Versicherter eine Ausbildung durchlaufen und eine vorgeschriebene Prüfung abgelegt und in einem entsprechenden Beruf zuletzt gearbeitet hat, ist die Einordnung in das Mehrstufenschema schon aufgrund dieses Kriteriums möglich[245].

Bei Personen, die eine vorgeschriebene Ausbildung nicht durchlaufen haben, kann wesentliches Kriterium die Dauer der Berufsausübung sein, sofern diese zumindest der Dauer der für die Ausbildung vorgeschriebenen Zeit entspricht[246]. Das zuletzt genannte Erfordernis folgt aus der Tatsache, daß eine derart lange Berufsausübung die Annahme rechtfertigt, daß der Versicherte über alle theoretischen Kenntnisse und praktischen Fähigkeiten eines entsprechend ausgebildeten

242 So auch Fichte, in: Erlenkämper/Fichte, Sozialrecht, 3. Auflage, 1996, S. 386.

243 So auch Fichte, in: Erlenkämper/Fichte, Sozialrecht, 3. Auflage, 1996, S. 386; vgl. auch Mrozynski, Rehabilitationsrecht, 3. Auflage, 1992, S. 323, 325.

244 Jörg, in: Kreikebohm, Sozialgesetzbuch, 1997, § 43 Rd. 37.

245 Vgl. Jörg, in: Kreikebohm, Sozialgesetzbuch, 1997, § 43 Rd. 38.

246 BSG SozR 2200 § 1246 Nr. 94.

Arbeitnehmers verfügt, so daß aufgrund der daraus resultierenden vollumfänglichen Konkurrenzfähigkeit[247] eine Gleichstellung gerechtfertigt erscheint. Zu berücksichtigen ist jedoch auch hier, daß im jeweiligen Einzelfall in der Regel ebenfalls eine Gesamtschau zu erfolgen hat.

Beispielsweise bestehen nicht unerhebliche Bedenken dagegen, das Merkmal des Ausbildungsumfangs als alleinigen Qualifikationsindikator heranzuziehen. Eine derartige Praxis würde faktisch zu der Annahme führen, daß, wer doppelt so lange lernt, auch doppelt soviel lernt, also die Qualität seiner Ausbildung verdoppelt und demgemäß bei der Qualifizierung seiner beruflichen Tätigkeit eine höhere Stufe erreichen könnte. Eine derartige Handhabung ließe außer Betracht, daß es durchaus Berufsfelder gibt, bei denen die Ausbildung selbst einen geringen Zeitbedarf für die Erlernung des Berufes aufweist. Hieraus kann jedoch nicht auf eine geringe Qualität des Berufes geschlossen werden, da es beispielsweise im weiteren möglich ist, daß die berufliche Tätigkeit einen höheren Zeitbedarf für die Einübung der praktischen Tätigkeit erfordert. Damit käme dann wiederum dem Merkmal „Dauer der Berufsausübung" entscheidende Bedeutung zu.

Gerade an dem zuletzt aufgezeigten Beispiel wird deutlich, daß es in der Regel angebracht ist, die verschiedenen Kriterien für die Einordnung der Berufe in das Mehrstufenschema nicht getrennt zu behandeln, sondern vielmehr zu kombinieren und – abgestellt auf den jeweiligen Einzelfall – entsprechend einer besonderen Gewichtung ihrer Indizwirkung anzuwenden. Insbesondere kann insoweit dann auch der tariflichen Einordnung ein gewisses Gewicht zukommen, ohne daß es jedoch zu der von den Sozialgerichten geübten Praxis der Ausschließlichkeit der Indizwirkung der tarifvertraglichen Einstufung kommt.

*(cc). 2. Stufe: Leitberuf Facharbeiter*

Anerkannt ist zunächst, daß zur zweiten Stufe mit dem Leitberuf des Facharbeiters diejenigen Versicherten gehören, die als bisherigen Beruf einen anerkannten Ausbildungsberuf mit einer Ausbildungsdauer von mehr als zwei Jahren ausüben[248]. Eine kürzere Ausbildungszeit reicht in der Regel nicht aus. Ausnahmen von diesem Grundsatz sind jedoch möglich und werden von der Rechtsprechung auch zugelassen. Zu denken ist hier beispielsweise an Berufe mit geringerer Ausbildungsdauer, die jedoch tarifvertraglich in eine Tarifgruppe eingegliedert sind, die gerade durch die Berufsgruppe mit dem Leitberuf eines Facharbeiters geprägt ist. Dieser Einschätzung liegt die tarifvertraglich ausgerichtete Rechtsprechung

---

247 Vgl. BSG SozR 2200 § 1246 Nrn. 53, 149.
248 BSG SozR 2200 § 1246 Nrn. 107, 109, 132, 140; BSG SozR 3 – 2200 § 1246 Nr. 12.

des Bundessozialgerichts zugrunde und ist vor diesem Hintergrund auch konsequent.

Eine weitere Ausnahme ist bei in der ehemaligen Deutschen Demokratischen Republik erlernten Berufen denkbar. Dies ist jedoch nur dann der Fall, wenn es sich um einen Beruf handelt, der in der Bundesrepublik Deutschland Facharbeiterstatus hat[249], da es einem Versicherten aufgrund des Gleichbehandlungsgrundsatzes nicht anzulasten ist, daß für ihn nur eine Ausbildungszeit von bis zu zwei Jahren vorgeschrieben war, seine tatsächliche Berufsausübung aber derjenigen entspricht, die ein in der Bundesrepublik Deutschland Ausgebildeter verrichtet.

Schließlich kommt eine Ausnahme in Betracht, wenn der Versicherte seinen Beruf zu einer Zeit erlernt hat, zu der dieser Beruf ein noch nicht anerkannter Beruf im Sinne des § 25 BBiG war. Erforderlich ist dann aber, daß eine Berufsentwicklung vorliegt, die mit einer entsprechenden Ausbildung vergleichbar ist und der Beruf längere Zeit – in der Regel drei Jahre – ausgeübt wurde[250].

Zu beachten ist in diesem Zusammenhang, daß die angesprochenen Ausnahmen nicht abschließend sind. Vielmehr – dies gilt auch für die übrigen Stufen – ist die ausgeübte berufliche Tätigkeit jeweils der Stufe zuzuordnen, für die die erforderlichen Kenntnisse und Fähigkeiten und die sonstigen Erfordernisse nachweisbar erfüllt sind[251]. Ob die damit erforderliche Wettbewerbsfähigkeit im Verhältnis zu voll ausgebildeten Arbeitern der entsprechenden Stufe besteht, ist hierbei in voller Breite zu prüfen[252]. Denn nur dann ist sichergestellt, daß keine ungerechtfertigte Bevorzugung eines Versicherten gegeben ist, der seine berufliche Position abweichend vom „normalen" Weg erlangt hat. Indizwirkung hat in diesem Zusammenhang wiederum die Frage, ob die gleiche tarifliche Einstufung und Entlohnung gegeben ist[253].

In der Praxis bestehen jedoch bei der Frage, ob eine „Wettbewerbsfähigkeit in voller Breite" besteht, nicht unerhebliche Beurteilungsschwierigkeiten. Dies folgt zum einen aus den tatsächlichen Gegebenheiten des Arbeitslebens. Oftmals wird ein Beschäftigter beispielsweise wegen der in seinem Betrieb herrschenden Spezialisierung nur Teilbereiche eines Berufsbildes beherrschen. Verlangt man aber für die Einstufung eines Versicherten ohne Regelausbildung als Facharbeiter, daß dieser über sämtliche in der entsprechenden Ausbildungsordnung verlangten Fähigkeiten verfügt, so müßte in diesen Fällen eine entsprechende Einstu-

---

249 Jörg, in: Kreikebohm, Sozialgesetzbuch, 1996, § 43 Rd. 31, Niesel, in: Kasseler Kommentar Sozialversicherungsrecht, Stand Dezember 1998, § 43 Rd. 41.

250 BSGE 17, 41 (43).

251 Vgl. Jörg, in: Kreikebohm, Sozialgesetzbuch, 1997, § 43 Rd. 47; BSG SozR 3 – 2200 § 1246 Nr. 12.

252 Vgl. BSG SozR 2200 § 1246 Nrn. 149, 150.

253 Wilde/Schimmelpfennig-Schulte, NZA 1989, 93 (96).

fung ausscheiden. Dies führt jedoch im Ergebnis zu einer sachlich nicht gerechtfertigten Ungleichbehandlung eines Versicherten ohne Regelausbildung im Vergleich zu einem Versicherten mit Regelausbildung zum Facharbeiter, der bereits allein aufgrund dieser Ausbildung auf der zweiten Stufe des Mehrstufenschemas eingeordnet wird[254].

Die Ungleichbehandlung beruht im wesentlichen auf der Tatsache, daß auch bei einem Facharbeiter mit ordnungsgemäßer Regelausbildung nicht immer erforderlich ist, daß er die einmal durch die Ausbildung erlangten Kenntnisse und Fähigkeiten noch besitzt. Gerade im Bereich der Berufsunfähigkeitsrente ist zu berücksichtigen, daß diese oftmals von älteren Versicherten begehrt wird, deren Ausbildung oft schon Jahrzehnte zurückliegt.

Naturgemäß gehen allein durch langen Zeitablauf Kenntnisse und Fähigkeiten verloren, die für die konkret ausgeübte Tätigkeit nicht unbedingt erforderlich sind. Gerade im Bereich einer betrieblichen Spezialisierung dürfte dies der Regelfall sein[255]. Auch unterliegen die Ausbildungsanforderungen dem Wandel der Zeit. Die Qualität einer Ausbildung, die ein Versicherter beispielsweise vor mehreren Jahrzehnten durchlaufen hat, unterscheidet sich naturgemäß von einer heutigen Ausbildung für den gleichen Beruf. Somit kann man davon ausgehen, daß ein gelernter Facharbeiter, der seine Ausbildung vor Jahren durchlaufen hat, zumindest nicht ohne weiteres den Anforderungen der heutigen Ausbildungsordnung vollumfänglich genügt. Damit ist es im Ergebnis angebracht, bei der Frage, ob ein Versicherter ohne Regelausbildung dennoch aufgrund der Qualität seiner beruflichen Tätigkeit dem Leitberuf eines Facharbeiters zuzurechnen ist, verstärkt darauf abzustellen, ob dieser auf dem Arbeitsmarkt wegen seiner tatsächlich vorhandenen beruflichen Leistungsfähigkeit konkurrenzfähig ist, also die gleichen Chancen wie ein Facharbeiter mit Regelausbildung hat und die gleichen Arbeiten wie seine Berufskollegen mit regulärer Ausbildung erbringen kann beziehungsweise erbracht hat[256].

Jedenfalls ist es nicht sinnvoll, die Einstufung allein von der Frage abhängig zu machen, ob der Versicherte ohne Regelausbildung über die volle Breite der nach der entsprechenden Ausbildungsordnung erforderlichen Kenntnisse und Fähigkeiten verfügt.

Anzusprechen ist in diesem Zusammenhang die hierzu uneinheitliche Rechtsprechung des 5. Senats des Bundessozialgerichts. In einer Entscheidung aus dem Jahre 1977 hat dieser in einem Fall einem Arbeiter, der praktisch unter optimaler Ausnutzung seiner Fähigkeiten in der Lage war, die übliche Arbeit eines Facharbeiters

---

254 So auch Wilde/Schimmelpfennig-Schulte, NZA 1989, 93 (95).
255 Vgl. Wilde/Schimmelpfennig-Schulte, NZA 1989, 93 (96).
256 Wilde/Schimmelpfennig-Schulte, NZA 1989, 93 (96).

beiters (hier: Betonbauer) zu verrichten, auch als Facharbeiter eingestuft. Dies, obwohl dieser Arbeiter im Hinblick auf seine geistigen Fähigkeiten nicht in der Lage war, eine entsprechende Lehre zu durchlaufen und die dort vermittelten theoretischen Kenntnisse zu erwerben[257]. Nach den obigen Ausführungen ist dieser Entscheidung zuzustimmen. Die praktische Leistung des Betroffenen ist in einem solchen Fall qualitätsmäßig nicht geringer einzuschätzen, als die Leistung eines vergleichbar Tätigen, der eine Lehre durchlaufen konnte. Insoweit ist nicht einsehbar, warum eine anderweitige Einstufung erfolgen müßte.

Trotz gleichgelagerter Sachverhalte weicht ein weiteres Urteil des 5. Senats des Bundessozialgerichts aus dem Jahre 1985 von dieser Entscheidung wieder ab. Hier wurde dem Betroffenen der Facharbeiterstatus versagt, obwohl dieser – ebenso wie in der zuvor dargestellten Entscheidung – als Analphabet einen Beruf nicht erlernt hatte, jedoch von 1941 an zunächst als Bauarbeiter, von 1961 bis 1978 als Baufacharbeiter tätig war. Zur Begründung hat das Bundessozialgericht hier angeführt, daß derjenige, der nicht befähigt sei, über eine vorgeschriebene Ausbildung einen Beruf zu erlernen, grundsätzlich auch nicht durch längere praktische Erfahrung im Berufsleben einen vergleichbaren Qualitätsstand erreichen könne, der allein die Gleichstellung mit dem Facharbeiter bei der Feststellung der Berufsunfähigkeit rechtfertige.

Zwar ist dem Bundessozialgericht insoweit zuzustimmen, als daß nach dem für den Ausbildungsberuf des Beton- und Stahlbauers maßgeblichen Ausbildungsrahmenplan unter anderem Voraussetzung ist, daß der Auszubildende in der Lage ist, einfache Zeichnungsskizzen und Pläne anzufertigen und zu lesen. Hierzu war der Betroffene zweifelsfrei nicht in der Lage. Jedoch hat das Bundessozialgericht die Feststellungen der Vorinstanz unwidersprochen gelassen und damit anerkannt, daß derartige Fähigkeiten in der Praxis nicht gefordert werden. Eine entsprechende Handhabung, die tatsächliche Gegebenheiten unberücksichtigt läßt, ist damit kaum nachvollziehbar. Im Ergebnis führt diese nämlich dazu, daß man rentenversicherungsrechtlich nicht das ist, was man in der Praxis jahrelang – ja sogar jahrzehntelang – gewesen ist, ohne daß das Manko der nicht durchlaufenen Ausbildung je Anlaß zu Beanstandungen gegeben hätte[258]. Eine

257 BSG SozR 2200 § 1246 Nr. 21.

258 So auch Tannen, Karl-Heinz, Höchstrichterliche Rechtsprechung in der gesetzlichen Rentenversicherung, DRV 1986, 530 (533), Anm. zu BSG, 5b Senat, Urteil vom 29. Oktober 1985 – 5b/1RJ 14/84, der zu Recht darauf hinweist, daß diese Entscheidung die „Verrechtlichung der Berufsbilder" zu sehr gegenüber den faktischen Realitäten in der Wirtschaft in den Vordergrund gerückt hat. Tannen a.a.O.: Das Urteil des Senats erinnert in fataler Weise an Morgenstern: „Hieraus schließt man messerscharf, daß nicht sein kann, was nicht sein darf".

solche Rechtsprechung kann einem Betroffenen sicherlich nicht plausibel gemacht werden.

Praxisgerecht ist vielmehr einzig, wenn allein auf den praktischen Wert einer ausgeübten Tätigkeit abgestellt wird, der in einem Fall wie dem obigen sicherlich unabhängig von der Frage ist, ob der Versicherte aufgrund seiner Intelligenz oder anderer Vorgaben eine Ausbildung entsprechend dem Ausbildungsplan durchlaufen konnte oder nicht.

Im weiteren gilt bei der Frage der Einstufung einer beruflichen Tätigkeit auf der Stufe des Facharbeiters, daß tatsächlich erfolgte Ausbildungen im Ausland inländischen Ausbildungen gleichstehen[259], da grundsätzlich nicht von Bedeutung ist, wo und wie die berufliche Qualifizierung erworben wurde. Insoweit besteht kein Unterschied zu dem Fall, in dem eine berufliche Qualifikation ohne die an sich vorgeschriebene Ausbildung erworben wurde, sofern die Tätigkeit vollwertig ausgeübt wurde und die hierfür erforderlichen Fähigkeiten in der Person des Versicherten vorhanden waren. Es würde einen bloßen Formalismus bedeuten, wenn gefordert würde, daß eine Ausbildung im Inland durchlaufen wurde und eine im Ausland erfolgte Ausbildung völlig außer Betracht bliebe. Hier folgt vielmehr die Anerkennung bereits aufgrund des allgemeinen Erfahrungssatzes, daß derjenige, der nicht nur vorübergehend eine Tätigkeit vollwertig ausgeübt hat, auch tatsächlich entsprechend seiner individuellen Kenntnisse und Fähigkeiten hierzu in der Lage war.

Der Grundsatz des fairen Verfahrens, der auch im Verfahren der Gewährung einer Berufsunfähigkeitsrente zu beachten ist[260], erfordert nämlich auch hier im Ergebnis, daß allein die Qualität einer Berufsausübung für die Beurteilung der Wertigkeit maßgeblich ist. Hierfür kann jedoch die Tatsache, daß eine Ausbildung im Inland durchlaufen worden ist, nur ein – wenn auch nicht unwesentlicher – Indikator sein. Sofern nachweisbar eine entsprechende Qualifikation – sei es durch jahrelange Berufsausübung ohne Ausbildung oder auch durch eine Ausbildung im Ausland – vorhanden ist, muß damit eine Gleichstellung mit Versicherten mit entsprechender im Inland durchlaufener Ausbildung erfolgen.

Hier ist es dann jedoch Sache des Versicherten, substantiiert die entsprechende Qualifikation vorzutragen und gegebenenfalls auch nachzuweisen, daß die im Ausland erfolgte Ausbildung einer Ausbildung im Inland zumindest im Hinblick auf die erlangte Qualifikation gleichwertig ist. Gleiches gilt für Berufe ohne vorgeschriebene oder übliche Ausbildung. Eine Nachweispflicht bezüglich der Qua-

---

259 Vgl. BSG SozR 2200 § 1246 Nrn. 49, 53; BSG SozR 3-2200 § 1246 Nr. 15; dies gilt im weiteren für alle Stufen des Mehrstufenschemas.

260 Vgl. Niesel, in: Kasseler Kommentar Sozialversicherungsrecht, Stand Dezember 1998, § 43 Rd. 63.

lität der Arbeit entfällt auch hier nur, wenn nicht anhand verschiedener Indikatoren, etwa einer entsprechenden tarifvertraglichen Einordnung oder Entlohnung bereits eine Einordnung ohne weiteres möglich ist.

Anzumerken ist jedoch auch in diesem Zusammenhang, daß die tarifliche Einordnung nicht bereits allein maßgeblich sein darf. Ebenfalls ist hier denkbar, daß eine solche Einstufung aus qualitätsfremden Gründen zu niedrig oder zu hoch erfolgt ist[261], so daß auch in diesen Fällen der jeweilige Einzelfall genau zu überprüfen ist.

*(dd). Entwicklung der Rechtsprechung des Bundessozialgerichts zur Gruppe der Facharbeiter*

Entsprechend der obigen Darstellung weist die Einordnung einer beruflichen Tätigkeit auf der zweiten Stufe mit dem Leitberuf Facharbeiter grundsätzlich keine besonderen Probleme auf. Die erfolgreiche Absolvierung einer für einen Facharbeiter erforderlichen Ausbildung mit anschließender tatsächlicher Ausübung dieses Berufes scheint vielmehr in der Regel ohne Subsumtionsschwierigkeiten durchführbar zu sein. Die Bundessozialgerichtsrechtsprechung zeigt jedoch, daß auch hier klärungsbedürftige Problemfelder gegeben sind. Insbesondere bei der Frage des Zeitbedarfs einer Fachausbildung sind immer wieder veränderte Ansichten in der Rechtsprechung eingetreten. Derartige Änderungen können für die jeweils betroffenen Versicherten weitreichende Konsequenzen haben, da sich mit einer veränderten Einstufung auch veränderte Verweisungsmöglichkeiten[262] ergeben. Dies kann im Ergebnis bis zur Verneinung eines Rechtsanspruchs wegen Berufsunfähigkeit führen, obgleich ein solcher nach der noch kurze Zeit zuvor geübten Rechtspraxis gegeben gewesen wäre[263]. Ausgangspunkt ist zunächst die ursprüngliche Rechtsprechung des Bundessozialgerichts. Diese entsprach den obigen Darstellungen. In einer Entscheidung aus dem Jahre 1976 hatte das Bundessozialgericht gerade die Ansicht vertreten, daß eine Ausbildung von mehr als zwei Jahren Dauer in einem anerkannten Ausbildungsberuf ohne weiteres zu einer Einstufung auf der Stufe mit dem Leitberuf „Facharbeiter“ führt[264]. Bereits ein Jahr später ließ das Bundessozialgericht für eine solche Einordnung die Ausbildung in einem anerkannten Ausbildungsberuf mit einer Dauer von zumindest

---

261 Beispielsweise wegen der am Beschäftigungsort herrschenden Arbeitslosigkeit oder aus Gründen des Betriebsfriedens, vgl. VDR, DRV 1993, 593 (551); vgl. zur Kritik an der strengen Ausrichtung des Bundessozialgerichts an Tarifverträgen oben D I 2 c bb (1) (a) (bb).

262 Zu der Verweisbarkeit in Ansehung des Mehrstufenschemas vgl. unten D I 2 c ee.

263 Wilde/Schimmelpfennig-Schulte, NZA 1989, 93 (95).

264 Vgl. BSG SozR 2200 § 1246 Nr. 11.

zwei Jahren genügen, schränkte also das Merkmal der Ausbildungsdauer von mehr als zwei Jahren ein[265]. Dies wurde in der Folge ständige Rechtsprechung[266]. Ohne erkennbaren Grund[267] forderte die Rechtsprechung des Bundessozialgerichts ab 1983[268] in ständiger Rechtsprechung für die Einstufung einer beruflichen Tätigkeit auf der 2. Stufe, daß wiederum die Ausbildungszeit von zwei Jahren überschritten sein mußte[269]. Das Bundessozialgericht ist bis in die heutige Zeit bei dieser Rechtsprechung geblieben.

*(ee). 3. Stufe: Leitberuf Angelernter Arbeiter*

Bei der 3. Stufe des Mehrstufenschemas findet eine Unterdifferenzierung statt. Die Gruppe ist zweigeteilt. Allgemein gilt zunächst, daß dem Leitberuf des angelernten Arbeiters derjenige Versicherte unterfällt, der einen anerkannten Ausbildungsberuf mit einer Regelausbildungszeit von mindestens drei Monaten und entsprechend den obigen Ausführungen zur zweiten Stufe des Mehrstufenschemas von höchstens zwei Jahren ausübt[270]. Das Bundessozialgericht hat hierzu die Grundkonzeption einer Einteilung in einen oberen und einen unteren Bereich gebildet und zur Begründung ausgeführt, daß es sich um eine inhomogene und vielschichtige Gruppe handele[271]. Diese Einschätzung trifft sicherlich zu, da diese Gruppe das ganze Spektrum zwischen den Facharbeitern mit einer Ausbildung von bis zu zwei Jahren bis hin zur Grenze der Ungelernten erfaßt[272].

Der oberen (Teil-) Gruppe[273] sind regelmäßig Versicherte zugehörig, deren Tätigkeit eine Ausbildungs- oder Anlernzeit von über zwölf bis zu vierundzwanzig Monaten erfordert[274]. Der unteren (Teil-) Gruppe der angelernten Arbeiter

---

265 Vgl. BSG SozR 2200 § 1246 Nr. 16.

266 Vgl. BSG SozR 2200 § 1246 Nr. 34, 86.

267 Insbesondere war keine Gesetzesänderung erfolgt, auch veränderte Arbeitsanforderungen sind nicht ersichtlich, vgl. Wilde/Schimmelpfennig-Schulte, NZA 1989, 93 (95).

268 Ursprung war eine Entscheidung des 1. Senats des Bundessozialgerichts, vgl. BSG SozR 2200 § 1246 Nr. 109.

269 Vgl. BSG SozR 2200 § 1246 Nr. 132, 140; ausdrückliche Aufgabe der zuvor geübten Rechtsprechung durch den 5. Senat des Bundessozialgerichts, SozR 2200 § 1246 Nr. 140, unter Hinweis darauf, daß Ausnahmen denkbar sind, so zum Beispiel bei dem Beruf des Hauers im Bergbau.

270 Vgl. Pelikan, Rentenversicherung SGB VI, 9. Auflage, 1998, S. 139; Fichte, in: Erlenkämper/Fichte, Sozialrecht, 3. Auflage, 1996, S. 373.

271 BSG SozR 2200 § 1246 Nr. 109.

272 So auch Wilde/Schimmelpfennig-Schulte, NZA 1989, 93 (97).

273 Sogenannte gehobene Angelernte.

274 Meyer, in: GK-SGB VI, Band 3, Stand: 1997, § 43 Rd. 229; BSGE 59, 201 (206) m.w.N.; BSG SozR 3 – 2200 § 1246 Nr. 45.

werden diejenigen Berufstätigen zugeordnet, deren Tätigkeit eine betriebliche Ausbildung von zumindest drei Monaten bis unter zwölf Monaten erfordert[275]. Der Qualität nach muß diese Ausbildung jedoch über eine bloße Einweisung beziehungsweise Einarbeitung hinausgehen[276], das heißt die Schwelle zum Ungelernten darf nicht unterschritten sein.

Das Bundessozialgericht begründet die Zeitgrenze von drei Monaten nicht. Jedoch bestehen gegen diese Grenze keine Bedenken, da im Ergebnis hiermit ein feststehendes Kriterium gegeben ist, wodurch den Grundsätzen der Rechtsklarheit und Rechtssicherheit ausreichend Rechnung getragen wird. Auch erscheint diese Grenze nicht willkürlich, da eine Zeit von drei Monaten nicht nur bloß unerheblich ist, so daß davon auszugehen ist, daß innerhalb dieser Zeit ein ausreichendes Maß an Fertigkeiten vermittelt werden kann und muß, um den Versicherten zu der Tätigkeit zu befähigen. Bei einer geringeren Zeitdauer scheint dies nicht mehr gewährleistet.

Problematisch ist im weiteren die Abgrenzung einer bloßen Einweisung/Einarbeitung von der „Anlernung". Nach der Auffassung des Bundessozialgerichts soll hier der erforderliche Lernaufwand maßgeblich sein. Der Begriff der „Anlernung" setzt hiernach die Erforderlichkeit eines intensiven Übens voraus, während „Einweisung" lediglich voraussetzt, daß der Arbeitnehmer mit den betrieblichen Gegebenheiten vertraut gemacht wird und die verlangte Tätigkeit bereits hiernach ohne häufiges Rückfragen verrichten kann[277].

Letztlich ist bezüglich der dritten Stufe des Mehrstufenschemas anzumerken, daß – je nach Einzelfall – auch berufliche Tätigkeiten auf dieser Stufe angesiedelt werden können, die eine Anlernzeit von unter drei Monaten, gegebenenfalls sogar gar keine Anlernzeit erfordern. Die Zeitgrenze ist damit nicht allein maßgebend. Die obigen Ausführungen zum rein tatsächlichen Wert einer ausgeübten Tätigkeit gelten auch hier, sofern die ausgeübte Tätigkeit qualitativ einer Tätigkeit dieser Stufe entspricht[278]. Auch auf dieser Stufe zieht die Rechtsprechung die tarifvertragliche Einstufung als Indikator heran, wenn diese Einstufung gerade aufgrund der Qualität der Tätigkeit erfolgt ist[279]. Nicht ausreichend ist auch hier, wenn die Einstufung aus nicht qualitätsbezogenen Gründen erfolgt ist, sondern lediglich eine höherwertige Einstufung vorgenommen wurde, um beispielsweise

---

275 Niesel, in: Kasseler Kommentar Sozialversicherungsrecht, Stand Dezember 1998, § 43 Rd. 45, 46 m.w.N.

276 BSG SozR 2200 § 1246 Nrn. 109, 147.

277 Meyer, in: GK-SGB VI, Band 3, Stand: 1997, § 43 Rd. 230; BSGE 43, 243.

278 Vgl. Meyer, in: GK-SGB VI, Band 3, Stand: 1997, § 43 Rd. 228 m.w.N.

279 BSG SozR 2200 § 1246 Nrn. 140, 147.

einen Anreiz für die Aufnahme einer entsprechenden beruflichen Tätigkeit zu schaffen[280].

*(ff). 4. Stufe: Ungelernter Arbeiter*

Dieser untersten Berufsgruppe gehören letztendlich alle Versicherten an, deren Tätigkeit nicht zu einer höherwertigen Einstufung führt. Hierunter fallen praktisch alle Hilfsarbeiter sowie alle kurzfristig angelernten Arbeiter, die nicht mehr der dritten Gruppe zugeordnet werden können[281].

*(gg). Die Verfassungsmäßigkeit des Mehrstufenschemas*

Von der Frage der Rechtmäßigkeit der Anwendung des Mehrstufenschemas gerade in bezug auf eine nicht auszuschließende Ungleichbehandlung durch die starre Ausrichtung auf Tarifverträge ist die Frage der Verfassungsmäßigkeit des Mehrstufenschemas an sich zu unterscheiden. Die Verfassungsmäßigkeit des Mehrstufenschemas und die daraus folgenden Probleme in der Anwendung, insbesondere hinsichtlich der Verweisbarkeit[282] unterliegen aber im Ergebnis keinen durchgreifenden Bedenken.

Zunächst liegt kein verfassungsrechtlicher Verstoß gegen Art. 20 Abs. 3 GG vor. In Art. 20 Abs. 3 GG ist das Rechtsstaatsgebot verankert. Wesentliche Bestandteile des Rechtsstaatsgebots sind die Gebote der Bestimmtheit, Rechtssicherheit und der Vertrauensschutz[283]. Soweit hier vorgebracht werden könnte, daß der im Rahmen der Anwendung des Mehrstufenschemas wesentliche Begriff der „Zumutbarkeit“[284] als unbestimmter Rechtsbegriff und das Mehrstufenschema selbst auf dem sozialen Ansehen einer beruflichen Tätigkeit beruhen, bei welchem es sich um ein irrationales soziales Phänomen handelt, weshalb den aus dem Bestimmtheitsgebot folgenden Anforderungen an Klarheit und Rechtssicherheit nicht Genüge getan sein könnte, ist dem nicht zuzustimmen. Zunächst ist hier die Komplexität der Arbeitswelt zu berücksichtigen. Dies führt dazu, daß starre gesetzliche Regelungen von vornherein nicht alle maßgeblichen Anschauungen erfassen können. Damit ist die Verwendung des unbestimmten Rechtsbegriffs der „Zumutbarkeit“ geradezu erforderlich, um den Besonderheiten des jeweiligen Einzelfalles überhaupt Rechnung tragen zu können. Darüber hinaus ist

280 Vgl. BSG SozR 2200 § 1246 Nr. 109; BSGE 43, 243 (245f.).
281 Pelikan, Rentenversicherung, 9. Auflage, 1998, S. 139.
282 Vgl. unten D I 2 c ee.
283 Vgl. Jarass, in: Jarass/Pieroth, 4. Auflage, 1997, Art. 20 Rd. 38, 46, 47.
284 Vgl. unten D I 2 c ee (1) (b), (c).

festzustellen, daß das Gebot der Rechtssicherheit mit der Forderung nach materieller Gerechtigkeit in Konflikt steht.

Das Gebot der Rechtssicherheit erlaubt im Ergebnis in erheblichem Umfang Einschränkungen der materiellen Gerechtigkeit[285]. Gerade das Abstellen auf das soziale Ansehen einer beruflichen Tätigkeit gibt die Möglichkeit, gesellschaftliche Entwicklungsprozesse zu berücksichtigen. Ohne eine solche Berücksichtigung des fortgesetzten sozialen Wandels würden vielfach soziale Ungerechtigkeiten bei der Gewährung einer Berufsunfähigkeitsrente entstehen, so daß gerade die von veränderten sozialen Ansichten abhängige Wandelbarkeit des Mehrstufenschemas eine erforderliche Anpassung an neue soziale Gegebenheiten ermöglicht und so gerade erst die Justiziabilität der Berufsunfähigkeitsrente gewährleistet.

Weiter liegt in dem auf dem Mehrstufenschema aufbauenden Prinzip der Berufsunfähigkeitsrente kein Verstoß gegen das Sozialstaatsprinzip des Art. 20 Abs. 1 GG. Zwar steht außer Zweifel, daß Mittel der Allgemeinheit, die für Bedürftige gedacht sind, auch nur in Anspruch genommen werden dürfen, wenn tatsächlich Bedürftigkeit gegeben ist[286]. Auch werden die bei der Gewährung einer Berufsunfähigkeitsrente aufgewandten Mittel, die entweder durch die Versichertengemeinschaft oder durch den Steuerzahler aufgebracht werden, nicht dem besonderen Bedarf des Begünstigten angepaßt. Das System der Berufsunfähigkeitsrente beruht jedoch auf dem Gedanken, daß die Rente wegen Berufsunfähigkeit den durch die gesundheitlich bedingte Aufgabe des Berufs eintretenden Einkommensverlust entschädigen soll. Die Berufsunfähigkeitsrente ist so eine Absicherung der beruflichen Qualifikation gegen das Risiko eines nicht zumutbaren sozialen Abstiegs aus gesundheitlichen Gründen[287]. Die Gewährung einer Berufsunfähigkeitsrente setzt damit gerade nicht eine Bedürftigkeit des Versicherten, sondern lediglich den Eintritt des Versicherungsfalles voraus. Die gewährten Mittel sind somit nicht lediglich für Bedürftige gedacht, so daß insoweit keine zweckwidrige Verwendung von Mitteln und folglich auch kein Verstoß gegen das Sozialstaatsprinzip gegeben ist.

Schließlich verstößt die Differenzierung nach Stufen, die unter anderem nach der Wertschätzung (Sozialprestige) der Ausbildung und des Berufs geordnet sind, auch nicht gegen den allgemeinen Gleichheitsgrundsatz des Art. 3 Abs. 1 GG. Zwar führt dieses System zu einer Privilegierung Angehöriger höherer Gruppen dergestalt, daß für diese das Risiko der Berufsunfähigkeit auch dann versichert ist, wenn sie zwar noch einfache Tätigkeiten ausführen können, diese

---

285 Jarass, in: Jarass/Pieroth, 4. Auflage, 1997, Art. 20 Rd. 46.

286 Vgl. BVerfGE 9, 20 (35).

287 Vgl. oben A. Einleitung.

aber nicht zumutbar sind[288]. Dagegen ist eine Verweisung des ungelernten Arbeitnehmers auf alle Tätigkeiten des Arbeitsmarktes möglich[289]. Jedoch obliegt es der Entscheidung des Gesetzgebers, nach welchem System er eine Materie ordnen will[290]. Auch besteht die Struktur der gesetzlichen Rentenversicherung nicht einzig aus dem Beitrags- und Versicherungsprinzip sowie dem fürsorglichen Prinzip des sozialen Ausgleichs.

Zwar hat das Bundesverfassungsgericht die Bedeutung dieser Prinzipien für das System der gesetzlichen Rentenversicherung vielfach betont und zur Rechtfertigung herangezogen[291]. Nicht ausgesprochen hat es jedoch, daß sich das System der gesetzlichen Rentenversicherung in der Verwirklichung dieser Prinzipien erschöpft. Nur wenn dies der Fall wäre und die Rechtsprechung des Bundessozialgerichts zur Berufsunfähigkeitsrente in Ansehung des Mehrstufenschemas auch nicht auf eines dieser Prinzipien zurückzuführen wäre, könnte hierin ein Verstoß gegen Art. 3 Abs. 1 GG gegeben sein[292].

Insoweit stimmt das Mehrstufenschema jedoch zumindest mit dem Beitrags- oder Versicherungsprinzip überein, da die Angehörigen einer höheren Stufe in der Regel aufgrund eines entsprechend höheren Einkommens auch höhere Beiträge gezahlt haben[293]. Dem steht nicht entgegen, daß sich eine höhere Beitragszahlung bereits in der Höhe der Rente niederschlägt. Denn es ist kein durchschlagender Grund ersichtlich, der die Annahme rechtfertigt, daß sich die Auswirkungen des Beitragsprinzips in der Gewährung höherer Renten erschöpfen müßte[294].

*(b). Mehrstufenschema bei Angestelltenberufen*

Auch für den Bereich der Angestellten hat sich ein Mehrstufenschema entwikkelt[295], nachdem zunächst in der Rechtsprechung die Geltung des Mehrstufenschemas für Angestellte abgelehnt worden war[296]. Begründet hatte das Bundessozialgericht seine ablehnende Haltung damit, daß die für Arbeiterberufe typi-

---

288 Vgl. zum System der auf dem Mehrstufenschema beruhenden Verweisbarkeit unten D I 2 c ee.

289 So auch von der Heide, Betriebliche Altersversorgung 1998, 285 (287); vgl. unten D I 2 c ee (2), (3).

290 BVerfGE 59,36 (49).

291 BVerfGE 17, 1 (9f.); 25, 314 (322); 39, 169 (186f.); 43, 13 (23f.); 48, 346 (358).

292 So auch BVerfGE 59, 36 (49).

293 BVerfGE 59, 36 (50).

294 BVerfGE 59, 36 (51).

295 Kamprad, in: Hauck, Sozialgesetzbuch, Stand März 1999, § 43 Rd. 82.

296 Vgl. BSGE 49, 54ff.

sche Grundstruktur der vier Gruppen fehle und die Zugangsvoraussetzungen zu den Angestelltenberufen von denen der Arbeiter grundsätzlich abweiche[297].

Im Laufe der Zeit hat das Bundessozialgericht diese Rechtsprechung geändert. So entschied das Bundessozialgericht im Jahre 1983 in einem Fall, daß eine mittelbare Orientierung an dem für Arbeiter geltenden Schema zwar nicht notwendig, aber doch hilfreich sei[298]. Inzwischen ist in der Rechtsprechung das Bestehen des Mehrstufenschemas auch bei den Angestelltenberufen anerkannt. Nach dem heutigen Stand dieser Einteilung der Angestelltenberufe ist zur Bestimmung der maßgeblichen Stufe im Grundsatz ebenfalls von der für den Beruf erforderlichen Ausbildung auszugehen[299].

*(aa). 1. Stufe: Angestellte in Berufen mit hoher beruflicher Qualität*

In der obersten Gruppe sind hier diejenigen Angestelltenberufe zusammenzufassen, die regelmäßig eine akademische oder vergleichbare Qualifikation voraussetzen und die aufgrund dieser Qualifikation mit einem Bruttoarbeitsentgelt oberhalb, an oder nahe unterhalb der Beitragsbemessungsgrenze entlohnt werden[300]. Zwar wird vereinzelt vertreten, daß für die Angestelltenberufe ein mehrstufigeres Schema (Sechsstufenschema) zu bilden sei[301]. Jedenfalls ist es aber nicht erforderlich, eine eigene Gruppe der leitenden Angestellten mit einem Arbeitsentgelt oberhalb der Beitragsbemessungsgrenze zu bilden, da für Einkommen oberhalb dieser Grenze Beiträge nicht entrichtet werden. Bei Einführung einer weiteren Stufe für diese Berufsgruppe wäre unmittelbare Folge, daß entsprechende Berufstätige allenfalls auf die oberste beitragspflichtige Gruppe der Angestelltenberufe verwiesen werden könnten[302]. Damit würde eine Bevorzugung dieser Berufsgruppe in der Weise eintreten, daß ein Schutz gegen eine Verminderung der Erwerbsfähigkeit auch insoweit gegeben wäre, als Beiträge hierfür überhaupt nicht entrichtet worden sind[303]. Eine derartige Handhabung würde ohne

297 Vgl. BSGE 49, 54 (56).
298 BSG SozR 2200 § 1246 Nr. 105.
299 Vgl. Fichte, in: Erlenkämper/Fichte, Sozialrecht, 3. Auflage, 1996, S. 378; Kamprad, in: Hauck, Sozialgesetzbuch, Stand März 1999, § 43 Rd. 84.
300 Fichte, in: Erlenkämper/Fichte, Sozialrecht, 3. Auflage, 1996, S. 378; Jörg, in: Kreikebohm, Sozialgesetzbuch, 1997, § 43 Rd. 36; Kamprad, in: Hauck, Sozialgesetzbuch, Stand März 1999, § 43 Rd. 84; BSGE 66 (1990), 226.
301 Meyer, in: GK-SGB VI, Band 3, Stand 1997, § 43 Rd. 220.
302 Zur Zumutbarkeit der Verweisung vgl. unten D I 2 c ee (1) (a), (b).
303 Vgl. BSGE 66 (1990), 226 (229); Jörg, in: Kreikebohm, Sozialgesetzbuch, 1997, § 43 Rd. 36; Niesel, in: Kasseler Kommentar Sozialversicherungsrecht, Stand Dezember 1998, § 43 Rd. 68; Kamprad, in: Hauck, Sozialgesetzbuch, Stand März 1999, § 43 Rd. 84.

weiteres gegen das Beitragsprinzip verstoßen und demgemäß in der Folge eine sachlich nicht zu rechtfertigende Ungleichbehandlung bewirken. Von der Beitragsbemessungsgrenze an besteht damit ein Bereich, der von staatlicher Vorsorgeplanung frei bleiben muß, so daß im Ergebnis das Prinzip der gesetzlichen Rentenversicherung für die Bezieher von Einkommen oberhalb der Beitragsbemessungsgrenze dazu führt, daß nur eine Mindestleistungspflicht zur Gewährleistung einer Grundsicherung besteht[304]. Die Schaffung einer eigenen, über der bislang höchsten Stufe stehenden eigenen Stufe für Bezieher von oberhalb der Beitragsbemessungsgrenze liegenden Einkommen kommt damit insgesamt nicht in Betracht.

*(bb). 2. Stufe: Angestellte mit einer Regelausbildungszeit von mehr als zwei, regelmäßig drei Jahren*

Grundsätzliche Unterschiede bestehen bei dieser zweiten Stufe im Vergleich zur zweiten Stufe der Arbeiterberufe nicht. Um eine behauptete Lücke zu der ersten Stufe zu schließen, wird hier jedoch vereinzelt gefordert, die zweite Stufe in einen oberen und einen unteren Bereich zu gliedern[305]. Die Zugehörigkeit zu dem oberen Bereich soll denjenigen Angestellten vorbehalten sein, die über besondere Kenntnisse und berufliche Fähigkeiten verfügen und deren Einkommen im Spitzenfeld des Gehaltsgefüges liegt[306]. Die Rechtsprechung ist dieser Ansicht jedoch bislang nicht gefolgt, so daß keine grundsätzliche Abweichung zum Mehrstufenschema der Arbeiterberufe besteht.

*(cc). Weitere Stufen*

Die Einteilung der weiteren Stufen im Rahmen der Angestelltenberufe folgt der Einstufung bei den Arbeiterberufen. Der dritten Stufe unterfallen Angestellte mit einer Ausbildung bis zu zwei Jahren (Angelernte), während die vierte Stufe die beruflichen Tätigkeiten unausgebildeter Angestellter (Ungelernte) erfaßt.

---

304 Fichte, in: Erlenkämper/Fichte, Sozialrecht, 3. Auflage, 1996, S. 379; BVerfGE 29, 221 (237).

305 Meyer, in: GK-SGB VI, Band 3, Stand 1997, § 43 Rd. 220; Jörg, in: Kreikebohm, Sozialgesetzbuch, 1997, § 43 Rd. 36.

306 Schmitt, in: Wannagat, Sozialgesetzbuch, Kommentar zum Recht des SGB, Loseblattsammlung, Ordner 1, Stand: August 1997, § 43 Rd. 125; BSG SozR § 1246 Nr. 114.

*(dd). Konkrete Einordnung*

Entsprechend der Einordnung in das Mehrstufenschema bei den Arbeiterberufen hat auch die Einordnung der Hauptberufe bei den Angestelltenberufen individuell zu erfolgen. Auch hier sind die Stufen nur durch Leitberufe in der dargestellten Weise gekennzeichnet[307]. Die Gegebenheiten des Einzelfalles können hier aber ebenfalls Abweichungen erforderlich machen. Ausgehend vom jeweiligen Leitberuf sind zunächst die zur Bestimmung der Qualität einer Tätigkeit maßgeblichen Kriterien, nämlich Dauer und Umfang der Ausbildung sowie der bisherigen Berufsausübung, Anforderungen der bisherigen Berufstätigkeit, Höhe der Entlohnung und tarifliche Einstufung zu berücksichtigen. Anzumerken ist in diesem Zusammenhang im besonderen, daß hier auch in der Rechtsprechung – abweichend von der Rechtsprechung zur Arbeiterrentenversicherng – anerkannt ist, daß die tarifliche Einstufung nicht wichtiger anzusehen ist als die übrigen Kriterien[308]. Insoweit hat vielmehr eine gesamtheitliche Beurteilung stattzufinden[309], wobei von einer grundsätzlichen Gleichwertigkeit der verschiedenen Kriterien auszugehen ist.

*(2). Einstufung versicherungspflichtiger Selbständiger*

Auch bei der Beurteilung der Berufsunfähigkeit versicherungspflichtiger Selbständiger ist zunächst zur Bestimmung der Qualität der beruflichen Tätigkeit eine Einstufung nach den Grundsätzen des Mehrstufenschemas vorzunehmen. Bei der Frage der Wertigkeit ist die Tatsache der Selbständigkeit als solche unerheblich, da hierdurch die tatsächliche Qualität der beruflichen Tätigkeit nicht bereits gesteigert ist. Insoweit sind für die Einstufung die oben genannten Kriterien in der geschilderten Weise maßgeblich. Eine Besonderheit gilt jedoch hinsichtlich des Kriteriums der tariflichen Einstufung, da bei Selbständigen keine tarifvertragliche Einstufung existiert und damit Tarifverträge auch nicht herangezogen werden können. Insoweit kommt den übrigen Kriterien ein gesteigertes Gewicht zu. Daneben ist zum einen insbesondere der Umfang der unternehmerischen Betätigung besonders bedeutsam, zum anderen spielt die Größe des Betriebes[310] eine gewichtige Rolle[311].

---

307 Vgl. Jörg, in: Kreikebohm, Sozialgesetzbuch, 1997, § 43 Rd. 37; Schmitt, in: Wannagat, Sozialgesetzbuch, Stand August 1997, § 43 Rd. 122.

308 Vgl. BSG SozR 2200 § 1246 Nr. 149; BSG SozR 3-2200 § 1246 Nrn. 2, 41.

309 Meyer, in: GK-SGB VI, Band 3, Stand 1997, § 43 Rd. 221.

310 Insbesondere ist diese bei Landwirten zur Einstufung heranzuziehen.

311 Jörg, in: Kreikebohm, Sozialgesetzbuch, 1997, § 43 Rd. 48; Niesel, in: Kasseler Kommentar Sozialversicherungsrecht, Stand Dezember 1998, § 43 Rd. 70; BSG SozR § 1246 Nr. 64.

*(3). Einstufung freiwillig Versicherter*

Bei der Bestimmung des bisherigen Berufes und dessen Wertigkeit ist bei freiwillig Versicherten, die auch Pflichtversicherungsbeiträge entrichtet haben, jeweils von der zuletzt ausgeübten versicherungspflichtigen Tätigkeit auszugehen[312]. Sofern nur freiwillige Beiträge gezahlt wurden, ist die in dieser Zeit gegebene Beschäftigung maßgebend[313], sofern die Beitragshöhe dieser Tätigkeit auch tatsächlich entspricht[314]. Zur Klärung eben dieser Frage ist eine gleiche oder ähnliche pflichtversicherte Tätigkeit heranzuziehen[315]. Werden vergleichsweise zu niedrige Beiträge gezahlt, so bestimmt sich der Wert der Tätigkeit nur nach dieser Beitragshöhe, da andernfalls das Versicherungs- oder Beitragsprinzip verletzt wäre.

Umgekehrt kann ein Beitragsschutz nicht erkauft werden. So ist eine (Nach-) Zahlung höherer freiwilliger Beiträge unbeachtlich[316]. Schließlich ist in diesem Zusammenhang die Vorschrift des § 240 Abs. 2 S. 1 SGB VI von Bedeutung. Nach dieser Vorschrift sind Pflichtbeiträge für eine versicherte Beschäftigung oder Tätigkeit vor Eintritt der Berufsunfähigkeit für Versicherte, die vor dem 01. Januar 1984 die allgemeine Wartezeit[317] erfüllt haben, unter anderem dann nicht erforderlich, wenn jeder Kalendermonat von diesem Stichtag an bis zum Kalendermonat vor Eintritt der Berufsunfähigkeit mit Beitragszeiten belegt ist oder die Berufsunfähigkeit vor dem 01. Januar 1984 eingetreten ist. Hieraus folgt, daß durch seit dem 01. Januar 1984 freiwillig entrichtete Beiträge keine Qualitätsänderung bei dem bisherigen Beruf bewirkt wird. Dies gilt auch, wenn nur freiwillige Beiträge entrichtet wurden[318]. Ihre Begründung findet dies in der Tatsache, daß nach dieser Vorschrift im Ergebnis die seit dem 01. Januar 1984 entrichteten freiwilligen Beiträge keinen anspruchsbegründenden, sondern lediglich einen anspruchserhaltenden Charakter haben, mit der Folge, daß hierdurch ein zum 01. Januar 1984 bestehender Anspruch auf Rente nicht verändert werden kann[319].

---

312 BSG SozR 2200 § 1246 Nrn. 92; BSG SozR 3 – 2200 § 1246 Nr. 34.

313 Niesel, in: Kasseler Kommentar Sozialversicherungsrecht, Stand Dezember 1998, § 43 Rd. 27.

314 Kamprad, in: Hauck, Sozialgesetzbuch, Stand März 1999, § 43 Rd. 8.

315 Vgl. BSG NJW 1968, 959 zur Beurteilung der Berufsunfähigkeit einer selbstversicherten Hausfrau.

316 BSG SozR 2200 § 1246 Nrn. 60, 64, 66, 105; Kamprad, in: Hauck, Sozialgesetzbuch, Stand März 1999, § 43 Rd 8.

317 Vgl. unten D I 4 a.

318 Vgl. BSGE 71, 82.

319 Vgl. BSGE 71, 82 (84).

*cc. Ursachen der Erwerbsminderung*

Nach § 43 Abs. 2 S. 1 SGB VI muß die Minderung der Erwerbsfähigkeit ausschließlich aus Krankheit oder Behinderung herrühren. Damit zählt das Gesetz die Ursachen, auf denen die Minderung der Erwerbsfähigkeit beruhen muß, umfassend auf. Wegen der abschließenden Nennung reichen andere Gründe nicht aus[320]. Andere Ursachen, wie beispielsweise das Lebensalter schlechthin[321], fehlende Wettbewerbsfähigkeit[322], persönliche Gründe wie Bindungen an Wohnungen, Haus oder Familie, Inanspruchnahme durch Betreuung von Kindern und Eltern[323], abgelegene Lage des Wohnorts, wirtschaftliche Lage wie Konjunktur- oder Strukturverhältnisse des örtlichen wie auch des allgemeinen Arbeitsmarktes[324] oder ausgehende Motivation des Versicherten, lange Entwöhnung oder Entfremdung von jeder Erwerbstätigkeit[325] oder fehlende Sprachkenntnisse[326] können daher die Berufsunfähigkeit grundsätzlich nicht begründen[327].

*(1). Krankheit*

In allen Rechtsgebieten umfaßt der Begriff der Krankheit einen regelwidrigen Körper- oder Geiteszustand, der von der Norm abweicht, die durch das Leitbild eines gesunden Menschen geprägt ist[328]. Dabei ist jedoch zu beachten, daß Krankheit hier im Rechtssinne, nicht aber in einem medizinischen Sinne zu verstehen ist. Zwar muß die Gesundheitsstörung auch klinisch-funktionell manifest sein[329]. Im Rahmen des § 43 SGB VI ist aber nur ein solcher Zustand zu berücksichtigen, der tatsächlich zu einer Minderung der Erwerbsfähigkeit führt[330]. Da-

320 Schmitt, in: Wannagat, Sozialgesetzbuch, Stand August 1997, § 43 Rd. 64; BSGE 2, 182 (184).

321 BSGE 10, 33 (anders ist jedoch der vorzeitige Altersabbau zu beurteilen; LSG Celle, Breith. 1994, 913).

322 BSG SozR 2200 § 1246 Nrn. 9, 14.

323 Jörg, in: Kreikebohm, Sozialgesetzbuch, 1997, § 43 Rd. 53; vgl. auch hierzu § 69 II BSHG.

324 Mitursache kann aber der Zugang zum Arbeitsmarkt sein, vgl. hierzu unten D I 2 c dd (1) (b), (2).

325 BSGE 2, 182.

326 BSG SozR 2200 § 1246 Nr. 61.

327 Vgl. Fichte, in: Erlenkämper/Fichte, Sozialrecht, 3. Auflage, 1996, S. 360; zur Bedeutung der Arbeitsmarktsituation vgl. aber umfassend unten D I 2 c dd.

328 v. Maydell, in: Gemeinschaftskommentar zum SGB V – Gesetzliche Krankenversicherung –, Loseblattsammlung, Band 2, 1992, Stand: Juni 1997, § 27 Anm. 4.

329 Fichte, in: Erlenkämper/Fichte, Sozialrecht, 3. Auflage, 1996, S. 361.

330 Die hochentwickelten Methoden der modernen medizinischen Diagnostik machen heute vielfach Regelwidrigkeiten im medizinischen Sinne schon sichtbar, längst

mit vermag der bloße Verdacht einer Erkrankung[331] den Versicherungsfall der Berufsunfähigkeit ebensowenig auszulösen wie bloße subjektive Krankheitsvorstellungen[332]. § 43 SGB VI erwähnt neben dem körperlichen Gesundheitszustand auch die geistige und seelische Verfassung des Versicherten und stellt damit klar, daß auch psychische Erkrankungen Krankheiten im Sinne der gesetzlichen Rentenversicherung sind.

*(2). Behinderung*

Neben dem Begriff der Krankheit kennt § 43 SGB VI noch den Begriff der Behinderung. Zunächst wurde der Begriff Behinderung gesetzlich durch die Begriffe „Gebrechen" und „Schwäche der körperlichen und geistigen Kräfte" umschrieben. Die heute gültige Neufassung dient lediglich der Anpassung an den modernen Sprachgebrauch, ohne daß der Abgrenzung wegen der fehlenden Rechtsfolge der Unterscheidung eine eigenständige Bedeutung zukommt[333]. Sachlich relevante Unterschiede bestehen nicht. Zur Behinderung zählen zum Beispiel Gliedverluste, Verkrüppelungen, Lähmungen, Blindheit sowie seelische und geistige Schäden[334].

*(3). Dauerhaftigkeit*

Entsprechend der Funktion der Rente wegen Berufsunfähigkeit, nämlich eine bleibende Minderung der Erwerbsfähigkeit und die damit verbundene Einbuße an Erwerbseinkommen auszugleichen, müssen Krankheit beziehungsweise Behinderung die Erwerbsfähigkeit des Versicherten dauerhaft herabsetzen[335]. Dies bedeutet, daß für eine Einschränkung der Erwerbsfähigkeit gesundheitliche Beeinträchtigungen von nur kurzer Dauer nicht ausreichen[336]. Aus § 101 Abs. 1 SGB

---

bevor sie krankmachend oder leistungsmindernd in Erscheinung treten. Der Mediziner wird daher im allgemeinen sehr viel früher dazu neigen, solche Regelwidrigkeiten als Krankheit zu werten, vgl. Erlenkämper, in: Erlenkämper/Fichte, Sozialrecht, 3. Auflage, S. 12.

331 Kamprad, in: Hauck, Sozialgesetzbuch, Stand März 1999, § 43 Rd. 19; Eicher/Haase/Rauschenbach, Die Rentenversicherung der Arbeiter und Angestellten, 6. Auflage, 1978, § 1246 RVO S. 160; Gitter, Sozialrecht, 4. Auflage, 1996, S. 247.

332 BSG SozR § 1246 Nr. 39.

333 Schmitt, in: Wannagat, Sozialgesetzbuch, Stand August 1997, § 43 Rd. 63.

334 Fichte, in: Erlenkämper/Fichte, Sozialrecht, 3. Auflage, 1996, S. 363.

335 Schmitt, in: Wannagat, Sozialgesetzbuch, Stand August 1997, § 43 Rd. 58, 63 m.w.N.

336 Kamprad, in: Hauck, Sozialgesetzbuch, Stand März 1999, § 43 Rd. 22.

VI ergibt sich, daß dem Versicherten während der ersten sechs Monate seiner Leistungsunfähigkeit keine Rente zusteht. Bei kurzzeitigen Erkrankungen wird sozialer Schutz nur im Rahmen der gesetzlichen Krankenversicherung gewährt.

Besteht zuvor eine länger andauernde Leistungsminderung, aber begründete Aussicht, daß diese in absehbarer Zeit behoben sein kann, kann zum Schutz der Solidargemeinschaft eine Rente auf Zeit nach § 102 Abs. 2 SGB VI gewährt werden. Eine solche begründete Aussicht auf Besserung wird dann angenommen, wenn die Behebung der Minderung der Erwerbsfähigkeit nach medizinischem Erkenntnisstand innerhalb eines Zeitraums von drei Jahren ab Rentenbeginn wahrscheinlich ist[337]. Insoweit ist jedoch nicht eine vage Chance, daß eine Besserung eintritt, ausreichend. Vielmehr müssen die Heilungschancen deutlich über 50% liegen. Die Behebungsprognose muß durch den Rentenversicherungsträger in seinem Bescheid insoweit getroffen werden, als die hier genannten Gründe die Aussicht auf Behebung der Erwerbsminderung stützen und rechtfertigen[338]. Die Befristung kann nach § 102 Abs. 2 S. 4 SGB VI wiederholt werden, wobei sie jedoch eine Gesamtdauer von sechs Jahren auf keinen Fall überschreiten darf. Allerdings besteht kein Ermessen für eine Wiederholung, da nach § 102 Abs. 2 S. 1 SGB VI Renten dann auf Zeit zu gewähren sind, wenn die Aussicht besteht, daß die jeweilige Krankheit in absehbarer Zeit behoben werden kann[339].

*(4). Ursache der Krankheit oder Behinderung*

Auf welcher Ursache die Krankheit oder Behinderung beruht, ist grundsätzlich unerheblich[340]. Jedoch gibt es auch hier Ausnahmen, die zu beachten sind.

*(a). Eingebrachte Leiden*

Nach § 43 Abs. 2 SGB VI ist Voraussetzung für die Gewährung einer Berufsunfähigkeitsrente, daß die Erwerbsfähigkeit des Versicherten auf weniger als die Hälfte eines gesunden Versicherten herabgesunken ist. Damit schreibt bereits der Wortlaut des Gesetzes fest, daß eine Minderung während der Versicherungszeit eingetreten sein muß. Dies bedeutet, daß eingebrachte Leiden, die schon vor

---

337 Jörg, in: Kreikebohm, Sozialgesetzbuch, 1997, § 102 Rd. 4 m.w.N.; zur Regelung der grundsätzlichen Befristung nach dem Rentenreformgesetz 1999 vgl. unten D V 3 c cc.

338 VDR, DRV 1993, 494 (589).

339 Ruland, in: v.Maydell/Ruland, Sozialrechtshandbuch, 2. Auflage, 1996, S. 877 (929) Rd. 123.

340 Fichte, in: Erlenkämper/Fichte, Sozialrecht, 3. Auflage, 1996, S. 365; Jörg, in: Kreikebohm, Sozialgesetzbuch, 1997, § 103 Rd. 2.

Eintritt in das Erwerbsleben bestanden haben, für sich allein keinen Anspruch auf Berufsunfähigkeitsrente begründen können[341]. Das Risiko, das versichert werden sollte, darf damit nicht bereits vor Beginn der Versicherung eingetreten sein[342]. Liegt bereits vor dem Eintritt in das Versicherungsverhältnis eine Krankheit oder Behinderung vor, die der Versicherte in das Versicherungsverhältnis mit einbringt, so hat der Versicherte bei unverändertem Zustand allein deswegen keinen Rentenanspruch. Erst bei einer wesentlichen Verschlimmerung oder nach Hinzutreten anderer Krankheiten kann Berufsunfähigkeitsrente in Betracht kommen.

Zwar könnte man hier daran denken, daß auch in diesen Fällen für die Beurteilung der Erwerbsfähigkeit nur die später hinzutretenden Krankheiten zu berücksichtigen wären. Zu beachten ist hier jedoch, daß das Gesetz lediglich ein Herabsinken fordert. Diesem Erfordernis ist aber bereits dann Genüge getan, wenn die während des Versicherungsverhältnisses bestehende Leistungsfähigkeit weiter gemindert ist, so daß bei Vorliegen einer solchen weiteren Abänderung die bereits eingebrachten Leiden für die Beurteilung der Berufsunfähigkeit dann voll zu berücksichtigen sind[343].

*(b). Absichtliche Minderung der Erwerbsfähigkeit*

Die Gewährung von Berufsunfähigkeitsrenten ist letztlich Ausfluß aus dem die gesetzliche Rentenversicherung beherrschenden Solidarprinzip. Diesem würde es jedoch widersprechen, wenn zu Lasten der Versichertengemeinschaft Leistungen an Berufsunfähige zu zahlen wären, die die für die Rentengewährung erforderlichen gesundheitlichen Beeinträchtigungen – die tatbestandlichen Voraussetzungen – selbst absichtlich herbeigeführt haben[344]. Nach § 103 SGB VI ist deshalb ein Anspruch auf Berufsunfähigkeitsrente ausgeschlossen, wenn von dem Versicherten die nach dem Gesetz erforderliche Erwerbsminderung gerade absichtlich herbeigeführt wurde.

§ 103 SGB VI erfaßt damit nicht nur das Verhalten des Versicherten selbst, sondern auch das bewußte und gewollte Zusammenwirken mit einem Dritten, sofern hierdurch gerade die Minderung der Erwerbsfähigkeit beabsichtigt war[345].

Absicht ist dabei jedoch nicht in einem strafrechtlichen Sinn, nach dem es allein auf die Zielvorstellung ankommt, zu verstehen. Da es ein einheitliches Ver-

---

341 Erlenkämper, Soziale Sicherheit und soziale Leistungen, 1993, S. 125.

342 Fichte, in: Erlenkämper/Fichte, Sozialrecht, 1996, S. 366; vgl. auch oben D I 2 c aa (4) (a).

343 Fichte, in: Erlenkämper/Fichte, Sozialrecht, 3. Auflage, 1996, S. 366.

344 Terdenge, in: Hauck, Sozialgesetzbuch – SGB VI – Gesetzliche Rentenversicherung, Kommentar, Loseblattsammlung, 2. Band, Stand 1. März 1999, § 103 Rd. 4.

345 Terdenge, in: Hauck, Sozialgesetzbuch, Band 2, Stand März 1999, § 103 Rd. 4.

ständnis des Absichtsbegriffes nicht gibt, ist insoweit auf den Willen des Sozialgesetzgebers abzustellen[346]. Nach diesem ausdrücklich erklärten Willen des Gesetzgebers bewirkt ein Versicherter bereits dann absichtlich seine Berufsunfähigkeit, wenn er mit direktem Vorsatz handelt. Nicht erforderlich ist, daß es dem Versicherten gerade auf die Berufsunfähigkeit als Erfolg ankommt; es genügt, daß er erkennt und in seinen direkten Willen aufnimmt, daß sein Verhalten notwendigerweise in einem Zustand der Berufsunfähigkeit endet[347].

Damit reicht allerdings die bloße Kenntnis, daß eine Handlungsweise möglicherweise Berufsunfähigkeit herbeiführt, nicht aus, einen Ausschluß zu begründen, wenn der Versicherte darauf vertraut, daß es insgesamt „schon gutgehen" werde. Allein das Betreiben eines gefährlichen Verhaltens, wie beispielsweise das Ausüben einer Risikosportart, führt somit nicht zu einem Ausschluß. Auch ein gescheiterter Selbstmordversuch, durch den eine Minderung der Erwerbsfähigkeit herbeigeführt wurde, führt keinen Anspruchsausschluß herbei. Eine Tötung ist anders als durch eine Einwirkung auf den Körper nicht möglich, wobei die subjektive Vorstellung hier allein von dem Willen der Selbstvernichtung getragen ist[348] und somit keinesfalls (nur) auf die Verminderung der Erwerbsfähigkeit abzielt. Diese ist vielmehr regelmäßig nur bloße Nebenfolge.

Besondere Probleme bereitet die Frage der absichtlichen Herbeiführung einer Erwerbsminderung im Hinblick auf Alkoholismus und Drogensucht[349]. Zwar ist Alkohol- und Drogenkonsum jeweils vom Willen des Einzelnen getragen, wobei die hiermit verbundenen Risiken allgemein bekannt sind. Somit könnte es im Einzelfall zweifelhaft sein, ob der Ausschluß des § 103 SGB VI greift[350]. Es ist heute jedoch allgemein anerkannt, daß zu den Krankheiten im Rechtssinne auch die Alkoholabhängigkeit und Drogensucht gehören, wenn sie zum Verlust der Selbstkontrolle oder der zwanghaften körperlichen oder psychischen Abhängigkeit führen[351]. Vor diesem Hintergrund fällt der Alkoholismus nicht unter den Ausschluß des § 103 SGB VI[352]. Dies muß auch für die Drogensucht gelten, da auch hier der Suchtaspekt im Vordergrund steht.

---

346 BSGE 21, 163 (164f.).

347 BSGE 21, 163.

348 BSGE 21, 163 (165).

349 Vgl. hierzu im einzelnen Louven, DRV 1982, 361 (362ff.).

350 So noch BSGE 21, 163 (167).

351 v. Maydell, in: GK-SGB V, Band 2, 1992, § 27 Rd. 30, 35; vgl. BSGE 28, 114; BSGE 46, 41.

352 Vgl. Jörg, in: Kreikebohm, Sozialgesetzbuch, 1997, § 103 Rd. 5; Fichte, in: Erlenkämper/Fichte, Sozialrecht, 3. Auflage, 1996, S. 365; einschränkend Terdenge, in Hauck, Sozialgesetzbuch, Band 2, Stand März 1999, § 103 Rd. 5, der auf den heutigen Stand der Aufklärung über Suchtgefahren verweist, mit der Folge, daß Vorsatz bei Süchtigen in der Regel zu bejahen sei.

*(c). Minderung der Erwerbsfähigkeit bei einer Straftat*

Beruht eine gesundheitliche Beeinträchtigung, die zu einer Minderung der Erwerbsfähigkeit geführt hat, auf einem Verbrechen oder vorsätzlich begangenen Vergehen, so kann der Rentenversicherungsträger nach § 104 Abs. 1 SGB VI die Rentengewährung ganz oder teilweise versagen, wenn gegen den Versicherten ein strafrechtliches Urteil ergangen ist oder nur deshalb nicht ergangen ist, weil einer Verurteilung ein in der Person des Versicherten liegender Grund entgegensteht.

Der in § 104 SGB VI statuierte Ausschluß ist Ausfluß des die gesetzliche Rentenversicherung beherrschenden Solidarprinzips[353]. Es würde gerade diesem Prinzip widersprechen, wenn der Einzelne, der sich gegen die Rechtsordnung stellt und hierdurch eine Minderung der Erwerbsfähigkeit erleidet, durch die Allgemeinheit abgesichert würde.

Die Definition des Verbrechens und des Vergehens ergibt sich aus dem Strafgesetzbuch. Nach § 12 StGB sind Verbrechen rechtswidrige Taten, die mindestens mit einer Freiheitsstrafe von einem Jahr oder darüber bedroht sind; Vergehen sind rechtswidrige Taten, die mit einer geringeren Freiheitsstrafe oder mit Geldstrafe bedroht sind. Der Vorsatz erfaßt sowohl den bedingten, als auch den direkten Vorsatz[354].

Nach dem Wortlaut des Gesetzes könnte für die Versagung bereits ausreichen, daß ein entsprechendes strafrechtliches Urteil ergangen ist[355], ohne daß dieses rechtskräftig sein müßte. Da § 104 Abs. 1 SGB VI aber grundsätzlich dem Rentenversicherungsträger die Entscheidung über die strafrechtliche Würdigung entzieht und ihm nur dann, wenn allein aufgrund besonderer in der Person des Versicherten liegender Umstände, die einen Erlaß eines Urteils verhindern, eine Entscheidungskompetenz zugesteht, reicht der bloße Erlaß eines Urteils nicht aus. Vielmehr liegen schon wegen der ganz erheblichen Auswirkungen für den Versicherten die Voraussetzungen für ein Versagen der Rente nur dann vor, wenn das Urteil auch rechtskräftig geworden ist[356].

Dem Strafurteil steht nach §§ 407, 410 Abs. 3 StPO der Strafbefehl gleich.

---

353 Jörg, in: Kreikebohm, Sozialgesetzbuch, 1997, § 104 Rd. 2.

354 Hauck, in: Hauck, Sozialgesetzbuch – SGB VI Gesetzliche Rentenversicherung, Kommentar, Loseblattsammlung, 2. Band, Stand 1. März 1999, § 104 Rd. 5.

355 So Niesel, in: Kasseler Kommentar Sozialversicherungsrecht, Stand Dezember 1998, § 104 Rd. 5.

356 Hauck, in: Hauck, Sozialgesetzbuch, 2. Band, Stand März 1999, § 104 Rd. 6 mit der Begründung, daß erst nach Rechtskraft feststeht, daß die Handlung ein Verbrechen oder vorsätzliches Vergehen ist.

Die Versagung der Rentengewährung steht nach § 104 Abs. 1 SGB VI im Ermessen des Rentenversicherungsträgers. Der Versicherungsträger hat damit im Rahmen seiner Entscheidung insbesondere alle Umstände des Einzelfalles zu berücksichtigen. Hierzu zählen der Tathergang sowie die persönlichen und wirtschaftlichen Verhältnisse des Antragstellers, die gegen die Interessen der Versichertengemeinschaft abzuwägen sind. Die Ermessensentscheidung ist nach § 35 Abs. 1 S. 3 SGB X zu begründen. Sie ist gerichtlich auf Ermessensfehler überprüfbar. Das Gericht kann damit prüfen, ob die tatbestandlichen Voraussetzungen der Ermächtigung vorliegen und gegebenenfalls, ob und wie der Versicherungsträger sein Ermessen ausgeübt hat[357]. Gerichtlich überprüfbar ist zudem die Frage, ob der Entscheidungsträger sein Ermessen überschritten hat, das heißt, ob er eine Rechtsfolge gewählt hat, zu der er nicht ermächtigt war, oder ob er einen Ermessensmißbrauch begangen hat, indem er sich von sachfremden, außerhalb des Falles liegenden Umständen hat leiten lassen[358].

Nach § 104 Abs. 2 SGB VI kann die Rente, auch wenn sie dem Versicherten versagt wird, an unterhaltsberechtigte Ehegatten oder Kinder gezahlt werden. Insoweit sind die Grundsätze der §§ 48, 49 SGB I entsprechend anzuwenden[359].

*(5). Feststellung der auf Krankheit oder Behinderung beruhenden Minderung der Erwerbsfähigkeit*

Für die Beurteilung der tatsächlichen Einschränkung des Leistungsvermögens des Betroffenen durch Krankheit oder Behinderung ist zunächst zu berücksichtigen, daß bei einer gegebenenfalls erforderlichen Beweiswürdigung der betroffene Versicherte die Beweislast trägt[360]. Regelmäßig können die erforderlichen Feststellungen durch die Beibringung medizinischer Gutachten ermöglicht werden.

Ebenso wie im Rahmen der Bestimmung der maßgeblichen beruflichen Tätigkeit des Versicherten, bei der der tatsächlichen Berufsausübung ein höherer Beweiswert zukommt als einem medizinischen Gutachten, durch welches das Nichtvorliegen der erforderlichen Fähigkeiten bei Berufsaufnahme bestätigt wird[361], kann die tatsächliche Arbeitsleistung die in einem ärztlichen Gutachten bestätigte Berufsunfähigkeit widerlegen. Auch hier ist der Beweiswert der tatsächlichen Berufsausübung stärker als der Beweiswert des medizinischen Gut-

---

357 Jörg, in: Kreikebohm, Sozialgesetzbuch, 1997, § 104 Rd. 4.

358 Vgl. hierzu insgesamt Maurer, Allgemeines Verwaltungsrecht, 12. Auflage, 1999, § 7 Rd. 19ff.

359 Hauck, in: Hauck, Sozialgesetzbuch, 2. Band, Stand März 1999, § 104 Rd. 11 m.w.N.

360 Vgl. Jörg, in: Kreikebohm, Sozialgesetzbuch, 1997, § 43 Rd. 55.

361 Vgl. oben D I 2 c aa (4) (a).

achtens[362]. Dies folgt in diesem Zusammenhang aus der Tatsache, daß die Frage nach der Gewährung einer Berufsunfähigkeitsrente nicht nur eine medizinische Frage, sondern vorrangig eine Rechtsfrage ist[363].

Auf der anderen Seite ist zu berücksichtigen, daß die tatsächliche Arbeitsleistung -jedenfalls medizinisch betrachtet- nicht notwendig Ausdruck eines echten gesundheitlichen Leistungsvermögens sein muß[364]. Aus diesem Grunde wird vertreten, daß ordnungsgemäß erstellte medizinische Gutachten zwar in den Grenzen der freien Beweiswürdigung juristisch zu prüfen, aber nicht durch juristische Fachkunde zu ersetzen sind[365]. Der tatsächlichen Arbeitsleistung könne deshalb kein stärkerer Beweiswert zukommen als einem medizinischen Befund. Vielmehr sei der Rechtsanwender verpflichtet, das medizinische Gutachten nochmals überprüfen zu lassen. Bleibe aber der – eventuell neue – Sachverständige mit wissenschaftlicher Begründung bei seiner Erkenntnis, daß Berufsunfähigkeit gegeben sei, so müsse im Ergebnis auf dieses Gutachten ohne Berücksichtigung der tatsächlichen Ausübung der beruflichen Beschäftigung zurückgegriffen werden[366]. Bei der Verfahrensweise des Bundessozialgerichts werde ein juristisch-medizinisches Laienprogramm an die Stelle eines wissenschaftlichen Erkenntnisprogramms gesetzt[367].

Dieser Kritik an der ständigen Rechtsprechung des Bundessozialgerichts ist im Ergebnis jedoch nicht zuzustimmen. Zum einen ist zu berücksichtigen, daß die positive Beantwortung der Frage, ob eine berufliche Tätigkeit tatsächlich ausgeübt wird, nicht unmittelbar dazu führt, daß die Berufsunfähigkeit nicht anzunehmen ist. Lediglich folgt hieraus ein gewisser dahingehender Beweiswert. Ausgeschlossen ist hingegen nicht, daß im Einzelfall auch dem medizinischen Gutachten Vorrang zukommt. Insbesondere bei in Streitfällen einzuholenden neuen Gutachten ist es nicht ausgeschlossen, der medizinischen Feststellung der Berufsunfähigkeit Vorrang vor der tatsächlichen Berufsausübung einzuräumen. Darüber hinaus bestehen nach der Rechtsprechung des Bundessozialgerichts weitreichen-

---

362 BSG SozR 2200 § 1247 Nrn. 12; Niesel, in: Kasseler Kommentar Sozialversicherungsrecht, Stand Dezember 1998, § 43 Rd. 80; ausnahmsweise gilt hier jedoch selbstverständlich etwas anderes, wenn die tatsächliche Berufsausübung nur unter unzumutbaren Bedingungen (etwa erheblichen Schmerzen etc.) erfolgt, vgl. BSG SozR 2200 § 1246 Nr. 101, § 1247 Nr. 31.

363 BSG SozR 2200 § 1246 Nr. 12 m.w.N.

364 Meyer, in: GK-SGB VI, Band 3, Stand: 1997, § 43 Rd. 128; etwa wenn der Betroffene die Leistung nur unter erheblichen Schmerzen erbringen kann, aus medizinischer Sicht damit sein (Rest-) Leistungsvermögen eigentlich unzumutbar überschritten ist.

365 Meyer, in: GK-SGB VI, Band 3, Stand: 1997, § 43 Rd. 123.

366 So Meyer, in: GK-SGB VI, Band 3, Stand: 1997, § 43 Rd. 124 bis 128.

367 Meyer, in: GK SGB-VI, Band 3, Stand: 1997, § 43 Rd. 125.

de Ausnahmeregelungen, nach denen auch einer tatsächlichen Berufsausübung kein weiterer Beweiswert für die Beurteilung der Rechtsfrage der Berufsunfähigkeit zukommt. Insbesondere ist hier der Fall zu nennen, daß der Arbeitsplatz, den der Versicherte tatsächlich ausfüllt, im Einzelfall aufgrund ungewöhnlichen Entgegenkommens des Arbeitgebers besonders günstig ausgestaltet ist[368]. Sofern in Ansehung der medizinisch festgestellten Einschränkung des Leistungsvermögens des Versicherten dessen Arbeitseinsatz hierdurch überhaupt erst möglich gemacht wird, wird der tatsächlichen Arbeitsleistung keine Bedeutung beigemessen[369]. Ebenso ist der Fall zu beurteilen, in dem der Arbeitgeber dem Arbeitnehmer die Arbeitsgelegenheit trotz nicht ausreichender Leistungsfähigkeit aufgrund eigenen Entgegenkommens quasi gönnerhaft gewährt hat[370].

Gemeinsames Merkmal dieser genannten Ausnahmefälle ist, daß der Versicherte eine berufliche Tätigkeit zwar ausübt, diese Betätigung jedoch ersichtlich nicht vollwertig vornimmt. Hieran wird gerade deutlich, daß der tatsächlichen Ausübung einer beruflichen Tätigkeit lediglich ein gewisser Beweiswert, nicht jedoch eine allein entscheidungserhebliche Funktion zukommt. Liegen die geschilderten beziehungsweise entsprechenden Ausnahmesituationen nicht vor, so ist kein hinreichender Grund ersichtlich, warum der tatsächlichen Berufsausübung kein den Beweiswert eines medizinischen Gutachtens übersteigender Stellenwert zukommen soll. Denn für den Fall, daß ein Versicherter eine Tätigkeit vollwertig ohne besondere Begünstigung beziehungsweise Erleichterung ausübt, ohne daß dies auf Kosten der Gesundheit erfolgt[371] und ohne daß die Tätigkeit nur unter unzumutbaren Schmerzen oder einer unzumutbaren Anspannung der Willenskraft[372] ausgeübt wird, liegt es auf der Hand, daß der Versicherte ohne weiteres in der Lage ist, beruflich in der bisher gegebenen Weise tätig zu sein. Damit ist für die Feststellung der auf Krankheit oder Behinderung beruhenden Berufsunfähigkeit kein Raum, gleichgültig, ob diese durch ein medizinisches Gutachten festgestellt ist oder nicht.

---

368 Vgl. Adami, SozVers 1989, 90 (95); BSG SozR § 1246 Nr. 24; BSG SozR 2200 § 1247 Nr. 12; Dieser Grundsatz gilt seit jeher, vgl. Kreil, Die Arbeits- und Erwerbsunfähigkeit in der deutschen Sozialversicherung, 1935, S. 150f. Als Gründe für eine solch günstige Ausgestaltung des Arbeitsplatzes nennt Kreil beispielsweise Mitleid, Wohlwollen, verwandtschaftliche oder andere persönliche Rücksichten.

369 BSG SozR § 1246 Nr. 24; Schmitt, in Wannagat, Sozialgesetzbuch, Stand August 1997, § 43 Rd. 71.

370 Vgl. Meyer, in: GK-SGB VI, Band 3, Stand: 1997, § 43 Rd. 127.

371 Vgl. unten D I 2 c ee (6).

372 Vgl. BSG SozR 2200 § 1247 Nr. 31; Meyer, in: GK-SGB VI, Band 3, Stand: 1997, § 43 Rd. 128; Schmitt, in: Wannagat, Sozialgesetzbuch, Stand August 1997, § 43 Rd. 70.

*dd. Arbeitsmarkt*

Bei der Beurteilung der Frage der Erwerbsfähigkeit kommt im weiteren[373] den tatsächlichen Gegebenheiten des Arbeitsmarktes eine besondere Bedeutung zu. Dies folgt bereits daraus, daß Berufsunfähigkeit in Abgrenzung zur Erwerbsunfähigkeit dem Grunde nach gegeben ist, wenn der Versicherte zwar seinen tatsächlich ausgeübten Beruf beziehungsweise einen geeigneten Verweisungsberuf[374] nicht mehr ausüben kann, im weiteren jedoch in der Lage ist, trotz seiner gesundheitlichen Einschränkung noch anderweitig ein Erwerbseinkommen zu erzielen[375].

Damit ist nicht allein entscheidend, ob der Versicherte noch bestimmte Tätigkeiten in seinem bisherigen Beruf beziehungsweise in einem Verweisungsberuf verrichten kann. Vielmehr ist zunächst zu prüfen, ob dem Versicherten tatsächlich die Möglichkeit eröffnet ist, hierdurch ein ausreichendes Erwerbseinkommen zu erzielen[376]. Dies folgt im übrigen bereits aus der Lohnersatzfunktion der Rente wegen Berufsunfähigkeit.

Insoweit ist zunächst zwischen vollschichtig einsatzfähigen Versicherten, also solchen, die trotz krankheitsbedingter qualitativer Einschränkungen ihrer Leistungsfähigkeit noch vollschichtig in ihrem Beruf arbeiten oder einer Verweisungstätigkeit nachgehen können und unter vollschichtig einsatzfähigen Versicherten zu unterscheiden. Vollschichtige Arbeitsfähigkeit setzt voraus, daß der Versicherte wenigstens acht Stunden täglich Arbeit zu leisten im Stande ist[377]. Lediglich teilschichtige Arbeitsfähigkeit ist demgegenüber gegeben, wenn der Betroffene allenfalls noch Teilzeitarbeit verrichten kann.

Gesetzlicher Ansatzpunkt ist die Regelung des § 43 Abs. 2 S. 4 SGB VI. Nach dieser Norm liegt bei demjenigen Versicherten eine Berufsunfähigkeit nicht vor, der in seinem bisherigen oder in einem Verweisungsberuf eine zumutbare Tätigkeit vollschichtig ausüben kann. In einem solchen Fall ist nach dem weiteren Wortlaut des Gesetzes die jeweilige Arbeitsmarktlage nicht zu berücksichtigen.

*(1). Vollschichtig einsatzfähige Versicherte*

Anzumerken ist zunächst, daß § 43 Abs. 2 S. 4 SGB VI nach § 302b Abs. 3 SGB VI nicht für Versicherte gilt, deren Rente wegen verminderter Erwerbsfähigkeit

373 Zu den Auswirkungen der Rentenreform 1999 vgl. unten D V 3 c dd.
374 Vgl. hierzu unten D I 2 c ee.
375 Vgl. Fichte, in: Erlenkämper/Fichte, Sozialrecht, 3. Auflage, 1996, S. 387.
376 Zur Lohnhälfte vgl. unten D I 2 c ee (9).
377 Jörg, in: Kreikebohm, Sozialgesetzbuch, 1997, § 43 Rd. 58.

vor dem 1. Juni 1996 begonnen hat, da die in § 43 Abs. 2 S. 4 SGB VI enthaltene Klarstellung für leistungsgeminderte, aber noch vollschichtig einsatzfähige Versicherte erst durch das 2. SGB VI Änderungsgesetz vom 02. Mai 1996 eingefügt worden ist, welches am 01. Juni 1996 in Kraft getreten ist. Damit ist § 43 Abs. 2 S. 4 SGB VI für Renten nach altem Recht nicht einschlägig[378]. Insoweit gelten die nachfolgenden Ausführungen zunächst nur für Rentenansprüche wegen verminderter Erwerbsfähigkeit ab dem 01. Juni 1996.

Die Einführung des § 43 Abs. 2 S. 4 SGB VI folgte aus dem Spannungsfeld der Risikozuweisung zwischen Arbeitslosen- und Rentenversicherung. Durch die prognostizierbare Verschiebung des Verhältnisses von Beitragszahlern zu Rentenbeziehern bei gleichzeitig wachsender Zahl der Renten wegen verminderter Erwerbsfähigkeit[379] drohte eine erhebliche Mehrbelastung der gesetzlichen Rentenversicherung. Ausgangspunkt für die Einfügung des § 43 Abs. 2 S. 4 SGB VI war damit die Intention des Gesetzgebers, diese Mehrbelastung abzufangen und eine weitere Risikoverschiebung von der Arbeitslosenversicherung zur Rentenversicherung zu verhindern. Diese Entwicklung schien sich durch die Rechtsprechung noch zu verstärken. Die Rechtsprechung berücksichtigt nämlich bei Versicherten, die nur noch teilschichtig berufstätig sein können, die tatsächliche Situation auf dem Teilzeitarbeitsmarkt[380]. Dies hat beispielsweise schon im Jahr 1978 dazu geführt, daß 17,94% aller Zugangsrenten infolge Berufs- oder Erwerbsunfähigkeit wegen des verschlossenen Teilzeitarbeitsmarktes zuerkannt wurden[381], was auf längere Sicht für die Rentenversicherungsträger Belastungen in Milliardenhöhe bewirkt.

*(a). Grundsätzliche Bedeutung des Arbeitsmarktes bei vollschichtig einsatzfähigen Versicherten*

Vor dem Hintergrund der drohenden weiteren Belastung der Rentenversicherungsträger durch eine noch weitergehende Berücksichtigung der Arbeitsmarktlage im Wege richterlicher Rechtsfortbildung schreibt § 43 Abs. 2 S. 4 SGB VI nunmehr fest, daß die konkrete Arbeitsmarktlage bei Versicherten, die noch vollschichtig tätig sein können, für die Gewährung einer Rente wegen Berufsunfähigkeit gänzlich ohne Belang ist. Müßte hier die konkrete Arbeitsmarktsituation Berücksichtigung finden, so würde dies im Ergebnis dazu führen, daß beispiels-

378 Jörg, in: Kreikebohm, Sozialgesetzbuch, 1997, § 302b Rd. 5; Schmitt, in: Wannagat, Kommentar zum Recht des Sozialgesetzbuches, Gesetzliche Rentenversicherung, Ordner 2, Loseblattsammlung, 1997, § 302b Rd. 7.

379 Vgl. oben A. Einleitung.

380 Vgl. unten D I 2 c dd (2).

381 Kolb, DRV 1980, 246.

weise in Zeiten hoher Arbeitslosigkeit vermehrt Renten wegen Berufsunfähigkeit gewährt werden müßten. Hieraus ergäbe sich die Konsequenz, daß die Rentenversicherungsträger weitaus stärker belastet würden als dies ohnehin aufgrund der Arbeitsmarktberücksichtigung bei nur noch teilschichtig einsatzfähigen Versicherten der Fall ist[382].

Zudem galt es die mit der Rentenreform 1992 vorgesehene Verlängerung der Lebensarbeitszeit vor einem Unterlaufen zu schützen[383]. Hier bestand insbesondere die Gefahr, daß vor allem ältere Arbeitnehmer, die in ihrer Erwerbsfähigkeit beeinträchtigt sind, verstärkt in die Renten wegen verminderter Arbeitsfähigkeit ausweichen würden[384], um Abschläge bei der Rente, wie sie bei der Inanspruchnahme von vorzeitigem Altersruhegeld vorgesehen sind, zu vermeiden. Damit ist nach der derzeitigen Gesetzeslage die Situation gegeben, daß bei vollschichtig Arbeitsfähigen die Gegebenheiten des Arbeitsmarktes bei der Frage der Berufsunfähigkeit keine Rolle spielen.

Diese Regelung für vollschichtig arbeitsfähige Versicherte ist die einzig sinnvolle und praktikable Lösung. Hierfür spricht vor allem, daß die Gewährung einer Berufsunfähigkeitsrente in erster Linie von den persönlichen Merkmalen Kräfte, Fähigkeiten, Ausbildung, bisherige Berufstätigkeit des Versicherten etc., also von dem persönlichen Leistungsvermögen des Versicherten abhängt[385].

Dem kann zunächst allenfalls entgegengehalten werden, daß der Begriff der Erwerbsfähigkeit nach seinem Wortsinn auch so interpretiert werden kann, daß hierfür nicht einzig die subjektive Leistungsfähigkeit des Versicherten, sondern auch die objektive Möglichkeit zum Erwerb zu verstehen sein könnte[386]. Dennoch liegt für vollschichtig Arbeitsfähige nach der ständigen Rechtsprechung das Risiko, einen freien Arbeitsplatz zu finden, im Bereich des Versicherten beziehungsweise bei der Arbeitslosenversicherung[387]. Bei vollschichtig Erwerbsfähi-

---

382 Bislang ging die Rechtsprechung auch schon vor Einführung des § 43 Abs. 2 S. 4 SGB VI davon aus, daß bei vollschichtig einsatzfähigen Versicherten die Arbeitsmarktlage nicht zu berücksichtigen ist. § 43 Abs. 2 S. 4 SGB VI hat demgemäß nur eine klarstellende Funktion. Der Gesetzgeber beabsichtigte damit, eine mögliche Ausweitung der sogenannten konkreten Betrachtungsweise auf leistungsgeminderte, aber noch vollschichtig einsatzfähige Versicherte zu verhindern (vgl. BR-Drucksache 496/95, Begr. S. 39ff; BT-Drucksache 13/2590, S. 18ff.) und die Fortführung der bisherigen Rechtspraxis sicherzustellen.

383 Kolb, DRV 1991, 1 (3).

384 Vgl. Jörg, in: Kreikebohm, Sozialgesetzbuch, 1997 § 43 Rd. 58; BT-Drucks. 13/3697, S. 4ff.

385 Vgl. Köbl, VSSR 1979, 1 (9).

386 Köbl, VSSR 1979, 1 (10).

387 BSGE 44, 39 (40); BSG SozR 2200 § 1246 Nr. 22, 30, 75, 82; Maier, Sgb 1994, 453.

gen ist bei der insoweit gegebenen abstrakten Betrachtungsweise, also bei der Beurteilung der Berufsunfähigkeit unter Außerachtlassung des Arbeitsmarktes, unerheblich, ob Arbeitsplätze überhaupt für den betroffenen Versicherten vermittelbar sind oder konkrete Einsatzmöglichkeiten bestehen[388]. Ausgegangen wird hier davon, daß geeignete Arbeitsplätze für den Personenkreis der vollschichtig Leistungsfähigen in ausreichender Anzahl zur Verfügung stehen[389]. Im übrigen ist hier festzustellen, daß vollschichtig einsatzfähige Versicherte auf den Arbeitsmarkt im ganzen Bundesgebiet verweisbar sind[390]. Die Vermittelbarkeit fällt damit insoweit grundsätzlich in den Risikobereich der Arbeitslosenversicherung[391] und nicht in den Risikobereich der Rentenversicherung.

*(b). Ausnahmen*

Gleichwohl läßt sich trotz der gesetzlichen Festschreibung ein starrer Ausschluß der konkreten Betrachtungsweise auch bei vollschichtiger Einsatzfähigkeit nicht durchhalten, wenn im Einzelfall besondere Momente vorliegen, die ein Abstellen auf die tatsächlichen Beschäftigungsmöglichkeiten gebieten. Die Rechtsprechung hat hierzu einen besonderen Fallgruppenkatalog entwickelt. Sofern im konkreten Fall eine dieser Ausnahmegruppen gegeben ist, ist ausnahmsweise auch bei noch vollschichtiger Einsatzfähigkeit auf die tatsächliche Situation auf dem Arbeitsmarkt abzustellen. In diesen Fällen wird also der Grundsatz durchbrochen, daß bei vollschichtig einsatzfähigen Versicherten von dem Vorhandensein einer ausreichenden Anzahl Arbeitsplätze auszugehen ist.

Übereinstimmendes Merkmal der Gruppen ist, daß der Versicherte bei objektiver Betrachtung überhaupt keine Chance hat, eine geeignete Arbeitsstelle zu finden[392]. In diesen Fällen ist jeweils ohne weiteres festzustellen, daß diesen Personen der Arbeitsmarkt in keiner Weise offensteht. In der Regel liegt dann sogar nicht nur Berufsunfähigkeit, sondern Erwerbsunfähigkeit vor[393]. Die einschlägigen Fallgruppen werden zumindest von der vorherrschenden Rechtsprechung als

388 BSG SozR 2200 § 1247 Nr. 33; vgl. Wolff, DRV 1980, 238 (239).

389 BSG SozR 2200 § 1246 Nrn. 33, 75, 82, 139; vgl. Schmitt, in: Wannagat, Sozialgesetzbuch, Stand August 1997, § 43 Rd. 144.

390 Niesel, in: Kasseler Kommentar Sozialversicherungsrecht, Stand Dezember 1998, § 43 Rd. 85; zur Verweisbarkeit vgl. im übrigen unten D I 2 c ee.

391 So auch Ottmüller, DRV 1991, 509 (510); BSG Soz R 2200 § 1246 Nr. 19.

392 BSG SozR 2200 § 1246 Nrn. 110, 137, 139; vgl. hierzu auch Rüfner, Einführung in das Sozialrecht, 2. Auflage, 1991, S. 223, 225.

393 Niesel, in: Kasseler Kommentar Sozialversicherungsrecht, Stand Dezember 1998, § 43 Rd. 88; Jörg, in: Kreikebohm, Sozialgesetzbuch, 1997, § 43 Rd. 59.

abschließend angesehen[394], da für eine Ausdehnung keine gesetzliche Grundlage besteht[395].

*(aa). 1. Ausnahme: Schwere spezifische Leistungseinschränkungen*

Das Bundessozialgericht geht bei einer ersten Ausnahme davon aus, daß bei schweren spezifischen Leistungseinschränkungen keine, allenfalls eine wenig wahrscheinliche und damit bloß theoretische Möglichkeit besteht, einen entsprechenden Arbeitsplatz zu finden[396]. Damit kann hier nicht von dem an sich anzunehmenden Regelfall ausgegangen werden, daß für einen derartigen Personenkreis eine ausreichende Anzahl an Arbeitsplätzen zur Verfügung steht. Vielmehr ist hier vom Gegenteil, also von einer tatsächlichen Verschlossenheit des Arbeitsmarktes auszugehen[397].

Eine solche schwere spezifische Leistungseinschränkung wird insbesondere bei Anfall-Leiden, wie zum Beispiel Epilepsie, angenommen. Geht der Rentenversicherungsträger davon aus, daß trotz der Erkrankung keine Erwerbsminderung gegeben ist, ist es – wie im übrigen bei allen Ausnahmegruppen – Sache des Rentenversicherungsträgers das Gegenteil, also das Offenstehen des Arbeitsmarktes für den betroffenen Versicherten, nachzuweisen. Gelingt dies nicht, so steht insoweit zumindest dem Anspruch auf Gewährung einer Berufsunfähigkeitsrente nicht die Tatsache der vollschichtigen Einsatzfähigkeit entgegen.

*(bb). 2. Ausnahme: Vollschichtige Arbeitsfähigkeit nur unter nicht betriebsüblichen Bedingungen*

Ebenso ist von der Verschlossenheit des Arbeitsmarktes auszugehen, wenn der betroffene vollschichtig arbeitsfähige Versicherte zur Berufsausübung nur fähig ist, falls besondere, nicht betriebsübliche Arbeitsbedingungen bestehen[398]. Teilweise wird insoweit Kritik geübt, als daß hierfür keine klare inhaltliche Konkretisierung gefunden worden sei. Unklar sei sowohl, auf welche Bedingungen es hier ankomme und was unter dem Begriff der Betriebsüblichkeit zu verstehen sei[399].

---

394 Vgl. BSG SozR 3-2200 § 1246 Nr. 41; BSG NZS 1993, 403 (404); vgl. BSG SozR 2200 § 1246 Nrn. 137, 139.

395 Zur insoweit abweichenden Auffassung vgl. unten D I 2 c dd (1) (b) (ee).

396 BSGE 56, 64 (68); BSG SozR 2200 § 1246 Nrn. 81, 90, 104, 107, 136.

397 BSG NZA 1987, 86, 88; vgl. Jörg, in: Kreikebohm, Sozialgesetzbuch, 1997, § 43 Rd. 60.

398 BSG SozR 2200 § 1246 Nrn. 22, 136; BSGE 44, 39 (40).

399 Wolff, DRV 1980, 238 (240).

Ausreichende Auslegungshilfe bietet insoweit jedoch die Regelung des § 119 SGB III, die der Regelung des § 103 AFG nachempfunden wurde[400]. § 119 Abs. 2 SGB III legt den Personenkreis fest, der den Vermittlungsbemühungen des Arbeitsamtes zur Verfügung steht. Dies ist hiernach, wer arbeitsfähig und arbeitsbereit ist. Die Arbeitsfähigkeit wird in § 119 Abs. 3 und Abs. 4 SGB III näher beschrieben. Arbeitsfähigkeit ist danach bei denjenigen Personen gegeben, die eine zumutbare Beschäftigung „unter den üblichen Bedingungen des für sie in Betracht kommenden Arbeitsmarktes" ausüben können und dürfen. Die hierzu – insbesondere auch zu dem Vorläufer § 103 AFG – ergangene Rechtsprechung ist vielfältig[401], so daß ohne weiteres auch für den Bereich der Berufsunfähigkeitsrente eine hieran ausgerichtete Auslegung erfolgen kann. Insofern ist jeweils der konkrete Einzelfall zu untersuchen[402].

Hierbei sind zunächst die für die Berufsart regelmäßig gegebenen Arbeitsbedingungen festzustellen. Im weiteren ist zu untersuchen, ob der konkret Betroffene in der Lage ist, vollschichtig seine Arbeitsleistung unter diesen Bedingungen zu erbringen. Im Rahmen dieser Untersuchung können beispielsweise medizinische Gutachten herangezogen werden, falls nicht bereits offenkundig feststellbar ist, ob nur eine vollschichtige Arbeitsfähigkeit unter nicht betriebsüblichen Bedingungen besteht.

Wesentliches Kriterium ist im weiteren die Frage, ob ein Arbeitgeber Arbeitskräfte mit der jeweiligen Beeinträchtigung in der Regel einzustellen

---

400 Vgl. Jörg, in: Kreikebohm, Sozialgesetzbuch, 1997, § 43 Rd. 61; Niesel, in: Kasseler Kommentar Sozialversicherungsrecht, Stand Dezember 1998, § 43 Rd. 89; BSG SozR 3- 2200 § 1247 Nr. 14; BSGE 11, 16 (20f.).

401 Vgl. NZA 1987, 38: Bei Notwendigkeit zusätzlicher Arbeitspausen von zwei mal fünfzehn Minuten ist hiernach von dem Erfordernis nicht betriebsüblicher Arbeitsbedingungen auszugehen; LSG Berlin SGb 1991, 21: Einnahme kurzfristiger Zwischenmahlzeiten bei Diabetikern erfordert nicht ein Nichtvorliegen betriebsüblicher Bedingungen, da insoweit keine zusätzlichen Arbeitspausen erforderlich sind. Im erstgenannten Fall hat daher der Rentenversicherungsträger einen geeigneten Arbeitsplatz/Arbeitsmarkt nachzuweisen, während im letztgenannten Fall weiter von dem Vorhandensein eines offenstehenden Arbeitsmarktes auszugehen ist. Im Hinblick auf diese beiden Fälle ist festzustellen, daß gerade der Punkt der Erforderlichkeit zusätzlicher Arbeitspausen bisher eindeutig als betriebsunüblich angesehen wird, vgl. Wolff, DRV 1980, 238 (242) m.w.N. Ein weiterer eindeutiger Fall ist gegeben, wenn ein Beruf in der Regel in Nachtschicht ausgeübt wird und dies für den Betroffenen nicht mehr möglich ist. Auch hier sind Feststellungen zu der Zahl der konkret zur Verfügung stehenden Arbeitsplätze erforderlich, bei denen ohne Schichtarbeit gearbeitet wird, vgl. BSGE 56, 64 (68).

402 Brand, in: Niesel, SGB III, Sozialgesetzbuch, Arbeitsförderung, Kommentar, 1998, § 119 Rd. 25.

pflegt[403]. Ist dies der Fall, so ist jedenfalls davon auszugehen, daß eine vollschichtige Arbeitsfähigkeit unter betriebsüblichen Arbeitsbedingungen besteht. Ist hingegen festzustellen, daß eine Anstellung in der Regel nicht erfolgt, so ist von dem Vorliegen des Ausnahmefalles auszugehen, so daß auch hier bei noch vollschichtig einsatzfähigen Versicherten nicht eine abstrakte Betrachtungsweise, sondern eine konkrete Betrachtungsweise zugrunde gelegt werden muß.

Damit ist in diesem Fall die Situation auf dem Arbeitsmarkt zu berücksichtigen. Insofern findet eine Risikoverlagerung von der Arbeitslosen- zur Rentenversicherung statt. Dies ist auch berechtigt, da ein Betroffener, der keine Chance auf eine erfolgreiche Vermittlung auf dem Arbeitsmarkt hat, nicht ohne weiteres als arbeitssuchend bezeichnet werden kann. Der Begriff der Arbeitssuche setzt nämlich begriffsnotwendig voraus, daß nicht bereits von vornherein ausgeschlossen ist, daß die Suche auch von Erfolg gekrönt wird. Bestehen insoweit keinerlei Aussichten, so ist quasi von Beginn an eine Suche untauglich. Folge ist, daß nur faktisch eine Arbeitslosigkeit besteht. Rein tatsächlich besteht diese in einem so gesteigerten Maß, daß es gerechtfertigt ist, nicht nur Arbeitslosigkeit, sondern Berufsunfähigkeit anzunehmen. Für die weitere Frage, ob darüber hinaus nicht sogar eine Erwerbsunfähigkeit[404] besteht, ist zu überprüfen, ob der Versicherte in der Lage ist, überhaupt einen anderen Arbeitsplatz unter betriebsüblichen Bedingungen vollschichtig auszufüllen[405]. Regelfall bei entsprechenden Beeinträchtigungen ist jedoch, daß der jeweilige Versicherte hierzu nicht in der Lage ist[406].

Im einzelnen hat die Rechtsprechung bei vielfältigen Beeinträchtigungen angenommen, daß davon auszugehen ist, daß entsprechende Arbeitnehmer in der Regel nicht eingestellt werden. Zunächst ist hier der Fall des Vorliegens ekelerregender oder ansteckender Krankheiten zu nennen[407]. Auch eine Einarmigkeit bei weiterer Beschränkung auf leichte körperliche Arbeiten erfüllt nach der Rechtsprechung die oben dargestellten Voraussetzungen[408]. Gleiches wurde bislang angenommen bei gravierenden Fieberschüben, bei Einschränkungen der Arm- und Handbeweglichkeit oder ungewöhnlichen Arbeitshaltungen[409].

Feststehende Regeln bestehen jedoch insoweit nicht. Beispielsweise hat die Rechtsprechung die Einschränkung eines Versicherten auf leichte körperliche

---

403 BSG SozR § 1246 Nr. 86.
404 Vgl. auch D I 1 c bb.
405 Vgl. zur Frage der Verweisbarkeit unten D I 2 c ee. Zur Erwerbsunfähigkeit vgl. D III.
406 Vgl. Jörg, in: Kreikebohm, Sozialgesetzbuch, 1997, § 43 Rd. 59.
407 Vgl. BSG SozR § 1246 Nr. 86.
408 Vgl. BSG SozR § 1246 Nr. 89.
409 Vgl. BSG SozR 3-2200 § 1246 Nr. 34; BSG SozR 3-2200 § 1247 Nrn. 8, 14; BSG SozR § 1246 Nr. 89.

Arbeiten ohne jegliche bronchialreizende Einflüsse nicht dieser Ausnahmegruppe zugeordnet[410]. Hier hat das Bundessozialgericht vielmehr angenommen, daß dieser Versicherte gerade unter in Betrieben üblichen Arbeitsbedingungen tätig sein kann. Hieran zeigt sich die Schwierigkeit, feststehende Regelungen aufzustellen. Im Hinblick auf die Vielfältigkeit des Arbeitslebens und die damit vielschichtig verbundenen verschiedenen Arbeitsbedingungen ist dies jedoch in keiner Weise verwunderlich. Vielmehr verbietet sich hiernach die Forderung nach einem feststehenden Schema, da ein solches aufgrund der Komplexität des Arbeitslebens überhaupt nicht aufgestellt werden kann. Die Forderung nach einer dezidierteren Fassung der betriebsüblichen Arbeitsbedingungen muß damit zurückgewiesen werden. Im Ergebnis muß damit der jeweilige Einzelfall losgelöst von anderen Fällen dahingehend überprüft werden, ob Arbeitgeber in der Regel Arbeitnehmer mit entsprechenden Beeinträchtigungen einzustellen pflegen.

*(cc). 3. Ausnahme: Weg zur Arbeitsstelle*

Eine dritte Ausnahmegruppe, die zu dem Erfordernis der konkreten Betrachtungsweise bei vollschichtig Arbeitsfähigen führt, ist gegeben, falls der Versicherte den Weg zur Arbeitsstelle nicht mehr zurücklegen kann[411]. Ihre Begründung findet diese Ausnahme darin, daß Erwerbsfähigkeit unabdingbar voraussetzt, daß der Versicherte seinen Arbeitsplatz überhaupt aufsuchen kann[412].

Ausgangspunkt ist zwar, daß vollschichtig einsatzfähige Versicherte im gesamten Bundesgebiet verweisbar sind[413]. Insoweit ist bei der Beurteilung der Frage, ob ein Versicherter den Weg zur Arbeitsstelle zurücklegen kann, nicht auf den konkreten Wohnort des Betroffenen und die hiervon ausgehende Wegstrecke zu eventuell vorhandenen Arbeitsplätzen abzustellen. Den betroffenen Personen ist ohne weiteres beispielsweise auch ein Umzug zuzumuten, um die Voraussetzung der Bewältigungsmöglichkeit einer Wegstrecke von dem Wohnort zum Arbeitsplatz herbeizuführen[414]. Im Ergebnis ist damit grundsätzlich auf den allgemein üblichen Weg abzustellen. Diese Einschätzung ist auch ohne weiteres überzeugend. Es ist nämlich nicht einzusehen, daß die Solidargemeinschaft der Versicherten für eine Person Leistungen in Form einer Rente wegen Berufs- oder Erwerbsunfähigkeit aufbringen muß, nur weil diese zum Beispiel aufgrund eigenen Entschlusses einen abgelegenen Wohnort innehat und allein aufgrund dieser Ab-

---

410 BSG SozR 2200 § 1246 Nr. 19.
411 BSG SozR 2200 § 1247 Nrn. 47, 56; BSG SGb 1973, 326 (327).
412 BSG SozR § 1246 Nrn. 21, 27; BSG SGb 1973, 326.
413 Zur Verweisbarkeit vgl. unten D I 2 c ee.
414 BSG SozR § 1246 Nr. 21; Meyer, in: GK-SGB VI, Band 3, Stand: 1997, § 43 Rd. 138.

gelegenheit in Verbindung mit einer gesundheitlichen Beeinträchtigung mögliche Arbeitsstellen nicht erreichen kann.

Ob ein Versicherter eine allgemein übliche Wegstrecke bewältigen kann, richtet sich im wesentlichen nach dem medizinischen Befund[415]. Sofern hiernach eine Bewältigung einer Wegstrecke nur unter erheblichen Schmerzen oder Gesundheitsgefährdungen möglich ist, ist davon auszugehen, daß der Versicherte den üblichen Weg nicht zurücklegen kann. Damit ist dann jedenfalls Berufsunfähigkeit gegeben, obgleich an sich aufgrund der vollschichtigen Einsatzfähigkeit von der Offenheit des Arbeitsmarktes auszugehen wäre. Eine Ausnahme ist hiervon allenfalls zu machen, sofern für den Versicherten die Möglichkeit einer vollschichtigen Heimarbeit besteht[416]. Da es sich hierbei jedoch um eine Rückausnahme handelt, obliegt es dem Versicherungsträger, den Nachweis des Vorhandenseins einer entsprechenden Beschäftigungsmöglichkeit zu führen.

Darüber hinaus hat die Rechtsprechung Grundsätze entwickelt, bei deren Vorhandensein davon auszugehen ist, daß der Versicherte nicht in der Lage ist, eine übliche Wegstrecke vom Arbeitsplatz zu seinem Wohnort zurückzulegen[417]. Dies ist der Fall, wenn aufgrund der vorhandenen Beeinträchtigung der Versicherte nicht mehr fähig ist, eine Wegstrecke von fünfhundert Metern zu Fuß zu bewältigen[418] beziehungsweise für eine solche Strecke mehr als zwanzig Minuten benötigt[419]. Sofern der Arbeitsplatz jedoch auf andere Weise erreicht werden kann, ist die Ausnahme der Nichterreichbarkeit der Arbeitsstelle selbstverständlich nicht gegeben.

Beispielsweise ist dies der Fall, wenn der Versicherte den Weg unproblematisch mit einem Kraftfahrzeug[420] oder einem Fahrrad[421] zurücklegen kann und die beim Gehen auftretenden unzumutbaren Schmerzen oder übermäßigen körperlichen Anstrengungen solchenfalls nicht gegeben sind. Auch das Vorhandensein einer Mitfahrgelegenheit[422] schließt die hier besprochene Ausnahme aus, sofern

---

415 Hennies, in: Berliner Kommentar zum Rentenreformgesetz 1992, Stand Januar 1999, § 43 Rd. 115.

416 Vgl. BSG SGb 1973, 326 (327).

417 Vgl. BSG SozR 2200 § 1247 Nr. 56.

418 Hennies, in: Berliner Kommentar zum Rentenreformgesetz 1992, Stand Januar 1999, § 43 Rd. 115.

419 BSG SozR § 1246 Nr. 56.

420 Vgl. BSGE 24, 142 (145) jedenfalls für den Fall, in dem dem Betroffenen ein Kraftfahrzeug zur Verfügung steht, er bereits längere Zeit Kraftfahrer ist und das Fahrzeug ständig benutzt.

421 Vgl. DRV 1979, 223.

422 Vgl. BSG SozR § 1246 Nr. 27.

der Betroffene eine Mitfahrgelegenheit hat oder ihm eine solche angeboten wird[423].

Diese Grundsätze sollen nach der Rechtsprechung des Bundessozialgerichts auch dann gelten, wenn der Versicherte in einem industriellen Ballungsgebiet wohnt[424], da nach Auffassung des Bundessozialgerichts ein dahingehender Erfahrungssatz besteht, daß auch in Industriegebieten der Weg zwischen Wohnung und Haltestelle eines öffentlichen Verkehrsmittels oder zwischen der Haltestelle und dem Arbeitsplatz eine Zeitdauer von regelmäßig mehr als fünf Minuten Gehzeit in Anspruch nimmt[425].

Hiergegen ist in der Literatur Kritik geäußert worden. So wird insbesondere vorgebracht, daß der vom Bundessozialgericht zugrunde gelegte Erfahrungssatz nicht bestehe[426]. Vielmehr sei von einem umgekehrten Erfahrungssatz auszugehen. In Ballungsräumen seien große Bezirke und unendlich viele Wohnungen vorhanden, deren Entfernungen zu der Haltestelle eines öffentlichen Verkehrsmittels nicht mehr als fünf Minuten Gehzeit betrage. In derartigen Bezirken gäbe es zudem viele Betriebe, bei denen die Haltestelle eines öffentlichen Verkehrsmittels unmittelbar vor dem Betriebseingang liege. Letztlich seien in Ballungsräumen viele Betriebe angesiedelt, die ihre Arbeitnehmer mit Omnibussen selbst von ihrer Arbeitsstätte zu ihrer Wohnung und umgekehrt befördern würden[427]. Folge wäre, daß die tatsächliche Wegstrecke beziehungsweise die Wegefähigkeit des Betroffenen insgesamt in Ballungsgebieten bei der Frage nach der Rolle des Arbeitsmarktes bei vollschichtiger Beschäftigungsmöglichkeit auch nicht ausnahmsweise herangezogen werden kann.

Diese Auffassung vermag nicht zu überzeugen. Zunächst schlägt das letztgenannte Argument nicht durch. Wie bereits dargestellt, geht das Bundessozialgericht gerade davon aus, daß der Arbeitnehmer den Weg zur Arbeitsstelle bewältigen kann, wenn er die Arbeitsstelle auf eine Weise erreichen kann, bei der es nicht zu erheblichen Schmerzen oder übermäßigen körperlichen Anstrengungen kommt. Bietet der Arbeitgeber damit einen entsprechenden Service an, so greift in diesem Fall die hier dargestellte Ausnahme der Nichterreichbarkeit der Arbeitsstelle auch nach der Rechtsprechung nicht ein.

---

423 BSG SozR § 1246 Nr. 27; Niesel, in: Kasseler Kommentar Sozialversicherungsrecht, Stand Dezember 1998, § 43 Rd. 93.

424 BSG DRV 1979, 223.

425 BSG SGb 1973, 326 (327).

426 Scheerer, Anm. zu BSG SGb 1973, 326 in SGb 1973, 327 (328); Scheerer bringt vor, daß das ansonsten bei der Annahme von Erfahrungssätzen sehr vorsichtige Bundessozialgericht den oben genannten Erfahrungssatz quasi aus dem Ärmel gezaubert habe.

427 In diesem Sinne umfassend Scheerer, SGb 1973, 327 (328).

Darüber hinaus ist auch der von Scheerer aufgestellte gegensätzliche Erfahrungssatz nicht feststellbar. Zwar ist durchaus anzunehmen, daß in Ballungsgebieten oftmals zwischen Haltestellen öffentlicher Verkehrsmittel und Arbeitsstätten geringe Entfernungen bestehen. Jedoch ist zu berücksichtigen, daß in ihrer Gehfähigkeit eingeschränkte Personen auch für relativ geringe Wegstrecken einen – vom Grad ihrer Behinderung abhängigen – gesteigerten Zeitbedarf haben. Wegstrecken, die ein körperlich Gesunder ohne weiteres innerhalb fünf Minuten zurücklegen kann, sind allenfalls nur von gering gehbehinderten Personen ebenfalls in dieser Zeit zu bewältigen. Letztlich mag es zwar – wie von Scheerer vorgebracht – vereinzelt Betriebe geben, bei denen sich eine Haltestelle für öffentliche Verkehrsmittel quasi vor dem Betriebseingang befindet. Wenn es jedoch entsprechend den oben dargestellten Grundsätzen ohnehin nicht auf den konkreten Weg des Versicherten von seiner Wohnung zu seinem Arbeitsplatz ankommt (etwa bei einem Versicherten, der aus persönlichen Gründen einen verkehrstechnisch ungünstigen Wohnort hat), sondern auf den allgemein üblichen Weg abzustellen ist, darf in dem Fall, in dem der Versicherte besonders verkehrsgünstig wohnt und auch entsprechend verkehrsgünstig gelegene Arbeitsstätten bestehen, nichts anderes gelten.

Bei einer solchen Betrachtungsweise ist jedenfalls davon auszugehen, daß derart verkehrsgünstige Gegebenheiten – wie sie Scheerer annimmt – nicht allgemein üblich sind. Die Möglichkeit, die Wegstrecke zur Arbeit zu bewältigen, kann damit grundsätzlich auch bei der Beantwortung der Frage, ob bei einer im übrigen vollschichtigen Beschäftigungsmöglichkeit ausnahmsweise die Arbeitsmarktsituation mit einzubeziehen ist, stets berücksichtigt werden.

*(dd). 4. Ausnahme: Eingeschränkt verfügbare Arbeitsplätze*

Eine letzte Ausnahme von der lediglich abstrakten Betrachtungsweise bei noch vollschichtig einsetzbaren Versicherten besteht nach der Rechtsprechung bei nur eingeschränkt verfügbaren Arbeitsplätzen. Hierbei handelt es sich zunächst um Schonarbeitsplätze[428]. Ihre Begründung findet dies in der Tatsache, daß diese Arbeitsplätze in der Regel für Betriebsfremde nicht zugänglich, sondern oftmals nur leistungsgeminderten Angehörigen des eigenen Betriebes zur Verfügung gestellt sind[429]. Aufgrund dessen besteht für diese Arbeitsplätze überhaupt kein Arbeitsmarkt, so daß es auch hier gerechtfertigt ist, trotz insoweit bestehender vollschichtiger Erwerbsfähigkeit nicht grundsätzlich von dem Vorhandensein ent-

---

428 Vgl. BSG SozR 2600 § 46 Nr. 1; BSG SozR 2200 § 1246 Nrn. 71, 86, 101, 110, 137, 139.

429 Schultes, SGb 1997, 555 (556) m.w.N.

sprechender Arbeitsplätze, sondern vielmehr von dem Gegenteil auszugehen. Gleiches gilt mit entsprechender Begründung für Arbeitsplätze, die nur an bewährte Mitarbeiter des Betriebes vergeben werden[430], unabhängig davon, ob es sich um Einstiegs-, Aufstiegs- oder Beförderungsstellen handelt.

Zu den eingeschränkt verfügbaren Arbeitsplätzen gehören naturgemäß letztlich diejenigen Arbeitsplätze, die trotz tariflicher Erfassung nur in ganz geringer Zahl vorkommen[431]. Wie hoch diese Zahl jeweils anzusetzen ist, ist nicht pauschal feststellbar. Hier sind im konkreten Fall Feststellungen zu treffen, ob der Versicherte bei vernünftiger Betrachtungsweise eine Chance hat, eine Anstellung zu finden. Ist dies nicht der Fall, so ist der Versicherte wegen der nunmehr ausnahmsweise zu berücksichtigenden Arbeitsmarktsituation nicht nur arbeitslos, sondern (wenigstens) berufsunfähig[432].

*(ee). Erfordernis weiterer Ausnahmen*

Wie bereits erwähnt, sieht das Bundessozialgericht die gezeigten Ausnahmen als abschließend an. Zum Teil wird diesbezüglich gefordert, daß eine weitere Ausnahme für leistungsgeminderte ältere Arbeitslose gemacht werden soll. Für diese sei ebenfalls nicht von der Offenheit des Arbeitsmarktes, sondern entgegengesetzt von dessen Verschlossenheit auszugehen, wenn sie nur noch leichtere körperliche Arbeiten vollschichtig verrichten können, im Zeitpunkt des Arbeitsplatzverlustes das 50. Lebensjahr bereits vollendet haben und mindestens ein Jahr arbeitslos waren[433].

Zur Begründung wird angeführt, daß es diese Gruppe ganz besonders schwer habe, die Arbeitslosigkeit zu beenden, so daß auch hier der Arbeitsmarkt praktisch verschlossen sei. Insoweit sei die – oben dargestellte – Rechtsprechung des Bundessozialgerichts zur ausnahmsweise auch bei vollschichtig einsetzbaren Versicherten zu erfolgenden Berücksichtigung der Arbeitsmarktsituation fortzuentwickeln.

Erlenkämper[434] stimmt dieser Entscheidung des Sozialgerichts Münster[435] dem Grunde nach zu. Erforderlich sei eine derartige Praxis vor allem aufgrund

---

430 BSGE 51, 50 (52).

431 BSG SozR 2200 § 1241d Nr. 5; BSG SozR 2200 § 1246 Nrn. 82, 83, 110; Schultes, SGb 1997, 555 (556).

432 BSGE 56, 64 (69).

433 SG Münster, Urteil vom 06. Dezember 1990, S 10 J 1013/89; vgl. Darstellung bei Ottmüller, DRV 1991, 509ff.; vgl. zum praktisch verschlossenen Arbeitsmarkt bei vollschichtig einsatzfähigen Versicherten auch Kolb, DRV 1980, 246ff und Wiegand, SozSich 1978, 13ff.

434 Erlenkämper, ZfS 1992, 4ff.; ders. DRV 1992, 39ff.; ders NZS 1994, 259ff.

der erheblichen sozialen Betroffenheit des angesprochenen Versichertenkreises[436]. Soziale Wirklichkeit und soziales Leistungsrecht würden hier auseinanderklaffen[437]. Vorzeitige Altersrenten im Sinne der §§ 36ff. SGB VI könnten hierfür keinen Ausgleich darstellen, da hierdurch erst Leistungsansprüche mit Vollendung des 60. Lebensjahres geschaffen würden[438].

Entgegen dem Sozialgericht Münster nimmt jedoch auch Erlenkämper eine Verschlossenheit des Arbeitsmarktes nur an, wenn der Versicherte seinen Arbeitsplatz unfreiwillig durch den Eintritt von Krankheit oder Behinderung verloren hat, nicht jedoch, wenn die Arbeitslosigkeit aus anderen Gründen folgt[439]. Denn hierfür liegt unzweifelhaft das Risiko bei der Arbeitslosenversicherung beziehungsweise dem Versicherten, nicht aber bei der gesetzlichen Rentenversicherung. Darüber hinaus müsse eine erhebliche Verminderung der Erwerbsfähigkeit gegeben sein[440], das heißt, eine allgemeine Beschränkung auf leichte Arbeiten sei entgegen dem Sozialgericht Münster nicht ausreichend. Auch müsse sichergestellt sein, daß alle bestehenden Wiedereingliederungsmöglichkeiten restlos ausgeschöpft seien[441]. Dies könne nicht allein aufgrund der Tatsache einer einjährigen Arbeitslosigkeit angenommen werden. Vielmehr solle ein an die Bezugsdauer des Arbeitslosengeldes angelehnter Zeitraum herangezogen werden, da hierdurch auch ein nahtloser Übergang aus der Arbeitslosen- in die Rentenversicherung gewährleistet sei[442].

In Übereinstimmung mit dem Sozialgericht Münster sieht Erlenkämper im weiteren das Kriterium des Lebensalters des Versicherten als maßgeblich an, da bei verständiger Würdigung der sozialen Wirklichkeit nicht zu verkennen sei, daß Versicherte schon allgemein im vorgerückten Lebensalter eine deutlich geringere Chance bei einer erneuten Vermittlung in eine andere Berufstätigkeit hätten; seien sie zudem durch Krankheit oder Behinderung weiter eingeschränkt, so sei ihre Chance gleich Null[443].

Sowohl für die Ansicht des Sozialgerichts Münster als auch für die sich daran einschränkend anschließende Auffassung Erlenkämpers besteht jedoch im Ergebnis kein praktisches Bedürfnis. Zudem liegt hierin eine unzulässige Rechtsfort-

---

435 SG Münster, Urteil vom 06. Dezember, S 10 J 1013/89.
436 Vgl. Erlenkämper, NZS 1994, 259 (264).
437 Erlenkämper, DRV 1992, 39.
438 Erlenkämper, DRV 1992, 39 (40).
439 Erlenkämper, DRV 1992, 39 (41).
440 Erlenkämper, DRV 1992, 39 (41).
441 Erlenkämper, DRV 1992, 39 (42).
442 Erlenkämper, DRV 1992, 39 (42, 43).
443 Erlenkämper, DRV 1992, 39 (43).

bildung[444]. Eine richterliche Rechtsfortbildung ist nur zulässig, wenn sie nicht zu Entscheidungen des Gesetzgebers im Widerspruch steht[445]. Grundsätzlich ist von der gesetzgeberischen Wertung auszugehen, daß auch die Frage der Verschlechterung des Arbeitsmarktes für über 50 Jahre alte, noch vollschichtig arbeitsfähige Langzeitarbeitslose in den Risikobereich der Arbeitslosenversicherung fällt[446].

Diese gesetzgeberische Wertung folgt bereits aus der Tatsache, daß der Gesetzgeber im Rahmen der Rentenreform 1992 im wesentlichen bei der Einführung der §§ 35ff. SGB VI keine von den Vorschriften der RVO abweichende Regelung getroffen hat[447]. Hat der Reformgeber bei der Rentenreform 1992 das Recht der Berufs- und Erwerbsunfähigkeitsrenten trotz bekannter Problematik aber unverändert gelassen, so folgt hieraus, daß auch insoweit keine Änderung vorgenommen werden sollte[448].

Soweit das Sozialgericht Münster hier dennoch im Wege richterlicher Rechtsfortbildung eine weitere, zusätzliche Ausnahmefallgruppe einführen will, führt dies zu strukturellen Änderungen im Rentenrecht. Solche Änderungen sind jedoch ureigenste Aufgabe des Gesetzgebers[449]. Dies umsomehr, als eine Anwendung der konkreten Betrachtungsweise auf die geschilderte Personengruppe in die Nähe einer Vorruhestandsregelung mit erheblicher Vorverlegung der Lebensarbeitszeit rückt[450] und damit zugleich eine erhebliche Umverteilung des Risikos zwischen Arbeitslosenversicherung und Rentenversicherung mit sich bringt[451].

Ein derartiges Interesse des Gesetzgebers ist nicht feststellbar. Vielmehr versucht der Gesetzgeber durch das Rentenreformgesetz 1992 im Wege einer stufenweisen Anhebung der Altersgrenzen (§ 41 SGB VI) die aufgrund der demographischen Entwicklung prognostizierte Mehrbelastung der Rentenversicherung durch eine Verlängerung der Lebensarbeitszeit zu mindern[452]. Dieser gesetzgeberischen Intention würde es zuwiderlaufen, wenn Renten wegen Berufsunfähigkeit für Versicherte gewährt würden, die vorwiegend aus Gründen des Arbeitsmarktes keine oder nur geringe Vermittlungschancen haben[453]. Soweit in neuerer Zeit anderslautende politische Tendenzen ersichtlich sind, vermag dies keine andere Betrachtungsweise zu rechtfertigen. Die damalige Intention des Gesetzgebers be-

---

444 So auch Ottmüller, DRV 1991, 509 (510); vgl. BSG NZS 1996, 228 (232).
445 Vgl. BVerfGE 49, 304 (319ff.).
446 Vgl. BSG NZS 1996, 228 (232).
447 Vgl. Ottmüller, DRV 1991, 509 (512); Maier, SozVers 1993, 114 (116).
448 So auch Schmidt-Preuß, Sgb 1992, 431 (432, 436).
449 So auch Maier, SozVers 1993, 114 (115); Ottmüller, DRV 1991, 509 (512).
450 Vgl. Ottmüller, DRV 1991, 509 (512).
451 So auch Maier, SozVers 1993, 114 (116).
452 BT-Drucks. 11/4124, S. 144.
453 Kamprad, SGb 1993, 413 (416); ders., DRV 1992, 583 (587); Maier, SozVers 1993, 114 (116); BSG NZS 1996, 228 (233).

steht insoweit unverändert. Sofern der heutige Gesetzgeber andere Ziele verfolgt, liegt es an ihm, diese gesetzgeberisch zu verwirklichen.

Zudem hat der Gesetzgeber die Möglichkeit des vorzeitigen Ausscheidens aus dem Arbeitsleben mehrfach berücksichtigt. Insbesondere sind hier die §§ 37, 38 SGB VI zu nennen. Sofern die hier normierten tatbestandlichen Voraussetzungen erfüllt sind, besteht die Möglichkeit einer vorzeitigen Altersrente ab Vollendung des 60. Lebensjahres. Die vom Sozialgericht Münster beziehungsweise von Erlenkämper beabsichtigte Vorgehensweise würde letztlich zu einer Umgehung der Voraussetzungen der §§ 37, 38 SGB VI führen, da insoweit de facto erleichterte Anspruchsvoraussetzungen bestünden[454].

Insoweit überzeugt auch die Argumentation Erlenkämpers[455] nicht. Erlenkämper trägt hier vor, daß nicht eine (Wieder-) Einführung einer „Altersinvaliditätsrente" oder einer „Arbeitsmarktrente" Folge einer seinem Vorschlag entsprechenden Vorgehensweise sei[456]. Vielmehr gehe es nur darum, den Kreis der Berufs- beziehungsweise Erwerbsunfähigen auf diejenigen Versicherten, die bei Betrachtung der realen Arbeitswelt keine Chance mehr haben, ihre noch verbliebene Erwerbsfähigkeit nochmals lohnbringend zu verwerten[457], auszudehnen. Faktisch besteht insoweit jedoch kein sachlich relevanter Unterschied. Vielmehr würde rein tatsächlich bei einer derartigen Vorgehensweise eine Situation entstehen, die einer Altersinvaliditätsrente zumindest äußerst nahe steht.

Weiter spricht gegen diese Ansicht, daß nach den §§ 43, 44 SGB VI für die Einführung einer Altersgrenze von fünfzig Jahren und dem weiteren Erfordernis des Ablaufs eines Jahres bestehender Arbeitslosigkeit beziehungsweise des Ablaufs der Bezugsdauer des Arbeitslosengeldes nicht der geringste gesetzliche Ansatzpunkt besteht[458]. Besonders im Hinblick auf die Altersgrenze von fünfzig Jahren ist anzumerken, daß der Gesetzgeber selbst für Versicherte, die aufgrund konkreter Leistungseinschränkungen bereits an sich erwerbsunfähig sind, bis zur Erreichung des 58. Lebensjahres noch eine, wenn auch geringe Chance auf Vermittelbarkeit sieht. Dies zeigt sich insbesondere an der Regelung des § 102 Abs. 2 SGB VI, wonach Versicherten, die nur noch Teilzeitarbeit verrichten können, bis zur Erreichung des 58. Lebensjahres zwingend nur eine Rente auf Zeit zu gewähren ist[459].

---

454 Vgl. Ottmüller, DRV 1991, 509 (511f.).
455 Vgl. Erlenkämper, NZS 1994, 259 (261).
456 Erlenkämper, NZS 1994, 259 (261); eine Arbeitsmarktrente wäre ohne weiteres nicht zulässig, da es ein Credo des Rentenrechts ist, daß es eine solche nicht gibt, vgl. Maier, SGb 1998, 1 (5).
457 Erlenkämper, NZS 1994, 259 (261).
458 So auch Maier, SozVers 1993, 114 (115).
459 So auch Kamprad, SGb 1993, 462 (463).

Eine Ausweitung der anerkannten Ausnahmefälle würde zudem einen Bruch mit dem bisherigen Verständnis der Vollschichtigkeitsproblematik bedeuten[460]. Die dargestellten Fallgruppen sollen lediglich Ausnahmefälle von dem Erfordernis der abstrakten Betrachtungsweise bei noch vollschichtig erwerbsfähigen Versicherten sein. Bei einer Ausweitung der Ausnahmefallgruppen droht jedoch eine Umkehrung des Regel-/Ausnahmeprinzips in sein Gegenteil. Dies umsomehr, als das von Erlenkämper vorgeschlagene Modell unbestreitbar einen zahlenmäßig erheblichen Personenkreis betrifft, was allein daraus folgt, daß oftmals – gerade bei der Personengruppe der über 50-jährigen (zumindest zahlenmäßig stärker als bei jüngeren Arbeitnehmern) – Krankheiten beziehungsweise Behinderungen im Sinne der Rechtsprechung zur Berufs- und Erwerbsunfähigkeit eintreten.

Zudem haben die anerkannten Ausnahmetatbestände gemeinsam, daß sie entweder direkt auf die jeweilige krankheitsbedingte Leistungseinbuße zurückzuführen sind oder aber darauf beruhen, daß für den Versicherten nur noch selektive Arbeitsplätze in Betracht kommen[461]. Die Gründe für eine kaum noch zu realisierende Vermittlung beruhen also hier primär auf den jeweiligen Leistungseinschränkungen und nicht – wie bei dem vorgeschlagenen weiteren Ausnahmefall – auf den Gegebenheiten des Arbeitsmarktes. Insofern ist die Forderung nach einer Gleichstellung der angesprochenen Gruppe langzeitarbeitsloser älterer Versicherter mit den übrigen anerkannten Ausnahmegruppen und dem auch im Sozialrecht geltenden Grundsatz der wesentlichen Bedingungen[462] nicht vereinbar[463] und daher abzulehnen.

Eine Rente wegen Berufsunfähigkeit soll vielmehr nur gewährt werden, solange die Gründe des § 43 Abs. 2 SGB VI wesentlich kausal für den Schaden sind, der durch die Rente ausgeglichen werden soll. Sobald aber der Versicherte trotz vorhandenen Leistungsvermögens keine Arbeit hat, weil er lediglich nicht wieder eingegliedert werden kann, steht ihm nur die allgemeine Lage des Arbeitsmarktes entgegen. Dann ist aber nur die Arbeitslosenversicherung für ihn zuständig[464]. Aus den dargestellten Erwägungen folgt hier jedoch, daß im konkreten Problemkreis bei einer weiteren richterlichen Rechtsfortbildung der Bogen der Gewaltenteilung überspannt würde[465].

Im Ergebnis ist damit zusammenfassend festzustellen, daß die Einführung weiterer Ausnahmen weder vom Gesetzgeber gewollt, noch erforderlich und darüber hinaus rechtlich unzulässig ist. Im übrigen hat die dargestellte Gegenansicht

460 Vgl. Maier, SozVers 1993, 114 (115); Schmidt-Preuß, SGb 1992, 431 (432).
461 So auch Kamprad, SGb 1993, 414 (415).
462 BSG NZS 1996, 228 (232); vgl. Haneberg, DRV 1995, 327 (332).
463 Vgl. Kamprad, SGb 1993, 414 (415).
464 So BSG NZS 1996, 228 (232); Bertuleit, NZS 1996, 107 (110).
465 So auch Kamprad, SGb 1993, 462 (464).

in der weiteren Rechtspraxis nur geringen Niederschlag gefunden. Einzig der 13. Senat des Bundessozialgerichts hält eine Erweiterung der Katalogfälle in dem geschilderten Sinn für sachgerecht und hat seine Auffassung dem Großen Senat des Bundessozialgerichts durch Vorlagebeschluß vom 11. August 1997 zur Entscheidung vorgelegt.

Auf diese Vorlage hat der Große Senat ausdrücklich festgestellt, daß die Fallgruppen, bei denen das Bundessozialgericht bisher die erhebliche Gefahr einer Verschlossenheit des Arbeitsmarktes angenommen hat, nicht auf ältere arbeitslose ungelernte Versicherte oder ältere arbeitslose angelernte Versicherte, die vollschichtig nur noch körperlich leichte Arbeiten mit weiteren Einschränkungen verrichten können, zu erweitern ist[466]. Der Große Senat hat klargestellt, daß hierfür keine Veranlassung besteht[467]. Er hat dieses Ergebnis auch vor allem auf den entgegenstehenden Willen des Gesetzgebers gestützt[468].

Da das Arbeitsmarktrisiko grundsätzlich nicht in die Zuständigkeitssphäre der gesetzlichen Rentenversicherung fällt, ist dem Großen Senat des Bundessozialgerichts insoweit zuzustimmen, als er der Rentenversicherung Risiken nicht zuweist, die letztlich darin gründen, daß die Wirtschaft nicht so viele Arbeitskräfte benötigt, um alle, die in Deutschland arbeiten wollen, auch beschäftigen zu können[469].

Zumindest aus dem Gesichtspunkt, daß sich der Gesetzgeber eindeutig die Risikozuweisung vorbehalten und eine (weitere) Verlagerung des Arbeitsmarktrisikos auf die Rentenversicherung verhindern wollte, ist eine weitere Rechtsfortbildung jedenfalls unzulässig[470].

Anzumerken in diesem Zusammenhang ist allerdings, daß es sich bei der anerkannten Ausnahmefallgruppe der „schweren spezifischen Leistungseinschränkung" um einen unbestimmten Rechtsbegriff handelt. Als solcher ist der Begriff einer Katalogisierung schwer zugänglich. Insofern muß die Entscheidung des

---

466 GS BSG, NZS 1997, 421ff.

467 GS BSG, NZS 1997, 421 (425).

468 Bereits im Vorfeld dieser Entscheidung hatte die Bundesregierung auf die weitreichenden Konsequenzen einer Ausweitung der Ausnahmefallgruppen hingewiesen. Insbesondere hatte sie betont, daß solchenfalls unter dem Druck der Arbeitsmarktlage ältere erwerbsgeminderte Arbeitnehmer verstärkt in die Renten wegen verminderter Erwerbsfähigkeit ausweichen würden, wodurch ein Unterlaufen der vom Gesetzgeber mit der Rentenferorm 1992 vorgesehenen Verlängerung der Lebensarbeitszeit zu befürchten wäre. Folge hiervon wären erhebliche Mehrkosten für die Rentenversicherung, vgl. BT-Drucks. 13/3697 S. 4; BT-Drucks. 13/2590 S. 18f.; vgl. GS BSG, NZS 1997, 421 (423).

469 So auch Maier, SGb 1998, 1 (6).

470 GS BSG, NZS 1997, 421 (427); Maier, Sgb 1998, 1 (6); Schultes, Sgb 1997, 555 (556).

Großen Senats auch als Appell an Verwaltung und Rechtsprechung verstanden werden, eine vernünftige Handhabung dieses sehr weiten Begriffs zu sichern und Ausuferungstendenzen vorzubeugen[471].

Ganz im Gegensatz hierzu steht die neueste Rechtsprechung des 13. Senats des Bundessozialgerichts, die wohl gerade darauf zurückzuführen ist, daß der Große Senat des Bundessozialgerichts eine weitere Ausnahmefallgruppe nicht zugelassen hat. In einer Vielzahl von Entscheidungen, bei denen der jeweilige Betroffene noch vollschichtig leichte Arbeiten mit Einschränkungen verrichten konnte, legte der 13. Senat eine konkrete Betrachtungsweise zugrunde[472]. Dies obgleich der Große Senat die Anfrage des 13. Senats, ob Verweisungstätigkeiten konkret benannt werden müssen, wenn der Versicherte vollschichtig nur noch leichte Arbeiten mit weiteren Einschränkungen verrichten kann (konkrete Betrachtungsweise), ausdrücklich verneint hatte.

Zur Begründung seiner dennoch abweichenden Rechtspraxis hat der 13. Senat des Bundessozialgerichts jeweils ausgeführt, daß den Merkmalen „Summierung ungewöhnlicher Leistungseinschränkungen" und „schwere spezifische Leistungseinschränkungen" aufgrund der Entscheidung des Großen Senats eine besondere Bedeutung zukomme. Im Ergebnis bedeutet dies, daß der 13. Senat die anerkannte Ausnahmefallgruppe der schweren spezifischen Leistungseinschränkungen ausdehnt und sich das Wesen des unbestimmten Rechtsbegriffs, nämlich die Unmöglichkeit einer festen Grenzziehung, zunutze macht[473]. Ohne sich an der bisherigen Ausfüllung der Oberbegriffe der Katalogfälle durch die Rechtsprechung zu stören, ordnet der 13. Senat des Bundessozialgerichts nunmehr Fälle unter den Begriff der schweren spezifischen Leistungseinschränkung, die bisher nicht hierunter gefaßt wurden. Insofern nutzt er die bei unbestimmten Rechtsbegriffen bestehende Gefahr des „Schlupflocheffekts[474]" aus und verstößt bewußt gegen den Willen des Großen Senats und auch gegen den Willen des Gesetzgebers[475].

Eine derartige Rechtspraxis ist nicht zu rechtfertigen, da sie einzig auf eine Umgehung der bestehenden Rechtslage hinausläuft. Auch im Interesse der Rechtssicherheit ist die Praxis des 13. Senats des Bundessozialgerichts nicht haltbar, da mangels anderweitig erkennbarer Tendenzen davon auszugehen ist,

---

471 So auch Maier, SGb 1998, 1 (7).

472 Vgl. BSG, SGb 1998, 221ff.; Lilge, SGb 1998, 195 (196, 197) m.w.N.

473 So auch Lilge, SGb 1998, 195 (197). Lilge spricht zutreffend davon, daß der 13. Senat sich einen neuen Katalogfall, den er nicht bewilligt bekommen hat, quasi selbst genehmigt hat, indem er sich vom Katalog der Ausnahmefallgruppen vollständig gelöst und die hierzu formulierten Überschriften verselbständigt hat.

474 Vgl. Maier, SGb 1998, 1 (7).

475 So auch Lilge, SGb 1998, 195 (197).

daß zumindest die übrigen Rentensenate des Bundessozialgerichts nicht versuchen werden, die Entscheidung des Großen Senats zu umgehen. Insofern ist es Aufgabe der übrigen Senate des Bundessozialgerichts, den 13. Senat durch konsequente Orientierung am Willen des Großen Senats und des Gesetzgebers zu einem Umdenken zu bewegen[476].

*(2). Unter vollschichtig einsatzfähige Versicherte*

Nach dem Gesetzeswortlaut des § 43 Abs. 2 S. 4 SGB VI ist die jeweilige Arbeitsmarktlage nur bei denjenigen Versicherten nicht zu berücksichtigen, die trotz gesundheitlicher Leistungseinschränkung eine Tätigkeit noch vollschichtig ausüben können. Die Rechtsprechung zieht hieraus bislang[477] die Konsequenz, daß bei der Gruppe der unter vollschichtig einsatzfähigen Versicherten bei der Frage des Eintritts der Berufsunfähigkeit andere Maßstäbe zugrunde zu legen sind, als bei noch vollschichtig einsatzfähigen Versicherten. Insbesondere ist nach bislang geltendem Recht nicht die für vollschichtig einsatzfähige Versicherte grundsätzlich einschlägige abstrakte – also vom Arbeitsmarkt losgelöste – Betrachtungsweise[478], sondern vielmehr eine konkrete Betrachtungsweise maßgeblich. Im wesentlichen bedeutet dies, daß bei einem Versicherten, der nur noch unter vollschichtig arbeiten kann, also lediglich in der Lage ist, Teilzeitarbeit zu verrichten, die tatsächlichen Gegebenheiten des Arbeitsmarktes berücksichtigt werden müssen.

Dieser Praxis liegt die Annahme zugrunde, daß Teilzeitarbeitsplätze nicht in demselben Umfang wie Vollzeitarbeitsplätze zur Verfügung stehen[479], so daß hier nicht ohne weiteres von einem offenstehenden Arbeitsmarkt ausgegangen werden könne. Im Ergebnis führt dies zunächst dazu, daß Berufsunfähigkeit bei unter vollschichtig einsatzfähigen Versicherten nicht erst dann vorliegt, wenn das berufliche Leistungsvermögen des Versicherten auf weniger als die Hälfte einer gesunden Vergleichsperson herabgesunken ist[480], sondern bereits dann, wenn der Teilzeitarbeitsmarkt für den betroffenen Versicherten verschlossen ist[481].

---

476 So im Ergebnis auch Lilge, SGb 1998, 195 (198), der davon spricht, daß den Rechtstricks des 13. Senats Tatsachen entgegengesetzt werden sollen.

477 Zur Rentenreform 1999 vgl. unten D V 3 dd.

478 Vgl. oben D I 2 c dd (1) (a).

479 Vgl. hierzu im Grundsatz BSGE 30, 167ff.; BSGE 43, 75ff.

480 Vgl. insoweit den entgegenstehenden Wortlaut des § 43 Abs. 1 SGB VI; zur Lohnhälfte vgl. unten D I 2 c ee (9).

481 Niesel, in: Kasseler Kommentar Sozialversicherungsrecht, Stand Dezember 1998, § 43 Rd. 82.

Ausgangspunkt hierfür ist eine Entscheidung des Großen Senats des Bundessozialgerichts vom 11. Dezember 1969[482]. Das Bundessozialgericht hat hier zunächst festgestellt, daß für die Beurteilung der Frage der Berufsunfähigkeit erheblich sei, ob Arbeitsplätze, die der Versicherte mit der ihm verbliebenen Leistungsfähigkeit ausfüllen kann, überhaupt vorhanden sind. Unerheblich sollte hierbei nach dieser Entscheidung sein, ob diese Arbeitsplätze besetzt oder frei sind. Zur Begründung verweist das Bundessozialgericht zunächst auf eine am Wortsinn des Begriffs der Erwerbsfähigkeit ausgerichtete Betrachtungsweise[483]. Die Fähigkeit, etwas durch Ausübung einer Tätigkeit zu erwerben, setze hiernach voraus, daß Arbeitsplätze in nennenswerter Zahl, seien sie nun frei oder besetzt, überhaupt vorhanden seien[484]. Diesbezüglich führt der Große Senat des Bundessozialgerichts die schon bis dahin entsprechend geübte Rechtspraxis an[485]. Gerade diese Praxis entspreche Sinn und Zweck der Rente wegen Berufsunfähigkeit, nämlich der Lohnersatzfunktion[486]. Zudem verdiene eine solche Betrachtungsweise gegenüber einer allein am Gesundheitszustand ausgerichteten Betrachtungsweise Vorrang, da hierdurch besser eine – gewünschte – Nahtlosigkeit zwischen Rentenversicherung und Arbeitslosenversicherung gewährleistet werden könne[487].

Weiter führt das Bundessozialgericht an, daß die dahingehende Kritik, daß die konkrete Betrachtungsweise regelmäßig zu einem Durchschlagen der Rente wegen Berufsunfähigkeit in eine Rente wegen Erwerbsunfähigkeit führe, nicht berechtigt sei. Das Überspringen der ersten Rentenstufe sei keine so ungewöhnliche Erscheinung, daß man annehmen müßte, der Gesetzgeber habe an sie nicht gedacht und könne sie demnach nicht in Kauf genommen haben. Dies soll unter anderem im wesentlichen aus der Tatsache folgen, daß es schon in der knappschaftlichen Rentenversicherung vor 1957 Stufenrenten gegeben habe und dort ein Durchschlagen zur zweiten Rentenstufe bei Versicherten mit niedrigen Schichtlöhnen allgemein, insbesondere dem Gesetzgeber, bekannt gewesen sei[488].

Auch einen weiteren Kritikpunkt, nämlich, daß es den Gerichten praktisch unmöglich sei, zuverlässige Feststellungen über das Vorhandensein von Teilzeitarbeitsplätzen zu treffen, läßt der Große Senat des Bundessozialgerichts nicht

---

482 BSGE 30, 167ff.
483 BSGE 30, 167 (172).
484 BSGE 30, 167 (172).
485 BSGE 1, 82 (91); 5, 84 (86); 8, 31 (35); 16, 18 (21); 18, 36 (40,41); 19, 147 (150,151).
486 BSGE 30, 167 (175).
487 BSGE 30, 167 (179).
488 BSGE 30, 167 (179).

gelten. Er führt hierzu aus, daß es zwar richtig sei, daß ein entsprechender Nachweis mit den klassischen Beweismitteln wie Augenschein, Sachverständigenbeweis oder auch Zeugenbeweis kaum geführt werden könne, insbesondere wenn besondere Voraussetzungen wie beispielsweise Schutz vor Nässe, Kälte oder Staub oder auch das Erfordernis einer Tätigkeit, die abwechselnd im Sitzen oder Gehen verrichtet werden könne, erfüllt sein müßten. Es könne jedoch auf sachkundige Stellen wie die Arbeitsverwaltung, Vereinigungen von Arbeitgebern und Arbeitnehmern, Industrie- und Handelskammern, Handwerkskammern, Hauptfürsorgestellen oder Gewerbeaufsichtsämter etc. zurückgegriffen werden[489]. Zudem seien für gewisse Gruppen von leistungsgeminderten Versicherten die Verhältnisse auf dem Teilzeitarbeitsmarkt geklärt[490]. Im Ergebnis seien damit die im Zusammenhang mit einer konkreten Betrachtungsweise entstehenden Schwierigkeiten zumutbar und auch lösbar[491].

Neben dem Postulat der konkreten Betrachtungsweise hat der Große Senat des Bundessozialgerichts im weiteren festgestellt, daß auch die Anzahl der konkret vorhandenen Arbeitsplätze (seien sie nun frei oder besetzt) erheblich sei. Zwar ist die Rechtsprechung in diesem Zusammenhang bei einer näheren Konkretisierung der erforderlichen Anzahl vorhandener Arbeitsplätze nicht einheitlich[492]. Jedoch ist hier stets das gleiche gemeint. Die Zahl der Arbeitsplätze müsse so groß sein, daß der Arbeitsmarkt praktisch nicht verschlossen ist[493]. Verschlossenheit des Arbeitsmarktes sei jedenfalls gegeben, wenn das Verhältnis der vorhandenen, in Betracht kommenden Arbeitsplätze zur Zahl der Interessenten ungünstiger sei als 75 zu 100, das heißt, wenn auf 75 freie oder besetzte Arbeitsplätze mehr als 100 Interessenten kommen[494].

Die Feststellung der Anzahl der vorhandenen Arbeitsplätze sei nur dann entbehrlich mit der Folge, daß der Arbeitsmarkt als nicht verschlossen anzusehen sei, wenn der Betroffene einen Arbeitsplatz innehabe oder wenn ein Versicherter einen Arbeitsplatz ohne triftigen Grund ablehne.

Nach einer ergänzenden Entscheidung des Bundessozialgerichts kann im Falle eines tatsächlich innegehaltenen Arbeitsplatzes jedoch auf die Feststellung

489 BSGE 30, 167 (179,180).

490 BSGE 30, 167 (181,182); Bley/Kreikebohm, Sozialrecht, 7. Auflage, 1993, Rd. 505.

491 BSGE 30, 167 (182).

492 BSGE 16, 18 (21): Stellen in genügender Zahl; BSG SozR § 1247 Nr. 5: Stellen in irgendwie nennenswertem Umfang; BSGE 19, 147 (149); 21, BSGE 133 (135): Arbeitsplätze in zumindest nennenswerter Zahl; BSG SozR § 1246 Nr. 50: Arbeitsplätze in ausreichender Zahl und BSG SozR § 1247 Nr. 14: Arbeitsplätze in mehr als bedeutungsloser Zahl.

493 BSGE 30, 167 (182).

494 BSGE 30, 167 (184).

der Anzahl der vorhandenen Arbeitsplätze im Verhältnis zur Anzahl der Bewerber nicht verzichtet werden, wenn der Versicherte durch die Schwere oder Dauer der Arbeit überfordert wird[495]. Eine Rückausnahme sei zudem in dem Fall zu machen, in dem der innegehaltene Arbeitsplatz nur gönnerhaft zur Verfügung gestellt sei. Auch wird hiernach ein Arbeitsplatz nicht innegehalten, wenn aus tarifvertraglichen Gründen ein nur formelles Beschäftigungsverhältnis besteht. Gleiches soll bei übermäßig langen Zeiten der Arbeitsunfähigkeit gelten[496]. Allerdings sollen konjunkturelle und saisonbedingte Besonderheiten außer Betracht bleiben[497].

Nachdem das Bundessozialgericht ausgehend von dieser Auffassung von 1969 bis 1976 entsprechend den vorstehenden Darlegungen in der Praxis verfahren hatte, hat der Große Senat des Bundessozialgerichts in einer erneuten Grundsatzentscheidung seine dargestellte Rechtsauffassung modifiziert[498]. Zunächst hat er den Zusatz gestrichen, daß es nicht darauf ankomme, ob die vorhandenen Arbeitsplätze frei oder besetzt seien. Unerheblich sei grundsätzlich – auch insoweit ist eine Modifikation erfolgt – in welcher Zahl solche Arbeitsplätze vorhanden seien[499]. Die Fähigkeit zum Erwerb sei nur dann nicht gegeben, wenn es überhaupt keine entsprechenden offenen Arbeitsplätze gebe, der Arbeitsmarkt insofern also gänzlich verschlossen sei.

Dies sollte nach der Entscheidung des Großen Senats des Bundessozialgerichts der Fall sein, wenn weder der Rentenversicherungsträger noch die Arbeitsverwaltung dem betroffenen Arbeitnehmer innerhalb eines Jahres seit Stellung des Rentenantrages einen für ihn in Betracht kommenden Arbeitsplatz anbieten können. Zur Begründung hat der Große Senat des Bundessozialgerichts ausgeführt, daß der Gesetzgeber – etwa bei entsprechenden Regelungen beim vorgezogenen Altersruhegeld – davon ausgehe, daß nach einjähriger Arbeitslosigkeit mit einer Vermittlung nicht mehr zu rechnen sei, womit der Arbeitsmarkt als praktisch verschlossen anzusehen sei[500].

An der am Verhältnis der Anzahl der vorhandenen Arbeitsplätze zur Anzahl der Interessenten (75:100) ausgerichteten Prüfung der Verschlossenheit des Arbeitsmarktes wurde damit nicht mehr festgehalten. Vielmehr sollte hiernach mit Ablauf eines Jahres andauernder Arbeitslosigkeit die Verschlossenheit des Arbeitsmarktes rückwirkend auf den Zeitpunkt der Antragstellung feststehen[501].

---

495 BSGE 47, 57 (59).
496 BSG SozR 2200 § 1246 Nr. 7.
497 BSGE 30, 167 (185).
498 BSGE 43, 75ff.
499 BSGE 43, 75 (79).
500 BSGE 43, 75 (81/82).
501 Vgl. BSGE 43, 75 (79-83)

Diese Jahresgrenze sollte jedoch nicht in jedem Fall einzuhalten sein. Zumindest in dem Fall, in dem nach den Erfahrungen des Rentenversicherungsträgers oder der Arbeitsverwaltung kein Erfolg zu erwarten ist, braucht nach dieser Grundsatzentscheidung der Ablauf des Jahres nicht stets abgewartet werden[502].

Schließlich hat der Große Senat des Bundessozialgerichts hervorgehoben, daß er durchaus erkannt habe, daß durch eine entsprechende Rechtsprechung eine Risikoverlagerung von der Arbeitslosenversicherung auf den Rentenversicherungsträger eintrete. In Anbetracht der besonderen Verhältnisse auf dem Teilzeitarbeitsmarkt[503] und der Vielfältigkeit der verschiedenen gesundheitlichen Einschränkungen der Versicherten hat er diese Risikoverlagerung jedoch als gerechtfertigt angesehen. Das Bundessozialgericht hat in der Folge die Rechtsprechung zur Berufsunfähigkeit bei gesundheitlich beeinträchtigten Versicherten, die aufgrund ihrer Minderung der Erwerbsfähigkeit nur noch allenfalls halbschichtig tätig sein können, in der dargestellten Weise praktiziert. Dies hat im einzelnen zusammenfassend folgende Konsequenzen:

Bei einer halb- bis vollschichtigen Einsatzfähigkeit ist Berufsunfähigkeit gegeben, wenn der Teilzeitarbeitsmarkt entsprechend obigen Grundsätzen praktisch verschlossen ist, also wenn dem betroffenen Versicherten innerhalb eines Jahres nach Stellung des Rentenantrages oder Eintritt der Arbeitslosigkeit kein geeigneter Arbeitsplatz angeboten werden konnte[504] und die oben dargestellten Ausnahmen[505] nicht vorliegen.

Im Hinblick auf die insoweit anerkannte Ausnahme von dem Erfordernis des Ablaufs eines Jahres[506] ist jedoch darauf hinzuweisen, daß dies in der Praxis – gerade in Zeiten einer schlechten Arbeitsmarktlage – dazu führt, daß der Rentenversicherungsträger jeweils ohne nähere Prüfung davon ausgehen muß, daß eine Vermittlung innerhalb der Jahresfrist nicht möglich ist[507].

Vergleichbares gilt in der Situation, in der der Versicherungsfall bereits vor Antragstellung eingetreten ist. Auch insoweit ist der Nachweis konkreter Ver-

---

502 BSGE 43, 75 (83); Lilge, in: Gesamtkommentar Sozialversicherung, Gesetzliche Rentenversicherung SGB VI, Loseblattsammlung, Band 3b, Stand Dezember 1995, § 43 S. 56.

503 Insbesondere, weil sich dieser Markt einem hinreichenden Überblick entziehe.

504 Jörg, in: Kreikebohm, Sozialgesetzbuch, 1997, § 43 Rd. 64; Schmitt, in: Wannagat, Sozialgesetzbuch, Stand August 1997, § 43 Rd. 151.

505 Versicherter hat einen Arbeitsplatz inne oder lehnt einen Arbeitsplatz ohne hinreichenden Grund ab, vgl. Schmitt, in: Wannagat, Sozialgesetzbuch, Stand August 1997, § 43 Rd. 155 m.w.N.

506 Nach den Erfahrungen des Rentenversicherungsträgers oder der Arbeitsverwaltung feststehende Erfolglosigkeit jeglicher Vermittlungsbemühungen.

507 Schmitt, in: Wannagat, Sozialgesetzbuch, Stand August 1997, § 43 Rd. 154.

mittlungsbemühungen für die Dauer eines Jahres nicht erforderlich[508]. Nötig ist hierfür jedoch, daß festgestellt werden kann, daß der Arbeitsmarkt für Teilzeitbeschäftigungen damals als verschlossen angesehen wurde[509]. In der Praxis führen diese Fälle regelmäßig dazu, daß ein Anspruch auf Berufsunfähigkeitsrente bereits vor Ablauf des Jahres seit Antragstellung gegeben ist.

Unter Berücksichtigung von § 102 Abs. 2 Nr. 2 SGB VI bleibt festzustellen, daß die Rente bei Verschlossenheit des Teilzeitarbeitsmarktes zu befristen ist. § 102 Abs. 2 Nr. 2 SGB VI schreibt diese Rechtsfolge ausdrücklich vor, wenn der Rentenanspruch – wie bei den nur noch unter vollschichtig einsatzfähigen Versicherten – auch von der jeweiligen Arbeitsmarktlage abhängig ist[510]. Der Grund hierfür ist darin zu sehen, daß eine zukünftige möglicherweise positive Entwicklung des Arbeitsmarktes nicht auszuschließen ist, wodurch dem Betroffenen gegebenenfalls der Zugang zum Arbeitsmarkt wieder eröffnet werden kann. Eine Prognose über die zukünftige Entwicklung des Arbeitsmarktes ist im Zeitpunkt der Rentengewährung grundsätzlich nicht zu stellen[511]. Eine Ausnahme ist hiervon jedoch anzunehmen, wenn ohne weiteres – etwa auch aufgrund des Gesundheitszustandes des betroffenen Versicherten – feststellbar ist, daß diesem ein berufliches Betätigungsfeld auf Dauer nicht zugänglich ist[512]. In diesem Fall ist unabhängig von der Arbeitsmarktlage eine Rente auf Dauer zu gewähren.

Eine weitere Besonderheit folgt aus § 112 SGB VI. Hiernach erhält ein Versicherter, der seinen Wohnsitz im Ausland hat, Rente wegen Berufsunfähigkeit nur, wenn die Berufsunfähigkeit selbst einzig durch den Gesundheitszustand bedingt ist, ohne daß insoweit eine konkrete Betrachtungsweise anhand des Arbeitsmarktes zu erfolgen hätte[513]. Besteht hingegen Gebietsgleichstellung, so ist entsprechend den obigen Darstellungen der inländische Teilzeitarbeitsmarkt dennoch zu berücksichtigen[514].

Derartige Gebietsgleichstellungen sind durch die Verordnungen 1408/71 und 574/72 mit den EG-Staaten getroffen worden. Weitere Gleichstellungen bestehen im europäischen Wirtschaftsraum aufgrund des EWR-Abkommens vom 02. Mai

---

508 Vgl. BSG SozR 3-5750 Art. 2 § 6 Nrn. 6, 10; BSG NZS 1993, 504 (505f.).

509 BSG NZS 1993, 504 (506).

510 Dies gilt dann selbstverständlich auch für Renten wegen Berufsunfähigkeit für noch unter vollschichtig einsetzbare Versicherte bei denen ausnahmsweise (vgl. die oben D I 2 c dd (1) (b) dargestellten Ausnahmefallgruppen) ebenfalls eine konkrete Betrachtungsweise zugrunde zu legen ist.

511 BSG SozR 2200 § 1276 Nr. 8; BSGE 70, 230 (233).

512 Vgl. Jörg, in: Kreikebohm, Sozialgesetzbuch, 1997, § 102 Rd. 5; Schmitt, in: Wannagat, Sozialgesetzbuch, Stand August 1997, § 43 Rd. 154.

513 Vgl. Niesel, in: Kasseler Kommentar Sozialversicherungsrecht, Stand Dezember 1998, § 43 Rd. 83.

514 BSG SozR 2200 § 1246 Nr. 48.

1992[515] und dem Anpassungsprotokoll zu diesem Abkommen vom 17. Mai 1993[516].

Der Arbeitsmarkt ist letztlich ohne Relevanz bei nur teilschichtig erwerbsfähigen Versicherten, die nicht einmal mehr halbschichtig einsatzfähig sind. Selbst im Falle eines insoweit offenstehenden Arbeitsmarktes ist diesen Versicherten von vornherein die Möglichkeit nicht mehr gegeben, die Lohnhälfte[517] durch eine Erwerbstätigkeit zu erlangen, so daß sich die Frage einer Beschäftigungsmöglichkeit in diesen Fällen nicht stellt[518]. Diese Frage ist dann nur noch für die Anschlußfrage bedeutsam, ob Berufsunfähigkeit[519] oder Erwerbsunfähigkeit[520] gegeben ist.

*(3). Kritik an der unterschiedlichen Behandlung von vollschichtig einsatzfähigen Versicherten und unter vollschichtig einsatzfähigen Versicherten*

Die von der Rechtsprechung vorgenommene Unterscheidung zwischen vollschichtig arbeitsfähigen Versicherten, bei denen grundsätzlich[521] eine abstrakte Betrachtungsweise zu erfolgen hat, und unter vollschichtig arbeitsfähigen Versicherten, bei denen die tatsächlichen Gegebenheiten des Arbeitsmarktes stets im Einzelfall zu untersuchen sind, wird in der Literatur unterschiedlich beurteilt. Das Meinungsspektrum ist hier außerordentlich vielfältig. Zum Teil wird die auf die oben dargestellten Grundsatzentscheidungen des Großen Senats des Bundessozialgerichts zurückzuführende Rechtsprechung als sachgerecht empfunden[522]. Demgegenüber mehren sich Stimmen in der Literatur, die die unterschiedliche praktische Handhabung im Hinblick auf vollschichtig Arbeitsfähige und unter vollschichtig Arbeitsfähige als – zumindest – nicht sachgerecht ansehen[523]. Insofern ist dieser Problemkreis näher zu beleuchten.

---

515 BGBl. 1993 II 266.

516 BGBl. 1993 II 1294; vgl. die Aufstellung der insoweit gleichgestellten Länder bei Niesel, in: Kasseler Kommentar Sozialversicherungsrecht, Stand Dezember 1998, § 110 Rd. 10, 10a.

517 Vgl. hierzu D I 2 c ee (9).

518 Vgl. Niesel, in: Kasseler Kommentar Sozialversicherungsrecht, Stand Dezember 1998, § 43 Rd. 84; Schmitt, in: Wannagat, Sozialgesetzbuch, Stand August 1997, § 43 Rd. 157.

519 Falls dem Betroffenen derartige Beschäftigungen offen stehen.

520 Falls insoweit eine Verschlossenheit des Arbeitsmarktes besteht.

521 Zu den Ausnahmen vgl. oben D I 2 c dd (1) (b).

522 Vgl. Kolb, DRV 1980, 246 (248, 249).

523 Vgl. Köbl, VSSR 1979, 1ff.; Kühne, BB 1977, 1608ff.; Wolff, DRV 1980, 238 (239ff.); Wiegand, SozSich 1978, 13ff.; ders. SozSich 1979, 48ff.; Bergner, DRV 1976, 141ff.; Meyer, in: GK-SGB VI, Band 3, Stand: 1997, § 43 Rd. 266ff.

*(a). Verfassungsmäßigkeit der Rechtsprechung des Bundessozialgerichts im Hinblick auf unter vollschichtig einsatzfähige Versicherte*

Neben der unterschiedlichen Behandlung von vollschichtig einsatzfähigen und unter vollschichtig einsatzfähigen Versicherten ist zunächst die Frage der Verfassungsmäßigkeit der praktischen Handhabung des Bundessozialgerichts in bezug auf die Anwendung einer arbeitsmarktberücksichtigenden konkreten Betrachtungsweise bei unter vollschichtig einsatzfähigen Versicherten zu klären. Steht diese bereits im Widerspruch zur Verfassung, so muß zwingend ein anderweitiger Lösungsweg gefunden werden.

*(aa). Ausgangspunkt*

Ausgangspunkt der Frage der Verfassungsmäßigkeit der Lösung des Bundessozialgerichts ist das Verhältnis von Rente zu Rehabilitation. Den Sozialleistungsträgern ist es zur vordringlichen Aufgabe gemacht, dazu beizutragen, daß Behinderte im weitesten Sinn, also alle, die sich aus eigenen Kräften nicht angemessen weiterhelfen können, in die Gesellschaft eingegliedert werden. Dies erfordert insbesondere eine Eingliederung in Arbeit und Beruf[524]. Zunächst enthält das ansonsten nur relativ wenig auf Sozialrecht eingestellte Grundgesetz hierzu wichtige Grundentscheidungen. Zu nennen sind hier der Schutz der Menschenwürde aus Art. 1 Abs. 1 GG, der Anspruch auf freie Entfaltung der Persönlichkeit aus Art. 2 Abs. 1 GG, der allgemeine Gleichheitsgrundsatz aus Art. 3 Abs. 1 GG sowie der besondere Gleichheitssatz des Art. 3 Abs. 3 S. 3 GG und die Sozialstaatsklausel der Art. 20 Abs. 1, 28 Abs. 1 S. 1 GG[525]. Zwar lassen sich Teilhaberechte – etwa ein Anspruch auf einen Arbeitsplatz – hieraus zunächst nicht ableiten. Jedoch ist die Sozialstaatsklausel als Staatszielbestimmung Richtschnur für gesetzgeberische Initiativen[526]. Diesem Leitbild entspricht, daß Behinderte vorrangig wieder in die Gesellschaft eingegliedert werden sollen. Auch enthält Art. 3 Abs. 3 S. 2 GG als die Stärkung der Stellung behinderter Menschen in Recht und Gesellschaft bezweckende Vorschrift[527] einen Auftrag an den Staat, zumindest auf die gleichberechtigte Teilhabe behinderter Menschen hinzuwirken[528].

524 Köbl, VSSR 1979, 1 (4).
525 Vgl. Wertenbruch, Schwerpunkte der Eingliederung Behinderter, in: Grundlagen der Sozialversicherung, Festschrift für Brackmann, 1977, S. 201 (202).
526 Wertenbruch, Schwerpunkte der Eingliederung Behinderter, in: Grundlagen der Sozialversicherung, Festschrift für Brackmann, 1977, S. 201 (202).
527 BT-Drucks. 12/8165 S. 29.
528 Jarass, in: Jarass/Pieroth, 4. Auflage, 1997, Art. 3 Rd. 79.

Dazu besteht eine Vielzahl verschiedener Gesetze, die im wesentlichen dem Schutz der Behinderten dienen. Zu nennen ist hier zunächst das Schwerbehindertengesetz, durch das Behinderten, deren Erwerbsfähigkeit um wenigstens 50% gemindert ist, besondere Vergünstigungen gewährt werden. Hieran zeigt sich das grundsätzliche Anliegen des Gesetzgebers, Behinderte in den Arbeitsprozeß einzugliedern[529], um sie in ihrer sozialen Stellung vor einem Absinken zu bewahren und sie im Wettbewerb vor Nachteilen zu schützen[530].

Zu erwähnen ist darüber hinaus das Gesetz über die Sozialversicherung Behinderter in geschützten Werkstätten aus dem Jahr 1975. Wesentlicher Regelungsinhalt dieses Gesetzes ist, daß auch Behinderte, die ohne Entgelt in gewisser Regelmäßigkeit Leistungen erbringen, die wenigstens einem Fünftel der Leistung eines voll erwerbsfähigen Beschäftigten in gleichwertiger Beschäftigung entsprechen, kranken- und rentenversichert werden müssen.

Schließlich enthält das Sozialgesetzbuch wesentliche Vorschriften, die ebenfalls das Ziel der Eingliederung Behinderter in das Arbeitsleben postulieren. Zunächst ist hier § 10 SGB I anzuführen. Nach § 10 Nr. 2 SGB I haben Behinderte ein Recht auf Hilfe, die es ihnen ermöglichen soll, einen Arbeitsplatz zu sichern, der ihren Neigungen und Fähigkeiten entspricht. Auch hieran zeigt sich die Leitvorstellung des Gesetzgebers, wonach die Eingliederung Behinderter ein soziales Recht im Sinne von § 2 Abs. 1 S. 1 SGB I sein soll, obgleich auch aus § 10 SGB I konkrete Ansprüche nicht hergeleitet werden können[531].

Demgegenüber statuiert § 29 SGB I ein Recht Behinderter auf verschiedene Leistungen. Insbesondere besteht hiernach ein Recht auf berufsfördernde Leistungen, wie Hilfen zur Erlangung oder Erhaltung eines Arbeitsplatzes und sonstige Hilfen zur Förderung einer Erwerbs- oder Berufstätigkeit. Ziel ist es damit auch hier, in ihrer Leistungsfähigkeit eingeschränkten Behinderten in beruflicher Hinsicht eine vollwertige und dauerhafte Eingliederung zu sichern und ihnen die Möglichkeit zu geben, die verbliebenen Fähigkeiten und Fertigkeiten in einem angemessenen Beruf voll einzusetzen[532]. Umfaßt ist hierdurch unter anderem auch ein Anspruch auf Hilfe zur Erlangung eines Arbeitsplatzes[533].

---

529 Köbl, VSSR 1979, 1 (4); BVerfGE 40, 121 (133).

530 Wertenbruch, Schwerpunkte der Eingliederung Behinderter, in: Grundlagen der Sozialversicherung, Festschrift für Brackmann, 1977, S. 201 (202).

531 Wertenbruch, in: Bochumer Kommentar zum Sozialgesetzbuch, SGB-AT, 1979, § 10 Rd. 3.

532 Vgl. Henke, in: Bochumer Kommentar zum Sozialgesetzbuch, SGB AT, 1979, § 29 Rd. 14; BTDrucks. 7/4201, S. 5; Peters, Handbuch der Krankenversicherung, Teil 2, Band 1, Loseblattsammlung, 18. Auflage, 1985, Stand 31. Januar 1987, § 182d Anm. 3.

533 Henke, in: Bochumer Kommentar zum Sozialgesetzbuch, SGB AT, 1979, § 29 Rd. 15 – 25.

Weiter ist in diesem Zusammenhang § 1 Abs. 2 BSHG anzuführen. Auch hiernach soll den Bedürftigen vor allem der Aufbau oder die Sicherung einer Lebensgrundlage durch eigene Erwerbstätigkeit ermöglicht werden.

Schließlich und vor allem sind auch die Vorschriften des SGB VI, insbesondere die §§ 9ff, 116 SGB VI heranzuziehen. Hier ist der Vorrang Rehabilitation vor Rente ausdrücklich in § 9 Abs. 1 S. 2 SGB VI normiert[534]. Nach der gesetzlichen Wertung dieser Vorschrift sind Rehabilitationsmöglichkeiten auszuschöpfen, bevor Leistungsminderungen zur Grundlage von Rentenansprüchen gemacht werden[535]. Die Norm steht in direktem Zusammenhang mit § 116 Abs. 1 SGB VI, wonach der Rentenversicherungsträger bei einem Antrag auf Rente wegen verminderter Erwerbsfähigkeit ebenfalls vor Entscheidung über den Rentenantrag zu prüfen hat, ob Leistungen zur Rehabilitation voraussichtlich erfolgreich sind. Ist dies der Fall, so besteht während der Zeit der Rehabilitation auch kein Anspruch auf Rente. Regelmäßig wird anstelle der Rente nur Übergangsgeld, Verletztengeld oder Versorgungskrankengeld gezahlt[536].

Nach § 9 Abs. 2 S. 2 SGB VI sind Versicherte verpflichtet, an Rehabilitationsmaßnahmen aktiv mitzuwirken. Grund ist, daß ansonsten eine Rehabilitationsleistung sicherlich nicht erfolgreich sein kann. Zwar steht es grundsätzlich im Ermessen des Rentenversicherungsträgers, ob er Leistungen zur Rehabilitation bewilligt. Da diese Leistungen Vorrang vor Rentenleistungen haben, wird jedoch in der Regel eine Rehabilitationsmaßnahme bewilligt werden müssen. Allenfalls aus Gründen der Sparsamkeit, Art, Dauer, Umfang, Beginn und Durchführung dieser Leistungen sowie der Rehabilitationseinrichtung kann sich nach pflichtgemäßer Ermessensausübung im Sinne von § 13 Abs. 1 SGB VI etwas anderes ergeben[537].

Bei einer zusammenfassenden Betrachtung der zitierten Vorschriften, insbesondere unter Berücksichtigung des § 9 SGB VI, zeigt sich insgesamt das vorrangige Interesse des Gesetzgebers, in ihrer Leistungsfähigkeit eingeschränkte Personen in die Lage zu versetzen, am Arbeitsleben gleichwertig mit den anderen

---

534 Dieser Grundsatz gilt seit jeher. Bereits im ersten Gesetz über die deutsche gesetzliche Rentenversicherung, dem Reichsgesetz über die Invaliditäts- und Altersversicherung vom 22. Juni 1889, wurden die Landesversicherungsanstalten ermächtigt, „Heilverfahren“ zu übernehmen, wenn als Folge einer Krankheit Erwerbsunfähigkeit zu erwarten war, die einen Anspruch auf Invalidenrente begründete.

535 Vgl. Köbl, VSSR 1979, 1 (4,5) zu der entsprechenden Vorgängervorschrift des § 7 RehaAnglG; Ost/Mohr/Estelmann, Grundzüge des Sozialrechts, 2. Auflage, 1998, C V 11c S. 235.

536 Kreikebohm, in: Kreikebohm, Sozialgesetzbuch, 1997, § 9 Rd. 6.

537 Fichte, in: Erlenkämper/Fichte, Sozialrecht, 3. Auflage, 1996, S. 359.

teilzuhaben[538]. Danach besteht also entsprechend der gesetzlichen Vorgabe ein grundsätzlicher Vorrang der Rehabilitation vor der Gewährung von Rente[539], das heißt, es ist nach der gesetzlichen Grundkonzeption von einem Ausschlußverhältnis zwischen Rehabilitation und Rente auszugehen[540].

Gesellschaftspolitisch beinhaltet dieses Prinzip als Zielrichtung nicht nur eine Erhöhung der Qualität des Lebens des Behinderten, sondern auch eine Entlastung des Sozialleistungssystems, da eine aufgrund erfolgreicher Rehabilitation erfolgende (Wieder-) Eingliederung eines Betroffenen ohne weiteres zu einer Entlastung der Rentenversicherungsträger führt[541].

Diesem grundsätzlichen Vorrang der Rehabilitation vor Rente läuft die konkrete Betrachtungsweise des Bundessozialgerichts bei nur unter vollschichtig Erwerbsfähigen entgegen. Die Rechtswirklichkeit bei dieser Personengruppe entspricht der dargestellten Idealvorstellung des Gesetzgebers vom Verhältnis Rehabilitation und Rente nicht. Im Gegenteil hat sie sich von dieser Vorstellung bereits weit entfernt[542]. Dies zeigt vor allem ein Blick auf die soziale Wirklichkeit.

Der Mangel geeigneter Arbeitsplätze führt oftmals dazu, daß Personen, die beispielsweise noch mehr als halbschichtig, jedoch eben nicht mehr vollschichtig täglich arbeiten können, als Rentner aus dem Erwerbsleben offiziell ausscheiden[543]. Dies ergibt sich unter anderem aus der Tatsache, daß die Aussicht auf Rente für die Arbeitsverwaltung sicherlich einen Anreiz darstellt, „die unter vollschichtig einsetzbaren und zugleich arbeitslosen Rentenanwärter zu bloßen Durchlaufposten in der Arbeitsverwaltung zu stempeln“[544]. Dies um so mehr, als durchaus ein Interesse der Arbeitsverwaltung an der insofern gegebenen Überwälzung des Arbeitsmarktrisikos[545] für den Personenkreis der unter vollschichtig Arbeitsfähigen auf die Rentenversicherung besteht.

---

538 Vgl. Elsner/Pelikan, Rehabilitationsangleichungsgesetz, Kommentar zum SGB, 1977, § 1 Rd. 1, S. 41.

539 Vgl. Elsner/Pelikan, Rehabilitationsangleichungsgesetz, Kommentar zum SGB, 1977, § 7 Rd. 2; Majerski, Das Verhältnis von Rehabilitation und Rente im Leistungsbereich der gesetzlichen Rentenversicherung, Diss., 1982, S. 3, 4.

540 Majerski, Das Verhältnis von Rehabilitation und Rente im Leistungsbereich der gesetzlichen Rentenversicherung, Diss., 1982, S. 4, 5.

541 Vgl. Elsner/Pelikan, Rehabilitationsangleichungsgesetz, 1977, § 7 Rd. 1.

542 So auch Majerski, Das Verhältnis von Rehabilitation und Rente im Leistungsbereich der gesetzlichen Rentenversicherung, Diss., 1982, S. 188; vgl. Heilemann, SGb 1997, 464.

543 Köbl, VSSR 1979, 1 (6).

544 So auch Köbl, VSSR 1979, 1 (20); vgl. auch Roller, SGb 1977, 280 (284), der darauf verweist, daß eine Entlastung der Rentenversicherung nur eintritt, wenn durch finanziellen Druck ausgelöste Vermittlungsbemühungen der Arbeitsverwaltung erfolgreich sind.

545 Vgl. hierzu im einzelnen unten D I 2 c dd (3) (b).

Dieses Interesse ergibt sich bereits aus der hierdurch eintretenden finanziellen Entlastung der Arbeitslosenversicherung. Insoweit besteht zumindest ein Anreiz der Arbeitsämter zur Untätigkeit, obgleich diese sicherlich aufgrund des bestehenden größeren Informationspotentials und der gegebenen Lenkungsinstrumentarien zur Vermittlung der betroffenen Versicherten besser in der Lage sind als die Rentenversicherungsträger[546]. Scheiden in der Rechtswirklichkeit unter vollschichtig erwerbsfähige Personen damit oftmals wegen des Mangels geeigneter Arbeitsplätze und damit quasi unter erleichterten Voraussetzungen aus dem Erwerbsleben aus, so hat der Gedanke der vorrangigen Rehabilitation insoweit einen Großteil seiner Effizienz verloren.

Vielmehr kommt es hier sogar zu einer Umkehr des vom Gesetzgeber festgeschriebenen Leitbildes. Die nach dem Bundessozialgericht anzuwendende konkrete Betrachtungsweise bei unter vollschichtig einsetzbaren Versicherten bewirkt regelmäßig einen Vorrang der Rente vor dem Grundsatz der Rehabilitation[547].

*(bb). Verfassungswidrigkeit der Rechtsprechung des Bundessozialgerichts im Hinblick auf die faktische Umkehrung des Grundsatzes Rehabilitation vor Rente bei unter vollschichtig erwerbsfähigen Versicherten*

Nach den vorstehenden Darstellungen stellt die im Ergebnis aufgrund der Rechtsprechung des Bundessozialgerichts eingetretene Umkehrung des Grundsatzes Rehabilitation vor Rente bei unter vollschichtig erwerbsfähigen Versicherten zunächst nur einen Verstoß gegen einfaches Gesetzesrecht dar. Ein unmittelbarer Verfassungsverstoß ist nicht gegeben, da der Grundsatz Rehabilitation vor Rente nicht unmittelbar in der Verfassung verankert ist. In diesem Zusammenhang kann damit nur ein Verfassungsverstoß gegeben sein, wenn hier die Lehre Degenharts von der Mutation einfachen Gesetzesrechts zu Verfassungsrecht[548] einschlägig ist und dieser zu folgen wäre.

Degenhart geht davon aus, daß Verfassungsrecht und einfaches Gesetzesrecht nicht beziehungslos nebeneinander stehen[549]. Insbesondere für die Bestimmung des Sozialstaatsprinzips sei auf das einfache Recht zurückzugreifen[550]. Da dieses

546 Vgl. Köbl, VSSR 1979, 1 (14).
547 Vgl. DRV 1976, 290 (292); vgl. auch Keßler, SGb 1977, 515 (517).
548 Vgl. Degenhart, Systemgerechtigkeit und Selbstbindung des Gesetzgebers als Verfassungspostulat, 1976, S. 79ff.
549 Degenhart, Systemgerechtigkeit und Selbstbindung des Gesetzgebers als Verfassungspostulat, 1976, S. 82.
550 Degenhart, Systemgerechtigkeit und Selbstbindung des Gesetzgebers als Verfassungspostulat, 1976, S. 82f.

einfache Recht veränderbar sei, würde im Fall einer Veränderung auch eine Veränderung der Verfassung zu sehen sein[551]. Sofern die verfassungsprägende Wirkung einfachen Rechts von erheblicher Intensität sei, so bedeute diese erhöhte Grundsätzlichkeit der einfachgesetzlichen Normen eine gesteigerte Verfassungsnähe[552]. Unter besonderen Voraussetzungen könne die Gesetzgebung durch gesteigerte Grundsätzlichkeit erhöhten Verfassungsbezug erlangen und so sogar selbst in Verfassungsrang erwachsen.

Wie die vielfältigen gesetzlichen Anknüpfungspunkte des Rehabilitationsgedankens zeigen, scheint gerade dieser Gedanke im geltenden Sozialrecht eine so grundsätzliche Bedeutung erlangt zu haben, daß es nach dem Ansatzpunkt Degenharts durchaus gerechtfertigt sein könnte, hier einen Fall der Mutation einfachen Rechts in Verfassungsrecht anzunehmen[553]. Damit würde im Ergebnis davon auszugehen sein, daß das Prinzip des Vorrangs der Rehabilitation vor der Gewährung von Renten sogar Verfassungsrang hat. Führt nach den obigen Darstellungen hingegen die Rechtsprechung des Bundessozialgerichts im Hinblick auf unter vollschichtig einsatzfähige Versicherte bei konkreter Betrachtungsweise geradezu zu einer Umkehr des Prinzips, nämlich zu einer Praxis der Rentengewährung vor Rehabilitation, so widerspricht diese Praxis nicht nur dem Willen des Gesetzgebers, sondern wäre sogar verfassungswidrig.

Die Lehre Degenharts ist jedoch in dieser Konsequenz nicht haltbar. Sie baut auf der These auf, daß einfachgesetzliche Wertungen nach einem Rangverhältnis differenziert werden können. Unzweifelhaft sind jedoch auf der einfachgesetzlichen Ebene zunächst keine Rangunterschiede formeller Art vorhanden[554]. Aber auch materielle Rangunterschiede, von deren Bestehen Degenhart zwangsläufig ausgehen muß, sind bei einfachgesetzlichen Normen nicht gegeben.

Zwar läßt sich der Ansicht Degenharts nicht absprechen, daß einfaches Gesetzesrecht Verfassungsrecht unterschiedlich prägt. Jedoch kann die Annahme einer solch unterschiedlichen Prägungswirkung nicht ausschließen, daß nach dem Ansatz Degenharts letztlich jede Gesetzesnorm prinzipiell zu Verfassungsrang erstarken könnte. Dem steht jedoch entgegen, daß rein materielle Rangunterschiede ohne formelle Rangunterschiede nicht denkbar sind[555]. Dies ergibt sich schon daraus, daß eine sichere Abgrenzung nicht möglich wäre. Die einzelnen

---

551 Degenhart, Systemgerechtigkeit und Selbstbindung des Gesetzgebers als Verfassungspostulat, 1976, S. 83.

552 Degenhart, Systemgerechtigkeit und Selbstbindung des Gesetzgebers als Verfassungspostulat, 1976, S. 87.

553 Vgl. Köbl, VSSR 1979, 1 (5).

554 So auch Peine, Systemgerechtigkeit, Studien und Materialien der Verfassungsgerichtsbarkeit, Band 27, 1985, S. 245.

555 So im Ergebnis auch Peine, Systemgerechtigkeit, 1985, S. 245.

Grenzen würden vielmehr fließend ineinander übergehen, was letztlich zur Auflösung der bestehenden Normenpyramide führen würde[556].

Zudem besteht allgemein ein großer gesetzgeberischer Handlungsspielraum in der Konkretisierung des Sozialstaatsprinzips[557]. Die Verfassung schreibt dem Gesetzgeber nämlich nicht vor, wie er einzelne Lebensverhältnisse regeln soll. Insoweit kann die Beurteilung der Verfassungsnähe einer Norm nicht nach objektiven Gesichtspunkten erfolgen. Ist eine solche Beurteilung damit allenfalls subjektiv möglich, so könnte eine Abstufung von Normen nach ihrer Verfassungsnähe letztlich nur willkürlich erfolgen[558]. Damit ist festzuhalten, daß der Lehre Degenharts nicht zu folgen ist.

Abschließend kann die Rechtsprechung des Bundessozialgerichts zur Frage der Berufsunfähigkeit bei unter vollschichtig einsatzfähigen Versicherten somit nicht bereits als verfassungswidrig, nämlich als Verstoß gegen den Grundsatz Rehabilitation vor Rente als zu Verfassungsrecht aufgestiegene einfachgesetzliche Normierung, angesehen werden, obgleich hier rein tatsächlich dieses Prinzip bei der geübten konkreten Betrachtungsweise in sein Gegenteil verkehrt wird.

*(b). Weitere Kritik an der unterschiedlichen Behandlung von vollschichtig arbeitsfähigen Versicherten und unter vollschichtig arbeitsfähigen Versicherten*

Nach den obigen Darlegungen können die Anwendung der konkreten Betrachtungsweise bei unter vollschichtig arbeitsfähigen Versicherten im Vergleich zur grundsätzlich abstrakten Betrachtungsweise bei vollschichtig arbeitsfähigen Versicherten und die damit verbundene Umkehr des Grundsatzes Rehabilitation vor Rente nicht als verfassungswidrig bezeichnet werden. Dies bedeutet jedoch nicht, daß sich insoweit eine weitere Kritik an der konkreten Betrachtungsweise gänzlich verbietet.

Im Gegensatz zur konkreten Betrachtungsweise besteht bei Anwendung der abstrakten Betrachtungsweise entsprechend der gesetzlichen Vorgabe tatsächlich ein Vorrang der Rehabilitation vor Rentengewährung. Gelingt es hier, den Versicherten durch den erfolgreichen Abschluß einer berufsfördernden Maßnahme (Rehabilitation) soweit wiederherzustellen, daß er im Beruf (wieder) vollschichtig tätig sein kann, so ist der Versicherte nicht berufsunfähig, sondern vielmehr

---

556 Vgl. Peine, Systemgerechtigkeit, 1985, S. 244.
557 Vgl. Stern, Das Staatsrecht der Bundesrepublik Deutschland, Band I, 2. Auflage, 1984, § 21 III 3 S. 916 m.w.N.; Ost/Mohr/Estelmann, Grundzüge des Sozialrechts, 2. Auflage, 1998, A IV 2a S. 12.
558 Peine, Systemgerechtigkeit, 1985, S. 245.

arbeitslos[559]. Ist hier der Arbeitsmarkt grundsätzlich als nicht verschlossen anzusehen (abstrakte Betrachtungsweise), so hat dann also die Arbeitsverwaltung in jedem Fall das Risiko der Arbeitslosigkeit zu tragen[560]. Ein Abschieben des Versicherten aus arbeitsmarktbedingten Gründen in die Rente wegen Berufsunfähigkeit ist hier nicht mehr möglich. Insofern besteht für die Arbeitsverwaltung kein Grund mehr, einen gesundheitlich angeschlagenen, aber auch arbeitslosen Versicherten nicht mehr zu vermitteln beziehungsweise die Vermittlung nur eingeschränkt zu betreiben. Vielmehr ist hier ein großes Interesse der Arbeitsverwaltung an der Integration des Betroffenen in das Arbeitsleben anzunehmen, um die ansonsten erforderlichen Zahlungen zu vermeiden.

Insoweit durchbricht die Rehabilitation bei Wiederherstellung einer vollschichtigen Erwerbsfähigkeit entsprechend ihrer Zielsetzung den im Rahmen der Rentengewährung wegen Berufsunfähigkeit bestehenden Berufsschutz[561]. Dies folgt bereits daraus, daß Ziel der Rehabilitation die Wiedereingliederung in das Erwerbsleben und die Vermeidung von Rentenfällen ist, so daß der Frage der Wertigkeit einer beruflichen Tätigkeit insoweit keine Bedeutung zukommt[562]. Eine erfolgreiche Rehabilitation wird auch in vielen Fällen dazu führen, daß eine vollschichtige Arbeitsfähigkeit besteht.

Im Ergebnis zusammenfassend ist damit festzustellen, daß die abstrakte Betrachtungsweise gegenüber der konkreten Betrachtungsweise in tatsächlicher Hinsicht den gravierenden Vorteil bietet, daß die Arbeitsverwaltung verstärkt bemüht sein muß, den betroffenen Versicherten zu vermitteln. Die Handhabung der konkreten Betrachtungsweise bei unter vollschichtig erwerbsfähigen Versicherten ist demgemäß nur für arbeitsunwillige Versicherte angenehm, da sie eine Berufsunfähigkeitsrente beziehen können, ohne der Arbeitsvermittlung der Arbeitsverwaltung zu unterliegen. Besteht jedoch eine Arbeitswilligkeit, so zahlen diese Versicherten bei der Anwendung der konkreten Betrachtungsweise hierfür einen hohen Preis in Form der beschleunigten Verdrängung vom Arbeitsmarkt und entsprechend niedrigerer Altersruhegelder[563].

---

559 Vgl. Majerski, Das Verhältnis von Rehabilitation und Rente im Leistungsbereich der gesetzlichen Rentenversicherung, Diss., 1982, S. 178.

560 BSG SozR 2200 § 1246 Nr. 32.

561 Vgl. § 43 Abs. 2 S. 3 SGB VI, wonach nach erfolgter Rehabilitation ausführbare Tätigkeiten für den Versicherten ohne weiteres zumutbar sind; zu den weiteren Fragen der Verweisbarkeit vgl. im übrigen unten D I 2 c ee.

562 Vgl. Kolb, Der zumutbare Verweisungsberuf in der gesetzlichen Rentenversicherung – Standortbestimmung und Perspektiven, in: Im Dienst des Sozialrechts, Festschrift für Georg Wannagat, 1981, 223 (226).

563 Vgl. Köbl, VSSR 1979, 1 ( 20); vgl. auch Bley/Kreikebohm, Sozialrecht, 7. Auflage, 1993, Rd. 521, die darauf verweisen, daß die Verdrängung leistungsgemin-

Einen ebenfalls hohen Preis zahlt bei dieser Rechtsprechung des Bundessozialgerichts im Hinblick auf unter vollschichtig erwerbsfähige Versicherte die Rentenversicherung. Selbst jüngere „in Rente gegangene" Versicherte, die noch mehrere Stunden täglich, aber eben nicht mehr vollschichtig tätig sein können, erhalten ansehnliche Rentenleistungen, während auf der anderen Seite enorme Beitragsausfälle entstehen[564]. Bereits insoweit bestehen gegen die Anwendung der konkreten Betrachtungsweise bei unter vollschichtig Erwerbsfähigen im Gegensatz zur Anwendung der abstrakten Betrachtungsweise bei vollschichtig Erwerbsfähigen Bedenken.

Zudem steht die gegenwärtige Handhabung im Widerstreit zur Aufgabe, behinderte Arbeitslose unter Herauslösung aus der Isolation der gesellschaftlichen Randgruppe der Frührentner in den Arbeitsprozeß einzugliedern. Wird Betroffenen aufgrund konkreter Betrachtungsweise arbeitsmarktbedingt eine Rente wegen verminderter Erwerbsfähigkeit gewährt, so werden diese auch nicht in den Statistiken der Bundesanstalt für Arbeit erfaßt. Dies mag politisch nützlich sein[565]. Folge ist jedoch die vollständige Herausnahme dieses Personenkreises aus der Arbeitsvermittlung, wodurch arbeitswilligen Behinderten jede Chance auf Erwerbstätigkeit genommen wird.

Darüber hinaus sprechen gegen die konkrete Betrachtungsweise bei unter vollschichtig arbeitsfähig Versicherten Praktikabilitätsgesichtspunkte, so daß auch insoweit an der Rechtsprechung des Bundessozialgerichts Kritik angebracht ist. Schon früh hat sich zunächst im Hinblick auf die in der ersten Grundsatzentscheidung des Bundessozialgerichts zur konkreten Betrachtungsweise enthaltene Forderung einer Prüfung einer Quote zwischen vorhandenen Arbeitsplätzen und Zahl der Interessenten[566] gezeigt, daß diese nicht durchführbar ist. Eine Aufhellung des Arbeitsmarktes, das heißt eine exakte Feststellung einer entsprechenden Quote, erwies sich als nicht möglich[567]. Hierzu angestellte Ermittlungen waren naturgemäß nur Momentaufnahmen. Insbesondere eine Feststellung der Zahl der Interessenten erwies sich als unmöglich. Diese Tatsache hat schließlich auch zu einer Abkehr des großen Senats des Bundessozialgerichts von einer solchen Forderung in seiner zweiten hierzu ergangenen Grundsatzentscheidung geführt.

---

derter Versicherter aus dem Beschäftigungsverhältnis in die Rente dem Ziel der Integration Behinderter entgegenläuft.

564 So auch Kühne, BB 1977, 1608 (1609).

565 Vgl. hierzu Gleitze, Die Kompensation teilweiser Leistungsminderung als Problem im sozialrechtlichen Schadensausgleich, in: Ebsen, Ingwer, Invalidität und Arbeitsmarkt, 1992, S. 340 (347), der von einer Schönung der Arbeitslosenstatistik spricht.

566 Vgl. oben D I 2 c dd (2).

567 Vgl. Bergner, DRV 1976, 141 (144).

Aber auch die insoweit eingeschränkte Beibehaltung der konkreten Betrachtungsweise bei unter vollschichtig erwerbsfähigen Versicherten erweist sich im weiteren als deplaziert. Bei Anwendung der konkreten Betrachtungsweise liegt die objektive Beweislast für die Nichtverschlossenheit des (Teilzeit-) Arbeitsmarktes beim Rentenversicherungsträger[568], während der vollschichtig Erwerbsfähige beweisen muß, daß für ihn keine geeignete Tätigkeit vorhanden ist. Jedenfalls aus Gründen der Rechtssicherheit ist in diesem Zusammenhang die konkrete Betrachtungsweise als verfehlt anzusehen. Dies folgt bereits daraus, daß bei einer derartigen Sicht für jeden Einzelfall mit jeweils individuell gelagerter Minderung der Erwerbsfähigkeit das Vorhandensein geeigneter Teilzeitarbeitsplätze festgestellt werden muß[569]. Bei der bestehenden Massenverwaltung im Bereich der Berufs- und Erwerbsunfähigkeitsrenten muß dies zwangsläufig zu einer Unüberschaubarkeit der geltenden Rechtslage führen.

Auch wenn demgegenüber angeführt wird, daß tatsächlich ein funktionsfähiger Teilzeitarbeitsmarkt nicht bestehe, insbesondere die Wirtschaft beispielsweise auf Teilzeitarbeit von Männern überhaupt nicht eingestellt sei[570] und Hoffnungen auf eine Tendenzwende realitätsfern seien[571], vermag dies nicht entscheidend für die konkrete Betrachtungsweise bei unter vollschichtig arbeitsfähigen Versicherten zu sprechen. Unterstellt man einmal die Richtigkeit der These, daß für Männer überhaupt kein Teilzeitarbeitsmarkt besteht, so scheint zwar erforderlich, daß hier nicht – wie grundsätzlich bei der abstrakten Betrachtungsweise üblich – von einem offenstehenden Arbeitsmarkt ausgegangen werden kann, sondern daß vielmehr eine die tatsächliche Situation auf dem Arbeitsmarkt berücksichtigende Betrachtungsweise zugrunde zu legen ist.

Die Annahme eines grundsätzlich für Männer verschlossenen Teilzeitarbeitsmarktes ist jedoch in dieser weitgehenden Reichweite nicht gerechtfertigt. Auch auf dem Teilzeitarbeitsmarkt gibt es Tätigkeiten, die es erfordern, daß der Arbeitssuchende besondere Anforderungen berufsspezifischer Art erfüllt. Erfüllt ein Betroffener aber gerade nach seiner Qualifikation diese Anforderungen, so hat für den Arbeitgeber die Frage der Teilzeit- oder Ganztagsbeschäftigung keine zentrale, sondern allenfalls zweitrangige Bedeutung, da hier das Interesse des Arbeitgebers vor allem an den Fähigkeiten des Betroffenen ausgerichtet ist[572]. Folge hiervon ist in der Regel, daß ein solcher Versicherter auch auf dem Teilzeitarbeitsmarkt eine Beschäftigung finden kann, so daß die Annahme eines gänzlich fehlenden Teilzeitarbeitsmarktes für Männer bereits verfehlt ist.

---

568 Meyer, in: GK-SGB VI, Band 3, Stand: 1997, § 43 Rd. 275.
569 Vgl. Bergner, DRV 1976, 141 (144).
570 Vgl. Köbl, VSSR 1979, 1 (11).
571 Kolb, DRV 1980, 246 (248).
572 So auch Wiegand, SozSich 1978, 13 (15).

Zuzugeben ist in diesem Zusammenhang allerdings, daß auch Fälle denkbar sind, bei denen für den Arbeitgeber die Frage der bestehenden Leistungseinschränkung Vorrang hat vor der Frage der ansonsten bestehenden Qualifikation des Betroffenen. Etwa bei Vorliegen von ansteckenden oder ekelerregenden Krankheiten wird dies regelmäßig der Fall sein.

Aber auch dieser Ausnahmefall rechtfertigt nicht die grundsätzliche Anwendung der konkreten Betrachtungsweise bei unter vollschichtig arbeitsfähigen Versicherten. Zu berücksichtigen sind hier die oben dargestellten Ausnahmen der Rechtsprechung von der abstrakten Betrachtungsweise bei vollschichtig arbeitsfähigen Versicherten[573]. Wie gezeigt, wendet die Rechtsprechung hier – wenn auch nur ausnahmsweise – die konkrete Betrachtungsweise an. Behandelt man vollschichtig arbeitsfähige Versicherte und unter vollschichtig arbeitsfähige Versicherte indes gleich, das heißt grundsätzliche Anwendung der abstrakten Betrachtungsweise, so würde auch hier für unter vollschichtig arbeitsfähige Versicherte – wenn auch ebenfalls nur ausnahmsweise – die tatsächliche Arbeitsmarktsituation Berücksichtigung finden, sofern dargelegt wird, daß wegen spezifischer Leistungseinschränkungen (Teilzeit-) Arbeitsplätze nicht oder nur in geringer Zahl vorhanden sind. Insofern besteht jedenfalls kein Grund, daß in jedem Fall bei unter vollschichtig einsatzfähigen Versicherten eine abstrakte Betrachtungsweise abzulehnen wäre.

Schließlich spricht gegen die Anwendung der konkreten Betrachtungsweise bei unter vollschichtig erwerbsfähigen Versicherten, daß hierdurch eine Verschiebung der Systemgrenzen zwischen Rentenversicherung und Arbeitslosenversicherung erfolgt. Das Arbeitsplatzrisiko wird solchenfalls systemwidrig für die Mindererwerbsfähigen praktisch vollständig auf die Rentenversicherung verlagert[574]. Hier ist zu berücksichtigen, daß es auch Fälle gibt, in denen der Versicherte nicht wegen seiner Leistungseinschränkung, sondern wegen seines vorgerückten Alters und fehlender beruflicher Qualifikation nicht – zumindest nicht innerhalb eines Jahres – zu vermitteln ist. Dann ist es aber auch nicht konsequent, diesem Betroffenen eine Rente wegen verminderter Erwerbsfähigkeit zu gewähren, wenn der Versicherte nur noch Teilzeitarbeit verrichten kann, während ein vollschichtig einsatzfähiger Versicherter, der beispielsweise nur noch leichtere Arbeiten mit weiteren, nicht unerheblichen Einschränkungen verrichten kann, als arbeitslos eingestuft wird[575]. Fehlt bei dem unter vollschichtig einsatzfähigen Versicherten insoweit bereits der Kausalzusammenhang zwischen Leistungsbe-

573 Vgl. oben D I 2 c dd (1) (b).
574 Köbl, VSSR 1979, 1 (14).
575 Vgl. Wiegand, SozSich 1978, 13 (16); ders. SozSich 1979, 48.

einträchtigung und fehlender Vermittelbarkeit, so ist nicht einleuchtend, warum ein Rentenanspruch wegen Berufsunfähigkeit bestehen soll.

Betroffenen kann hier sicherlich nicht verständlich gemacht werden, warum die Frage der Berufs- beziehungsweise der Erwerbsunfähigkeit letztlich entscheidend von der zeitlichen Einsatzfähigkeit des Versicherten abhängt. Jedenfalls vollschichtig arbeitsfähigen Versicherten mit nicht bloß unerheblichen Leistungseinschränkungen, bei denen – von den dargestellten Ausnahmen einmal abgesehen – ohne weiteres von einer tatsächlich bestehenden Zugangsmöglichkeit zum Arbeitsmarkt ausgegangen wird, dürfte nicht einsichtig sein, warum vergleichbare Versicherte mit einem nur zeitlich geringfügig noch weiter eingeschränktem Leistungsvermögen Rente wegen Berufsunfähigkeit in Anspruch nehmen können, während sie selbst arbeitslos sind. So ist es durchaus berechtigt, von einer methodischen Inkonsequenz in der Rechtsprechung des Bundessozialgerichts zu sprechen, wenn die Relevanz der Offenheit oder Verschlossenheit des Arbeitsmarktes bei vollschichtig einsatzfähigen Versicherten grundsätzlich anders beurteilt wird als bei Teilzeitarbeitsfähigen[576].

Schließlich muß Berücksichtigung finden, daß dem Teilzeitarbeitsmarkt eine konjunkturelle Abhängigkeit nicht abzusprechen ist. Insoweit wird nicht nur das bloße Arbeitsmarktrisiko auf den Rentenversicherungsträger, sondern vielmehr auch das Konjunkturrisiko auf diesen abgewälzt[577]. Dies steht zudem im Widerspruch zu der Tatsache, daß Erfassung, Beobachtung und Beeinflussung des Arbeitsmarktes grundsätzlich Pflichtaufgaben der Arbeitsverwaltung sind. Trägt dennoch die Rentenversicherung das Risiko eines funktionsfähigen Arbeitsmarktes, trägt sie ein Risiko, worauf sie überhaupt keinen Einfluß hat.

Im Ergebnis ist damit zusammenfassend festzustellen, daß die von der Rechtsprechung bei der Gruppe der unter vollschichtig einsatzfähigen Versicherten praktizierte konkrete Betrachtungsweise mancherlei Anlaß zu Kritik bietet. Jedenfalls die Besserstellung im Vergleich zur Gruppe der noch vollschichtig einsatzfähigen Versicherten ist nicht sachgerecht. Anzumerken ist schließlich, daß auch der Große Senat des Bundessozialgerichts in seiner Grundsatzentscheidung für die konkrete Betrachtungsweise bei unter vollschichtig arbeitsfähigen Versicherten keine Begründung gegeben hat, die zu einer Überwindung dieser Bedenken hätte führen können. Insoweit ist es zutreffend, wenn vorgebracht wird, daß der Große Senat des Bundessozialgerichts seine Entscheidung nur verordnet ha-

---

576 Vgl. Wolff, DRV 1980, 238 (239).
577 Vgl. DRV 1976, 290 (291).

be[578]. Vor diesem Hintergrund der bestehenden Reformbedürftigkeit ist auch verständlich, daß schon seit jeher Reformbestrebungen bestanden haben[579].

### *ee. Verweisungsmöglichkeiten*

Nach der gesetzlichen Definition des § 43 Abs. 2 SGB VI ist derjenige Versicherte berufsunfähig, der aufgrund seiner eingeschränkten Leistungsfähigkeit weder in seinem bisherigen Beruf noch in einem anderen zumutbaren Beruf die Hälfte des Arbeitsentgelts eines vergleichbaren gesunden Arbeitnehmers erreichen kann. Berufsunfähigkeit besteht damit dann noch nicht, wenn der Versicherte einzig seinen bisherigen Beruf nicht mehr ausüben kann. Insoweit ist vielmehr zu prüfen, ob der Versicherte nicht durch andere zumutbare Tätigkeiten, die sogenannten Verweisungstätigkeiten, noch wenigstens die Lohnhälfte erwerben kann[580]. Dies ist auch nach der bisherigen Rechtsprechung allgemein anerkannt. Wesentliche Anknüpfungspunkte bei der Beurteilung der Frage der Verweisbarkeit ergeben sich aus den obigen Darstellungen zur maßgeblichen beruflichen Tätigkeit[581], zum qualitativen Wert der beruflichen Tätigkeit[582] und zur Berücksichtigung des Arbeitsmarktes[583].

#### *(1). Grundsätze*

Wenn entsprechend den obigen Grundsätzen festseht, daß ein Versicherter seinen bisherigen Beruf wegen Krankheit oder Behinderung im Sinne von § 43 SGB VI nicht mehr ausüben kann oder daß er nur halb- bis unter vollschichtig arbeiten kann und ihm trotzdem der Arbeitsmarkt nicht verschlossen ist, so ist bei der Beurteilung der Frage der Berufsunfähigkeit weiter zu prüfen, ob dieser Versicherte entsprechend seinem Restleistungsvermögen nicht auf eine zumutbare andere Tätigkeit verwiesen werden kann[584].

Ausgangspunkt ist hier das Verhältnis zwischen dem Anforderungsprofil des Ausgangsberufes und dem des Verweisungsberufes. Der Kreis der Verweisungs-

---

578 So Meyer, in: GK-SGB VI, Band 3, Stand: 1997, § 43 Rd. 269.

579 Zu der beabsichtigten Rentenreform, insbesondere zu den Auswirkungen des Rentenreformgesetzes 1999, vgl. unten D V.

580 Fichte, in: Erlenkämper/Fichte, Sozialrecht, 3. Auflage, 1996, S. 377.

581 vgl. oben D I 2 c aa.

582 vgl. oben D I 2 c bb.

583 vgl. oben D I 2 c dd.

584 Jörg, in: Kreikebohm, Sozialgesetzbuch, 1997, § 43 Rd. 68; Niesel, in: Kasseler Kommentar Sozialversicherungsrecht, Stand Dezember 1998, § 43 Rd. 96; Schmitt, in: Wannagat, Sozialgesetzbuch, Stand August 1997, § 43 Rd. 87.

tätigkeiten umfaßt zunächst alle Tätigkeiten, zu deren Verrichtung der Versicherte gesundheitlich im Stande und beruflich fähig ist[585]. Schließlich kommt auch dem Merkmal der Zumutbarkeit eine wesentliche Bedeutung zu. Vorab ist insoweit festzustellen, daß dem Versicherten auch ein gewisser – in noch aufzuzeigenden Grenzen – beruflicher Abstieg zumutbar ist. Der aus dem Solidaritätsprinzip erwachsende Schutz der Solidargemeinschaft vor übermäßiger beziehungsweise nicht gerechtfertigter Inanspruchnahme verlangt, daß ein Versicherter auch eine geringerwertige Erwerbstätigkeit aufnehmen muß, um den Eintritt der Berufsunfähigkeit zu vermeiden.

*(a). Ausnahme vom Zumutbarkeitserfordernis*

Entsprechend den bisherigen Darlegungen zu dem Grundsatz Rehabilitation vor Rente schreibt § 43 Abs. 2 S. 3 SGB VI fest, daß eine Tätigkeit für einen Versicherten stets zumutbar ist, zu der er im Rahmen der beruflichen Rehabilitation mit Erfolg ausgebildet oder umgeschult worden ist. Damit bedarf es in diesen Fällen keiner weiteren Prüfung der Zumutbarkeit[586].

Nur ausnahmsweise kann in diesem Zusammenhang etwas anderes gelten. Unzumutbarkeit kann hier lediglich angenommen werden, wenn der Versicherte die durch Rehabilitation oder Umschulung erworbenen Kenntnisse und Fähigkeiten nicht oder nicht mehr in dem erforderlichen Maße besitzt, ihm also eine berufliche Verwertung der Fähigkeiten und Kenntnisse nicht mehr möglich ist und ihn zu einer neuen Berufstätigkeit nicht mehr befähigen[587]. Ein derartiger Ausnahmefall liegt zunächst vor, wenn es wegen einer Erkrankung nach Umschulung oder aufgrund anderweitiger Umstände an den in § 43 Abs. 2 S. 2 SGB VI geforderten Kräften fehlt[588].

Ebenso ist nicht ohne weiteres von der erforderlichen Zumutbarkeit auszugehen, wenn der Versicherte vor vielen Jahren durch Leistungen zur Rehabilitation mit Erfolg für eine andere Tätigkeit ausgebildet oder umgeschult worden ist und sich die Anforderungen im Umschulungsberuf innerhalb dieser Zeit völlig geändert haben[589]. Dies ist auch ohne weiteres erklärbar; denn hier steht tatsächlich fest, daß der Versicherte trotz Umschulung die Anforderungen des Umschulungsberufes nicht erfüllen kann.

Ein Umschulungsberuf ist im weiteren nur dann stets zumutbarer Verweisungsberuf, wenn im Rahmen der Rehabilitation eine hinreichende Ausbildung

---

585 Pelikan, Rentenversicherung, 9. Auflage, 1998, S. 138.
586 BSG SozR 2200 § 1246 Nr. 25.
587 Vgl. BSG SozR 2200 § 1246 Nr. 4.
588 VDR, DRV 1993, 494 (543).
589 BSG SozR 3-2200 § 1246 Nr. 35.

beziehungsweise Umschulung tatsächlich stattgefunden hat. Andernfalls könnten gesetzesumgehende Mißbräuche hervorgerufen werden. Dies wäre dann der Fall, wenn bereits geringfügige Rehabilitationsmaßnahmen als ausreichende Rehabilitation im Sinne dieser Vorschrift mit der Folge der auf jeden Fall bestehenden Zumutbarkeit angesehen werden könnten[590]. Aus diesem Grunde ist erforderlich, daß durch die Umschulung neue Kenntnisse erworben werden, die über eine bloße Einarbeitung hinausgehen[591]. Die Rechtsprechung hat hierzu den Grundsatz aufgestellt, daß es sich um Rehabilitationsleistungen handeln muß, die sich über einen Zeitraum von mindestens drei Monaten erstrecken[592].

Hinzuweisen ist in diesem Zusammenhang letztlich auf die Tatsache, daß Arbeitslosigkeit im Umschulungsberuf einer Zumutbarkeit und damit dem Rentenentzug wegen Wegfalls der Berufsunfähigkeit nicht entgegensteht[593]. Dieses Risiko hat vielmehr die Arbeitslosenversicherung zu tragen.

*(b). Objektive Zumutbarkeit*

Ob eine Verweisung ansonsten zulässig ist, ist in allen übrigen Fällen zunächst eine Frage der objektiven Zumutbarkeit[594]. Bei der objektiven Zumutbarkeit handelt es sich um eine „Begrenzung nach oben"[595]. Diese Begrenzung ergibt sich aus der Formulierung des § 43 Abs. 2 S. 2 SGB VI. Hiernach umfaßt der Kreis der Tätigkeiten, nach denen die Erwerbsfähigkeit von Versicherten zu beurteilen ist, alle Tätigkeiten, denen die Kräfte und Fähigkeiten des Versicherten entsprechen. § 43 Abs. 2 S. 2 SGB VI enthält damit ein Überforderungsverbot[596]. Der Versicherte muß folglich in der Lage sein, die in Aussicht genommene Verweisungstätigkeit im wesentlichen vollwertig zu verrichten.

Ob der Versicherte mit einer Verweisungstätigkeit überfordert ist, ist sowohl nach dessen vorhandenen gesundheitlichen Leistungsvermögen als auch nach dessen fachlichen Leistungsvermögen zu beurteilen[597]. Deshalb ist auch unerheblich, aus welchen Gründen berufliche Kenntnisse und Fähigkeiten nicht

---

590 Bley, SGb 1980, 274 (282).

591 BSG SozR 2200 § 1246 Nr. 4.

592 BSG SozR 2200 § 1246 Nr. 25; Jörg, in: Kreikebohm , Sozialgesetzbuch, 1997, § 43 Rd. 69.

593 Vgl. Bley, SGb 1980, 274 (282); BSG SozR 2200 § 1246 Nr. 32.

594 Schmitt, in: Wannagat, Sozialgesetzbuch, Stand August 1997, § 43 Rd. 90.

595 Jörg, in: Kreikebohm, Sozialgesetzbuch, 1997, § 43 Rd. 72; Niesel, in: Kasseler Kommentar Sozialversicherungsrecht, Stand Dezember 1998, § 43 Rd. 96.

596 BSG NJW 1959, 1391 (1392); Meyer, in: GK-SGB VI, Band 3, Stand 1997, § 43 Rd. 284; Bley/Kreikebohm, Sozialrecht, 7. Auflage, 1993, Rd. 505.

597 BSG SozR 2200 § 1246 Nr. 98.

(mehr) vorhanden sind[598]. Ausreichend ist andererseits, wenn eine genügende Anpassungs- und Umstellungsfähigkeit vorhanden ist. Auch eine Verweisung auf berufsfremde Tätigkeiten ist zulässig[599].

Gleiches gilt für Tätigkeiten, die der Versicherte gegebenenfalls früher ausgeübt hat, von denen er sich jedoch später gelöst hat. Sofern er tatsächlich die hierfür erforderlichen Kenntnisse und Fähigkeiten noch besitzt, kann er hierauf verwiesen werden[600].

Anzumerken ist im Hinblick auf die Frage der objektiven Zumutbarkeit einer Verweisung schließlich, daß diese Zumutbarkeit allein anhand der fachlichen Qualifikation des Versicherten auf eine mögliche Überforderung hin zu überprüfen ist. Eine Überforderung in diesem Sinne ist daher abzulehnen, wenn die besonderen Schwierigkeiten des Versicherten beispielsweise darauf beruhen, daß es ihm an deutschen Sprachkenntnissen mangelt[601]. Auch dies ergibt sich bereits allein aus der Tatsache, daß die Regelung der Berufsunfähigkeit nur an gesundheitliche Gründe und fachliche Kenntnisse beziehungsweise Fähigkeiten anknüpft. Wem allein mangels ausreichender Sprachkenntnisse eine berufliche Tätigkeit nicht offensteht, kann damit niemals als berufsunfähig angesehen werden. Er ist lediglich arbeitslos. Das Risiko, einen Arbeitsplatz mangels deutscher Sprachkenntnisse nicht zu erhalten, ist nicht von der gesetzlichen Rentenversicherung gedeckt.

Die Ermittlung der für die Frage der objektiven Zumutbarkeit wesentlichen beruflichen Kenntnisse und Fähigkeiten ist durch die Rentenversicherungsträger und die Gerichte von Amts wegen anzustellen[602]. Insoweit ist zu überprüfen, ob diese Kenntnisse und Fähigkeiten dem Anforderungsprofil der Verweisungstätigkeit gerecht werden[603]. Ein entsprechender Abgleich hat sowohl in medizinischer als auch in berufskundlicher Hinsicht zu erfolgen[604]. Erforderlich ist damit zunächst die Einholung einer typisierenden Arbeitsplatzbeschreibung, anhand derer abzulesen ist, welche Anforderungen die Verweisungstätigkeit stellt. Hier geht es insbesondere um die Feststellung der Schwere der Arbeit, des Arbeitsablaufs, der

---

598 Jörg, in: Kreikebohm, Sozialgesetzbuch, 1997, § 43 Rd. 72; Niesel, in: Kasseler Kommentar Sozialversicherungsrecht, Stand Dezember 1998, § 43 Rd. 98; BSG SozR 3-2200 § 1246 Nr. 49.

599 Vgl. BSGE 56, 64 (66f.).

600 BSGE 9, 254; 19, 57.

601 BSG SozR 2200 § 1246 Nr. 61; BSG SozR 3-2200 § 1246 Nr. 9, 11; BSGE 68, 87; BSGE 68, 288; vgl. Loytved, NZS 1999, 276 (279).

602 Niesel, in: Kasseler Kommentar Sozialversicherungsrecht, Stand Dezember 1998, § 43 Rd. 98.

603 BSG SozR 3-2600 § 43 Nr. 1.

604 Vgl. Meyer, in: GK-SGB VI, Band 3, Stand 1997, § 43 Rd. 287.

typischen Belastungen, der Umwelteinwirkungen und des Arbeitsrhytmusses etc.[605].

Da es dem Gericht freisteht, auf welche Weise es sich die nötigen Kenntnisse verschafft[606], können hier zunächst Auskünfte des Arbeitgebers eingeholt werden. Aber auch Sachverständigengutachten oder berufskundliche Auskünfte[607] können herangezogen werden. Auch berufskundliche Gutachten aus anderen Verfahren sind grundsätzlich verwertbar[608], solange zumindest keine Anhaltspunkte dafür bestehen, daß – beispielsweise durch langen Zeitablauf – veränderte Umstände eingetreten sind, also ausgeschlossen werden kann, daß sich das Anforderungsprofil der in Betracht kommenden Verweisungstätigkeit verändert hat.

Sind insoweit die tatsächlichen Anforderungen des interessierenden Arbeitsplatzes in dem erforderlichen Umfang[609] festgestellt, hat eine medizinische Begutachtung mit dem Ziel der Feststellung, ob der Versicherte den bestehenden Anforderungen gerecht wird, zu erfolgen[610]. Ist dies hiernach der Fall, so ist die objektive Zumutbarkeit gegeben. Andernfalls scheidet die in Betracht gezogene Tätigkeit als Verweisungstätigkeit aus.

Eine Ausnahme hiervon besteht jedoch dann, wenn der Versicherte die erforderlichen Kenntnisse und Fähigkeiten nur zur Zeit nicht besitzt, diese jedoch durch Einarbeitung und Einweisung erworben werden können. Vor dem Hintergrund des Überforderungsverbotes gilt allerdings auch hier die Zeitgrenze der Drei-Monats-Einarbeitung[611]. Bei dieser Zeitgrenze wird allgemein angenommen, daß eine solche Einarbeitung als zumutbare Umstellungsbemühung anzusehen ist, die das Überforderungsverbot nicht verletzt[612].

---

605 Meyer, in: GK-SGB VI, Band 3, Stand 1997, § 43 Rd. 287; Jörg, in: Kreikebohm, Sozialgesetzbuch, 1997, § 43 Rd. 73; Niesel, in: Kasseler Kommentar Sozialversicherungsrecht, Stand Dezember 1998, § 43 Rd. 99.

606 Vgl. BSGE 30, 192 (205). Erforderlich ist einzig, daß es sich um Erkenntnisquellen handelt, die die Gewähr für eine zuverlässige Entscheidungsfindung bieten.

607 Solche Gutachten erstatten beispielsweise Landesarbeitsämter, Innungen, Handwerkskammer etc. Die Einbeziehung erfolgt nach den Grundsätzen des Urkundsbeweises.

608 Vgl. BSG SozR 3-2200 § 1246 Nrn. 29, 34, 38.

609 Vgl. hierzu auch Zimmermann, DRV 1992, 217 (223ff.).

610 Vgl. Meyer, in: GK-SGB VI, Band 3, Stand 1997, § 43 Rd. 287.

611 Niesel, in: Kasseler Kommentar Sozialversicherungsrecht, Stand Dezember 1998, § 43 Rd. 100; Jörg, in: Kreikebohm, Sozialgesetzbuch, 1997, § 43 Rd. 72; Meyer, in: GK-SGB VI, Band 3, Stand 1997, § 43 Rd. 291; BSGE 44, 282 (290f.).

612 Vgl. Meyer, in: GK-SGB VI, Band 3, Stand 1997, § 43 Rd. 291.

*(c). Subjektive Zumutbarkeit*

Steht fest, daß eine Verweisung objektiv zumutbar ist, so stellt sich im weiteren die Frage nach der subjektiven Zumutbarkeit. Hierbei handelt es sich um eine Begrenzung der zumutbaren Verweisungstätigkeit nach unten[613]. Subjektiv zumutbar ist eine Tätigkeit nämlich nur dann, wenn sie sozial zumutbar ist.

Das Kriterium der sozialen Zumutbarkeit ist in § 43 Abs. 2 S. 2 2.HS. SGB VI gesetzlich normiert. Hier heißt es, daß die Verweisungstätigkeit dem Versicherten unter Berücksichtigung der Dauer und des Umfangs seiner Ausbildung und seines bisherigen Berufes sowie unter Berücksichtigung der besonderen Anforderungen der bisherigen Berufstätigkeit zumutbar sein muß. Hieraus läßt sich schlußfolgern, daß die Rente wegen Berufsunfähigkeit gerade nicht ausschließlich Lohnersatzfunktion hat. Vielmehr sollen auch immaterielle Nachteile ausgeglichen werden, insbesondere ein mit einem Berufsabstieg verbundener unzumutbarer Verlust an Sozialprestige[614]. Unzumutbarkeit in diesem Sinne liegt vor, wenn die objektiv zumutbare Verweistätigkeit ein wesentlich geringeres Ansehen genießt als die bisher verrichtete Tätigkeit[615].

Aus dem Begriff der Wesentlichkeit läßt sich jedoch folgern, daß nicht jeder soziale Abstieg die in Betracht kommende Verweisungstätigkeit subjektiv unzumutbar werden läßt. Diese Unzumutbarkeit tritt damit erst dann ein, wenn der soziale Abstieg über die Grenze der bloßen Unerheblichkeit hinaus geht. Fraglich ist damit, wie diese Grenze zu bestimmen ist.

Wesentliches Referenzkriterium ist auch hier das Mehrstufenschema des Bundessozialgerichts[616]. Dieses hat damit nicht nur wesentliche Bedeutung für die Bestimmung der bisherigen beruflichen Tätigkeit, sondern darüber hinaus auch Bedeutung für die Feststellung des Qualitätsunterschiedes zwischen dem bisherigen Beruf und der Verweisungstätigkeit. Das Mehrstufenschema hat also nach der bisherigen Rechtsprechung des Bundessozialgerichts eine Doppelfunktion[617]. Gerade der so festzustellende Qualitätsunterschied entscheidet über die Frage der subjektiven Zumutbarkeit der Verweistätigkeit. Je höher der qualitative Wert des Hauptberufes ist, desto kleiner ist der Kreis der subjektiv zumutbaren Tätigkeiten.

Da es hier einzig auf die soziale Wertigkeit ankommt (immaterielle Wertigkeit), ist in jedem Fall die Entgeltdifferenz zwischen bisherigem Beruf und Ver-

---

613 Jörg, in: Kreikebohm, Sozialgesetzbuch, 1997, § 43 Rd. 68, 74.

614 BSG NZA 1985, 541 (542).

615 VDR, DRV 1993, 494 (544) m.w.N.; vgl. Mrozynski, Rehabilitationsrecht, 3. Auflage, 1992, Rd. 324.

616 Vgl. oben D I 2 c bb (1).

617 Zur Rentenreform 1999 vgl. D V 3 c ee.

weisungstätigkeit ohne Belang. Allenfalls kann sie Indiz für den qualitativen Wert des Berufes sein[618].

Vereinzelt hat zwar die Rechtsprechung dementgegen den Versuch unternommen, bei einer tarifvertraglichen Verdienstsicherung in Höhe des bisherigen Lohnes die subjektive Zumutbarkeit unabhängig von der qualitativen Wertigkeit zu bejahen, da es wegen der unverminderten Lohnhöhe an einer „sozialen Betroffenheit" fehle[619].

Hierbei handelt es sich jedoch um eine ergebnisorientierte Rechtsprechung bar jeder Dogmatik, durch die zudem das Gebot der Rechtsanwendungsgleichheit verletzt wird[620]. Dieser Rechtsprechung kann damit nicht gefolgt werden. Zwar mag die grundsätzliche Nichtberücksichtigung einer möglicherweise bestehenden Verdienstsicherung durch Einkünfte aus Nichtverweisungstätigkeiten aus sozialpolitischer Sicht unerwünscht sein. Jedoch darf dies nicht dazu führen, daß ein Arbeitswilliger, der sich nicht scheut, eine Tätigkeit mit geringerem sozialen Ansehen aufzunehmen, gegenüber einem gänzlich Arbeitsunwilligem benachteiligt wird. Hier würde der Fleißige für seinen Fleiß bestraft und damit gegenüber dem Unwilligen erheblich benachteiligt.

Insoweit muß folglich – zumindest im Rahmen der Frage der Verweisbarkeit[621] – auch unerheblich sein, wenn ein Versicherter Berufsunfähigkeitsrente erhält, jedoch aus einer ihm nicht zumutbaren Tätigkeit (Nichtverweisungstätigkeit) zusammen mit der Rente mehr Einkünfte erzielt, als ein vergleichbarer gesunder Versicherter in dem bisher ausgeübten Beruf des Versicherten tariflich verdienen würde[622]. Allenfalls krasse Ausnahmefälle rechtfertigen eine anderweitige Betrachtungsweise[623].

---

618 BSGE 17, 191 (195); 24, 221 (223); 29, 96 (98).

619 BSGE 45, 267 (268, 269); BSG SozR 2200 § 1246 Nrn. 60.

620 So auch Meyer, in: GK-SGB VI, Band 3, Stand 1997, § 43 Rd. 264.

621 Zur Hinzuverdienstgrenze des § 43 Abs. 5 SGB VI in Verbindung mit § 96a Abs. 2 Nr. 2 SGB VI vgl. unten D I 3.

622 VDR, DRV 1993, 494 (545).

623 Vgl. BSG SozR § 1246 Nr. 103: Hiernach ist ein Versicherter nicht als berufsunfähig anzusehen, der in seiner tatsächlich ausgeübten Nichtverweisungstätigkeit ein solch hohes Entgelt erzielt, welches bereits die Höhe des Entgelts übersteigt, das ein gesunder Versicherter gleicher Art mit der bisherigen Tätigkeit des Versicherten tariflich verdienen würde. Bei einem derartig krassen Ausnahmefall (der im übrigen in der Praxis wohl außerordentlich selten sein dürfte) muß im Interesse der Solidargemeinschaft der Versicherten die Möglichkeit bestehen, eine Rente wegen Berufsunfähigkeit zu versagen. Hier ist es allein Sache des einzelnen Versicherten zu entscheiden, ob er die geringfügigere Rente wegen Berufsunfähigkeit in Anspruch nimmt, oder ob er aus materiellen Gesichtspunkten auch bereit ist, eine Tätigkeit auszuüben, die ihm der Gesetzgeber subjektiv nicht zumutet (Nichtverweisungstätigkeit). Auch das Gebot der Rechtsanwendungsgleichheit

Fraglich ist somit, nach welchen Grundsätzen eine Verweisbarkeit anhand des Mehrstufenschemas zu erfolgen hat. Zunächst muß hier der qualitative Wert der bisherigen beruflichen Tätigkeit festgestellt werden. Daraufhin hat eine entsprechende Einordnung der in Betracht kommenden Verweisungstätigkeit zu erfolgen. Diese Einordnungen richten sich nach den dargelegten, allgemeinen Einordnungskriterien zum Mehrstufenschema[624].

Anzumerken ist in diesem Zusammenhang, daß nach der Rechtsprechung des Bundessozialgerichts auch für die Bestimmung der Wertigkeit einer Verweisungstätigkeit wesentlich die tarifliche Einstufung zu berücksichtigen ist. Ebenso wie im Hinblick auf die Einordnung der beruflichen Tätigkeit anhand der Wertung der Tarifvertragsparteien[625] bestehen auch hinsichtlich der Feststellung der sozialen Wertigkeit allein anhand der tarifvertraglichen Festlegung ganz erhebliche Bedenken. Auch hier gilt, daß eine tarifvertragliche Einstufung durchaus vom Sozialprestige unabhängige Ursachen haben kann und oftmals auch hat. Wenn aber die Frage der subjektiven Zumutbarkeit insbesondere von dem Sozialprestige einer beruflichen Tätigkeit abhängen soll, so ist dies gerade in den Fällen der vom sozialen Ansehen einer beruflichen Tätigkeit unabhängigen tarifvertraglichen Einordnung nicht nur nicht gewährleistet, sondern vielmehr tatsächlich nicht gegeben. Insofern führt die derartige Praxis zu Ergebnissen, die so vom Gesetzgeber nicht gewollt sind. Es sind hier sowohl Fälle denkbar, in denen eine berufliche Tätigkeit trotz einer geringeren tarifvertraglichen Einstufung ein hohes Sozialprestige mit sich bringen, während andererseits auch eine höhere tarifvertragliche Einordnung mit einer geringen sozialen Wertigkeit verbunden sein kann. Hier muß stets beachtet werden, daß die tarifvertragliche Einordnung auch die Arbeitsmarktsituation berücksichtigt. Für die soziale Wertigkeit einer Tätigkeit kann die tarifvertragliche Einordnung damit – noch weniger als im Hinblick auf die Einstufung der Tätigkeit im Stufenschema – allenfalls bloßes Indiz, nicht aber generelles Leitbild sein.

Dennoch wendet die Rechtsprechung die tarifvertragliche Einstufung bislang nicht nur als Notbehelf, sondern vielmehr als Kriterium mit durchschlagender Bedeutung an[626].

---

vermag eine andere Betrachtung nicht zu rechtfertigen. Hervorzuheben ist jedoch, daß es sich hier einzig um die Frage der Verweisbarkeit auf an sich sozial unzumutbare Tätigkeiten handelt. Eine andere Frage stellt sich bei der Problematik der Verringerung beziehungsweise der gänzlichen Versagung eines Anspruchs auf Berufsunfähigkeitsrente wegen Einkünften aus unzumutbaren Tätigkeiten. Zu der hier relevanten Frage der Hinzuverdienstgrenze vgl. unten D I 3.

624 Vgl. oben D I 2 c bb (1).

625 Vgl. oben D I 2 c bb (1) (a) (bb).

626 Vgl. zur weiteren Kritik oben D I 2 c bb (1) (a) (bb), zur Rentenreform 1999 un-

Steht nach der Rechtsprechung des Bundessozialgerichts nach entsprechender Einordnung in das Mehrstufenschema fest, daß die bisherige berufliche Tätigkeit des Versicherten auf der gleichen Stufe anzusiedeln ist wie die in Betracht kommende Verweisungstätigkeit, so wird auch ohne weiteres von einer gleichwertigen sozialen Stellung ausgegangen. Folge ist, daß diese Tätigkeit auf jeden Fall als Verweisungsberuf subjektiv zumutbar ist.

Probleme bestehen jedoch, sofern die Einordnung des bisherigen Berufes und die Einordnung der in Betracht kommenden Verweisungstätigkeit in das Mehrstufenschema ergibt, daß letztere in der Wertigkeit gegenüber dem bisherigen Beruf auf einer niedrigeren Stufe anzusiedeln ist. Ausgegangen wird hier regelmäßig davon, daß eine berufliche Tätigkeit auf niederer Stufe auch ein geringeres soziales Ansehen genießt. Könnte jedoch eine Verweisung nur auf ein und derselben Stufe erfolgen, so hätte dies letztlich die Konsequenz, daß kaum ein Versicherter auf eine andere Tätigkeit zur Vermeidung einer Berufsunfähigkeit verwiesen werden könnte. Dies folgt aus der Tatsache, daß auf gleicher Stufe angesiedelte Tätigkeiten oftmals ein gleiches Maß an beruflichen Fähigkeiten und Kenntnissen, aber auch ein gleiches Maß an gesundheitlicher Leistungsfähigkeit erfordern. Zur Aufrechterhaltung der Funktionsfähigkeit des Instituts der beruflichen Verweisbarkeit besteht demgemäß zu Recht Einigkeit, daß dem Versicherten ein sozialer Abstieg um eine Stufe zur Vermeidung der Berufsunfähigkeit zuzumuten ist[627]. Dies ergibt sich daraus, daß auch für die Bestimmung der Zumutbarkeit letztlich der Solidaritätsgedanke maßgeblich sein muß.

Damit sind in jedem Einzelfall die Interessen der Versichertengemeinschaft gegeneinander abzuwägen. Ausgangspunkt für den Versicherten ist dabei, daß die einzelnen Stufen zwar keine gleichwertigen Kenntnisse und Fähigkeiten und keine nach Dauer und Umfang ähnliche Ausbildung voraussetzen, jedoch noch so nahe beieinanderliegen, daß ein sozialer Abstieg um eine Stufe als (noch) zumutbar erscheint.

Demgegenüber setzt eine funktionsfähige Rentenversicherung einen möglichst großen Kreis an Beitragszahlern und einen möglichst kleinen Kreis an Leistungsempfängern voraus. Eine lediglich bestehende Möglichkeit der Verweisbarkeit auf gleicher Stufe würde – da andernfalls der Kreis der Anspruchsberechtigten mangels zumutbarer Verweisbarkeit stark vergrößert würde – das Verhältnis von Beitragszahlern zu Leistungsempfängern empfindlich stören, so daß eine

---

ten D V 3 c ee.

627 Ruland, in: v.Maydell/Ruland, Sozialrechtshandbuch, 2. Auflage, 1996, S. 877 (936) Rd. 146; BSGE 68, 87 (90); BSG SozR 2200 § 1246 Nrn. 29, 55, 73, 138, 140; BSG DAngVers 1988, 426 m.w.N.

Beeinträchtigung der Funktionsfähigkeit des Beitrags- und Versicherungsprinzips nicht auszuschließen wäre[628].

Um entsprechend diesen Grundsätzen ein zumutbares Verweisungsfeld herauszufiltern, gilt es vorrangig, auf der Stufe des bisherigen Berufes beziehungsweise auf der nächstniedrigeren Stufe Tätigkeiten zu finden, die der bisherigen Tätigkeit verwandt sind oder ihr doch zumindest nahestehen[629]. Ist es hiernach gelungen, den Kreis sozial zumutbarer Verweisungstätigkeiten herauszufinden und finden sich hierunter auch Tätigkeiten, die dem Versicherten auch nach obigen Grundsätzen objektiv zumutbar sind, so besteht keine Berufsunfähigkeit. Andernfalls – also wenn es dem Versicherungsträger nicht gelingt, eine objektiv und subjektiv zumutbare Verweistätigkeit nachzuweisen – ist der Versicherte zumindest berufsunfähig.

*(2). Verweisung im Mehrstufenschema für Arbeiter*

Für den Bereich der Arbeiterberufe ergibt sich damit entsprechend der dargestellten Rechtsprechung bezüglich der einzelnen Gruppen des Mehrstufenschemas folgende Verweisungssituation: Die Gruppe der Facharbeiter mit Vorgesetztenfunktion und der besonders qualifizierten Facharbeiter (1. Stufe) genießt den stärksten Berufsschutz. Hier kann allenfalls eine Verweisung auf Tätigkeiten erfolgen, die der Gruppe der Facharbeiter zuzuordnen sind[630].

Facharbeiter (2. Stufe) sind verweisbar auf Tätigkeiten derselben Gruppe und auf Tätigkeiten, die dem Leitberuf des angelernten Arbeiters (3. Stufe) zuzuordnen sind, wobei nach der Rechtsprechung des Bundessozialgerichts auch eine Verweisung auf Tätigkeiten erfolgen kann, die lediglich tarifvertraglich der Gruppe der angelernten Arbeiter gleichgestellt ist. Eine Verweisung auf die Gruppe der Ungelernten (4. Stufe) darf grundsätzlich nicht erfolgen[631].

---

628 Vgl. Meyer, in: GK-SGB VI, Band 3, Stand 1997, § 43 Rd. 253. Meyer spricht hier von einer solidarischen Rückbindung, die erforderlich sei, um die vom Gesetz wegführende Ausweisung des Schutzgutes „beruflicher Sozialstatus" als Inbegriff von Privatinteressen nicht ausufern zu lassen. Dies geschehe gerade im Interesse der Versichertengemeinschaft von unnötiger Beanspruchung frei zu bleiben. Obgleich Meyer dieses Interesse durchaus anzuerkennen scheint, kritisiert er, daß es für die Hauptbewertung nach dem Abstiegsmodell des Mehrstufenschemas weder eine gesetzliche, noch eine sonstige, auf einer verfassungsmäßigen Rechtsquelle beruhende Rechtsquelle gebe.

629 BSGE 59, 201 (204); BSG SozR 2200 § 1246 Nr. 16.

630 Pelikan, Rentenversicherung, 9. Auflage, 1998, S. 141; VDR, DRV 1993, 494 (552); BSG SozR 2200 § 1246 Nrn. 31, 37, 70.

631 Vgl. insbesondere BSG SozR 3-2200 § 1246 Nr. 2: Hier hat das Bundessozialgericht ausdrücklich festgestellt, daß ein Versicherter mit einer Ausbildung von

Bei der Verweisbarkeit angelernter Arbeiter (3. Stufe) ist zunächst zu prüfen, ob der Betroffene dem oberen oder dem unteren Bereich dieser Stufe[632] angehört, obgleich für beide (Teil-) Stufen zunächst gilt, daß eine Verweisung auf qualitativ ganz geringwertige Tätigkeiten[633] nicht zulässig ist. Versicherte, die dem oberen Teil dieser Gruppe zugehörig sind[634], können nur auf Tätigkeiten verwiesen werden, die etwa durch das Erfordernis einer Einarbeitung oder Einweisung beziehungsweise durch die Notwendigkeit bestehender Vorkenntnisse hervorgehoben sind[635]. Ungelernte Arbeiter genießen letztlich keinen Berufsschutz. Sie können auf alle Arbeiten des allgemeinen Arbeitsmarkts verwiesen werden[636], die sie zu verrichten gesundheitlich in der Lage sind.

*(3). Verweisung im Mehrstufenschema für Angestellte*

Für die Verweisbarkeit innerhalb der Angestelltenberufe gelten keine wesentlichen Unterschiede. Auch hier darf eine Verweisung allenfalls auf die nächstniedrigere Gruppe erfolgen[637]. Sofern hierdurch im Einzelfall ein wesentlicher sozialer Abstieg droht, ist jedoch zu berücksichtigen, daß nach der Rechtsprechung lediglich eine Verweisung zulässig ist, die bis zu zwei Gehaltsstufen unter der bislang ausgeübten Tätigkeit liegt[638]. Die Gehaltsstufen sind der tariflichen Eingruppierung zu entnehmen.

Im öffentlichen Dienst ist auf die Gehaltsstufen des BAT abzustellen[639]. Bei einem Aufstieg aus einem Arbeiterberuf darf ein Angestellter nicht weiter als auf den Arbeiterberuf, aus dem er aufgestiegen ist, zurückverwiesen werden[640]. Eine grundsätzliche Verweisbarkeit auf Arbeiterberufe ist jedoch nicht ausgeschlossen.

Eine weitere Besonderheit besteht bei Angestellten der ersten Stufe. Da sich derartige Tätigkeiten regelmäßig durch hohe qualitative Wertigkeit auszeichnen und oftmals erhebliche Berufserfahrung voraussetzen, ist eine Verweisung auf Tätigkeiten von Berufsanfängern sozial unzumutbar.

---

mehr als zwei Jahren nicht auf Tätigkeiten der untersten Gruppe verwiesen werden darf, selbst wenn diese „herausgehoben“ sind.

632 Vgl. oben D I 2 c bb (1) (a) (ee).

633 Beispiele: Reiniger, Botengänge, Parkplatzwächter etc.; vgl. BSGE 43, 243 (247).

634 Arbeiter mit einer zweijährigen Ausbildungszeit, vgl. oben D I 2 c bb (1) (a) (ee).

635 BSG SozR 2200 § 1246 Nrn. 14, 143 m.w.N.

636 Allgemeine Ansicht, vgl. statt aller Pelikan, Rentenversicherung, 9. Auflage, 1998, S. 141.

637 BSG SozR 2200 § 1246 Nr. 114

638 BSG Soz 3-2200 § 1246 Nr. 1, 2.

639 VDR, DRV 1993, 494 (556).

640 BSGE 49, 54.

Entsprechend der Zweiteilung der zweiten Stufe der Angestelltenberufe[641] können Versicherte, die dem oberen Bereich der zweiten Stufe zuzuordnen sind, nur auf Tätigkeiten des oberen Bereichs der dritten Stufe verwiesen werden. Andere Versicherte der zweiten Stufe sind auf der gesamten dritten Stufe verweisbar[642].

Angelernte Angestellte können auf Tätigkeiten der vierten Stufe verwiesen werden, während auch hier Angehörige dieser vierten Stufe insgesamt verweisbar sind, also keinen Berufsschutz genießen.

*(4). Verweisung Selbständiger*

Fraglich ist weiter, ob und gegebenenfalls unter welchen Besonderheiten Selbständige, die der gesetzlichen Rentenversicherung als freiwillig Versicherte angehören, verwiesen werden können. Zunächst ist festzustellen, daß für die Gruppe der Selbständigen, die sich selbst versichert haben, ein Berufsschutz auf selbständige Tätigkeiten (Gruppenschutz) nicht besteht[643]. Sie dürfen damit auch auf abhängige versicherungspflichtige Tätigkeiten verwiesen werden[644], da eine andere Handhabung mit dem Solidargedanken nicht vereinbar wäre. Voraussetzung ist lediglich, daß die Hälfte des bisherigen Einkommens (Wert der bisherigen Arbeit, „Unternehmerlohn“) durch die Verweistätigkeit erzielt werden kann[645].

Unerheblich ist insoweit auch, ob eine Verweisung auf Tätigkeiten im eigenen Betrieb erfolgt[646]. Hierbei ist einzig die Grenze der subjektiven Zumutbarkeit zu beachten. Diese ist nämlich überschritten, wenn sich die Verweisungstätigkeit im eigenen Betrieb auf reine Kontrollaufgaben beschränkt, da hierdurch das soziale Ansehen des betroffenen Selbständigen mehr als nur unerheblich beeinträchtigt ist. Eine reine Überwachungsfunktion ist vielmehr gegenüber einer Führungsposition, die ein Selbständiger naturgemäß im eigenen Betrieb innehat, sozial erheblich ungleichwertig.

Weitere Besonderheiten gelten bei der Verweisbarkeit selbständiger Handwerker. Zwar können diese im Grundsatz wie andere Selbständige auch auf ab-

---

641 Vgl. oben D I 2 c bb (1) (b) (bb).

642 BSGE 43, 243 (246); BSGE 55, 45 (47); BSG SozR 2200 § 1246 Nrn. 137, 138; BSG SozR 3-2200 § 1246 Nr. 17.

643 Vgl. Köbl, in: Schulin, Handbuch des Sozialversicherungsrechts, Band 3, Rentenversicherungsrecht, 1999, § 23 Rd. 92 m.w.N.

644 BSG SozR § 1246 Nrn., 3, 69; BSG SozR 2200 § 1246 Nr. 105, 107; Eicher/Haase/Rauschenbach, Die Rentenversicherung der Arbeiter und Angestellten, 6. Auflage, 1978, S. 170 m.w.N.

645 BSG SozR 3-2200 § 1246 Nr. 39.

646 BSG SozR 3-2200 § 1246 Nr. 34.

hängige Beschäftigungen verwiesen werden. Zu unterscheiden ist hier jedoch zwischen den sogenannten Einmannbetrieben, also solchen Betrieben, in denen außer dem Selbständigen keine weiteren Arbeitnehmer beschäftigt sind, und Handwerksbetrieben mit angestellten Arbeitnehmern.

Bei den Einmannbetrieben und bei mittleren Betrieben, das heißt Betriebe, in denen der Inhaber noch selbst mitarbeitet und dementsprechend neben geistigen Leistungen auch handwerkliche Leistungen erbringen muß, scheidet eine Verweisbarkeit auf eine (nur) leitende Funktion im eigenen Betrieb jedenfalls dann aus, wenn der Ausfall des Selbständigen hinsichtlich seiner körperlichen Leistungsfähigkeit nur durch Einsatz eines Gehilfen oder Gesellen oder durch Einstellung einer sonst nicht benötigten Arbeitskraft ausgeglichen werden kann[647]. In diesen Fällen ist damit mangels Verweisbarkeit im eigenen Betrieb Berufsunfähigkeit gegeben, wenn auch ansonsten, also außerhalb des eigenen Betriebes keine Verweisungsmöglichkeit besteht[648].

In größeren Handwerksbetrieben, in denen der selbständige Handwerker allein mit der Führung des Betriebes beschäftigt ist und keine körperliche Handwerksarbeit mehr verrichtet, kann dieser nicht auf die Fortführung seines Betriebes verwiesen werden[649]. Ansonsten, also wenn der Selbständige in seinem größeren Betrieb noch selbst handwerklich bis zum Eintritt seiner Leistungseinschränkung tätig war, ist eine solche Verweisung jedoch zumutbar. Gleiches gilt für eine Verweisung auf eine unselbständige Tätigkeit. Dies selbst dann, wenn der Betroffene sogar seinen eigenen Betrieb schließen beziehungsweise einen weiteren Handwerker zur Führung des Betriebes einstellen muß, um eine Schließung zu vermeiden.

Anzumerken ist letztlich, daß selbständige Handwerker, die in ihrem Betrieb angestellte Handwerker beschäftigen und gegebenenfalls sogar als Handwerksmeister Auszubildende betreuen, in der obersten Stufe des Mehrstufenschemas anzusiedeln sind, also nach den dargestellten Grundsätzen allenfalls auf Tätigkeiten der zweiten Stufe verweisbar sind.

*(5). Verweisung auf selbständige Tätigkeiten*

Zur Aufnahme einer bisher nicht ausgeübten selbständigen Tätigkeit darf jedoch nicht verwiesen werden, da die Gründung einer selbständigen Existenz regelmä-

---

647 BSG SozR 2200 § 1246 Nr. 54; BSGE 2, 91; BSG SozR § 27 a.F. AVG Nr. 3; BSGE 48, 65 (68).

648 Vgl. Jörg, in: Kreikebohm, Sozialgesetzbuch, 1997, § 43 Rd. 90; Niesel, in: Kasseler Kommentar Sozialversicherungsrecht, Stand Dezember 1998, § 43 Rd. 114; VDR, DRV 1993, 494 (558, 559).

649 BSG SozR § 27 a.F. AVG Nr. 3.

ßig mit finanziellen Wagnissen und wirtschaftlichen Opfern verbunden ist. Die erzwungene Übernahme solcher Risiken ist schlichtweg unzumutbar.

Eine Verweisung auf selbständige Tätigkeiten ist nur dann ausnahmsweise zulässig, wenn dem Betroffenen eine sichere Existenzgrundlage gewährleistet ist. Dies ist beispielsweise der Fall, wenn der Versicherte bereits eine solche selbständige Erwerbstätigkeit ausübt und hieraus ein sicheres Einkommen (mindestens in Höhe der Lohnhälfte[650]) erzielt und den Anforderungen dieser Tätigkeit trotz eingetretener Leistungseinschränkung, die die Ausübung des bisherigen Hauptberufes unmöglich gemacht hat, gewachsen ist[651]. In diesem Fall kommt es nicht darauf an, ob die Verweisungstätigkeit der Versicherungspflicht in der gesetzlichen Rentenversicherung unterliegt.

*(6). Verweisung auf eine ausgeübte Beschäftigung*

Sofern der Versicherte bereits eine andere Tätigkeit aufgenommen hat, die er mit seinem verbliebenen Restleistungsvermögen bewältigen kann, so ist er hierauf zunächst grundsätzlich auch verweisbar. Ausnahmen hiervon gelten jedoch, wenn es sich um eine nach obigen Grundsätzen unzumutbare Tätigkeit handelt[652] oder wenn diese Beschäftigung nur auf Kosten der Gesundheit ausgeübt werden kann[653] oder wenn der Arbeitsplatz dem Versicherten von seinem Arbeitgeber nur gönnerhaft zur Verfügung gestellt worden ist[654].

*(7). Konkrete Benennung*

Wie bereits dargestellt, liegt die objektive Beweislast für das Vorhandensein eines den Versicherten nicht überfordernden Vergleichs- beziehungsweise Verweisungsarbeitsplatzes grundsätzlich bei dem Rentenversicherungsträger. Daraus folgt, daß im Grundsatz im ablehnenden Rentenbescheid beziehungsweise im Urteil wenigstens eine Verweisungstätigkeit konkret zu benennen und in der Entscheidungsbegründung als für den Versicherten geeignet auszuweisen ist.

---

650 Vgl. unten D I 2 c ee (9).

651 VDR, DRV 1993, 494 (559); Köbl, in: Schulin, Handbuch des Sozialversicherungsrechts, Band 3, 1999, § 23 Rd. 93.

652 Jedoch besteht hier unter anderem die Rückausnahme, daß eine solchenfalls ausgeübte Tätigkeit auch als Verweisungsberuf in Betracht kommt, wenn durch die an sich sozial unzumutbare Tätigkeit ein Entgelt erzielt wird, daß oberhalb der Verdienstgrenze der ursprünglichen Tätigkeit liegt; vgl. auch hierzu oben C I 2 c bb (1) (c).

653 Vgl. oben D I 2 c cc (5).

654 Vgl. oben D I 2 c dd (1) (b) (dd).

Sinn der Benennungspflicht ist es, soziale Wirklichkeit und soziales Leistungsrecht nicht auseinanderfallen zu lassen[655]. Es soll vermieden werden, daß Versicherte auf Tätigkeiten verwiesen werden, für die es keine oder kaum noch Arbeitsplätze gibt. Zudem soll sichergestellt sein, daß überprüfbar ist, ob der Versicherte den Anforderungen der benannten Tätigkeit gewachsen ist[656].

Aus diesem Grund ist erforderlich, daß nur Tätigkeiten als Verweisungsberufe bezeichnet werden, die im Arbeitsleben tatsächlich ausgeübt werden und für die Arbeitsplätze in nicht unbedeutendem Ausmaß tatsächlich vorhanden sind[657]. Die Benennung muß hinreichend konkret und nicht nur pauschal oder leerformelhaft erfolgen[658]. Im Ergebnis muß also ein typischer Arbeitsplatz mit dem im Arbeitsleben üblichen Namen angegeben werden. Die Beschreibung eines einzelnen Arbeitsplatzes oder die bloße Angabe isolierter Verrichtungen oder Arbeitsgänge reicht nicht[659]. Vor dem Hintergrund der Trennung zwischen abstrakter und konkreter Betrachtungsweise des Arbeitsmarktes ist auch hier zwischen Versicherten, die noch vollschichtig tätig sein können und solchen, bei denen dies aufgrund ihrer Leistungsminderung nicht mehr der Fall ist, zu unterscheiden.

*(a). Benennungspflicht bei noch vollschichtig einsetzbaren Arbeitern*

Auch bei vollschichtig einsetzbaren Arbeitern gilt zunächst, daß eine Verweisungstätigkeit überhaupt ausübbar vorhanden sein muß[660]. Jedoch ist zu berücksichtigen, daß die Rechtsprechung des Bundessozialgerichts bei dieser Personengruppe regelmäßig davon ausgeht, daß zumindest bei von Tarifverträgen erfaßten Tätigkeiten eine Vermutung besteht, daß es für den Versicherten Arbeitsplätze in

---

655 Rauscher, Rechtsfortbildung durch Richterrecht in den Rentenversicherungen der Arbeiter und der Angestellten, in: Festgabe aus Anlaß des 100jährigen Bestehens der sozialgerichtlichen Rechtsprechung, 1984, S. 375 (394).

656 Vgl. BSG NZS 1999, 302 (303). Hier hatte die Vorinstanz den Betroffenen für körperlich und psychisch fähig angesehen, sich innerhalb von längstens drei Monaten in eine Tätigkeit als Pförtner oder Hauswart einzuarbeiten, obgleich dieser – ein italienischer Staatsangehöriger – schon in seiner Muttersprache weder lesen noch schreiben konnte. Das Bundessozialgericht hat hier festgestellt, daß der Analphabetismus zu berücksichtigen ist; ein Versicherter muß auch in dem Umfang lese- und schreibkundig sein, wie es für die in Aussicht genommene Tätigkeit nötig ist. Zur Feststellung, ob der Analphabetismus einfache Pförtnertätigkeiten zuläßt, der genannte Beruf also tatsächlich als Verweisungsberuf herangezogen werden kann, hat das Bundessozialgericht die Sache demgemäß zurückverwiesen.

657 BSG SozR 3-2200 § 1247 Nr. 8; BSG SozR 2200 § 1246 Nr. 72; Loytved, NZS 1999, 276 (279).

658 BSG SozR 2200 § 1246 Nrn. 38, 46, 63, 72, 109.

659 Loytved, NZS 1999, 276 (279) m.w.N.

660 Vgl. Loytved, NZS 1999, 276 (279).

ausreichender Zahl gibt und damit für diesen der Arbeitsmarkt grundsätzlich eröffnet ist (abstrakte Betrachtungsweise)[661].

Damit wäre bei einem vollschichtigen Leistungsvermögen für eine Vielzahl von Tätigkeiten des allgemeinen Arbeitsmarktes an sich keine Verweisungstätigkeit konkret zu benennen[662]. Dennoch ist nach der Rechtsprechung des Bundessozialgerichts eine Konkretisierung hier zumindest bei Zugehörigkeit zu den Leitberufen der beiden ersten Stufen[663] sowie dem oberen Segment der dritten Stufe[664] erforderlich. Wegen der Verweisbarkeit auf den allgemeinen Arbeitsmarkt ist damit hier eine konkrete Benennung nur bei Angehörigen der unteren Ebene der dritten Stufe sowie bei Angehörigen der vierten Stufe grundsätzlich nicht erforderlich.

Das Erfordernis einer konkreten Benennungspflicht lebt aber auch bei diesen Gruppen vollschichtig einsatzfähiger Versicherter im Ausnahmefall wieder auf. Bei diesen Ausnahmen handelt es sich um die Fallgruppen der schweren spezifischen Leistungseinschränkung, der vollschichtigen Arbeitsfähigkeit nur unter nicht betriebsüblichen Arbeitsbedingungen, der nur eingeschränkt verfügbaren Arbeitsplätze und der nicht bestehenden Möglichkeit der Bewältigung des Weges zur Arbeitsstätte[665].

Wie gezeigt, wendet hier die Rechtsprechung auch bei vollschichtig einsetzbaren Versicherten nicht die abstrakte, sondern eine konkrete Betrachtungsweise an. Folge hiervon ist, daß grundsätzlich auch hier die Lage auf dem Arbeitsmarkt zu berücksichtigen ist. Bei Vorliegen einer solchen Ausnahmefallgruppe muß also auch eine konkrete Benennung erfolgen, da nicht mehr von einem Offenstehen des allgemeinen Arbeitsmarktes für den betroffenen Versicherten ausgegangen werden kann. In diesen Fällen sind die Einschränkungen des Leistungsvermögens so erheblich, daß von vornherein trotz vollschichtiger Arbeitsfähigkeit ernste Zweifel an einer Einsatzfähigkeit in einem Betrieb aufkommen[666].

Die Rechtsprechung des Bundessozialgerichts zu den Fällen der schweren spezifischen Leistungseinschränkungen ist außerordentlich vielfältig. Beispielsweise ist das Bundessozialgericht von einer solchen Einschränkung – und damit auch von dem Bestehen einer konkreten Benennungspflicht – ausgegangen, wenn bestimmte Arbeiten ausgeschlossen waren und zudem eine Rücksichtnahme auf die Arbeitsumgebung erforderlich war[667]. Auch bei Einschränkungen der Wahr-

---

661 Vgl. BSG SozR 2200 § 1246 Nr. 19, 22, 30, 102 und oben D I 2 c dd.
662 Spiolek, NZS 1997, 415 (416).
663 BSG SozR 2200 § 1246 Nr. 143; vgl. unten D I 2 c bb (1) (a) (aa), (cc).
664 Vgl. Schmidt-Preuß. SGb 1992, 431 (434); vgl. unten D I 2 c bb (1) (a) (ee).
665 Vgl. oben D I 2 c dd (1) (b); vgl. Loytved, NZS 1999, 276 (278).
666 Spiolek, NZS 1997, 415 m.w.N.
667 BSG SozR 2200 § 1246 Nr. 30

nehmungsfähigkeit[668], Einschränkung der Gebrauchsfähigkeit und Beweglichkeit von Gliedmaßen[669], Einschränkung der Gebrauchsfähigkeit / Beweglichkeit des Körpers insgesamt[670] und Einschränkungen im nervlich-geistigen Bereich[671] hat das Bundessozialgericht eine solche schwere spezifische Leistungseinschränkung mit der Folge angenommen, daß hier jeweils von der abstrakten Betrachtungsweise zu einer konkreten Betrachtungsweise übergegangen wurde.

Mit der damit verbundenen Annahme eines verschlossenen Arbeitsmarktes für diesen Personenkreis hat das Bundessozialgericht somit auch hier in jedem Fall eine konkrete Benennung einer in Betracht kommenden Verweisungstätigkeit gefordert. Hierbei handelt es sich jedoch um Einzelfälle. Eine feste Richtschnur ist der Rechtsprechung nicht zu entnehmen.

Beispielsweise wurde ein entsprechender Ausnahmefall bei einem Versicherten nicht angenommen, der nur noch Arbeiten ohne Zwangshaltung im Handgelenk und ohne besondere Kraftentfaltung verrichten konnte. Auch ist nicht erkennbar, bei welchem Grad – beispielsweise bei einer Sehbehinderung – eine schwere spezifische Leistungseinschränkung gegeben sein soll[672]. Insoweit ist es Sache der Instanzgerichte im jeweiligen Einzelfall festzustellen, wann die relevante Grenze überschritten ist. Hier ist ein erhöhtes Maß an Sorgfalt zu verlangen.

Insbesondere bei der Anforderung medizinischer Gutachten muß darauf gedrängt werden, daß die Gutachter im Grenzbereich zwischen (nur) ungewöhnlichen Leistungseinschränkungen[673] und schweren spezifischen Leistungsbehinderungen[674] eine möglichst detaillierte Darstellung der Leistungsbehinderungen abgeben[675]. Nur so läßt sich eine an dem Gesichtspunkt der Einzelfallgerechtigkeit orientierte, gesicherte und überschaubare Rechtsprechung erreichen.

*(b). Benennungspflicht bei unter vollschichtig einsatzfähigen Arbeitern*

Bei unter vollschichtig einsatzfähigen Versicherten geht das Bundessozialgericht grundsätzlich von einer konkreten Betrachtungsweise aus[676]. Das heißt, hier wird

668 Vgl. BSGE 20, 241
669 BSG SozSich 1981, 222; BSG SozR 3-2200 § 1247 Nr. 8
670 BSG SozR 3-2200 § 1246 Nr. 104; BSG SozR 2200 § 1246 Nr. 136
671 Vgl. BSG SozR 2200 § 1246 Nr. 104.
672 Vgl. Spiolek, NZS 1997, 415 (416) m.w.N.
673 die nicht zu dem Erfordernis einer konkreten Betrachtungsweise bei vollschichtig einsetzbaren Versicherten führen
674 bei denen ein solcher Ausnahmefall von der abstrakten Betrachtungsweise gegeben ist
675 So auch Spiolek, NZS 1997, 415 (418).
676 Vgl. oben D I 2 c dd (2); zur Rentenreform 1999 vgl. unten D V 3 c dd.

von einer tatsächlichen Verschlossenheit des Arbeitsmarktes ausgegangen, mit der Folge, daß das Vorhandensein eines entsprechenden Arbeitsplatzes für den Versicherten vom Rentenversicherungsträger beziehungsweise der Arbeitsverwaltung nachzuweisen ist. Dementsprechend ist eine solche Tätigkeit regelmäßig auch konkret zu benennen.

Zunächst gilt dies uneingeschränkt für die Gruppe der Vorarbeiter mit Vorgesetztenfunktion und der besonders hoch qualifizierten Facharbeiter[677]. Nach ständiger Rechtsprechung ist auch bei den Arbeiterberufen der zweiten Stufe (Facharbeiter) zumindest die Benennung einer konkreten Verweisungstätigkeit erforderlich[678], wobei die Kenntnisse und Fähigkeiten des Versicherten, aber auch dessen Restleistungsvermögen besonders zu berücksichtigen sind. Schließlich ist in der Rechtsprechung des Bundessozialgerichts im weiteren unumstritten, daß bei nicht vollschichtig einsatzfähigen Betroffenen, die nach dem Mehrstufenschema im oberen Bereich der dritten Stufe einzuordnen sind[679], ebenfalls mindestens eine in Betracht kommende Verweisungstätigkeit konkret zu benennen ist. Ihren Grund findet diese Rechtsprechung in der Tatsache, daß solchen Arbeitern ungelernte Tätigkeiten nur ganz geringen qualitativen Wertes nicht zumutbar sind[680].

Keine Benennungspflicht besteht auch hier grundsätzlich bei unter vollschichtig einsatzfähigen Versicherten, die der unteren Gruppe der Angelernten angehören, da insofern kein Berufsschutz besteht. Ebenfalls keine Benennung einer konkreten Verweisungstätigkeit ist aus demselben Grund bei denjenigen unter vollschichtig einsetzbaren Versicherten erforderlich, deren bisheriger Beruf ausgehend vom qualitativen Wert der Tätigkeit auf der vierten Stufe des Mehrstufenschemas anzusiedeln ist. Hier ist der Versicherte uneingeschränkt auf den allgemeinen Arbeitsmarkt verweisbar. Eine konkrete Benennung ist in Ansehung der Fülle der nicht durch Ausbildung und/oder Berufserfahrung qualifizierten Tätigkeiten quasi unmöglich[681]. Vor allem gilt hier die Ausnahme vom Benennungserfordernis, wenn insbesondere bei einer nur allgemeinen Beschränkung

---

677 BSG SozR 2200 § 1246 Nrn. 90, 109.

678 Jörg, in: Kreikebohm, Sozialgesetzbuch, 1997, § 43 Rd. 77; BSG SozR 2200 § 1246 Nrn. 136.

679 Arbeiter mit einer zweijährigen Ausbildung, Erfordernis einer echten betrieblichen Ausbildung, die über eine bloße Einweisung beziehungsweise Einarbeitung hinausgeht, vgl. oben D I 2 c bb (1) (a) (ee).

680 Vgl. oben D I 2 c ee (2).

681 Niesel, in: Kasseler Kommentar Sozialversicherungsrecht, Stand Dezember 1998, § 43 Rd. 122; vgl. Loytved, NZS 1999, 276 (279).

auf leichtere Tätigkeiten offensichtlich ist, daß es für den Versicherten entsprechende Tätigkeiten gibt[682].

Ausnahmsweise ist aber auch hier eine konkrete Benennung eines in Betracht kommenden Verweisungsberufes erforderlich, wenn im konkreten Fall eine Summierung ungewöhnlicher Leistungseinschränkungen oder eine schwere spezifische Leistungsbehinderung im Sinne obiger Ausnahmefallgruppen gegeben ist[683].

*(c). Zusammenfassung und Erörterung*

Sowohl bei der Gruppe der Versicherten, die noch vollschichtig tätig sein können, als auch bei der Gruppe der unter vollschichtig arbeitsfähigen Versicherten ist damit grundsätzlich zwischen zwei Fallgruppen des Benennungserfordernisses zu unterscheiden.

Zum einen sind dies die Fälle, in denen Berufsschutz besteht. Dies ist bei allen Versicherten der ersten beiden Gruppen des Mehrstufenschemas und auch bei den Versicherten der oberen Ebene der dritten Stufe der Fall, unabhängig von der Frage, ob vollschichtige oder unter vollschichtige Erwerbsfähigkeit besteht. Ist hier ein solcher Berufsschutz gegeben, so soll der Betroffene nachprüfen können, ob die ihm angesonnene Tätigkeit zumutbar ist[684].

Besteht hingegen kein Berufsschutz (untere Ebene 3. Stufe/4. Stufe allgemein), so entfällt das Benennungserfordernis, es sei denn, daß wegen besonderer gesundheitlicher Einschränkungen fraglich ist, ob der Betroffene noch auf dem Arbeitsmarkt einsetzbar beziehungsweise vermittelbar ist. Hier soll der Versicherte in die Lage versetzt werden, zu überprüfen, ob es die Tätigkeit, die er angeblich noch ausüben kann, der Art nach für ihn auch wirklich gibt[685].

Damit zeigt sich, daß die Frage der Verschlossenheit des Arbeitsmarktes[686] mit der dort relevanten Trennung zwischen abstrakter Betrachtungsweise bei unter vollschichtig arbeitsfähigen Versicherten und konkreter Betrachtungsweise bei vollschichtig einsatzfähigen Versicherten und die Frage der konkreten Benennungspflicht streng zu unterscheiden sind. Unabhängig von der Betrach-

---

682 Vgl. BSG SozR 2200 § 1246 Nrn. 81, 90, 117, 136.

683 Jörg, in: Kreikebohm, Sozialgesetzbuch, 1997, § 43 Rd. 89; Niesel, in: Kasseler Kommentar Sozialversicherungsrecht, Stand Dezember 1998, § 43 Rd. 123; Meyer, in: GK-SGB VI, Band 3, Stand 1997, § 43 Rd. 303; VDR, DRV 1993, 494 (555); Wilde/Schimmelpfennig-Schulte, NZA 1989, 93 (98); BSG SozR 2200 § 1246 Nr. 136.

684 BSG NZS 1996, 228 (231).

685 BSG NZS 1996, 228 (231); vgl. BSG NZS 1999, 302 (304).

686 Vgl. oben D I 2 c dd.

tungsweise ist bei den beiden ersten Stufen und der oberen Ebene der dritten Stufe eine konkrete Benennung der in Betracht kommenden Verweisungstätigkeit stets erforderlich. Hier ist die Benennung im Rahmen der Berufsunfähigkeitsprüfung ein Element des Mehrstufenschemas und dient der Feststellung zumutbarer Verweisungstätigkeiten[687]. Es geht also darum, eine erforderlich werdende Verweisung auf eine qualitativ geringerwertige Tätigkeit durch Begrenzung der Absenkung um eine Stufe in den Grenzen des Zumutbaren zu halten[688].

Die Benennungspflicht dient hier hingegen nicht der Frage, ob der Arbeitsmarkt für den Betroffenen verschlossen ist oder nicht, also ob überhaupt Aussichten auf dem Arbeitsmarkt bestehen[689]. Dies gilt jedenfalls für denjenigen Versicherten, der noch vollschichtig ohne besondere Einschränkungen arbeitsfähig ist. Bei der hier anzuwendenden abstrakten Betrachtungsweise wird grundsätzlich von einem offenen Arbeitsmarkt ausgegangen, so daß aus diesem Grunde auch keine konkrete Benennung erforderlich ist. Bei denjenigen Versicherten, die hingegen nur noch unter vollschichtig einsetzbar sind und den hier zu behandelnden Bereichen des Mehrstufenschemas (1./2. Stufe, oberes Segment 3.Stufe) angehören, erlangt die Frage der Benennungspflicht neben der Ermittlung der sozialen Zumutbarkeit eine weitere Bedeutung.

Aufgrund der von der Rechtsprechung angewandten konkreten Betrachtungsweise ist regelmäßig für den Personenkreis der unter vollschichtig einsetzbaren Versicherten von einem verschlossenen Arbeitsmarkt auszugehen[690]. Neben der Ermittlung der sozialen Zumutbarkeit einer Verweisung dient die Benennungspflicht hier der Widerlegung dieser Verschlossenheitsfiktion.

Gleiches gilt demgemäß für diejenigen Versicherten, die zwar an sich noch vollschichtig tätig sein können, bei denen jedoch aufgrund der dargestellten Ausnahmefälle[691] ebenfalls von der Rechtsprechung eine konkrete Betrachtungsweise mit sich anschließender Fiktion der Verschlossenheit des Arbeitsmarktes zugrunde gelegt wird. Auch hier kommt der Benennungspflicht die geschilderte Doppelfunktion – Ermittlung der sozialen Zumutbarkeit und Erschütterung der Verschlossenheitsfiktion – zu.

Zusammenfassend ist damit festzustellen: Bei Angehörigen der oberen Berufsschutz vermittelnden Stufen des Mehrstufenschemas gilt die Benennungspflicht ausnahmslos. Für vollschichtig arbeitsfähige Versicherte, bei denen man-

---

687 BSG NZS 1996, 228 (231); Schmidt-Preuß, SGb 1992, 431 (434).

688 Schmidt-Preuß, SGb 1992, 431 (434); Bley, SGb 1980, 274 (280ff) mit Beispielen bezüglich zumutbarer Tätigkeiten für Angehörige der oberen zwei Stufen und für Angehörige des oberen Segments der dritten Stufe.

689 Schmidt-Preuß, SGb 1992, 431 (434).

690 Vgl. oben D I 2 c dd (2).

691 Vgl. oben D I 2 c dd (1) (b).

gels Vorliegens eines entsprechenden Ausnahmefalles die konkrete Betrachtungsweise gilt, dient die Benennungspflicht einzig dem Zweck der Überprüfbarkeit der sozialen Zumutbarkeit der angesonnenen Verweisungstätigkeit. Darüber hinaus hat die Benennungspflicht bei den übrigen Angehörigen dieser oberen Gruppen den weiteren Zweck, die Problematik der sogenannten Verschlossenheit des Arbeitsmarktes zu lösen. Hierbei handelt es sich um Personen, bei denen entweder aufgrund ihres untervollschichtigen Restleistungsvermögens oder aufgrund bestehender Ausnahmefälle bei noch verbliebenem vollschichtigen Restleistungsvermögen der Arbeitsmarkt wegen anzuwendender abstrakter Betrachtungsweise als verschlossen anzusehen ist. Die konkrete Benennung einer in Betracht kommenden Verweisungstätigkeit kann bei entsprechender Eignung diese Verschlossenheitsfiktion widerlegen.

Bei der zweiten Fallgruppe, also den Angehörigen der unteren Ebene der dritten Gruppe und den Angehörigen der vierten Gruppe des Mehrstufenschemas, fällt der Zweck der Feststellung der sozialen Zumutbarkeit einer Verweisungstätigkeit durch deren konkrete Benennung weg[692]. Hier besteht bereits kein Berufsschutz, so daß sich die Frage einer subjektiven Zumutbarkeit einer Verweisungstätigkeit erübrigt. An sich bedarf es hiermit für diesen Personenkreis überhaupt keiner Benennung einer konkreten Verweisungstätigkeit.

Ausnahmsweise ist aber auch hier eine Benennung erforderlich, wenn der Arbeitsmarkt verschlossen ist. Dies ist nach den dargestellten Grundsätzen zunächst bei nur noch unter vollschichtig arbeitsfähigen Versicherten der Fall, bei denen aufgrund konkreter Betrachtungsweise von einer Verschlossenheit des Arbeitsmarktes ausgegangen wird. Gleiches gilt für Angehörige dieser Gruppen, die zwar an sich noch vollschichtig arbeitsfähig sind, bei denen jedoch aufgrund eines Ausnahmefalles ebenfalls eine konkrete Betrachtungsweise zugrunde zu legen ist, mit der Folge, daß auch hier die Verschlossenheitsfiktion gilt.

Für die Praxis bedeutet dies, daß in nahezu allen Fällen eine konkrete Benennung einer geeigneten Verweisungstätigkeit erforderlich ist. Einzig bei Angehörigen der unteren Ebene der dritten Gruppe beziehungsweise bei Angehörigen der vierten Gruppe, bei denen mangels Vorliegens eines Ausnahmefalles aufgrund abstrakter Betrachtungsweise von einem offenstehenden Arbeitsmarkt auszugehen ist, entfällt das Benennungserfordernis.

*(d). Benennungspflicht bei Angestellten*

Bei der Benennung konkreter Verweisungsmöglichkeiten gelten für die Angehörigen der sogenannten Angestelltenberufe keine Besonderheiten. Auch für diese

692 Vgl. BSG NZS 1996, 228 (231).

hat sich ein Mehrstufenschema entwickelt, so daß die obigen Grundsätze entsprechend anzuwenden sind.

*(8). Sonderfall Berufssportler*

Ein Sonderfall besteht hinsichtlich der Verweisbarkeit von Berufssportlern. Hier steht schon vor Aufnahme dieser Tätigkeit fest, daß die Erwerbsquelle nur für eine vorübergehende Zeit ausgeschöpft werden kann[693]. Insofern gebietet schon das Solidaritätsprinzip, daß Verweisungstätigkeiten hier freier zu bestimmen sind[694].

Es ist der Solidargemeinschaft nicht zuzumuten, einen ehemaligen, gegebenenfalls noch jungen Berufssportler zeitlich unbeschränkt zu berenten, obgleich dieser noch „normale" Tätigkeiten ausführen kann, zumal eine sportliche Berufstätigkeit regelmäßig nicht weit über die Vollendung des 30. Lebensjahres hinaus ausgeübt werden kann. Damit steht bereits bei Aufnahme der Tätigkeit als Berufssportler fest, daß der Wiedereintritt in das „normale" Arbeitsleben unvermeidbar ist. Insofern passen die für die Kennzeichnung des Wertes einer Berufstätigkeit in § 43 Abs. 2 S. 2 SGB VI festgelegten Merkmale nicht ohne weiteres.

Gleiches gilt für die Berufsgruppenschemata. Zweifelhaft ist bereits, ob hier die Tätigkeit als Sportler als maßgeblicher bisheriger Beruf im Sinne von § 43 SGB VI angesehen werden kann. Zwar ist als bisheriger Beruf in diesem Sinne grundsätzlich die letzte versicherungspflichtige Tätigkeit anzusehen[695]. Sofern der Betroffene vor Aufnahme seiner hauptberuflichen sportlichen Laufbahn eine anderweitige Berufstätigkeit ausgeübt hat, erscheint es jedoch nicht als ausgeschlossen, diese vorherige Tätigkeit als bisherigen Beruf im Sinne von § 43 SGB VI anzusehen.

Die Rechtsprechung des Bundessozialgerichts nimmt eine rechtsrelevante Lösung vom bisherigen Beruf nur an, wenn sich der Versicherte erkennbar endgültig von dieser Tätigkeit abgewendet und sich der neuen Tätigkeit zugewandt hat[696]. Hieran könnte es jedoch im Hinblick auf die absehbare Unvermeidbarkeit des Wiedereintritts in das normale Erwerbsleben fehlen[697]. Dies umso mehr, als daß die Vorschriften der Berufsunfähigkeit als Leitbild des bisherigen Berufes

---

693 BSG SozR 2200 § 1246 Nr. 161.

694 Niesel, in: Kasseler Kommentar Sozialversicherungsrecht, Stand Dezember 1998, § 43 Rd. 69; gleiches gilt für andere Beschäftigungen, die ebenfalls von Anfang an nur auf absehbare Zeit ausgeübt werden können; vgl. Ruland, JuS 1990, 676.

695 Vgl. oben D I 2 c aa.

696 Vgl. oben D I 2 c aa (2).

697 Vgl. BSG NJW-RR 1989, 925 (926).

eine Tätigkeit voraussetzen, die zumindest bis zum 60. Lebensjahr – regelmäßig bis zum 65. Lebensjahr – ausgeübt werden kann[698].

Sofern im jeweiligen Einzelfall dennoch eine Lösung vom bisherigen Beruf vor Aufnahme der Sportlaufbahn gegeben ist[699], müßte der bisherige Beruf anhand der Sporttätigkeit ermittelt werden. Gleichsam ist nicht ersichtlich, wie der versicherungspflichtige Berufssportler zur Ermittlung der Verweisungsbreite sinnvoll in die Mehrstufenschemata eingeordnet werden kann[700]. Beispielsweise ist die Bestimmung des qualitativen Wertes des Sportberufs nicht anhand tariflicher Bewertungen möglich, da solche hier nicht existieren. Denkbar wäre in diesem Zusammenhang, die Wertigkeit anhand der entrichteten Beiträge zu bemessen. Dies führt jedoch zu nicht hinnehmbaren Ungleichbehandlungen im Vergleich zum „normalen" Erwerbstätigen. Hier muß berücksichtigt werden, daß Berufssportler oftmals ein Einkommen an oder über der Beitragsbemessungsgrenze erzielen.

Nach den oben dargestellten Grundsätzen[701] müßten diese Sportler in der obersten Stufe angesiedelt werden[702], obgleich eine für eine solche Einstufung an sich erforderliche Ausbildung in der Regel – insbesondere bei Aufnahme der sportlichen Tätigkeit als Beruf in noch jungen Jahren – nicht vorliegt.

Der „Nursportler" ohne sonstige Kenntnisse und Fähigkeiten wäre solchenfalls praktisch unverweisbar und rentenrechtlich bessergestellt als andere Versicherte mit einem kraft beruflicher Qualifikation weiteren Verweisungsspektrum. Insoweit ist zwingend erforderlich, daß für Berufssportler ein vom Mehrstufenschema losgelöster, größerer Verweisungsspielraum besteht. Aus diesem Grund hat die Rechtsprechung den zutreffenden Grundsatz aufgestellt, daß für einen früheren Berufssportler jedenfalls ein Angestelltenberuf mit Vollausbildung zumutbar ist[703].

*(9). Lohnhälfte*

Steht nach obigen Grundsätzen fest, daß der Versicherte in seinem bisherigen Beruf wegen auf Krankheit oder Behinderung beruhender Leistungseinschränkung

---

698 Vgl. BSG SozR 2200 § 1246 Nr. 158.

699 Dies dürfte wohl trotz der vorgebrachten Bedenken regelmäßig der Fall sein, da ein Sportler bei Beginn seiner Laufbahn in der Regel von einer jahrelangen Sportlerlaufbahn ausgeht und somit eine erkennbare Lösung vom bisherigen Beruf objektiv vorliegen dürfte.

700 Vgl. BSG NJW-RR 1989, 925 (926).

701 Vgl. zum Mehrstufenschema bei Angestellten oben D I 2 c bb (1) (b).

702 Vgl. LSG Darmstadt NJW-RR 1988, 1242 (1243).

703 Vgl. BSG NJW-RR 1989, 925 (927); BSG SozR 2200 § 1246 Nr. 161; VDR, DRV 1993, 494 (557).

nicht mehr erwerbsmäßig tätig sein kann, aber eine zumutbare Verweisungstätigkeit in Betracht kommt, so ist bei der Beurteilung der Frage der Berufsunfähigkeit weiter zu erforschen, ob der Versicherte in Anbetracht seines verbliebenen Restleistungsvermögens noch mindestens die Hälfte des durchschnittlichen Entgelts eines vergleichbaren Versicherten erwirtschaften kann.

Zwar ist dem Gesetzestext nicht zu entnehmen, daß die Höhe des Entgelts für die Frage der Berufsunfähigkeit eine Bedeutung hat. Hierbei handelt es sich auch nicht um ein bloßes Redaktionsversehen. Vielmehr hat der Gesetzgeber der Rentenreform 1957 dieses Merkmal bewußt aus der Invalidenversicherung nicht in das Angestelltenversicherungsrecht übernommen[704].

Dennoch wird dieses Merkmal seit einer Entscheidung des 5. Senats des Bundessozialgerichts vom 16. April 1959[705] in ständiger Rechtsprechung zur Überprüfung gestellt. In verfahrensmäßiger Hinsicht wird das Restleistungsvermögen des betroffenen Versicherten mit der durchschnittlichen Erwerbsfähigkeit eines vergleichbaren gesunden Arbeitnehmers in Relation gesetzt. Hierbei ist jedoch nicht ein konkreter Verdienst im bisherigen Beruf, sondern vielmehr der Durchschnittsverdienst der bisherigen Berufsgruppe zugrunde zu legen. In der Regel ist vom Tarifgehalt auszugehen, wobei auch Prämien, Provisionen und Zulagen anzurechnen sind[706]. Grenze der Berücksichtigung ist jedoch die Beitragsbemessungsgrenze, da auch nur insoweit Berufsschutz besteht[707]. Ein höheres Einkommen ist nicht versichert.

Eine besondere Schwierigkeit besteht im weiteren bei Selbständigen und Handwerkern. Da hier besondere Probleme bei der Ermittlung des Einkommens vergleichbarer Versicherter gegeben sind[708], wird das Durchschnittseinkommen eines der betreffenden Stufe angehörenden, also nach Branche und Unternehmensgröße vergleichbaren Pflichtversicherten zugrunde gelegt[709]. Dies ist jedoch nicht unproblematisch, da die Höhe der Einkünfte hier auf vielerlei Faktoren

---

704 Vgl. Meyer, in: GK-SGB VI, Band 3, Stand 1997, § 43 Rd. 314.

705 BSGE 9, 255 (256f).

706 Meyer, in: GK-SGB VI, Band 3, Stand 1997, § 43 Rd. 315; Jörg, in: Kreikebohm, Sozialgesetzbuch, 1997, § 43 Rd. 96; Niesel, in: Kasseler Kommentar Sozialversicherungsrecht, Stand Dezember 1998, § 43 Rd. 126; BSG SozR 2200 § 1246 Nr. 118; BSGE 44, 123; Köbl, in Schulin, Handbuch des Sozialversicherungsrechts, Band 3, 1999, § 23 Rd. 132.

707 Vgl. oben D I 2 c bb (1) (b) (aa); Jörg, in: Kreikebohm, Sozialgesetzbuch, 1997, § 43 Rd. 96; Meyer, in GK-SGB VI, Band 3, Stand 1997, § 43 Rd. 316.

708 Niesel, in: Kasseler Kommentar Sozialversicherungsrecht, Stand Dezember 1998, § 43 Rd. 127 hält eine solche Ermittlung sogar für praktisch unmöglich.

709 Jörg, in: Kreikebohm, Sozialgesetzbuch, 1997, § 43 Rd. 97; Meyer, in: GK-SGB VI, Band 3, Stand 1997, § 43 Rd. 315; Niesel, in: Kasseler Kommentar Sozialversicherungsrecht, Stand Dezember 1998, § 43 Rd. 127.

(Konjunktur, Risikobereitschaft, allgemeine Wirtschaftsbedingungen etc.) und nicht allein auf dem Wert der beruflichen Arbeit beruht[710]. Insofern wäre zur Fesstellung des Wertes der Arbeitskraft neben der Ermittlung des Einkommens vergleichbarer Pflichtversicherter zumindest ein berufskundliches Gutachten ergänzend heranzuziehen[711].

Die Bedeutung des Merkmals der Lohnhälfte ist in der Praxis gering, bei vollschichtig arbeitsfähigen Versicherten sogar nahezu bedeutungslos. Angesichts des bestehenden Tarifvertragssystems ist die Ungeeignetheit der Anspruchsschwelle der Lohnhälfte bei diesem Personenkreis auch nicht verwunderlich. Denn ein vollschichtig einsatzfähiger Versicherter verdient selbst mit einfachsten Vollzeittätigkeiten im Durchschnitt mehr als die Hälfte des höchstentlohnten Facharbeiters. Damit kann bei vollschichtiger Arbeitsfähigkeit in der Regel ohne Prüfung davon ausgegangen werden, daß in dem zumutbaren Verweisungsberuf keine Einkommenseinbuße von 50% oder mehr eintritt[712]. In diesem Fall ist also ein Anspruch auf Gewährung einer Rente wegen Berufsunfähigkeit nicht gegeben.

Dementsprechend kommt dem Merkmal der Lohnhälfte in der Praxis nur dann eine Bedeutung zu, wenn der Versicherte zumutbar nur auf eine unter halbschichtige Teilzeitbeschäftigung verwiesen werden kann. Hier hat eine genaue Prüfung zu erfolgen, ob in der Verweisungstätigkeit die Lohnhälfte erzielt werden kann. Regelmäßige Folge ist, daß bei unter halbschichtigem Leistungsvermögen in den meisten Fällen zumindest Berufsunfähigkeit gegeben ist.

### *3. Hinzuverdienstgrenze*

Da es sich bei der Berufsunfähigkeitsrente nur um eine Teilrente handelt, ist neben dem Bezug dieser Rente ein Arbeitsverdienst grundsätzlich erlaubt[713]. Bis zum 01. Januar 1996 bestanden überhaupt keine Hinzuverdienstgrenzen. Damit war den Versicherten die Möglichkeit eröffnet, durch Rente und Hinzuverdienst ein Einkommen zu erwirtschaften, das das Einkommen vor Eintritt der Erwerbsminderung summenmäßig – ohne jede Begrenzung – überstieg.

---

710 Köbl, in: Schulin, Handbuch des Sozialversicherungsrechts, Band 3, 1999, § 23 Rd. 133 m.w.N.

711 Köbl, in: Schulin, Handbuch des Sozialversicherungsrechts, Band 3, 1999, § 23 Rd. 133; Kamprad, in: Hauck, Sozialgesetzbuch, Stand März 1999, § 43 Rd. 24.

712 BSG SozR 2200 § 1246 Nrn. 60, 103; Niesel, in: Kasseler Kommentar Sozialversicherungsrecht, Stand Dezember 1998, § 43 Rd. 126.

713 Pelikan, Rentenversicherung, 9. Auflage, 1998, S. 151.

Dieses Ergebnis ist jedoch in Ansehung der Lohnersatzfunktion der Rente wegen Berufsunfähigkeit untragbar. Mit Wirkung vom 01. Januar 1996 hat der Gesetzgeber dementsprechend zur Stärkung der Lohnersatzfunktion § 96a SGB VI eingeführt und § 43 SGB VI um den Absatz 5 erweitert[714]. § 96a Abs. 1 S. 1 SGB VI bestimmt, daß eine Rente wegen verminderter Erwerbsfähigkeit nur geleistet wird, wenn die Hinzuverdienstgrenze nicht überschritten wird.

§ 96a SGB VI entspricht im wesentlichen dem § 34 Abs. 2 SGB VI, der den Hinzuverdienst bei der Altersrente regelt. Er ist jedoch nicht als negative Anspruchsvoraussetzung ausgestaltet. Die Regelung berührt damit nicht den grundsätzlichen Anspruch auf Rente, sondern bestimmt lediglich den Umfang der Rentenzahlung. Folge ist, daß auch Einkünfte aus an sich unzumutbaren und damit als Verweisungsberuf ausscheidenden Tätigkeiten unter den hier normierten Voraussetzungen Einfluß auf die Rentenhöhe haben[715].

§ 96a Abs. 2 SGB VI regelt für den Bereich der Rente wegen Berufsunfähigkeit drei Grenzwerte. Im Zusammenspiel mit der Regelung des § 43 Abs. 5 SGB VI kann ein Versicherter eine Berufsunfähigkeitsrente in voller Höhe, in Höhe von zwei Dritteln oder von einem Drittel in Anspruch nehmen. Je höher der Hinzuverdienst ist, desto geringer ist die Rente. Sofern die höchste Hinzuverdienstgrenze überschritten wird, entfällt die Rente ganz[716].

Zu beachten ist in diesem Zusammenhang schließlich die Vorschrift des § 302b Abs. 1 SGB VI. Die Hinzuverdienstgrenze des § 43 Abs. 5 SGB VI gilt hiernach zunächst nur für Versicherte, deren Rentenanspruch ab dem 01. Januar 1996 begonnen hat. Für Versicherte, die bereits zuvor Rente wegen Berufsunfähigkeit bezogen haben („Bestandsrentner"), entfaltet § 43 Abs. 5 SGB VI keine einschränkende Wirkung. Erst mit Ablauf des 31. Dezember 2000 gilt auch für diesen Personenkreis die Hinzuverdienstgrenze.

In verfahrensmäßiger Hinsicht ist anzumerken, daß bei Überschreitung der Hinzuverdienstgrenze der Rentenbescheid nach § 115 Abs. 1 S. 1 SGB VI von Amts wegen gemäß § 48 SGB X aufzuheben ist. Eine höhere Rente wegen insoweit veränderter Umstände – etwa bei Wegfall oder Minderung des Hinzuverdienstes – wird nur auf Antrag ab dem Kalendermonat gezahlt, zu dessen Beginn diese veränderten Umstände eingetreten sind[717].

---

714 Gesetz vom 15. Dezember 1995, BGBl I 1824; vgl. BT-Drucks. 13/3150, 42; BR-Drucks. 496/95 Begr. S. 5ff.

715 Löns, in: Kreikebohm, Sozialgesetzbuch, 1997, § 96a Rd. 2.

716 Ruland, in: v.Maydell/Ruland, Sozialrechtshandbuch, 2. Auflage, 1996, S. 877 (952) Rd. 170.

717 Niesel, in: Kasseler Kommentar Sozialversicherungsrecht, Stand Dezember 1998, § 43 Rd. 147.

*4. Versicherungsrechtliche Voraussetzungen*

Neben dem Eintritt des Versicherungsfalles der Berufsunfähigkeit ist für einen Anspruch auf Gewährung einer Rente wegen Berufsunfähigkeit im weiteren erforderlich, daß die versicherungsrechtlichen Voraussetzungen erfüllt sind.

*a. Erfüllung der allgemeinen Wartezeit vor Eintritt der Berufsunfähigkeit*

Für die Gewährung einer Berufsunfähigkeitsrente ist nach § 43 Abs. 1 Nr. 3 SGB VI zunächst versicherungsrechtliche Voraussetzung, daß der Versicherte vor Eintritt der Berufsunfähigkeit die allgemeine Wartezeit erfüllt hat. Diese Regelung ist Ausfluß aus dem auch im Sozialrecht geltenden Versicherungsprinzip[718], nach dem eine Rente aus der gesetzlichen Rentenversicherung nur dann gezahlt werden kann, wenn der Versicherte ihr eine bestimmte Zeit angehört hat. Diese Mindestversicherungszeit, die ein Betroffener in der gesetzlichen Rentenversicherung zurückgelegt haben muß, wird als Wartezeit bezeichnet[719]. Die Wartezeit dient vor allem dem Schutz der Versichertengemeinschaft vor ungerechtfertigter Inanspruchnahme von Leistungen. Dies überwiegend vor dem Hintergrund, daß die gesetzliche Rentenversicherung keine Gesundheitsüberprüfung zu Beginn des Versicherungsverhältnisses kennt[720].

Die allgemeine Wartezeit beläuft sich nach § 50 Abs. 1 SGB VI bei Rentenansprüchen wegen verminderter Erwerbsfähigkeit auf fünf Jahre. Neben dem Erfordernis, daß die allgemeine Wartezeit vor dem Eintritt der Berufsunfähigkeit erfüllt sein muß, schreibt § 43 Abs. 1 Nr. 3 SGB VI keine bestimmte Rahmenfrist vor, in der die Wartezeit von fünf Jahren erfüllt sein muß[721]. Gemäß § 51 Abs. 1 und 4 SGB VI werden auf die allgemeine Wartezeit Kalendermonate mit Beitragszeiten (§ 51 Abs. 1 SGB VI in Verbindung mit § 55 SGB VI), zu denen auch Kindererziehungszeiten zählen (§ 56 Abs. 1 SGB VI), und Kalendermonate mit Ersatzzeiten (§ 51 Abs. 4 SGB VI in Verbindung mit § 250 SGB VI) angerechnet.

Nach § 52 SGB VI kann darüber hinaus die Wartezeit auch zusammen oder allein mit Zeiten aus einem im Rahmen einer Ehescheidung durchgeführten Versorgungsausgleich erfüllt werden.

---

718 Gitter, Sozialrecht, 4. Auflage, 1996, S. 252.

719 Thieler, Sozialrecht, 2. Auflage, 1987, S. 93.

720 Kreikebohm/v.Koch, in: Schulin, Handbuch des Sozialversicherungsrechts, Band 3, 1999, § 29 Rd. 1; Hilfer, Das System sozialer Absicherung in der Bundesrepublik Deutschland, Diss., 1981, S. 23.

721 Kreßel/Wollenschläger, Leitfaden des Sozialversicherungsrechts, 2. Auflage, 1996, § 9 Rd. 167.

Zudem werden ausländische Versicherungszeiten, die durch Sozialversicherungsabkommen[722] oder die VO 1408/71 gleichgestellt sind, sowie Beitragszeiten nach §§ 15, 16 FRG berücksichtigt. Dies gilt nach § 248 SGB VI, Art. 2 § 19 RÜG auch für Beitragszeiten, die auf dem Gebiet der Deutschen Demokratischen Republik zurückgelegt wurden.

Ist die allgemeine Wartezeit vor Eintritt der Erwerbsminderung nicht erfüllt, kann unter bestimmten Voraussetzungen dennoch eine Rente wegen Berufsunfähigkeit gezahlt werden, wenn die Wartezeit vorzeitig erfüllt ist. Die Voraussetzungen der vorzeitigen Erfüllung der allgemeinen Wartezeit sind den §§ 53, 245 SGB VI zu entnehmen. Diese Normen ergänzen sich.

§ 53 SGB VI findet zunächst Anwendung für Versicherte, die nach dem 31. Dezember 1972 (Inkrafttreten des Rentenreformgesetzes 1972) vermindert erwerbsfähig geworden sind[723]. Zusätzliche Sondertatbestände finden sich in § 245 Abs. 2, 3 SGB VI. Diese greifen jedoch nur für diejenigen Versicherten, deren verminderte Erwerbsfähigkeit vor dem 01. Januar 1992 eingetreten ist. Ist die Erwerbsminderung vor dem 31. Dezember 1972 eingetreten, so gilt allein § 245 Abs. 2 SGB VI.

Hauptanwendungsfall der vorzeitigen Wartezeiterfüllung nach § 53 SGB VI ist der in Absatz 1 der Vorschrift geregelte Fall des Eintritts der Erwerbsminderung durch einen Arbeitsunfall. Dem Wortlaut des § 53 Abs. 1 SGB VI ist zu entnehmen, daß die vorzeitige Wartezeiterfüllung nur für „Versicherte" gilt. Dies bedeutet, daß der Betroffene entweder im Zeitpunkt des Eintritts der Erwerbsminderung versicherungspflichtig gewesen sein muß (Alt. 1) oder in den letzten zwei Jahren mindestens ein Jahr an Pflichtbeiträgen zurückgelegt haben muß (Alt. 2). Hierdurch soll verhindert werden, daß Personen, die aktuell im Zeitpunkt des Eintritts der Erwerbsminderung nicht pflichtversichert waren, sich durch einen einzigen Beitrag die Möglichkeit einer zusätzlichen Absicherung eröffnen können[724]. Möglich wäre dies ansonsten insbesondere, wenn die Voraussetzungen eingreifen, bei deren Vorliegen nachgezahlte Beiträge als entrichtet gelten (zum Beispiel §§ 8 Abs. 1 S. 2, 185 Abs. 2 SGB VI). Ein solcher Mißbrauch wäre jedoch nur bei der Fallgruppe der Arbeitsunfälle im Sinne von § 53 Abs. 1 S. 1 Nr. 1 SGB VI denkgesetzlich möglich. Die besondere versicherungsrechtliche Voraussetzung des § 53 Abs. 1 S. 2 SGB VI, der eine Belegungsdichte

---

722 Vgl. hierzu die Zusammenstellung bei Niesel, in: Kasseler Kommentar Sozialversicherungsrecht, München, Stand Dezember 1998, § 110 Rd. 12.

723 Vgl. § 245 Abs. 1 SGB VI.

724 Jörg, in: Kreikebohm, Sozialgesetzbuch, 1997, § 53 Rd. 2; BT-Drucks. 11/4124, 165.

von zwölf Pflichtbeiträgen in den letzten zwei Jahren fordert[725], ist damit auch nur für den Tatbestand des § 53 Abs. 1 S. 1 Nr. 1 SGB VI erforderlich[726].

Zu beachten ist im weiteren, daß nur Pflichtbeiträge für eine versicherte Beschäftigung oder Tätigkeit zu berücksichtigen sind. Dies folgt daraus, daß in einigen Staaten der Europäischen Gemeinschaft (zum Beispiel Niederlande und Dänemark) reine Wohnzeiten als oder wie Pflichtbeitragszeiten anspruchsbegründend berücksichtigt werden[727]. Eine solche Berücksichtigung reiner Wohnzeiten im Ausland bei der Rentengewährung entspricht nicht dem Willen des deutschen Gesetzgebers[728]. Wird somit das erforderliche Jahr allein mit ausländischen Zeiten erfüllt, so muß vor dem Arbeitsunfall mindestens ein deutscher Pflichtbeitrag gezahlt sein.

Arbeitsunfälle nach § 53 Abs. 1 S. 1 Nr. 1 SGB VI und § 245 Abs. 2 Nr. 1 SGB VI sind nach der grundsätzlichen Definition des Unfalls zunächst ein von außen her auf den Menschen einwirkendes, körperlich schädigendes, plötzlich, das heißt zeitlich begrenztes Ereignis[729]. Damit scheiden hier Selbstmordversuche aus, da diese eine gewisse Planmäßigkeit voraussetzen.

Ein Arbeitsunfall erfordert im weiteren, daß der Unfall infolge einer Versicherungsschutz begründenden Tätigkeit eingetreten ist. Zudem muß er sich im deutschen Rechtsbereich ereignet haben[730], womit Arbeitsunfälle im Ausland nur ausnahmsweise – etwa nach der VO 1408/71 oder nach § 4 SGB IV – im Rahmen der vorzeitigen Wartezeiterfüllung beachtlich sind.

Unter den Begriff des Arbeitsunfalles im Sinne von § 53 Abs. 1 S. 1 Nr. 1 SGB VI fallen im weiteren auch die Wegeunfälle im Sinne von § 8 Abs. 2 SGB VII[731]. Die Berufskrankheit[732] ist einem Arbeitsunfall ausdrücklich gleichgestellt.

Eine vorzeitige Wartezeiterfüllung kommt schließlich auch dann in Betracht, wenn die Minderung der Erwerbsfähigkeit im Rahmen des Wehrdienstes, Zivildienstes oder während einer Inhaftierung eingetreten ist. Nach § 53 Abs. 1 S. 1

725 Dieser Zweijahreszeitraum bestimmt sich nach § 26 Abs. 1 SGB X in Verbindung mit §§ 187, 188 BGB; die letzten zwei Jahre enden damit am Tag vor dem Arbeitsunfall und beginnen an dem Tag vor zwei Jahren, der dem Tag des Arbeitsunfalles entspricht.

726 Jörg, in: Kreikebohm, Sozialgesetzbuch, 1997, § 53 Rd. 3.

727 s. Art. 45 VO 1408/71; Jörg, in: Kreikebohm, Sozialgesetzbuch, 1997, § 38 Rd. 12, § 53 Rd. 8.

728 BT-Drucks. 13/2590 zu Nr. 6.

729 VDR, DRV 1993, 494 (510).

730 BSG SozR 2200 § 1252 Nr. 3.

731 Vgl. hierzu umfassend Schmitt, SGB VII, Gesetzliche Unfallversicherung, 1998, zu § 8 SGB VII Rd. 136ff.

732 Vgl. hierzu Schmitt, SGB VII, Gesetzliche Unfallversicherung, 1998, § 9 SGB VII Rd. 4ff.

Nrn. 2 – 4 SGB VI wird eine gesetzliche Fiktion der Wartezeiterfüllung dann angenommen, wenn der Versicherte wegen einer Wehrdienstbeschädigung nach dem Soldatenversorgungsgesetz als Wehrdienstleistender oder Soldat auf Zeit (Nr. 2) beziehungsweise wegen einer Zivildienstbeschädigung als Zivildienstleistender nach dem Zivildienstgesetz (Nr. 3) oder wegen eines Gewahrsams (Nr. 4)[733] vermindert erwerbsfähig geworden ist. Erforderlich ist hier aber auch, daß die gesundheitliche Beschädigung durch einen in Ausübung des Dienstes beziehungsweise anläßlich des Gewahrsams erlittenen Unfall oder sonst eigentümliche Verhältnisse herbeigeführt worden ist[734].

§ 245 Abs. 2 SGB VI enthält darüber hinaus noch weitere Tatbestände der vorzeitigen Wartezeiterfüllung, die jedoch heute allenfalls ganz geringe Relevanz haben[735].

Die Sondertatbestände der §§ 53 Abs. 2, 245 Abs. 3 SGB VI zur vorzeitigen Wartezeiterfüllung erfordern das Vorliegen der Erwerbsunfähigkeit. Berufsunfähigkeit reicht hierfür nicht aus[736].

*b. Erforderliche Belegungsdichte*

Weitere versicherungsrechtliche Voraussetzung für die Gewährung einer Berufsunfähigkeitsrente ist, daß der Versicherte in den letzten fünf Jahren vor Eintritt der Berufsunfähigkeit drei Jahre Pflichtbeitragszeiten aufweist. Folge der Regelung der Drei-Fünftel-Belegung ist, daß der Versicherungsschutz nach Aufgabe einer versicherungspflichtigen Tätigkeit beziehungsweise Beschäftigung in der Regel nur zwei Jahre erhalten bleibt[737].

---

733 Vgl. § 1 Häftlingsgesetz.

734 Vgl. § 81 SVG und § 47 ZDG

735 Eintritt der Erwerbsminderung während eines Dienstes in Kriegszeiten (Nr. 3), wegen Kriegsgefangenschaft (Nr. 4), wegen unmittelbarer Kriegseinwirkung (Nr. 5), wegen Verfolgungsmaßnahmen des Nationalsozialismus (Nr. 6), wegen Internierung oder Verschleppung (Nr. 8) oder wegen Vertreibung (Nr. 9).

736 Zur insoweit anderen Sicht im Rahmen der Drei-Fünftel-Belegung vgl. unten C I 4 b cc (2); die versicherungsrechtlichen Voraussetzungen sind insoweit dort auch erfüllt, wenn ein Tatbestand im Sinne des § 53 Abs. 2 SGB VI vorliegt.

737 Niesel, in: Kasseler Kommentar Sozialversicherungsrecht, Stand Dezember 1998, § 43 Rd. 11; zu den Ausnahmen vom Belegungserfordernis beziehungsweise Verlängerungsmöglichkeiten vgl. unten C I 4 b cc.

*aa. Verfassungsmäßigkeit der Drei-Fünftel-Belegung*

Die besondere versicherungsrechtliche Voraussetzung der erforderlichen Belegungsdichte wurde durch das Haushaltsbegleitgesetz 1984[738] eingeführt. Bedenken gegen die Verfassungsmäßigkeit bestehen im Ergebnis nicht.

*(1). Verstoß gegen Art. 14 GG*

Zwar greift diese Neuregelung in die Anwartschaften der damals in der Rentenversicherung Versicherten ein, die im Zeitpunkt des Inkrafttretens der Regelung diese Belegungsdichte nicht aufwiesen. Auch handelt es sich bei diesen Anwartschaften um Rechtspositionen im Sinne von Art. 14 GG, da die Rentenanwartschaft ein Äquivalent eigener Leistung ist.

Jedoch liegt insoweit kein verfassungsrechtlich nicht gerechtfertigter Eingriff vor, da dem betroffenen Personenkreis die bestehenden Anwartschaften nicht gänzlich entzogen wurden. Vielmehr wurden diese nur von erneuten und weiteren Beitragsleistungen abhängig gemacht[739].

Eine solche Modifikation einer Anwartschaft ist von den Schranken des Art. 14 Abs. 1 S. 2 GG gedeckt. Der Gesetzgeber darf Inhalt und Schranken des Eigentums nach Art. 14 Abs. 1 S. 2 GG bestimmen. Eingriffe in eigentumsrechtlich geschützte Positionen sind zulässig, wenn sie durch Gründe des öffentlichen Interesses gerechtfertigt sind und nicht gegen den Verhältnismäßigkeitsgrundsatz verstoßen[740].

Die Regelung der Belegungsdichte genügt diesen Anforderungen. Ausgewiesener Zweck der Drei-Fünftel-Belegung ist die Stabilisierung der Finanzentwicklung und die Stärkung des Lohnersatzcharakters der Berufsunfähigkeitsrente unter besonderer Berücksichtigung des Gedankens der Solidarität in der gesetzlichen Rentenversicherung[741]. Die damit verbundene Sicherung der Funktions- und Leistungsfähigkeit der gesetzlichen Rentenversicherung ist ein im öffentlichen Interesse liegendes Ziel. Insoweit steht dem Gesetzgeber ein weiter Spielraum bei der Gestaltung rentenversicherungsrechtlicher Positionen zu[742].

Zwar ist für den jeweiligen Betroffenen von entscheidender Bedeutung, ob ihm bei Eintritt des Versicherungsfalles der Berufsunfähigkeit ein Rentenanspruch zusteht, so daß die Einführung der Belegungsdichte an sich einen schwerwiegenden Eingriff darstellt. Dieser Eingriff genügt jedoch im Ergebnis

---

738 Vom 22. Dezember 1983, BGBl I S. 1532.
739 BVerfG NZA 1988, 139.
740 BVerfGE 31, 275 (290); 36, 281 (293); 58, 81 (121).
741 Vgl. BR-Drucks. 302/83, S. 2, 59ff; BVerfG NZA 1988, 139.
742 BVerfGE 53, 257 (293); 58, 81 (110).

auch dem Verhältnismäßigkeitsgrundsatz. Im Hinblick auf das (Spar-) Ziel der Stabilisierung der Finanzentwicklung ist die Einführung des Erfordernisses der Belegungsdichte zunächst als geeignet anzusehen. Der Gesetzgeber ging diesbezüglich 1984 von einer Einsparungsprognose von 1,6 Milliarden DM aus[743].

Auch hinsichtlich der Erforderlichkeit der Maßnahme bestehen keine Bedenken. Zwar wäre es zur Erreichung eines Einsparungseffektes beispielsweise auch möglich gewesen, im Rahmen der Gewährung einer Rente wegen Berufsunfähigkeit in jedem Fall eine abstrakte Betrachtungsweise anzuwenden[744]. Wie bereits gezeigt[745], führt die bei nur noch unter vollschichtig einsatzfähigen Versicherten angewandte konkrete Betrachtungsweise des Bundessozialgerichts zu einer Risikoverlagerung von der Arbeitslosenversicherung hin zur Rentenversicherung. Würde auch hier eine abstrakte Betrachtungsweise zugrunde gelegt, so würde eine Finanzentlastung bei der gesetzlichen Rentenversicherung eintreten.

Im Hinblick auf den weiten Gestaltungsspielraum des Gesetzgebers muß es jedoch diesem tatsächlich überlassen bleiben, auf welchem Weg er bei gleichgeeigneten Methoden seine Ziele zu erreichen sucht. Das gewählte Mittel ist dann nicht erforderlich, wenn es ein anderes, weniger belastendes, aber eindeutig ebenso effektives Mittel gibt. Das ist hier jedoch nicht der Fall.

Letztlich bestehen auch im Hinblick auf die Angemessenheit keine Bedenken. Jedenfalls folgt dies daraus, daß der Gesetzgeber bei Einführung des Haushaltsbegleitgesetzes 1984 die Möglichkeit geschaffen hat, durch (freiwillige) Zahlung der monatlichen Mindestbeiträge die erworbene Rechtsposition zu erhalten (Anwartschaftserhaltungszeiten)[746].

*(2). Verstoß gegen Art. 3 Abs. 1 GG*

Auch ein Verstoß gegen Art. 3 Abs. 1 GG ist durch die Einführung der Regelung der Belegungsdichte nicht gegeben. Zwar wurde durch die Rechtsänderung die bestehende Anwartschaft nur denjenigen Versicherten entzogen, bei denen der Versicherungsfall erst nach dem 31. Dezember 1983 eingetreten ist. Um das ausgewiesene Sparziel in angemessener Zeit erreichen zu können, war die Einführung eines Stichtages jedoch notwendig. Auch bestehen keine Anhaltspunkte für eine sachliche Unvertretbarkeit des gewählten Zeitpunktes[747]. Solchenfalls sind Ungleichheiten durch Stichtagslösungen regelmäßig hinzunehmen.

---

743 Vgl. BVerfG NZA 1988, 139 (140).
744 Zum Rentenreformgesetz 1999 vgl. unten D V 3 c dd.
745 Vgl. oben D I 2 c dd (3) (b).
746 Art. 2 § 6 Abs. 2 ArVNG; Art. 2 § 7b Abs. 1 AnVNG; Art. 2 § 4 Abs. 2 KnVNG.
747 Vgl. BVerfG NZA 1988, 139 (141).

Unabhängig von der Frage, inwieweit in der Einführung der Belegungsregelung eine Begünstigung Pflichtversicherter gegenüber freiwillig Versicherten zu sehen ist, besteht hierfür jedenfalls ein sachlich ausreichender Grund. Dieser folgt bereits daraus, daß Pflichtversicherte in der Regel nach Beitragszeit, Beitragsdichte und Beitragshöhe in wesentlich stärkerem Maße zur Versichertengemeinschaft beigetragen haben und sich dabei ihren Verpflichtungen im Gegensatz zu freiwillig Versicherten auch nicht entziehen konnten[748].

Schließlich liegt auch in der Tatsache, daß die besondere Bedingung der Drei-Fünftel-Belegung nur im Bereich der Renten wegen verminderter Erwerbsfähigkeit, nicht aber für den Bereich der Hinterbliebenenrente eingeführt wurde, kein Verstoß gegen Art. 3 Abs. 1 GG. Die Renten der gesetzlichen Rentenversicherung haben eine Lohnersatzfunktion, während die Hinterbliebenenrente den Unterhaltsersatz bezweckt[749]. Insoweit besteht für den Gesetzgeber aufgrund Unvergleichbarkeit der Sachverhalte keine Pflicht, gleiche Zugangsbedingungen zu schaffen[750].

*(3). Sonderfall der im Ausland lebenden Versicherten*

Das Bundessozialgericht vertritt die Auffassung, daß die Annahme einer Zumutbarkeit einer zusätzlichen freiwilligen Beitragsentrichtung zur Anwartschaftserhaltung nicht ohne weiteres auf im Ausland lebende Versicherte übertragen werden kann[751]. Jedenfalls in dem Fall, in dem der Betroffene beispielsweise aufgrund devisenrechtlicher Bestimmungen an einer freiwilligen Beitragszahlung gehindert sei, liege ein Verstoß gegen Art. 14 GG vor[752].

Zwar ist der Entscheidung insoweit zuzustimmen, als die Bundesrepublik Deutschland für diesen Personenkreis eine besondere Verantwortung trägt, weil sie die Wanderungsbewegung im Rahmen ihrer Arbeitsmarkt- und Ausländerpolitik zunächst durch Anwerbung und später durch Veranlassung sowie Förderung der Rückkehr gelenkt hat[753]. Gleichwohl ist der deutsche Gesetzgeber aber nicht verpflichtet, dafür zu sorgen, daß ehemals Versicherte vom Ausland aus alle

748 Vgl. BVerfG NZA 1988, 139 (140, 141)
749 Vgl. BVerfGE 48, 346 (357).
750 Die Unvergleichbarkeit der Sachverhalte folgt hier insbesondere daraus, daß die Hinterbliebenenrente ohne eigene Beitragsleistung des Versicherten gewährt wird, während der Versichertenrente gerade Beiträge zugrunde liegen, vgl. BVerfGE 48, 346 (357f.).
751 BSGE 75, 199 (209).
752 BSGE 75, 199 (210, 213).
753 BSGE 75, 199 (215).

rechtlichen Möglichkeiten haben, ihre Rentenanwartschaften zu erhalten[754]. Vor allem in den Fällen, in denen der Versicherte aus eigenem Entschluß und Antrieb in sein Heimatland zurückgekehrt ist, war es an ihm, zu entscheiden, ob er hierdurch seine Rentenanwartschaft aufgibt. Die Verantwortung für diese Entscheidung kann nicht der Bundesrepublik Deutschland übertragen werden.

*bb. Die Regelung der Drei-Fünftel-Belegung im einzelnen*

Der Fünfjahreszeitraum entspricht der allgemeinen Wartezeit[755]. Für die Berechnung gilt § 26 SGB X in Verbindung mit §§ 187 Abs. 1, 188 Abs. 1 BGB, da es sich hier um Zeitjahre handelt[756]. § 122 Abs. 2 SGB VI findet nur bei der Frage Anwendung, ob ein in einem Kalendermonat gezahlter Beitrag innerhalb des nach Jahren bestimmten Zeitraums liegt. Erforderlich sind Pflichtbeitragszeiten für mindestens 36 Kalendermonate in dem Fünf-Jahres-Zeitraum. Diese Pflichtbeitragszeiten sind in § 55 SGB VI definiert. Freiwillige Beiträge reichen nicht aus. Beitragszeiten im Ausland sind auch hier bei erfolgter Gleichstellung[757] zu berücksichtigen.

*cc. Ausnahmen vom Belegungserfordernis*

Unter bestimmten Voraussetzungen bestehen jedoch Ausnahmen vom Belegungserfordernis.

*(1). Ausnahme vom Belegungserfordernis nach § 240 SGB VI*

Zu beachten ist hier zunächst die Regelung des § 240 SGB VI. Die mit dem Haushaltsbegleitgesetz 1984 eingeführten Übergangsregelungen gelten nach dem am 01. Januar 1992 in Kraft getretenen § 240 Abs. 2 SGB VI fort. Die Einhaltung der Pflichtbeitragszeiten ist danach zunächst nicht erforderlich, wenn der Versicherungsfall vor dem 01. Januar 1984 eingetreten ist.

---

754 Vgl. Jörg, in: Kreikebohm, Sozialgesetzbuch, 1997, § 240 Rd. 8 unter Hinweis auf BSG vom 27. Januar 1994 – 5 RJ 76/92, wonach es unerheblich ist, wenn zunächst in Deutschland die Berechtigung zur freiwilligen Weiterversicherung nicht genutzt wurde und deshalb nach Rückkehr in das Heimatland für freiwillig Versicherte nicht fortgesetzt werden konnte.

755 Meyer, in: GK-SGB VI, Band 3, Stand 1997, § 43 Rd. 62.

756 Meyer, in: GK-SGB VI, Band 3, Stand 1997, § 43 Rd. 75: nicht 60 Kalendermonate.

757 Vgl. oben D I 2 c aa (6).

Bei Eintritt des Versicherungsfalles ab dem 01. Januar 1984 müssen die Pflichtbeitragszeiten gemäß § 240 Abs. 2 S. 1 SGB VI darüber hinaus nicht eingehalten werden, wenn der Versicherte vor diesem Stichtag die allgemeine Wartezeit von fünf Jahren mit Beitrags- oder Ersatzzeiten erfüllt hat und jeder Kalendermonat ab dem 01. Januar 1984 bis zum Kalendermonat vor Eintritt der Berufsunfähigkeit mit Anwartschaftserhaltungszeiten belegt ist[758].

Bei der Prüfung, ob die allgemeine Wartezeit vor dem 01. Januar 1984 erfüllt war, sind grundsätzlich nur die Beiträge beziehungsweise Ersatzzeiten zu berücksichtigen, die tatsächlich bis zu diesem Zeitpunkt gezahlt beziehungsweise zurückgelegt wurden oder im Falle einer Nachversicherung als rechtzeitig gezahlt gelten[759]. Steht fest, daß die allgemeine Wartezeit vor dem 01. Januar 1984 erfüllt war, so stellt sich im weiteren[760] im Rahmen von § 240 Abs. 2 SGB VI die Frage, ob jeder Kalendermonat ab dem 01. Januar 1984 bis zum Eintritt der Berufsunfähigkeit mit Anwartschaftserhaltungszeiten belegt ist[761].

Diese Anwartschaftserhaltungszeiten sind in § 240 Abs. 2 S. 1 Nr. 1 – 6 SGB VI abschließend aufgeführt. Zunächst sind dies hier die Beitragszeiten (Nr. 1), also gemäß § 55 Abs. 1 SGB VI Pflichtbeitragszeiten und freiwillige Beitragszeiten[762]. Es reicht die Zahlung von Mindestbeiträgen aus[763]. Nicht ausreichend sind

---

758 Wobei für Kalendermonate, für die eine Beitragszahlung noch zulässig ist, eine solche Belegung nicht erforderlich ist, vgl. §§ 240 Abs. 2 S.2, 241 Abs. 2 S. 1 1. Alt. SGB VI; die tatsächliche Zahlung der fehlenden Beiträge ist nicht erforderlich (VDR, DRV 1993, 449 (520)), da ansonsten der Versicherte zur Erhaltung der Anwartschaft Beiträge zahlen müßte, ohne daß sie in jedem Fall auch bei der Rentenberechnung berücksichtigt werden könnten (Lilge, SGb 1991, 340 (344)). Denn § 75 Abs. 2 S. 1 Nr. 2 SGB VI schließt die Ermittlung von Entgeltpunkten für Beiträge aus, die nach Eintritt der Erwerbsminderung für Zeiten vorher entrichtet worden sind. Hier ist schließlich § 197 Abs. 2 SGB VI zu berücksichtigen, wonach bei Eintreten der Berufsunfähigkeit bis zum 31. März eines Jahres keine Belegung für dieses und das vorangegangene Jahr erforderlich ist.

759 Beispielsweise gemäß § 185 Abs. 2 S. 1 SGB VI; vgl. VDR, DRV 1993, 494 (516).

760 Allerdings nur sofern Berufsunfähigkeit nach dem 31. Dezember 1991 eingetreten ist, da § 240 SGB VI erst ab dem 01. Januar 1992 in Kraft getreten ist und nach § 300 Abs. 4 SGB VI ein Anspruch auf eine Leistung, der am 31. Dezember 1991 bestanden hat, nicht deshalb entfällt, weil die Vorschriften, auf denen er beruht, durch die Regelung des SGB VI ersetzt worden sind.

761 Wobei nach § 122 Abs. 1 SGB VI ein Kalendermonat, der nur zum Teil mit rentenrechtlichen Zeiten belegt ist, als voller Monat zählt.

762 Niesel, in: Kasseler Kommentar Sozialversicherungsrecht, Stand Dezember 1998, § 240 Rd. 12, 13.

763 Lilge, SGb 1991, 340 (341).

hier jedoch – anders als bei der Erfüllung der allgemeinen Wartezeit[764] – im Wege des Versorgungsausgleichs übertragene Anwartschaften[765].

Zu den Anwartschafterhaltungszeiten gehören auch die beitragsfreien Zeiten (Nr. 2). Dies sind nach § 54 Abs. 4 SGB VI Kalendermonate, die mit Anrechnungszeiten (§§ 58, 252, 252a, 253 SGB VI, § 13 WGSVG, §§ 21, 29 FRG), einer Zurechnungszeit (§ 59 SGB VI) oder Ersatzzeiten (§§ 250, 251 SGB VI) belegt sind. Weiter kommen als Anwartschaftserhaltungszeiten beitragsfreie Zeiten ohne Unterbrechungstatbestand (Nr. 3) und Berücksichtigungszeiten (Nr. 4), also beispielsweise Kindererziehungszeiten und Zeiten der nicht erwerbsmäßigen Pflege eines Pflegebedürftigen in Betracht[766]. Letztlich fallen unter die Anwartschaftserhaltungszeiten auch die Zeiten des Rentenbezuges wegen verminderter Erwerbsfähigkeit (Nr. 5) und die Zeiten des gewöhnlichen Aufenthalts im Beitrittsgebiet vor dem 01. Januar 1992 (Nr. 6)[767].

Schließlich ist anzumerken, daß die §§ 240 Abs. 2 S. 2, 241 Abs. 2 S. 2 SGB VI auch dann anzuwenden sind, wenn sich die Zulässigkeit der Beitragszahlung beispielsweise aus § 197 Abs. 3 SGB VI wegen besonderer Härte ergibt[768]. Gleiches gilt bei Bestehen eines sozialrechtlichen Herstellungsanspruchs, der gegeben ist, wenn die rechtzeitige Zahlung von Beiträgen wegen einer fehlerhaften Beratung durch den Rentenversicherungsträger nicht erfolgt ist[769].

*(2). Ausnahme vom Belegungserfordernis nach § 43 Abs. 4 SGB VI*

Eine weitere Ausnahme vom Belegungserfordernis ergibt sich aus § 43 Abs. 4 SGB VI. Hiernach ist die Pflichtbeitragszeit von drei Jahren vor Eintritt der Berufsunfähigkeit nicht erforderlich, wenn die Minderung der Erwerbsfähigkeit aufgrund eines Tatbestandes eingetreten ist, durch den die allgemeine Wartezeit von fünf Jahren vorzeitig erfüllt ist. Dies sind zunächst die bereits oben im Rahmen der Frage der vorzeitigen Wartezeiterfüllung dargestellten Fälle des § 53 Abs. 1 Nr. 1 – 4 SGB VI[770].

---

764 vgl. oben D I 4 a.

765 Hennies, in: Berliner Kommentar zum Rentenreformgesetz 1992, Stand Januar 1999, Band V, § 240 Rd. 31, 40.

766 Vgl. Jörg, in: Kreikebohm, Sozialgesetzbuch, 1997, § 240 Rd. 11; VDR, DRV 1993, 494 (519).

767 Vgl. zu den beitragsfreien Zeiten umfassend Grandi, in VDR/Ruland, Handbuch der gesetzlichen Rentenversicherung, 1990, V 23, S. 645 (663ff.).

768 Jörg, in: Kreikebohm, Sozialgesetzbuch, 1997, § 240 Rd. 18.

769 Jörg, in: Kreikebohm, Sozialgesetzbuch, 1997, § 240 Rd. 18.

770 Verminderte Erwerbsfähigkeit wegen Arbeitsunfall oder Berufskrankheit (Nr. 1), Wehrdienstbeschädigung (Nr. 2), Zivildienstbeschädigung (Nr. 3), Gewahrsam (Nr. 4), vgl. oben C I 4 a.

Anders als im Rahmen der Frage der vorzeitigen Wartezeiterfüllung bei Berufsunfähigkeit kommt hier der Vorschrift des § 53 Abs. 2 SGB VI auch im Rahmen der Prüfung der Belegungsdichte als Voraussetzung für die Gewährung einer Berufsunfähigkeitsrente eine wesentliche Bedeutung zu. Dem steht hier gerade nicht entgegen, daß § 53 Abs. 2 SGB VI an sich nach seinem Wortlaut nur den Fall der Erwerbsunfähigkeit betrifft. Denn § 43 Abs. 4 SGB VI stellt nur auf den Eintritt eines Tatbestandes ab, durch den die allgemeine Wartezeit erfüllt ist.

Der Begriff Tatbestand ist im Sinne von Ursache auszulegen[771]. Damit gelten die versicherungsrechtlichen Voraussetzungen des § 43 Abs. 1 S. 1 Nr. 2 SGB VI (Belegungsdichte) auch als erfüllt, wenn der Tatbestand der vorzeitigen Wartezeiterfüllung des § 53 Abs. 2 SGB VI vorliegt. Da § 43 Abs. 4 SGB VI generell auf § 53 SGB VI verweist, genügt als Tatbestand nach § 53 Abs. 2 SGB VI auch der Eintritt von bloßer Berufsunfähigkeit.

Damit findet § 43 Abs. 4 SGB VI auch dann Anwendung, wenn der Versicherte innerhalb von sechs Jahren nach Beendigung einer Ausbildung[772] berufsunfähig wird[773]. Erforderlich ist jedoch für die Gewährung einer Berufsunfähigkeitsrente, daß die allgemeine Wartezeit von fünf Jahren mit Beitrags- oder Ersatzzeiten vor Eintritt des Leistungsfalles tatsächlich erfüllt ist. Denn hier ist eine vorzeitige Erfüllung der Wartezeit auch tatsächlich nur im Falle der Erwerbsunfähigkeit, nicht aber der Berufsunfähigkeit anzunehmen.

*dd. Verlängerung des Fünf-Jahres-Zeitraums*

Schließlich trifft § 43 Abs. 3 SGB VI eine Regelung zur Verlängerung des Fünf-Jahres-Zeitraumes. Die Regelung entspricht im wesentlichen der Vorschrift des § 240 Abs. 2 SGB VI, gilt jedoch auch für Personen, die vor dem 01. Januar 1984 die allgemeine Wartezeit nicht erfüllt hatten. Die hier aufgeführten Tatbestände, die sogenannten Aufschubzeiten, verlängern den Fünf-Jahres-Zeitraum des § 43 Abs. 1 S. 1 Nr. 2 SGB VI[774]. Die Vorschrift dient im wesentlichen der Wahrung sozialpolitischer Belange, insbesondere der Förderung von Kinderer-

---

771 Allgemeine Ansicht, vgl. statt aller Niesel, in: Kasseler Kommentar Sozialversicherungsrecht, Stand Dezember 1998, § 43 Rd. 141.

772 So die weiteren Voraussetzungen des § 53 Abs. 2 SGB VI.

773 VDR, DRV 1993, 494 (516); Niesel, in: Kasseler Kommentar Sozialversicherungsrecht, Stand Dezember 1998, § 43 Rd. 141.

774 VDR, DRV 1993, 494 (512); Niesel, in: Kasseler Kommentar Sozialversicherungsrecht, Stand Dezember 1998, § 43 Rd. 128; Jörg, in: Kreikebohm, Sozialgesetzbuch, 1997, § 43 Rd. 98.

ziehung und Pflegetätigkeit[775]. Hier ist erforderlich, daß während der Verlängerungszeiten nicht gleichzeitig Pflichtbeitragszeiten im Sinne von § 55 SGB VI liegen. Freiwillige Beiträge sind jedoch unschädlich. Die Verlängerungstatbestände sind abschließend, so daß hier beispielsweise die Zeiten einer Strafhaft nicht berücksichtigt werden können[776]. Die Berechnung erfolgt ebenfalls nach § 122 Abs. 1 SGB VI.

Der erste Verlängerungstatbestand beinhaltet gemäß § 43 Abs. 3 Nr. 1 SGB VI die Anrechnungszeiten und Zeiten des Bezugs einer Rente wegen verminderter Erwerbsfähigkeit. Das Merkmal der Anrechnungszeiten ist erfüllt, wenn die jeweiligen Voraussetzungen der §§ 58, 252, 252a SGB VI, §§ 21, 29, 29a FRG tatbestandlich gegeben sind. Renten wegen verminderter Erwerbsfähigkeit sind die Renten wegen Berufsunfähigkeit, Erwerbsunfähigkeit und die Rente für Bergleute. Hinzu kommen die Umstellungsrenten[777].

Ein lediglich dem Grunde nach bestehender Rentenanspruch reicht für die Verlängerung jedoch nicht aus. Aus der Formulierung „Zeiten des Bezugs einer Rente“ folgt, daß zumindest ein Rentenantrag gestellt[778] und ein Rentenbescheid erteilt worden ist. Unschädlich ist jedoch, wenn die Rente gemäß § 89 Abs. 1 SGB VI nicht gezahlt wird[779].

§ 89 Abs. 1 SGB VI bestimmt, daß bei im selben Zeitraum bestehenden Ansprüchen auf verschiedene Renten nur die höchste gezahlt wird. Bei gleich hohen Renten besteht eine gesetzliche Rangfolge. Zunächst ist hiernach eine Regelaltersrente in Anspruch zu nehmen. Die Rente wegen Berufsunfähigkeit steht erst an neunter Rangstelle[780]. Unschädlich ist im weiteren auch, wenn eine Rente wegen anderweitiger Leistungen nach den §§ 93 ff. SGB VI nicht oder nur zum Teil geleistet wird. Gleiches gilt auch für eine nachträgliche Rentenentziehung.

---

775 Köbl, in: Schulin, Handbuch des Sozialversicherungsrechts, Band 3, 1999, § 23 Rd. 12.

776 BSG SozR 2200 § 1246 Nr. 157; a.A. SG Frankfurt, Breithaupt 1989, 665.

777 § 241 Abs. 3 SGB VI und die nach § 302 a SGB VI umgewandelten Invaliditätsbestandsrenten nach der Rentenverordnung der ehemaligen DDR. Auch Zeiten des Bezugs einer Invaliditäts- oder Altersrente nach den Vorschriften eines anderen Mitgliedsstaates der EG sind zu berücksichtigen, sofern durch über- oder zwischenstaatliches Recht eine Gleichstellung vorgeschrieben ist (BSG NZS 1994, 567 (568)).

778 BSG SozR 3-2600 § 43 Nr. 6.

779 VDR, DRV 1993, 494 (513); Jörg, in: Kreikebohm, Sozialgesetzbuch, 1997, § 43 Rd. 101; Niesel, in: Kasseler Kommentar Sozialversicherungsrecht, Stand Dezember 1998, § 43 Rd. 133.

780 In der Neufassung des Rentenreformgesetzes 1999 erscheint die Rente wegen voller Erwerbsminderung an fünfter Rangstelle, die Rente wegen teilweiser Erwerbsminderung an 6. Rangstelle.

Als zweiten Verlängerungstatbestand nennt § 43 Abs. 3 Nr. 2 SGB VI die sogenannten Berücksichtigungszeiten. Hierbei handelt es sich um die Kindererziehungszeit gemäß § 57 Abs. 1 SGB VI und um Pflegezeiten im Sinne von § 249b SGB VI. Letzterer Tatbestand führt jedoch nur zu einer Verlängerung bei nicht erwerbsmäßiger Pflege eines Pflegebedürftigen in der Zeit vom 01. Januar 1992 bis 31. März 1995[781].

In diesem Zusammenhang ist problematisch, daß Pflegezeiten vor dem 01. Januar 1992 nicht als Verlängerungstatbestand berücksichtigt werden können. Insbesondere könnte hierin ein Verstoß gegen die Gleichbehandlungsrichtlinie Soziale Sicherheit[782] liegen. Art. 4 Abs. 1 EG Richtl. 79/7 verbietet jede mittelbare Diskriminierung aufgrund des Geschlechts und erfaßt unter anderem auch die deutsche gesetzliche Arbeiterrentenversicherung[783]. Da rein faktisch der Anteil der Frauen, die Pflegetätigkeiten im oben angegebenen Sinne verrichten beziehungsweise verrichtet haben, den Anteil der Männer deutlich übersteigt[784], könnte hierin ein Verstoß zu sehen sein.

Die insoweit vertretene Ansicht einer nicht gerechtfertigten Diskriminierung von Frauen entgegen der EG-Richtlinie 79/7 erweist sich im Ergebnis jedoch als nicht begründet. Zwar ist rein tatsächlich nicht zu bestreiten, daß eine Betroffenheit von Frauen im oben dargestellten Sinn zahlenmäßig erheblicher ist als bei Männern. Jedoch ist dies durch objektive Faktoren bedingt, die nichts mit einer Diskriminierung aufgrund des Geschlechts gemein haben.

Die Mitgliedstaaten sind für ihre jeweilige Sozialpolitik eigenverantwortlich. Damit besteht ein weiter Entscheidungsspielraum bei der Auswahl der Maßnahmen zur Verwirklichung ihrer sozial- und beschäftigungspolitischen Ziele[785]. Da die mit der Pflege von Menschen verbundenen Ziele objektiv nichts mit einer Diskriminierung aufgrund des Geschlechts zu tun haben, ist insofern auch keine mittelbare Diskriminierung aufgrund des Geschlechts gegeben.

Aber auch für den hier weiterhin relevanten Fall der Berücksichtigung von Pflegezeiten erst ab dem 01. Januar 1992 gilt nichts anderes. Hier ist ebenfalls der weite Gestaltungsspielraum des Gesetzgebers zu berücksichtigen. Beabsichtigt dieser, bestimmte Reformen durchzuführen, die sich beispielsweise auch aus

---

781 Ab 1. April 1995 besteht für solche Pflegetätigkeiten gemäß § 3 S. 1 Nr. 1a SGB VI eine Versicherungspflicht.

782 EG-Richtlinie 79/7 vom 19. Dezember 1978, Abl. EG Nr. L 6/42 vom 10. Januar 1979.

783 SG Hannover, NZS 1993, 367 (369).

784 Vgl. SG Hannover, NZS 1993, 367 (369); SG Speyer, NZS 1994, 80ff., wonach jeweils eine mittelbare Diskriminierung besteht, die auch sachlich nicht gerechtfertigt sei.

785 EUGH NJW 1996, 445 (446).

finanziellen Gründen nur schrittweise oder nur für einen aufgrund bestimmter Umstände beschränkten Personenkreis verwirklichen lassen, so besteht die Gefahr, daß diese Reformen bei der Forderung nach strikter Gleichförmigkeit von vornherein unterbleiben[786]. Das Ergebnis würde der sozialen Gerechtigkeit weniger entsprechen, als dies bei einer auf einen eingeschränkten Personenkreis reduzierten Reform der Fall wäre. Die gewählte Stichtagsregelung ist somit nicht zu beanstanden.

Die Berücksichtigungszeiten im Sinne von § 43 Abs. 3 Nr. 2 SGB VI führen letztlich aber dann nicht zu einer Verlängerung des Fünf-Jahres-Zeitraums, wenn während dieser Zeit eine nicht nur geringfügige selbständige Erwerbstätigkeit ausgeübt worden ist. Die Verlängerungsmöglichkeit soll nur denjenigen Personen zugute kommen, die tatsächlich allein aufgrund Kindererziehung beziehungsweise Pflege benachteiligt sind. Konnte trotzdem eine nicht unerhebliche[787] Erwerbstätigkeit ausgeübt werden, so ist ersichtlich keine durch Erziehung beziehungsweise Pflege bedingte Benachteiligung gegeben, so daß auch die Vorteilsgewährung des § 43 Abs. 3 Nr. 2 SGB VI nicht gerechtfertigt ist.

Der dritte Verlängerungstatbestand ergibt sich schließlich aus § 43 Abs. 3 Nr. 3 SGB VI. Die in § 58 Abs. 1 S. 1 Nrn. 1-3 SGB VI genannten Zeiten (Arbeitsunfähigkeit, Rehabilitationsleistungen, Schwangerschaft, Mutterschaft, Arbeitslosigkeit) sind an sich nur Anrechnungszeiten, wenn durch sie eine versicherungspflichtige oder selbständige Tätigkeit unterbrochen wurde. Diese Zeiten verlängern nach § 43 Abs. 3 Nr. 3 SGB VI gleichwohl den Fünf-Jahres-Zeitraum, wenn mit Ausnahme der Unterbrechung die übrigen Voraussetzungen für eine Anrechnungszeit gegeben sind. Erforderlich ist im weiteren einzig, daß in den letzten sechs Kalendermonaten vor Beginn dieser Zeiten wenigstens ein Pflichtbeitrag für eine versicherungspflichtige Beschäftigung beziehungsweise Tätigkeit gezahlt wurde oder in dieser Zeit eine Anrechnungs-, Rentenbezugs- oder Berücksichtigungszeit im Sinne von § 43 Abs. 3 Nrn. 1, 2 SGB VI lag[788].

Der vierte Verlängerungstatbestand ist der in § 43 Abs. 3 Nr. 4 SGB VI geregelte Fall der Zeiten einer schulischen Ausbildung. Hierbei handelt es sich um eine erste Auswirkung des Rentenrechtsreformgesetzes 1999, durch welches in § 43 Abs. 3 SGB VI die Nr. 4 eingefügt worden ist.

Eine Legaldefinition der Zeiten einer schulischen Ausbildung ist in § 58 Abs. 1 S. 1 Nr. 4 SGB VI enthalten. Erfaßt sind hiernach die Zeiten, während deren der Versicherte eine Schule, Fach- oder Hochschule besucht hat. Ebenfalls gehö-

---

786 Vgl. BSGE 40, 120 (140).

787 Zum Merkmal der Geringfügigkeit vgl. § 8 SGB IV.

788 Jörg, in: Kreikebohm, Sozialgesetzbuch, 1997, § 43 Rd. 107; Niesel, in: Kasseler Kommentar Sozialversicherungsrecht, Stand Dezember 1998, § 43 Rd. 140; VDR, DRV 1993, 494 (515).

ren hierzu die Zeiten der Teilnahme an berufsvorbereitenden Bildungsmaßnahmen. Nach § 58 Abs. 1 Nr. 4 SGB VI handelt es sich hierbei um Anrechnungszeiten im Sinne von § 43 Abs. 3 Nr. 1 SGB VI.

Nach dem vor Inkrafttreten des WFG am 01. Januar 1997 geltenden § 58 Abs. 1 Nr. 4 SGB VI waren Ausbildungszeiten ab Vollendung des 16. Lebensjahres grundsätzlich bis zu einer Höchstdauer von sieben Jahren berücksichtigungsfähig[789]. Entsprechend der durch das WFG bedingten Neufassung des § 58 Abs. 1 Nr. 4 SGB VI war hierdurch nur noch eine Anrechnungshöchstdauer von drei Jahren möglich. § 43 Abs. 3 Nr. 4 SGB VI stellt demgegenüber sicher, daß wiederum Zeiten einer schulischen Ausbildung bis zu sieben Jahren – soweit sie nicht bereits als Anrechnungszeiten gemäß § 58 Abs. 1 Nr. 4 SGB VI bis zu drei Jahren berücksichtigt werden – den Fünf-Jahres-Zeitraum verlängern[790].

Eine letzte Verlängerungsmöglichkeit folgt aus § 240 Abs. 1 SGB VI, wonach eine Verlängerung des Fünf-Jahres-Zeitraums des § 43 Abs. 1 Nr. 2 SGB VI auch für Ersatzzeiten im Sinne von § 250 SGB VI und für Zeiten einer Knappschaftsausgleichsleistung im Sinne von § 98a RKG vor dem 01. Januar 1992 eintritt[791].

## II. Verfahren und Rechtsschutz

### *1. Antrag, Zuständigkeit und Beginn der Rentengewährung*

In verfahrensrechtlicher Sicht sind vor allem die §§ 99, 115 SGB VI zu berücksichtigen. § 99 SGB VI regelt den Beginn der Rentengewährung. Liegt Berufsunfähigkeit vor und sind auch die sonstigen versicherungsrechtlichen Voraussetzungen erfüllt, so beginnt hiernach die Rente am Ersten des Kalendermonats, zu dessen Beginn die Anspruchsvoraussetzungen erfüllt sind.

Berufsunfähigkeitsrenten werden gemäß § 115 Abs. 1 S. 1 SGB VI nur auf Antrag gewährt. Insoweit bestimmt § 99 Abs. 1 S. 1 SGB VI weiter, daß für den Rentenbeginn entscheidend ist, daß der Antrag innerhalb von drei Kalendermonaten nach Ablauf des Monats gestellt wird, in dem die Anspruchsvoraussetzungen erfüllt sind. Bei einer späteren Antragstellung beginnt die Rente nach § 99 Abs. 1 S. 2 SGB VI mit dem Ersten des Antragsmonats. Ausreichend ist hierbei ein formloser Antrag an den zuständigen Leistungsträger.

---

789 Wobei nach § 252 Abs. 4 SGB VI in der Fassung vor dem 01. Januar 1997 übergangsweise auch längere Zeiten berücksichtigt werden konnten.

790 BT-Drucks. 13/8671 S. 117 zu Nr. 16a.

791 Für den Bezug einer Knappschaftsausgleichsleistung nach dem 31. Dezember 1991 gelten §§ 43 Abs. 3 Nr. 1, 252 Abs. 1 Nr. 2 SGB VI.

Zuständig ist nach §§ 126 Abs. 1 S. 2, Abs. 2, 142 SGB VI regelmäßig der Rentenversicherungsträger, an den der letzte Beitrag entrichtet worden ist. Gemäß § 16 Abs. 2 SGB I sind bei einem unzuständigen Leistungsträger eingereichte Anträge unverzüglich an den zuständigen Leistungsträger weiterzuleiten, wobei der Antrag in einem solchen Fall mit Eingang bei dem an sich unzuständigen Leistungsträger als gestellt gilt. Fehler im behördlichen Weiterleitungsverfahren gehen damit ebenfalls nicht zu Lasten des Versicherten.

*2. Besonderheiten bei Antrag auf Rehabilitationsleistungen*

Besonderheiten gelten dabei dann, wenn der Versicherte zuvor einen Antrag auf Rehabilitationsleistungen gestellt hat. Gemäß § 116 Abs. 2 SGB VI gilt ein auf Leistungen zur Rehabilitation gerichteter Antrag auch als Rentenantrag, wenn der Versicherte schon bei dieser Antragstellung vermindert erwerbsfähig im Sinne der §§ 43, 44, 45 SGB VI war und eine erfolgreiche Rehabilitation nicht zu erwarten war beziehungsweise eine Rehabilitationsmaßnahme erfolglos geblieben ist[792].

*3. Anfechtung der Entscheidung*

Nach Abschluß des zur Feststellung der Anspruchsberechtigung notwendigen Verfahrens[793] ergeht gemäß § 31 SGB X ein schriftlicher Bescheid.

*a. Vorverfahren*

Gegen einen ablehnenden Bescheid ist zunächst ein obligatorisches Vorverfahren gemäß § 78 Abs. 1 S. 1 SGG durchzuführen.

---

792 Vgl. Fichte, in: Erlenkämper/Fichte, Sozialrecht, 1996, S. 432.

793 Insbesondere Feststellung der Versicherungszeiten, Einholung von medizinischen Gutachten, aber auch Feststellung, ob und inwieweit andere Sozialleistungsträger Leistungen erbracht haben, auf die die Rente anzurechnen war, mit der Folge einer Verrechnung gemäß § 103 SGB VI (absichtliche Minderung der Erwerbsfähigkeit) und gemäß § 104 SGB VI (Minderung der Erwerbsfähigkeit bei einer Straftat, vgl. oben), Zusammentreffen mehrerer Rentenansprüche und Einkommensanrechnung gemäß §§ 89ff. SGB VI.

*b. Klageweg*

Nach erfolglosem Vorverfahren steht dem Betroffenen der Klageweg offen.

*aa. Zuständigkeit*

Zuständig sind regelmäßig die Gerichte der Sozialgerichtsbarkeit gemäß § 31 SGG.

*bb. Statthafter Rechtsbehelf*

*(1). Anfechtungsklage*

Im Wege der Anfechtungsklage kann die Aufhebung eines Verwaltungsakts oder dessen Abänderung gemäß § 54 Abs. 1 S. 1 1 und 2 Alt. SGG begehrt werden. Der Kläger kann sich dann auf den Aufhebungsantrag beschränken, wenn ihm bereits eine Rente gewährt wurde und der Rentenbescheid später wieder aufgehoben wurde. Wird in diesem Fall der Aufhebungsbescheid selbst wieder aufgehoben, so lebt der ursprüngliche Rentenbescheid wieder auf.

*(2). Verpflichtungsklage*

Der Verpflichtungsklage kommt für die Rentengewährung keine Bedeutung zu. Im Bereich der Sozialgerichtsbarkeit ist die Verpflichtungsklage ausgeschlossen, wenn zwingende Rechtsansprüche durchgesetzt werden sollen[794]. Die Durchsetzung von Ansprüchen, die nicht im Ermessen der Behörde stehen, erfolgt nach § 54 Abs. 5 und 6 SGG durch die allgemeine Leistungsklage.

Hier ist eine zweite Besonderheit zu beachten. Im Gegensatz zum Verwaltungsprozeß, in dem die Erhebung einer Verpflichtungsklage in Form der Versagungsgegenklage nach § 42 Abs. 1 S. 1 2. Alt VwGO als rechtsschutzintensivere Klageart bei vorheriger Ablehnung durch Verwaltungsakt ausreichend ist[795], ist hier eine kombinierte Aufhebungs- und Verpflichtungsklage zu erheben[796].

---

794 BSGE 41, 218 (219); BSGE 8, 3 (8); Kreßel/Wollenschläger, Leitfaden zum Sozialversicherungsrecht, 2. Auflage, 1996, § 10 Rd. 20.

795 Vgl. hierzu BVerwGE 38, 101; BVerwGE 25, 357.

796 Kreßel/Wollenschläger, Leitfaden zum Sozialversicherungsrecht, 2. Auflage, 1996, § 10 Rd. 17.

*(3). Die allgemeine Leistungsklage*

Im Wege der allgemeinen Leistungsklage kann nach § 54 Abs. 5 SGG eine Leistung begehrt werden, auf die der Kläger einen Rechtsanspruch hat und die keinen Verwaltungsakt voraussetzt.

*(4). Kombinierte Anfechtungs- und allgemeine Leistungsklage*

In § 54 Abs. 4 SGG wird die allgemeine Leistungsklage noch erweitert. Wird eine Leistung, auf die der Kläger einen Rechtsanspruch hat, durch Verwaltungsakt abgelehnt, so kann er diese Leistung durchsetzen. Eine Verpflichtungsklage ist insoweit ausgeschlossen[797], da die Pflichtleistungen insoweit unmittelbar durch das Gericht zuerkannt werden, ohne daß dabei der Verwaltungsakt ersetzt würde. Der ablehnende Verwaltungsakt der Behörde muß hingegen mit der Anfechtungsklage angefochten werden, so daß eine kombinierte Anfechtungs- und Leistungsklage zu erheben ist[798]. Damit kommt die kombinierte Anfechtungs- und Leistungsklage zum einen dann in Betracht, wenn eine Rente wegen Erwerbsminderung abgelehnt wurde, ohne daß zuvor eine Rentengewährung erfolgt ist.

Zum anderen steht diese Rechtsschutzform dem Betroffenen offen, wenn das Entstehen des Rentenanspruchs von noch nachzuentrichtenden Beiträgen abhängt. Ziel ist es hier, ein Grundurteil zu erlangen, durch das der Rentenversicherungsträger zur Gewährung der Rente unter der aufschiebenden Bedingung der Nachentrichtung der Beiträge verurteilt wird[799].

*(5). Feststellungsklage*

Nach § 55 SGG ist im Sozialgerichtsprozeß auch die Feststellungsklage möglich. Das Klageziel der Feststellungsklage geht auf die Feststellung eines Rechtsverhältnisses. Unter einem Rechtsverhältnis ist dabei nicht ein allgemeiner Rechtszustand, sondern eine konkrete rechtliche Beziehung zwischen mindestens zwei Rechtsträgern zu verstehen[800]. Im Hinblick auf die Erwerbsminderung kommt der Feststellungsklage insbesondere dann Bedeutung zu, wenn der Versicherte noch eine Arbeit verrichtet. Steht die Aufgabe der Tätigkeit bevor, kann der Versicherte den Rentenversicherungsträger um Abgabe einer Zusicherungserklärung

797 Vgl. oben D II 3 b bb (2).
798 Kreßel/Wollenschläger, Leitfaden zum Sozialversicherungsrecht, 2. Auflage, 1996, § 10 Rd. 21.
799 Meyer, in: GK-SGB VI, Band 3, Stand 1997, § 43 Rd. 377 m.w.N.
800 Kreßel/Wollenschläger, Leitfaden zum Sozialversicherungsrecht, 2. Auflage, 1996, § 10 Rd. 23.

gemäß § 34 SGB X bitten. Bei Ablehnung der Zusicherung besteht die Möglichkeit, Feststellungsklage gemäß § 55 SGG mit dem Ziel der Feststellung des künftigen Bestehens des durch Arbeitsaufgabe bedingten Rentenanspruchs zu erheben[801].

### *4. Bestandskraft*

Legt ein Betroffener gegen einen Verwaltungsakt einen an sich zulässigen Rechtsbehelf nicht oder erfolglos ein, so erwächst dieser gemäß § 77 SGG in Bestandskraft. Diese entspricht weitgehend der Rechtskraft gerichtlicher Urteile, so daß eine spätere Anfechtung grundsätzlich nicht mehr möglich ist[802]. Die Bindungswirkung erfaßt jedoch nur den Verfügungssatz, das heißt Art, Dauer und Höhe der Rente[803], sowie den Subsumtionsschluß der Behörde[804]. Vom Subsumtionsergebnis losgelöste und selbständige Tatsachen, Rechtsverhältnisse und Einordnungen werden von der Bindung nicht erfaßt[805].

### *5. Berufsunfähigkeit auf Zeit*

Liegt Berufsunfähigkeit nur auf Zeit vor, wird die Rente gemäß § 101 Abs. 1 SGB VI nicht vor Beginn des siebten Kalendermonats nach Eintritt der Minderung der Erwerbsfähigkeit geleistet[806]. Wird der Antrag später als sieben Kalendermonate nach dem Leistungsfall gestellt, beginnt auch die Zeitrente erst mit dem Ersten des Antragsmonats.

Besteht während einer Leistung zur Rehabilitation oder auch für Zeiten außerhalb solcher Leistungen Anspruch auf Übergangsgeld, Verletztengeld oder Versorgungskrankengeld, wird die Rente für Zeiten mit entsprechenden Ansprüchen nicht gezahlt. Gewährt der Rentenversicherungsträger Leistungen zur Reha-

---

801 BSG SozR 2200 § 1246 Nr. 89; BSGE 52, 145.

802 Fichte, in: Erlenkämper/Fichte, Sozialrecht, 3. Auflage, 1996, S. 743.

803 Jörg, in: Kreikebohm, Sozialgesetzbuch, 1997, § 43 Rd. 110; Niesel, in Kasseler Kommentar Sozialversicherungsrecht, Stand Dezember 1998, § 43 Rd. 150.

804 Fichte, in: Erlenkämper/Fichte, Sozialrecht, 3. Auflage, 1996, S. 743.

805 BSGE 39, 14 (18); Fichte, in: Erlenkämper/Fichte, Sozialrecht, 3. Auflage, 1996, S. 743; Leipold, in: Stein/Jonas/Schumann/Leipold, Kommentar zur Zivilprozeßordnung, 21. Auflage, 1998, Anm. VI zu § 322.

806 Zur Rente auf Zeit im Sinne von § 102 SGB VI vgl. oben "Dauerhaftigkeit der Krankheit".

bilitation, beginnt die Rente stets nach Beendigung dieser Leistungen. Gegebenenfalls kann jedoch ein Übergangsgeld gezahlt werden.

### *6. Zusammentreffen mehrerer Rentenansprüche*

In verfahrensrechtlicher Sicht ist weiter zu beachten, daß bei Zusammentreffen mehrerer Rentenansprüche die Vorschrift des § 89 SGB VI Anwendung findet. Bestehen mehrere Rentenansprüche, so wird hiernach nur die höchste Rente geleistet. Bei gleicher Höhe ergibt sich aus § 89 Abs. 1 S. 2 SGB VI eine bestimmte Rangfolge der Leistungen.

### *7. Nachträgliche Änderung der Verhältnisse*

Wird der Bezieher einer Rente wegen Berufsunfähigkeit nachträglich erwerbsunfähig, so richtet sich der Beginn der (regelmäßig höheren) Erwerbsunfähigkeitsrente nach § 99 Abs. 1 SGB VI. Diese wird von dem Kalendermonat an gezahlt, zu dessen Beginn die Anspruchsvoraussetzungen der Rente wegen Erwerbsunfähigkeit[807] erfüllt sind. Nach § 89 Abs. 1 S. 1 SGB VI wird die Berufsunfähigkeitsrente als niedrigere Leistung nicht mehr gezahlt. Dies gilt auch, wenn bei dem Bezieher einer Rente wegen Berufsunfähigkeit nur eine zeitlich begrenzte Erwerbsunfähigkeit eintritt[808].

Im umgekehrten Fall, also wenn der Bezieher einer Erwerbsunfähigkeitsrente nur noch berufsunfähig ist, endet die Rentenzahlung wegen Erwerbsunfähigkeit mit dem Beginn des Kalendermonats, zu dessen Beginn der Wegfall der Anspruchsvoraussetzungen wirksam ist. Die Berufsunfähigkeitsrente, die nach § 89 Abs. 1 S. 1 SGB VI nicht zu zahlen war, lebt gemäß § 100 Abs. 1 SGB VI wieder auf. Nach § 115 Abs. 1 S. 2 SGB VI bedarf es hierfür keines gesonderten Antrages.

Fraglich ist insoweit schließlich der maßgebliche Wirksamkeitszeitpunkt. Für jede Form der Änderung der tatsächlichen Verhältnisse, die zum Wegfall der Anspruchsvoraussetzungen der Berufs- beziehungsweise Erwerbsunfähigkeitsrente geführt hat[809], gilt, daß der Rentenbescheid gemäß § 48 SGB X aufzuheben ist. § 48 SGB X setzt zunächst voraus, daß die Rentenbewilligung ehemals rechtmä-

807 Vgl. hierzu unten D III.
808 VDR, DRV 1993, 494 (591).
809 Zum Beispiel Besserung des Gesundheitszustandes, Erwerb neuer Qualifikationen, Erlangung eines geeigneten Arbeitsplatzes, Aufstieg im Ersatzberuf etc.

ßig erfolgt und durch die Änderung der Verhältnisse erst nachträglich rechtswidrig geworden ist[810]. Ausnahmsweise ist § 48 SGB X jedoch auch bei einem von Anfang an rechtswidrigen Bewilligungsbescheid einschlägig, nämlich dann, wenn der Rentenversicherungsträger lediglich infolge falscher Subsumtion beziehungsweise unzutreffender rechtlicher Würdigung die Rente bewilligt hat[811].

Vor Herabsetzung beziehungsweise Entziehung von Leistungen bedarf es jeweils gemäß § 24 SGB X einer Anhörung des Betroffenen, da die Entziehung beziehungsweise Herabsetzung nach § 48 SGB X nur durch Verwaltungsakt erfolgen kann[812]. Hieraus folgt auch das Begründungserfordernis nach § 35 SGB X.

Grundsätzlich ist nach § 48 Abs. 1 S. 1 SGB X der jeweilige Bewilligungsbescheid nur mit Wirkung für die Zukunft aufzuheben. In den Fällen des § 48 Abs. 1 S. 2 SGB X soll der Verwaltungsakt jedoch rückwirkend vom Zeitpunkt der Änderung der Verhältnisse an aufgehoben werden. Hiermit ist gemeint, daß in den dort aufgezählten Fällen eine rückwirkende Aufhebung der Regelfall ist[813]. § 48 Abs. 1 S. 2 SGB X ist insoweit einer Mußvorschrift angenähert, als bei Eingreifen der einzelnen Fälle nur ausnahmsweise eine Aufhebung allein für die Zukunft erfolgen kann.

Ein solcher Ausnahmefall soll beispielsweise gegeben sein, wenn der Leistungsempfänger andernfalls in besondere Bedrängnis gerät[814]. Eine mit der Rückforderung verbundene bloße Härte reicht hierfür nicht aus. Vielmehr ist eine besonders unbillige Härte erforderlich[815].

Bei den Fällen des § 48 Abs. 1 S. 2 SGB X handelt es sich im einzelnen um die Änderung zugunsten des Betroffenen (Nr. 1), dem vorsätzlichen oder grob fahrlässigen Nichtnachkommen einer Mitteilungspflicht seitens des Betroffenen (Nr. 2), der Erzielung von Einkommen oder Vermögen nach Antragstellung oder Erlaß des Verwaltungsaktes, der zum Wegfall oder zur Minderung des Anspruchs geführt haben würde (Nr. 3), und letztlich um den Fall der Kenntnis oder grob fahrlässigen Unkenntnis des Ruhens oder Wegfalls des Anspruchs (Nr. 4).

Eine Ergänzung erfährt § 48 Abs. 1 SGB X durch § 100 Abs. 3 S. 2, 3 SGB VI. Hiernach richtet sich die Frage der Aufhebung des Rentenbescheids auch nach § 48 Abs. 1 SGB X, sofern sich die Erwerbsfähigkeit nach einer Leistung

---

810 Vgl. Jörg, in: Kreikebohm, Sozialgesetbuch, 1997, § 43 Rd. 110.

811 VDR, DRV 1993, 494 (594); Niesel, in: Kasseler Kommentar Sozialversicherungsrecht, Stand Dezember 1998, § 43 Rd. 149.

812 Fichte, in: Erlenkämper/Fichte, Sozialrecht, 3. Auflage, 1996, S. 435; BSG SGb 1985, 246 mit Anmerkung Kopp

813 Wiesner, in: Schroeder-Printzen, Sozialgesetzbuch, SGB X, 3. Auflage, 1996, § 48 Anm. 6.

814 BSGE 59, 111 (116).

815 BSG ZfS 1988, 210; BSG FamRZ 1983, 908.

zur Rehabilitation gebessert hat. Zusätzlich bestimmt § 100 Abs. 3 S. 2 SGB VI hier, daß ein Wegfall der Rentenzahlung erst mit Beginn des Vierten Kalendermonats nach der Besserung der Erwerbsfähigkeit erfolgen darf[816].

Weiter ist im Hinblick auf die Aufhebungsmöglichkeit nach § 48 SGB X anzumerken, daß diese in Verbindung mit § 100 Abs. 3 SGB VI auch für Zeitrenten möglich ist. Die Zahlung dieser Renten kann bei Vorliegen der entsprechenden Voraussetzungen auch vor Fristablauf beendet werden[817]. War die Rentengewährung ansonsten von Anfang an rechtswidrig, so ist einzig § 45 SGB X einschlägig.

Von der Rücknahme des Rentenbescheides ist die Rückforderung der bereits geleisteten Rentenzahlungen zu unterscheiden. § 50 Abs. 1 SGB X bestimmt, daß Leistungen, die aufgrund später aufgehobenen Verwaltungsaktes erbracht worden sind, zu erstatten sind. Gleiches gilt, wenn der Versicherungsträger Leistungen zu Unrecht erbracht hat, ohne daß insoweit ein Verwaltungsakt erlassen war[818]. Dabei sind die zu erstattenden Leistungen durch schriftlichen Verwaltungsakt festzusetzen[819]. Neben der Erstattung kommt insbesondere bei laufenden Rentenzahlungen die Aufrechnung in Betracht. Der Aufrechnungserklärung als privatrechtliches Schutzinstitut kommt dabei allerdings anders als der Rückforderung keine Verwaltungsaktqualität zu[820], weil es sich bei der Aufrechnungserklärung um eine bloße verwaltungsrechtliche Willenserklärung handelt.

Eine besondere Problematik besteht dann, wenn der Versicherte stirbt, bevor die Rückforderung durch Verwaltungsakt festgesetzt wurde[821]. Da mit dem Tod des Versicherten die öffentlich-rechtliche Beziehung entfällt und es bislang an einem Über- und Unterordnungsverhältnis zwischen dem Versicherungsträger und dem Dritten, also demjenigen, dem die Geldleistung zugeflossen ist, gänzlich

---

816 Rückausnahme nach § 100 Abs. 3 S. 3 SGB VI bei Aufnahme einer mehr als geringfügigen Beschäftigung oder selbständigen Tätigkeit vor Beginn des Vierten Kalendermonats.

817 Insbesondere bei Wegfall der Berufs- beziehungsweise Erwerbsunfähigkeit vor Ablauf der Zeitrente bei nicht Vorhersehbarkeit im Zeitpunkt der Bewilligung.

818 Allerdings sind hier die in §§ 45 und 48 SGB X niedergelegten Vertrauensschutzbestimmungen zu beachten, vgl. Baltes/Rogowski, Sozialrecht, 1986, 3. Abschnitt 2.6 S. 47.

819 Baltes/Rogowski, Sozialrecht, 1986, 3. Abschnitt 2.6, S. 47. Demgegenüber ist im Beamtenrecht streitig, ob der Behörde die Verwaltungsaktbefugnis zur Rückforderung überzahlter Bezüge zusteht, vgl. unten G VI. Für die berufständischen Versorgungswerke fehlt eine gesetzliche Regelung ganz, vgl. unten F III 4.

820 Detterbeck, DÖV 1996, 889 (891).

821 Für den Fall, daß die Festsetzung bereits gegen den Versicherten vor dessen Tod festgesetzt wurde, ergeben sich keine Probleme. Sofern die Maßnahme nicht ausnahmsweise allein höchstpersönlicher Natur ist, wirkt diese auch gegen die Erben des Adressaten.

fehlte, bestand ursprünglich Einigkeit, daß dem Versicherungsträger nur ein zivilrechtlicher Anspruch aus ungerechtfertigter Bereicherung zusteht[822]. Mit Inkrafttreten des § 118 Abs. 3 und Abs. 4 SGB VI zum 01. Januar 1996 besteht nunmehr im Bereich der gesetzlichen Rentenversicherung ein eigener öffentlich-rechtlicher Rückforderungsanspruch gegen die Erben. Die Rückforderung ist damit heute durch Verwaltungsakt festzustellen.

Schließlich ist in verfahrensmäßiger Hinsicht der Eintritt der Zeitgrenze der Vollendung des 65. Lebensjahres von Relevanz. Wie bereits oben dargestellt[823], fällt ein Anspruch auf Rente wegen verminderter Erwerbsfähigkeit mit Vollendung des 65. Lebensjahres weg. Sofern der Bewilligungsbescheid bereits unter einer entsprechenden Befristung ergangen ist, führt der Eintritt der Zeitgrenze hier zu einer Erledigung im Sinne von § 39 Abs. 2 SGB X, so daß der Rentenanspruch ohne das Erfordernis eines Aufhebungsbescheides entfällt[824]. Ein Aufhebungsbescheid gemäß § 48 SGB X ist jedoch erforderlich, wenn der ursprüngliche Bewilligungsbescheid ohne eine Regelung der Befristung ergangen ist.

Letztlich ist der Sonderfall des bloßen Verdachts einer Erkrankung zu erwähnen. Grundsätzlich besteht keine rechtliche Möglichkeit, allein wegen des Verdachts einer Erkrankung einem Versicherten eine Rente wegen verminderter Erwerbsfähigkeit zu gewähren. Dies folgt daraus, daß weder positiv noch negativ feststeht, ob die Erkrankung als anspruchsauslösende Voraussetzung vorliegt. Einzig bei Bestehen eines dringenden sozialen Bedürfnisses kann der Rentenversicherungsträger eine befristete Zeitrente[825] gewähren[826]. Sofern dennoch eine Dauerrente gewährt wurde, kann diese nur nach den Voraussetzungen der Rücknahme eines rechtswidrigen begünstigenden Verwaltungsaktes gemäß § 45 SGB X entzogen werden.

Eine Anwendung des § 48 SGB X muß hingegen regelmäßig ausscheiden, da keine wesentliche Änderung der Verhältnisse vorliegt, wenn sich später herausstellt, daß keine hinreichende Minderung der Erwerbsfähigkeit vorgelegen hat. Vielmehr sind solchenfalls die gesundheitlichen Verhältnisse gerade unverändert geblieben.

---

822 BGH NJW 1978, 1385 (1386); Marotzke in: Staudinger, Kommentar zum Bürgerlichen Gesetzbuch, Fünftes Buch, Erbrecht, 13. Auflage, 1994, § 1922 Rd. 360ff.

823 Vgl. oben D I 1 b.

824 Vgl. oben D I 1 c aa.

825 Bis zur Klärung des Verdachts oder für eine sonst befristete Zeit.

826 BSG SozR § 1286 Nr. 20.

## III. Die Rente wegen Erwerbsunfähigkeit

In der gesetzlichen Rentenversicherung sind die von einer geminderten Erwerbsfähigkeit Betroffenen nicht nur gegen den Versicherungsfall der Berufsunfähigkeit, sondern darüber hinaus auch gegen den Eintritt der Erwerbsunfähigkeit versichert. Geregelt ist die Erwerbsunfähigkeit in § 44 SGB VI. Die hier getroffenen Regelungen gehen zurück auf die Vorschriften der §§ 1247 RVO, 24 AVG und 47 RKG, die bei der Neufassung des SGB VI im wesentlichen übernommen wurden.

Der Sache nach handelt es sich bei der Erwerbsunfähigkeit um eine gesteigerte Berufsunfähigkeit. Wer erwerbsunfähig ist, ist zwangsläufig auch berufsunfähig[827]. Auch die Gewährung einer Erwerbsunfähigkeitsrente dient dem Zweck, den Versicherten, der gesundheitsbedingt Einkommen nicht mehr – zumindest nicht mehr in einem ausreichenden Maß – erzielen kann, vor einem wirtschaftlichen Schaden zu bewahren. Ebenso wie die Berufsunfähigkeitsrente hat die Rente wegen Erwerbsunfähigkeit damit eine Lohnersatzfunktion. Sie ist jedoch eine Vollrente[828]. Sie errechnet sich wie die Altersrente, welche jedoch wegen längerer Versicherungszeiten regelmäßig höher ist. Auch die Voraussetzungen des § 44 SGB VI müssen zur Begründung eines Anspruchs auf Rente wegen Erwerbsunfähigkeit, die im übrigen nach § 67 SGB VI das 1,5fache der Berufsunfähigkeitsrente beträgt, kumulativ erfüllt sein.

### *1. Zeitgrenze*

Ebenso wie bei der Gewährung einer Rente wegen Berufsunfähigkeit ist für das Bestehen eines Anspruchs auf Erwerbsunfähigkeitsrente die Zeitgrenze der Vollendung des 65. Lebensjahres zu beachten. Mit Vollendung des 65. Lebensjahres besteht Anspruch auf die Regelaltersrente, so daß eine Rentengewährung wegen Erwerbsunfähigkeit ebenso wie die Zahlung einer Berufsunfähigkeitsrente nicht mehr erforderlich ist, da hierdurch eine wirtschaftliche Sicherung des Betroffenen gegeben ist. Insofern findet auch hier § 115 Abs. 3 S. 1 SGB VI Anwendung, das heißt eine gewährte Erwerbsunfähigkeitsrente ist von Amts wegen in eine Altersrente umzuwandeln[829].

---

827 BSGE 21, 88 (89); zur Regelung des Zusammentreffens von Erwerbsunfähigkeit und Berufsunfähigkeit vgl. die Ausführungen zu § 89 SGB VI oben D II.

828 Pelikan, Rentenversicherung, 9. Auflage, 1998, S. 144.

829 Vgl. oben D II.

*2. Eintritt des Versicherungsfalles*

Zweite Voraussetzung eines Anspruchs auf Gewährung einer Erwerbsunfähigkeitsrente ist der Eintritt des Versicherungsfalles, also die Erwerbsunfähigkeit selbst.

*a. Begriff der Erwerbsunfähigkeit*

Legaldefiniert ist der Begriff der Erwerbsunfähigkeit in § 44 Abs. 2 SGB VI. Versicherte sind hiernach erwerbsunfähig, wenn sie wegen Krankheit oder Behinderung[830] außerstande sind, eine Erwerbstätigkeit in gewisser Regelmäßigkeit auszuüben oder Arbeitsentgelt oder Arbeitseinkommen zu erzielen, das ein Siebtel der monatlichen Bezugsgröße übersteigt. Gemäß § 44 Abs. 2 S. 1 2.HS SGB VI sind darüber hinaus Versicherte nach § 1 Nr. 2 SGB VI erwerbsunfähig, wenn sie wegen Art und Schwere der Behinderung auf dem allgemeinen Arbeitsmarkt nicht tätig sein können. Entscheidend ist dabei die Unfähigkeit, durch Arbeit Entgelt entweder nicht mehr regelmäßig oder nicht mehr wirtschaftlich sinnvoll zu erzielen.

Anders als bei der Berufsunfähigkeit kommt es hier zunächst in keiner Weise auf die bisherige berufliche Tätigkeit des Versicherten an, da bei der Erwerbsunfähigkeitsrente das versicherte Risiko in der generellen Erwerbsfähigkeit zu sehen ist[831]. Demgegenüber ist hier nicht das Risiko versichert, den bisher ausgeübten Beruf aufgrund einer Leistungsbeeinträchtigung nicht mehr ausüben zu können. Insoweit bedarf es auch – anders als bei der Berufsunfähigkeit – keiner Bestimmung der bisherigen maßgeblichen beruflichen Tätigkeit. Damit ist auch der qualitative Wert der bisherigen Tätigkeit nicht zu ermitteln.

*b. Verweisungsmöglichkeiten*

Anders als § 43 SGB VI enthält § 44 SGB VI keine Beschränkung der Verweisbarkeit auf zumutbare Arbeiten. Damit ist bei der Gewährung einer Rente wegen Erwerbsunfähigkeit grundsätzlich nur zu überprüfen, ob der Versicherte noch irgendwelche Tätigkeiten auf dem allgemeinen Arbeitsmarkt entweder nicht mehr regelmäßig oder zwar noch in gewisser Regelmäßigkeit, aber nur mit entsprechend geringfügigen Einkünften ausüben kann. Die Frage nach einem möglichen

---

830 Vgl. hierzu oben D I 2 c cc (1), (2).

831 Ruland, in: v.Maydell/Ruland, Sozialrechtshandbuch, 2. Auflage, 1996, S. 877 (927) Rd. 119.

sozialen Abstieg ist ohne Belang[832]. Hierin liegt der fundamentale Unterschied der Renten wegen Berufs- und Erwerbsunfähigkeit. Dem sozialpolitischen Anliegen des Berufsschutzes dient ausschließlich die Berufsunfähigkeitsrente[833]. Allenfalls in krassen Ausnahmefällen kann nach dem Grundsatz von Treu und Glauben im Einzelfall die Verweisung auf sozial besonders geringwertige Tätigkeiten ausgeschlossen sein[834]. Der Grundsatz von Treu und Glauben bildet hier jedoch die äußerste Grenze der Verweisbarkeit, so daß diese nur bei offensichtlich schweren unbilligen Härten ausscheidet[835].

### *c. Genereller Ausschluß der Rente wegen Erwerbsunfähigkeit*

§ 44 Abs. 2 S. 2 Nr. 1 SGB VI stellt klar, daß keine Erwerbsunfähigkeit vorliegt, solange eine selbständige Tätigkeit tatsächlich ausgeübt wird. Sinn und Zweck dieser Vorschrift ist die Verhinderung des Bezugs einer Erwerbsunfähigkeitsrente trotz selbständiger Erwerbstätigkeit[836]. Hierbei handelt es sich um eine negative Anspruchsvoraussetzung, deren Nichtvorliegen der Versicherte zu beweisen hat[837]. Ein Selbständiger kann damit zwar berufsunfähig sein, niemals aber erwerbsunfähig, solange er noch seine Tätigkeit ausübt.

Da es sich um einen allgemeinen Ausschlußtatbestand handelt, kommt es nur auf das bloße Vorhandensein einer selbständigen Tätigkeit an. Andere Faktoren sind gänzlich unerheblich. Ohne Belang ist insoweit zunächst die Höhe der Einkünfte des Versicherten aus der selbständigen Tätigkeit[838]. Aber auch die Frage,

---

832 Jörg, in: Kreikebohm, Sozialgesetzbuch, 1997, § 44 Rd. 9; Pelikan, Rentenversicherung, 9. Auflage, 1998, S. 141, 142; Niesel, in: Kasseler Kommentar Sozialversicherungsrecht, Stand Dezember 1998, § 44 Rd. 12; BSGE 19, 147 (149); Kamprad, in: Hauck, Sozialgesetzbuch, Stand März 1999, § 44 Rd. 11; Köbl, in: Schulin, Handbuch des Sozialversicherungsrechts, Band 3, 1999, § 24 Rd. 10.

833 Köbl, in: Schulin, Handbuch des Sozialversicherungsrechts, Band 3, 1999, § 24 Rd. 10.

834 BSGE 19, 147 (150) BSG SozR 2200 § 1246 Nr. 75; Schmitt, in Wannagat, Sozialgesetzbuch, Stand August 1997, § 44 SGB VI, Rd. 41.

835 Ein praktischer Anwendungsfall ist jedoch der gesamten BSG-Rechtsprechung nicht zu entnehmen, vgl. Köbl, in: Schulin, Handbuch des Sozialversicherungsrechts, Band 3, 1999, § 24 Rd. 10; Schmitt in Wannagat, Sozialgesetzbuch, Stand August 1997, § 44 SGB VI Rd. 41.

836 BSGE 45, 238 (240).

837 BSGE 45, 238 (241).

838 St. Rechtsprechung, vgl. BSG SozR 2200 § 1247 Nrn. 19, 32, 34 m.w.N. Motiv für diesen strikten Ausschluß ist wohl ein ausgeprägtes Mißtrauen hinsichtlich der Überprüfbarkeit der Erwerbsunfähigkeitsvoraussetzungen, vgl. Köbl, in: Schulin, a.a.O., § 24 Rd. 24 und die praktischen Schwierigkeiten bei der Ermittlung von

ob die Tätigkeit im Inland oder im Ausland ausgeübt wird, ist unerheblich. Auch eine Ausübung auf Kosten der Gesundheit schadet hier nicht[839]. Ebenso ist nicht zu unterscheiden zwischen versicherungspflichtigen und nicht versicherungspflichtigen selbständigen Tätigkeiten. Liegen zwar ansonsten alle Voraussetzungen der Erwerbsunfähigkeitsrente vor, so entsteht kraft dieses gesetzlichen Ausschlusses des § 44 Abs. 2 S. 2 Nr. 1 SGB VI der Leistungsfall der Erwerbsunfähigkeit erst mit Beendigung der selbständigen Erwerbstätigkeit[840]. Der Rentenanspruch beginnt hier im Zeitpunkt des auf die Beendigung der Tätigkeit folgenden Monats, sofern der erforderliche Antrag[841] rechtzeitig gestellt war.

Gerade die Tatsache, daß Umfang und wirtschaftlicher Ertrag einer selbständigen Tätigkeit für den Ausschluß der Rente wegen Erwerbsunfähigkeit völlig ohne Belang sind, ist nicht ohne weiteres einsichtig. Hiernach ist der Ausschlußtatbestand selbst dann erfüllt, wenn ein Versicherter eine selbständige Tätigkeit quasi als Hobby und sogar mit regelmäßigem Verlust betreibt. In diesem Zusammenhang wird vorgebracht, daß in den einschlägigen Fällen oftmals gerade aufgrund der Leistungsbeeinträchtigung im Rahmen der selbständigen Tätigkeit nur geringe Einkünfte erwirtschaftet werden[842]. Zudem seien nur Kleinunternehmer betroffen, da für größere Unternehmen regelmäßig Strohmänner zur Verfügung stünden[843]. Weiterhin müsse die Freiheit von Hobby und Liebhaberei beachtet werden, weshalb auch die Pönalisierung des formellen Gewerbebetriebes trotz geringer Arbeitsleistung, geringsten gesundheitlichen Möglichkeiten und lächerlichen Einkommens nicht zu begreifen sei[844].

Diese Argumentation dringt im Ergebnis jedoch nicht durch. Sinn und Zweck der Rente wegen Erwerbsunfähigkeit verlangen die Vermeidung eines Nebeneinanders von Rente und selbständiger Erwerbstätigkeit. Der Wortlaut des § 44 Abs. 2 S. 2 Nr. 1 SGB VI ist zunächst eindeutig und läßt eine Ausnahme etwa bei geringfügigen Einkünften nicht zu. Ob durch eine Tätigkeit Gewinn erzielt wird oder nicht, ist einzig eine Sache des Unternehmerrisikos. Sinn der Erwerbsunfähigkeitsrente ist es jedenfalls nicht, ein solches Risiko abzudecken. Dies um so mehr, als ansonsten eine für den Versicherungsträger kaum zu durchschauende

---

relativ geringfügigen Einkünften aus selbständigen Tätigkeiten, BSG SozR 2200 § 1247 Nr. 34; BSGE 51, 190 (191).

839 BSGE 55, 254 (256); BSG SozR 3-2200 § 1246 Nr. 43.

840 BSG SozR 2200 § 1247 Nrn. 39, 52; VDR, DRV 1993, 494 (566).

841 Zum Antragserfordernis vgl. oben D II.

842 Schickedanz, SozVers 1986, 266 (267).

843 Schickedanz, SozVers 1986, 266 (267).

844 Schickedanz, SozVers 1986, 266 (268).

Vermengung von Gesundheitsrisiko und wirtschaftlichem Unternehmerrisiko eintreten würde[845].

Auch der Gedanke der Rechtssicherheit zwingt zu der streng am Wortlaut ausgerichteten Betrachtungsweise. Ansonsten müßte nämlich erst aufwendig ermittelt werden, ob der Betroffene aus seiner selbständigen Tätigkeit nur unbedeutende Einkünfte erzielt. Hinzu kommen Auslegungs- und Abgrenzungsschwierigkeiten bei der Bestimmung der Grenze zwischen noch unbedeutenden und schon beachtlichen Einkünften.

Auch die an Art. 2 Abs. 1 GG ausgerichtete Argumentation, die hervorhebt, daß auch das Recht auf Hobby und Liebhaberei verfassungsrechtlich geschützt ist, überzeugt nicht. Zum einen sind hier die gegenläufigen Interessen der Versichertengemeinschaft zu berücksichtigen. Die selbständige Erwerbstätigkeit bietet zumindest abstrakt die Möglichkeit zu Erwerbseinkünften. Schickedanz[846] bestreitet zwar die Existenz eines derartigen Erfahrungssatzes. Jedoch handelt es sich hier nicht um die Annahme regelmäßiger Erwerbseinkünfte aus einer selbständigen Tätigkeit, sondern nur um die Annahme einer insoweit lediglich bestehenden Möglichkeit. Eine solche ist erwerbswirtschaftlichen Betätigungen jedoch immanent. Der Versichertengemeinschaft ist im Ergebnis nicht zuzumuten, Versicherte, die eine Rente wegen Erwerbsunfähigkeit erhalten, regelmäßig auf Einkünfte aus selbständigen Tätigkeiten zu überprüfen. Der Gedanke der Rechtssicherheit bedingt hier vielmehr den Ausschluß aller selbständig Tätigen, solange sie diese Tätigkeit nicht aufgegeben haben.

Zudem ist einem Versicherten ohne weiteres zuzumuten, bei belanglosen Erträgen den Rechtsschein der Selbständigkeit durch Aufgabe oder Veräußerung seines Betriebes, Löschung der Eintragung in der Handwerksrolle, Abmeldung im Gewerberegister, notariellem Hofübergabevertrag oder Bescheinigung über die Rückgabe der Genehmigung zur Ausübung einer freiberuflichen Tätigkeit[847] zu beseitigen. In Anbetracht der Vorteile, die der Versicherte von Seiten der Solidargemeinschaft erhält, ist es diesem zum Schutz der Versichertengemeinschaft vor unberechtigter Inanspruchnahme zuzumuten, sein Hobby beziehungsweise die Liebhaberei zumindest auf einen nicht selbständig erwerbstätigen Bereich einzuschränken.

Auch das Argument, daß für größere Betriebe regelmäßig Strohmänner zur Verfügung stünden, ist schließlich nicht stichhaltig. Warum eine solche – behauptete – Gesetzesumgehung eine anderweitige Betrachtungsweise rechtfertigen

845 Köbl, in: Schulin, Handbuch des Sozialversicherungsrechts, Band 3, 1999, § 24 Rd. 24.

846 Schickedanz, SozVers 1986, 266 (268).

847 Zu den insoweit bestehenden Möglichkeiten vgl. Köbl, in: Schulin, Handbuch des Sozialversicherungsrechts, Band 3, 1999, § 24 Rd. 42.

sollte, ist nicht nachvollziehbar. Vielmehr muß die Forderung hier doch lauten, daß derartige Umgehungen verhindert werden müssen, beispielsweise durch besondere Nachforschungen seitens des Rentenversicherungsträgers. Dies gilt umso mehr, als tatsächlich gegebene Umgehungen im Interesse der Solidargemeinschaft gerade nicht hinnehmbar sind. Keinesfalls machen sie aber eine anderweitige Gesetzesauslegung mit dem Ergebnis des Wegfalls des Ausschlußtatbestandes der selbständigen Erwerbstätigkeit erforderlich.

Allgemein ist unter dem Begriff der selbständigen Tätigkeit in Anlehnung an die steuerrechtlichen Regelungen in §§ 2, 15, 18 EStG die gewerbliche oder berufliche Betätigung im eigenen Namen und auf eigene Rechnung zu verstehen[848]. Einkünfte aus Kapitalvermögen, nicht gewerblicher Vermietung und Verpachtung unterfallen damit nicht der Ausschlußregelung[849]. Auf die Art der Beteiligung am Geschäftsbetrieb kommt es nicht an, so daß auch demjenigen der Geschäftsbetrieb zuzurechnen ist, der das Geschäft durch andere betreiben läßt[850]. Eine amtliche Eintragung, Anmeldung, Zulassung etc.[851] reicht bei einem Einzelunternehmen als Indiz für die Annahme einer Tätigkeit im Sinne von § 44 Abs. 2 S. 2 Nr. 1 SGB VI aus. Hier liegt es bei dem Betroffenen, diese Annahme zu widerlegen[852], wobei unter anderem den Kriterien Verfügungsrecht über den Betrieb und Risikotragung maßgebliche Bedeutung zukommt[853].

Bei einer BGB-Gesellschaft üben alle Gesellschafter eine selbständige Tätigkeit aus, sofern der Gesellschaftsvertrag nichts anderes bestimmt[854].

Selbständig erwerbstätig sind auch die unbeschränkt haftenden Gesellschafter einer offenen Handelsgesellschaft und die Komplementäre einer Kommanditge-

---

848 Vgl. BSGE 39, 152; Kamprad, in: Hauck, Sozialgesetzbuch, Stand März 1999, § 44 Rd. 39.

849 VDR, DRV 1993, 494 (566); Köbl, in: Schulin, Handbuch des Sozialversicherungsrechts, Band 3, 1999, § 24 Rd. 27.

850 BSGE 2, 67; 45, 238; vgl. die ausführliche Beschreibung bei Köbl, in: Schulin, Handbuch des Sozialversicherungsrechts, Band 3, 1999, § 24 Rd. 27 m.w.N.. Selbständig tätig ist hiernach der, der in der Absicht Gewinn zu erzielen, nachhaltig tätig ist und auf den Geschäftsbetrieb ausgerichtete Handlungen im eigenen Namen vornimmt oder vornehmen läßt.

851 Etwa die Eintragung eines Handwerkers in die Handwerksrolle, BSG SozR 2200 § 1247 Nr. 37.

852 BSGE 45, 238.

853 Vgl. BSGE 45, 238 (239); BSGE 50, 284 (285); Köbl, in: Schulin, Handbuch des Sozialversicherungsrechts, Band 3, 1999, § 24 Rd. 28.

854 Vgl. BSG SozR 2200 § 380 Nr. 1; Köbl, in: Schulin, Handbuch des Sozialversicherungsrechts, Band 3, 1999, § 24 Rd. 31.

sellschaft[855], da diese grundsätzlich zur Einzelgeschäftsführung berechtigt sind. Bei Kommanditisten ist eine selbständige Tätigkeit nur anzunehmen, wenn diese in nennenswertem Umfang – etwa aufgrund vertraglicher Vereinbarungen – am Unternehmerrisiko beteiligt sind[856]. Ebenso ist auch der Geschäftsinhaber einer stillen Gesellschaft selbständig erwerbstätig, sofern er nach außen hervortritt[857].

Beim Regelfall der stillen Gesellschaft, also wenn kein Hervortreten nach außen und damit eine reine Kapitalnutzung gegeben ist, scheidet hingegen die Annahme einer selbständigen Tätigkeit aus[858].

Bei einer Gesellschaft mit beschränkter Haftung ist zu differenzieren. Hier ist zunächst derjenige Gesellschafter selbständig erwerbstätig im Sinne von § 44 Abs. 2 S. 2 Nr. 1 SGB VI, der außerhalb eines Beschäftigungsverhältnisses zum Geschäftsführer bestellt und zumindest mit 50% an der Gesellschaft beteiligt ist[859]. Andere Gesellschafter scheiden insoweit aus[860].

Anzumerken ist in diesem Zusammenhang letztlich die Ausnahmevorschrift des § 302a SGB VI. Hiernach schließt eine selbständige Tätigkeit die Rente wegen Erwerbsunfähigkeit nicht aus, wenn eine frühere Invalidenrente nach dem Rentenrecht der ehemaligen Deutschen Demokratischen Republik vor dem 01. Januar 1992 in eine Rente wegen Erwerbsunfähigkeit umgestellt worden ist. Allerdings ist hier jedoch erforderlich, daß die nach § 302a Abs. 2 SGB VI maßgebende Hinzuverdienstgrenze[861] nicht überschritten wird.

Einen weiteren generellen gesetzlichen Ausschluß des Anspruchs auf Rente wegen Erwerbsunfähigkeit regelt § 44 Abs. 2 S. 2 Nr. 2 SGB VI. Erwerbsunfähigkeit scheidet hiernach unabhängig von der jeweiligen Arbeitsmarktlage aus, wenn der Versicherte eine Tätigkeit noch vollschichtig ausüben kann. Diese Re-

---

855 Jörg, in: Kreikebohm, Sozialgesetzbuch, 1997, § 44 Rd. 22; BSG SozR § 537 RVO Nr. 1; Köbl, in Schulin, Handbuch des Sozialversicherungsrechts, Band 3, 1999, § 24 Rd. 31, 32.

856 Vgl. BSG, NZA 1986, 845; Köbl, in: Schulin, Handbuch des Sozialversicherungsrechts, Band 3, 1999, § 24 Rd. 33 m.w.N.

857 VDR, DRV 1993, 494 (568).

858 Vgl. Köbl, in: Schulin, Handbuch des Sozialversicherungsrechts, Band 3, 1999, § 24 Rd. 34.

859 BSG SozR 2200 § 1247 Nr. 46; insoweit ist eine ausreichende Möglichkeit zur Einflußnahme auf die Geschäfte der Gesellschaft gegeben. Gleiches gilt aber auch schon für den Fall einer bloßen Sperrminorität, vgl. BSG NZA 1988, 486; vgl. hierzu Behn, NZA 1990, 175 (177, 178).

860 Vgl. BSG, BB 1978, 662 (663); BSG SozR 2200 § 1247 Nr. 52; Kamprad, in: Hauck, Sozialgesetzbuch, Stand März 1999, § 44 Rd. 42.

861 1/7 der mtl. Bezugsgröße (Ost), mindestens DM 400,-; vgl. zur Bezugsgröße unten D III 2 d aa.

gelung ist eine Folge der abstrakten Betrachtungsweise bei noch vollschichtig einsatzfähigen Versicherten im Rahmen der Berufsunfähigkeitsrente[862].

*d. Voraussetzungen der Erwerbsunfähigkeit*

Im Rahmen der Gewährung einer Rente wegen Erwerbsunfähigkeit ist zunächst zwischen gesundheitsbedingter Erwerbsunfähigkeit und arbeitsmarktbedingter Erwerbsunfähigkeit zu unterscheiden. Beiden ist zunächst gemeinsam, daß Ursache der Leistungsminderung ausschließlich Krankheit oder Behinderung sein können.

*aa. Gesundheitsbedingte Erwerbsunfähigkeit*

Erwerbsunfähigkeit setzt voraus, daß der Versicherte nicht mehr in gewisser Regelmäßigkeit eine Erwerbstätigkeit ausüben kann.

Bei dem Betroffenen, der in einem Beschäftigungsverhältnis steht, ist damit zu prüfen, ob er hier regelmäßig tätig ist. Ist dies der Fall, so ist Erwerbsunfähigkeit im weiteren nicht gegeben. Auch medizinische Gutachten, die eine Erwerbsunfähigkeit bescheinigen, rechtfertigen keine anderweitige Entscheidung, da insoweit die faktische Erwerbstätigkeit einen höheren Beweiswert hat[863]. Auch hier gilt aber, daß ein nur formell beziehungsweise gönnerhaft bestehendes Arbeitsverhältnis für den Ausschluß der Annahme der Erwerbsunfähigkeit nicht ausreicht. Gleiches gilt für Tätigkeiten, die der Versicherte nur unter Gefährdung seiner Restgesundheit ausübt[864].

Besteht kein Beschäftigungsverhältnis, so ist zu prüfen, ob der Versicherte im Hinblick auf seine verminderte Leistungsfähigkeit noch regelmäßige Arbeiten verrichten kann.

Das Merkmal der Regelmäßigkeit ist ausfüllungsbedürftig. Ausgangspunkt ist zunächst die Frage, ob der Versicherte täglich noch einige, das heißt wenigstens zwei Stunden arbeitet beziehungsweise arbeiten kann. Ist dies der Fall, so ist von der Möglichkeit einer regelmäßigen Erwerbstätigkeit auszugehen[865]. Die Möglichkeit von nur gelegentlichen Tätigkeiten – wie beispielsweise bloßen Aushilfstätigkeiten – führt hingegen zur Verneinung der Annahme möglicher regelmäßiger Erwerbstätigkeit[866].

862 Vgl. hierzu oben D I 2 c dd (1).
863 Vgl. oben D I 2 c aa (4) (a) (bb).
864 Vgl. oben D I 2 c aa (4) (b).
865 Vgl. BSG SozR § 1247 Nr. 5.
866 Eine Ausnahme besteht jedoch hier bei solchen Aushilfstätigkeiten, die sich im wesentlichen ohne mehrmonatige Unterbrechung aneinanderreihen und im Durch-

Besteht eine regelmäßige Erwerbstätigkeit oder kann nach den getroffenen Feststellungen der Versicherte noch regelmäßig in diesem Sinne erwerbstätig sein, so ist weiter die Höhe der erzielten beziehungsweise erzielbaren Einkünfte zu berücksichtigen. Grundsätzlich ist Grenzwert der Geringfügigkeit von Einkünften aus Arbeitsentgelt (§ 14 SGB IV) und Arbeitseinkommen (§ 15 SGB VI) der Betrag von einem Siebtel der monatlichen Bezugsgröße. Sofern ein Versicherter lediglich einen unterhalb dieser Bezugsgröße liegenden Verdienst erzielt oder erzielen kann, ist dieser für die Frage, ob Erwerbsunfähigkeit vorliegt, unerheblich. Hierbei handelt es sich aber nicht um eine Hinzuverdienstgrenze, sondern um eine begriffliche Voraussetzung der Erwerbsunfähigkeit[867]. Diese Regelung gilt seit Einführung des Haushaltsbegleitgesetzes 1984, also für Leistungsfälle ab dem 01. Januar 1984[868]. Der Betrag entspricht der Geringfügigkeitsgrenze für die Versicherungspflicht gemäß § 8 SGB IV.

Die Errechnung der Bezugsgröße bestimmt sich nach § 18 SGB IV. Entscheidend ist hierbei zunächst der gewöhnliche Aufenthaltsort des Versicherten im Sinne von § 30 Abs. 3 S. 2 SGB I. Liegt dieser in den alten Bundesländern, so errechnet sich die Bezugsgröße (West) nach dem Durchschnittsentgelt aller in der gesetzlichen Rentenversicherung Versicherten im vorvergangenen Jahr, aufgerundet auf den nächsthöheren, durch achtundvierzig teilbaren Betrag.

Für das Beitrittsgebiet ist gemäß § 228a Abs. 1 S. 3 SGB VI die Bezugsgröße Ost maßgebend, die seit 1992 nach § 18 Abs. 2 SGB VI zu errechnen ist und sich entsprechend der Entwicklung der durchschnittlichen Bruttolohnsumme der Arbeitnehmer im vergangenen Jahr im Beitrittsgebiet verändert.

Eine Ausnahme gilt nach § 44 Abs. 2 S. 1 2.HS SGB VI für Versicherte nach § 1 Nr. 2 SGB VI. Dies sind Behinderte, die gegen Entgelt oder zu ihrer Berufsausbildung in Werkstätten für Behinderte beziehungsweise für diese in Heimarbeit beschäftigt sind. Sofern diese wegen Art und Schwere ihrer Behinderung nicht auf dem allgemeinen Arbeitsmarkt tätig sein können, ist auch bei Einkünften aus dieser Tätigkeit oberhalb der Geringfügigkeitsgrenze Erwerbsunfähigkeit gegeben.

---

schnitt eine Arbeitsleistung von werktäglich mehr als zwei Stunden ergeben, BSG SozR 2200 § 1247 Nr. 24; vgl. BSG SozR § 1247 Nr. 5; Schmitt, in: Wannagat, Sozialgesetzbuch, Stand August 1997, § 44 SGB VI Rd. 26; Kamprad, in: Hauck, Sozialgesetzbuch, Stand März 1999, § 44 Rd. 17.

867 VDR, DRV 1993, 493 (562); Meyer, in: GK-SGB VI, Band 3, Stand 1997, § 44 Rd. 35.

868 Für spätestens seit dem 01. Januar 1984 entstandene und noch am 31. Dezember 1991 bestehende Ansprüche auf Rente wegen Erwerbsunfähigkeit ist jedoch die Vertrauensschutzregelung des § 236 Abs. 4 SGB VI zu berücksichtigen, wonach an Stelle des Siebtels der monatlichen Bezugsgröße ein Mindestbetrag von DM 625,- tritt.

Schließlich ist für die Gewährung einer Rente wegen Erwerbsunfähigkeit nach § 44 Abs. 2 SGB VI erforderlich, daß die Einschränkungen bei dem jeweiligen Versicherten auf nicht absehbare Zeit gegeben sind. Zweifelsfrei folgt hieraus, daß nur kurzfristige Leistungseinschränkungen keinesfalls zu einer Rentengewährung wegen Erwerbsunfähigkeit führen[869], da hier die Krankenversicherung zur Leistungsgewährung verpflichtet ist. Aus der speziellen Zeitenregelung der §§ 102 Abs. 2 S. 1 Nr. 1 und 101 Abs. 1 SGB VI folgt, daß als absehbarer Zeitraum für die Behebung einer Leistungseinschränkung im Sinne der Erwerbsunfähigkeit Zeiträume von bis zu sechs Monaten ab Eintritt der Leistungsunfähigkeit anzusehen sind[870].

Zusammenfassend ist damit festzustellen, daß grundsätzlich Erwerbsunfähigkeit aus rein medizinischen Gründen gegeben ist, wenn der Versicherte aufgrund seiner dauerhaften Leistungseinbuße nicht mehr in der Lage ist, in gewisser Regelmäßigkeit täglich mindestens zwei Stunden tätig zu sein oder wenn er zwar täglich länger als zwei Stunden tätig sein kann, hierdurch aber nur geringfügige Einkünfte zu erzielen vermag[871].

*bb. Arbeitsmarktbedingte Erwerbsunfähigkeit*

Darüber hinaus kann unabhängig vom Wortlaut des § 44 Abs. 2 SGB VI nach der Rechtsprechung Erwerbsunfähigkeit auch aus rechtlichen Gründen unter Einbeziehung der Arbeitsmarktsituation vorliegen[872]. Wie bereits dargestellt, ist nach der Rechtsprechung des Bundessozialgerichts bei Versicherten, die nicht mehr vollschichtig tätig sein können, die Arbeitsmarktsituation auf dem Teilzeitarbeitsmarkt zu berücksichtigen[873]. Ist der Teilzeitarbeitsmarkt verschlossen[874], so ist auch derjenige Versicherte erwerbsunfähig, der trotz seiner Leistungsminderung noch mehr als zwei Stunden täglich arbeiten und mehr als nur geringfügige Erwerbseinkünfte erzielen kann. Die an sich zu gewährende Rente wegen Berufsunfähigkeit schlägt durch in eine Erwerbsunfähigkeitsrente, die in der Regel als Zeitrente gemäß § 102 Abs. 2 S. 1 Nr. 2 SGB VI zu gewähren ist.

---

869 BSG SozR 2200 § 1247 Nr. 16.

870 Statt aller Ruland, in: v.Maydell/Ruland, Sozialrechtshandbuch, 2. Auflage, 1996, S. 932 m.w.N.

871 Pelikan, Rentenversicherung, 9. Auflage, 1998, S. 145.

872 Vgl. BSG SozR 2200 § 1247 Nr. 33 m.w.N.

873 Vgl. oben D I 2 c dd (2).

874 Dies ist der Fall, wenn es weder dem Rentenversicherungsträger noch dem Arbeitsamt gelingt, innerhalb eines Jahres einen entsprechenden Arbeitsplatz nachzuweisen.

Bei trotz bestehender Leistungseinschränkung gegebener vollschichtiger Einsatzfähigkeit ergibt sich auch hier ein anderes Bild[875]. Hier ist für tarifvertraglich erfaßte Arbeitsplätze von einem offenen Arbeitsmarkt auszugehen, so daß das Risiko, einen Arbeitsplatz zu finden, grundsätzlich von der Arbeitslosenversicherung getragen wird[876]. Diese abstrakte Betrachtungsweise macht regelmäßig konkrete Ermittlungen auf dem Arbeitsmarkt entbehrlich[877]. Erwerbsunfähigkeit jedenfalls ist nicht gegeben. Etwas anderes gilt jedoch auch hier bei den schon im Rahmen der Darstellung der Berufsunfähigkeit angesprochenen Ausnahmefallgruppen[878], sofern es dem Versicherungsträger nicht gelingt, eine geeignete Verweisungstätigkeit konkret zu benennen[879].

### *3. Hinzuverdienstgrenze des § 44 Abs. 5 SGB VI*

Auch der Bezieher einer Rente wegen Erwerbsunfähigkeit darf aus einer abhängigen Beschäftigung noch Arbeitsverdienste in begrenzter Höhe erzielen, sofern hierdurch nicht die Voraussetzungen der Erwerbsunfähigkeit selbst berührt werden. Ebenso wie § 43 Abs. 5 SGB VI und § 96a SGB VI wurde die Hinzuverdienstgrenze des § 44 Abs. 5 SGB VI mit Wirkung vom 01. Januar 1996 angefügt[880]. Während die Ausübung einer selbständigen Tätigkeit neben dem Bezug

---

875 Vgl. zur vollschichtigen Einsatzfähigkeit im Rahmen der Berufsunfähigkeit oben D I 2 c dd (1).

876 Vgl. oben D I 2 c dd (3) (b).

877 Vgl. Jörg, in: Kreikebohm, Sozialgesetzbuch, 1997, § 44 Rd. 12, beachte auch hier die Ausnahmeregelung des § 302b Abs. 3 SGB VI, wonach § 44 Abs. 2 S. 2 Nr. 2 SGB VI nicht für Versicherte anzuwenden ist, deren Rentenbezug vor dem 01. Juni 1996 begonnen hat.

878 Schwere spezifische Leistungseinschränkungen; Einsetzbarkeit nur unter nicht betriebsüblichen Bedingungen, gesundheitsbedingt nicht gegebene Möglichkeit den Arbeitsplatz von der Wohnung aufsuchen zu können (Wegefähigkeit), nur eingeschränkt verfügbare Arbeitsplätze, vgl. hierzu im einzelnen oben D I 2 c dd (1) (b).

879 Vgl. statt aller BSG SozR 3-2200 § 1247 Nr. 8; hier ist die Ausnahmevorschrift des § 112 SGB VI zu beachten, wonach ein im Ausland lebender Versicherter Rente wegen verminderter Erwerbsfähigkeit nur erhält, wenn die Erwerbsminderung allein auf dem Gesundheitszustand des Versicherten beruht.

880 Zu beachten ist auch hier die Übergangsvorschrift des § 302b Abs. 3 SGB VI nach der § 44 Abs. 5 SGB VI für Bezieher von Erwerbsunfähigkeitsrenten bis zum 31. Dezember 2000 nicht anzuwenden ist, sofern der Rentenbezug vor dem 01. Januar 1996 begonnen hat (Besitzschutz). Bei diesem Personenkreis ist somit Einkommen bis unterhalb der Lohnhälfte und Einkommen aus unzumutbaren Tätigkeiten oder auf Kosten der Restgesundheit unbegrenzt rentenunschädlich, vgl. Marburger, BB 1996, 1498 (1500).

der Erwerbsunfähigkeitsrente wegen § 44 Abs. 2 S. 2 Nr. 1 SGB VI überhaupt nicht möglich ist[881], ist ein Hinzuverdienst aus einer abhängigen Beschäftigung zulässig. Dies jedoch nur in sehr begrenztem Umfang.

Die Hinzuverdienstgrenze bei der Rente wegen Erwerbsunfähigkeit wird bestimmt nach § 96a Abs. 1 in Verbindung mit Abs. 2 Nr. 1 SGB VI und beträgt ein Siebtel der monatlichen Bezugsgröße[882]. Bei Überschreiten dieser Grenze besteht zwar weiter ein Anspruch auf Erwerbsunfähigkeitsrente, jedoch nur in Höhe der Rente wegen Berufsunfähigkeit, wobei dann auch die Hinzuverdienstgrenzen der Berufsunfähigkeitsrente zu beachten sind. Diese richten sich nach § 96a Abs. 2 Nr. 2 SGB VI. Wird auch hier die höchste Hinzuverdienstgrenze überschritten, so ist keine Rente mehr zu leisten[883].

Verfahrensmäßig gilt auch hier die Pflicht zur Aufhebung des Bewilligungsbescheides von Amts wegen. Bei geänderten Voraussetzungen lebt die Rente nicht von allein wieder auf, sondern muß vom Versicherten erneut beantragt werden[884]. Sofern die Hinzuverdienstmöglichkeit auf einer Verbesserung des Gesundheitszustandes beruht und so weitreichend ist, daß keine Erwerbsunfähigkeit mehr vorliegt, muß die Erwerbsunfähigkeitsrente nach § 48 SGB X in eine Rente wegen Berufsunfähigkeit „umgewandelt" werden[885].

### *4. Sonstige versicherungsrechtliche Voraussetzungen*

Für die Gewährung einer Erwerbsunfähigkeitsrente ist nach § 44 Abs. 1 Nr. 3 SGB VI weiterhin grundsätzlich zum Schutz der Versichertengemeinschaft[886] erforderlich, daß vor Eintritt des Versicherungsfalles die allgemeine Wartezeit erfüllt ist oder als erfüllt gilt.

Im Hinblick auf eine vorzeitige Wartezeiterfüllung ist anzumerken, daß § 44 Abs. 4 SGB VI auf § 43 Abs. 4 SGB VI verweist, so daß insoweit keine Besonderheiten bestehen[887]. Darüber hinaus besteht hier die Möglichkeit der vorzeitigen Wartezeiterfüllung nach § 53 Abs. 2 SGB VI. Diese Norm setzt ausdrücklich Erwerbsunfähigkeit voraus und führt zu einer vorzeitigen Erfüllung der Warte-

---

881 Vgl. oben D III 2 c.

882 Vgl. oben D III 2 d aa.

883 Marburger, BB 1996, 1498 (1500); BT-Drucks. 13/3150 S. 42.

884 Vgl. oben D II.

885 Vgl. Kamprad, in: Hauck, Sozialgesetzbuch, Stand März 1999, § 44 Rd. 59a; vgl. Lange, in: Handbuch des Fachanwalts, 2. Auflage, 1999, Rd. 89 S. 196.

886 Kreßel/Wollenschläger, Leitfaden zum Sozialversicherungsrecht, 2. Auflage, 1996, § 9 Rd. 105 m.w.N.

887 Vgl. oben D I 4 a.

zeit, wenn der Versicherte vor Ablauf von sechs Jahren nach Beendigung einer Ausbildung erwerbsunfähig geworden ist und in den letzten zwei Jahren mindestens ein Jahr an Pflichtbeitragszeiten zurückgelegt hat[888].

Neben der Erfüllung der Wartezeit ist für die Gewährung einer Erwerbsunfähigkeitsrente gemäß § 44 Abs. 1 Nr. 2 SGB VI grundsätzlich die Erfüllung der erforderlichen Belegungsdichte erforderlich. Im Vergleich zur Regelung der Belegungsdichte im Rahmen der Gewährung einer Rente wegen Berufsunfähigkeit bestehen keine wesentlichen Unterschiede, da § 44 Abs. 1 Nr. 2 SGB VI der Norm des § 43 Abs. 1 Nr. 2 SGB VI entspricht[889]. Da zudem die Abs. 3 und 4 des § 43 SGB VI über § 44 Abs. 4 SGB VI für anwendbar erklärt sind, bestehen auch im Hinblick auf die Ausnahmen vom Belegungserfordernis und die Verlängerung des Fünf-Jahres-Zeitraumes keine Abweichungen[890]. Insbesondere müssen auch bei der Erwerbsunfähigkeitsrente die Voraussetzungen des § 44 Abs. 1 S. 1 Nr. 2 SGB VI nicht erfüllt sein, wenn die Erwerbsunfähigkeit aufgrund eines Tatbestandes eingetreten ist, durch den die allgemeine Wartezeit vorzeitig erfüllt ist[891].

Allerdings ist zu beachten, daß das in § 44 Abs. 1 Nr. 2 und 3 SGB VI zum Ausdruck gebrachte Versicherungsprinzip im Rahmen der Rente wegen Erwerbsunfähigkeit nicht ununterbrochen gilt, sondern durch § 44 Abs. 3 SGB VI modifiziert wird. Ausnahmsweise haben nach § 44 Abs. 3 SGB VI Versicherte, die bereits vor Erfüllung der allgemeinen Wartezeit erwerbsunfähig waren und seitdem ununterbrochen erwerbsunfähig sind, einen Anspruch auf Rente wegen Erwerbsunfähigkeit, wenn sie eine Wartezeit von zwanzig Jahren bei Beginn der Rente zurückgelegt haben.

Neben der Wartezeit von zwanzig Jahren werden hier weitere versicherungsrechtliche Voraussetzungen nicht gefordert. Auch das Vorhandensein von drei Jahren Pflichbeitragszeiten in den letzten fünf Jahren ist hier nicht erforderlich[892].

---

888 Auch hier ist die Sonderregel des § 245 Abs. 3 SGB VI zu beachten, wonach die Wartezeit trotz Fehlens der an sich erforderlichen Pflichtbeitragszeit von einem Jahr auch vorzeitig erfüllt ist, wenn der Versicherte in der Zeit zwischen dem 01. Januar 1973 und dem 31. Dezember 1991 wegen eines Unfalls vor Ablauf von sechs Jahren nach Beendigung einer Ausbildung erwerbsunfähig geworden ist und in den letzten zwei Jahren vorher mindestens sechs Kalendermonate Pflichtbeitragszeiten zurückgelegt hat.

889 Vgl. hierzu oben D I 4 b bb.

890 Vgl. auch hierzu oben D I 4 b dd.

891 Niesel, in: Kasseler Kommentar Sozialversicherungsrecht, Stand Dezember 1998, § 44 Rd. 39; zu den übrigen Übereinstimmungen (z.B. Rente auf Zeit nach § 102 Abs. 2 SGB VI; § 302a,b SGB VI; § 241 SGB VI vgl.oben D I 4 a.

892 VDR, DRV 1993, 494 (508); Niesel, in: Kasseler Kommentar Sozialversicherungsrecht, Stand Dezember 1998, § 44 Rd. 36; Jörg, in: Kreikebohm, Sozialge-

Hiernach ist Versicherten, die selbst in einer Werkstatt für Behinderte nicht oder nicht mehr versicherungspflichtig beschäftigt werden können, die Möglichkeit gegeben, einen Anspruch auf Rente wegen Erwerbsunfähigkeit auch ausschließlich durch eine freiwillige Beitragszahlung zu erwerben. Dies kann auch durch Entrichtung freiwilliger Beiträge nach Stellung des Rentenantrages geschehen[893]. Die auf die Wartezeit anrechenbaren Zeiten (Beitrags- und Ersatzzeiten, § 51 Abs. 1 und 4 SGB VI) können dabei teilweise oder auch vollständig nach dem Eintritt der Erwerbsunfähigkeit zurückgelegt werden.

### IV. Rente für Bergleute

Einen weiteren Sonderfall regelt die Vorschrift des § 45 SGB VI, die mit Wirkung vom 01. Januar 1992 in Kraft getreten ist. Regelungsgegenstand ist die Rente für Bergleute wegen verminderter Erwerbsfähigkeit. Hier ist zwischen zwei Fallgruppen zu differenzieren.

Erste Fallgruppe ist der in Abs. 1 geregelte Fall der tatsächlich eingetretenen verminderten Berufsfähigkeit. Bei der in Abs. 3 geregelten zweiten Fallgruppe geht es um eine im Bergbau vermutete verminderte Berufsfähigkeit bei Vollendung des 50. Lebensjahres. Trotz unterschiedlichen Regelungsgehalts handelt es sich um eine einheitliche Rente. Dies folgt aus § 89 Abs. 1 S. 2 Nr. 10 SGB VI, der nur von einer Rente für Bergleute spricht und keine weiteren Differenzierungen enthält[894]. Folge ist, daß bei Vorliegen beider Fallgruppen beziehungsweise Hinzutreten einer Fallgruppe bei bereits erfüllter anderer Fallgruppe ein einheitlicher Versicherungsfall besteht, wobei es der freien Entscheidung des Versicherten überlassen ist, welche Fallgruppe er für sich in Anspruch nimmt.

§ 45 SGB VI hat hier ebenfalls Lohnersatzfunktion. Unterschiede zur Berufs- beziehungsweise Erwerbsunfähigkeitsrente bestehen weitestgehend nicht.

#### *1. Rente nach § 45 Abs. 1 SGB VI*

Für die Rente nach § 45 Abs. 1 SGB VI gilt zunächst auch die Altersgrenze der Vollendung des 65. Lebensjahres[895]. Versicherungsfall ist hier die verminderte Berufsfähigkeit des Versicherten im Bergbau. Dieser Begriff ist in § 45 Abs. 2

---

setzbuch, 1997, § 44 Rd. 26.

893 BSG SozR 2200 § 1247 Nr. 29.

894 Kamprad, in: Hauck, Sozialgesetzbuch, Stand März 1999, § 45 Rd. 1.

895 Vgl. hierzu oben D I 1.

SGB VI legaldefiniert. Ebenso wie im Rahmen der Rente wegen Berufsunfähigkeit gilt es zunächst, den Hauptberuf des Versicherten, nämlich die bisher ausgeübte knappschaftliche Beschäftigung festzustellen.

Hier gelten die oben im Rahmen der Berufsunfähigkeitsrente festgestellten Grundsätze[896], wobei jedoch nur knappschaftliche Beschäftigungen im Sinne von §§ 137, 138 SGB VI zu berücksichtigen sind[897]. Auch hier kommt es im wesentlichen auf die zuletzt versicherungspflichtig ausgeübte Tätigkeit an[898]. Der Eintritt des Versicherungsfalles muß schließlich einzig durch Krankheit oder Behinderung im Sinne einer conditio sine qua non hervorgerufen sein[899].

Weiterhin stellt sich auch hier die Frage nach der Verweisbarkeit des Versicherten. § 45 Abs. 2 S. 1 Nr. 2 SGB VI legt fest, daß eine im Bergbau verminderte Berufsfähigkeit vorliegt, wenn der Versicherte aufgrund eingetretener Leistungseinschränkung nicht in der Lage ist, eine wirtschaftlich im wesentlichen gleichwertige andere knappschaftliche Tätigkeit auszuüben. Damit sind die Verweisungsmöglichkeiten hier bereits von vornherein der Art nach beschränkt.

Besteht die Möglichkeit einer anderen knappschaftlichen Betätigung, ist die wirtschaftliche Gleichwertigkeit zu beachten. Durch die Abstellung auf eine wirtschaftliche Gleichwertigkeit kommt der Höhe der Vergütung eine entscheidende Bedeutung zu. Die Rechtsprechung geht hier von einer Verweisbarkeit nur aus, wenn der Tariflohn der Verweisungstätigkeit nicht mehr als 12,5% vom Tariflohn der bisherigen knappschaftlichen Tätigkeit abweicht[900]. Zusätzliche Einkünfte, die auf persönlichem Einsatz des Versicherten beziehungsweise besonderen sozialen oder familiären Umständen beruhen, bleiben außer Betracht, da diese nicht Ausfluß des wirtschaftlichen Wertes der Tätigkeit sind[901].

---

896 BSG SozR 2600 § 45 Nrn. 34, 37; vgl. oben D II 2 c aa.

897 Niesel, in: Kasseler Kommentar Sozialversicherungsrecht, Stand Dezember 1998, § 45 Rd. 17; BSG SozR 2600 § 45 Nr. 34 m.w.N.

898 Zu den sonstigen Besonderheiten bei der Bestimmung des Hauptberufes, insbesondere Dauerhaftigkeit, Lösung vom Hauptberuf vgl. oben D I 2 c aa (1), (2); einzige Ausnahme hinsichtlich der Lösung vom Hauptberuf ist hier, daß diese nur bei Aufnahme einer anderen knappschaftlichen versicherungspflichtigen Beschäftigung gegeben sein kann, vgl. Niesel, in Kasseler Kommentar Sozialversicherungsrecht, Stand Dezember 1998, § 45 Rd. 20; Jörg, in: Kreikebohm, Sozialgesetzbuch, 1997, § 45 Rd. 13; Kamprad, in: Hauck, Sozialgesetzbuch, Stand März 1999, § 45 Rd. 7.

899 Vgl. oben D I 2 c cc.

900 BSGE 43, 233.

901 BSGE 38, 91; BSG SozR 2600 § 45 Nr. 38; Ausnahme ist jedoch die tarifliche Berücksichtigung entsprechender Prämien, Zulagen etc. beziehungsweise die einer tarifvertraglichen Berücksichtigung gleichkommende allgemeine Üblichkeit, BSG SozR 2600 § 45 Nr. 23.

Das Merkmal der wirtschaftlichen Vergleichbarkeit ist im Rahmen der Frage der Verweisbarkeit jedoch nicht alleinentscheidend. Indem § 45 Abs. 2 Nr. 2 SGB VI auf Personen mit ähnlicher Ausbildung und gleichwertigen Kenntnissen und Fähigkeiten abstellt, zeigt sich, daß die Verweisungstätigkeit auch qualitativ gleichwertig sein muß. Die Verweisungstätigkeit muß also im wesentlichen den gleichen Wert haben. Ist dies der Fall, so ist unerheblich, ob sie in gewisser Weise andersartig ist[902]. Bei wirtschaftlicher und qualitativer Gleichwertigkeit bedarf es keiner weiteren Zumutbarkeitsprüfung. Ist Gleichwertigkeit gegeben, so ist die Verweisungstätigkeit vielmehr ohne weiteres auch zumutbar.

§ 45 Abs. 2 S. 2 SGB VI stellt ebenso wie die §§ 43 Abs. 2 S. 4, 44 Abs. 2 S. 2 Nr. 2 SGB VI fest, daß bei noch vollschichtig einsatzfähigen Versicherten die jeweilige Arbeitsmarktlage keine Berücksichtigung finden soll. Insoweit gelten hier keine Besonderheiten[903].

Gleichwohl besteht auch für Bergleute ein Anspruch auf Erwerbsunfähigkeitsrente nicht unbeschränkt. Hier ist die Sonderregelung des § 45 Abs. 2 S. 2 SGB VI anzusprechen. Diese stellt eine negative Anspruchsvoraussetzung zur Vermeidung von Überversorgungen zu Lasten der Solidargemeinschaft dar. Die tatsächliche Ausübung einer wirtschaftlich und qualitativ im wesentlichen gleichwertigen Beschäftigung oder Tätigkeit auch außerhalb des Bergbaus schließt hiernach den Anspruch auf Rente für Bergleute aus. In diesen Fällen besteht kein sozialer Grund für eine Rentengewährung[904].

Im weiteren sind auch bei der Rente nach § 45 Abs. 1 SGB VI die in § 45 Abs. 1 Nrn. 2, 3 SGB VI geregelten versicherungsrechtlichen Voraussetzungen zu beachten. Zu nennen ist hier zunächst die erforderliche Drei-Fünftel-Belegung des § 45 Abs. 1 Nr. 2 SGB VI. Diese Regelung entspricht im wesentlichen der Vorschrift des § 43 Abs. 1 S. 1 Nr. 2 SGB VI[905]. Eine Besonderheit besteht jedoch insoweit, als daß es sich um knappschaftliche Pflichtbeitragszeiten handeln muß. Andere Pflichbeitragszeiten reichen nicht. Da § 45 SGB VI den Bergleuten

---

902 Vgl. BSG SozR 2600 § 45 Nr. 37.

903 Vgl. hierzu oben D I 2 c dd (1), insbesondere sind auch hier die oben genannten Fallgruppen zu berücksichtigen, bei deren Vorliegen trotz an sich gegebener vollschichtiger Einsatzfähigkeit der Arbeitsmarkt als verschlossen anzusehen ist.

904 Ausgenommen ist jedoch auch hier die Ausübung einer Tätigkeit außerhalb des Bergbaus nur auf Kosten der Gesundheit, vgl. May, in: Wannagat, Sozialgesetzbuch, Stand August 1997, § 45 Rd. 56; BSG SozR 2600 § 45 Nr. 38; a.A. Meyer, in: GK-SGB VI, Band 3, Stand 1997, § 45 Rd. 92: Hier ist jedoch kein Grund ersichtlich, warum im Rahmen von § 45 SGB VI etwas anderes gelten soll, als bei §§ 43, 44 SGB VI: Ausgenommen sind ebenso Tätigkeiten, die nur gönnerhaft gewährt sind.

905 Vgl. oben D I 4 b bb.

einen besonderen Berufsschutz bietet, erscheint diese Regelung im Ergebnis auch als gerechtfertigt.

§ 45 Abs. 4 SGB VI erklärt auch hier § 43 Abs. 3 SGB VI für anwendbar. Insofern verlängert sich der Fünf-Jahres-Zeitraum entsprechend den oben dargestellten Grundsätzen, sofern Verlängerungstatbestände gegeben sind[906].

Nach § 242 Abs. 1 SGB VI führen hier zusätzlich Zeiten des Bezugs einer Knappschaftsausgleichsleistung vor dem 01. Januar 1992 zur Verlängerung. Pflichtbeitragszeiten sind ebenfalls gemäß § 45 Abs. 4 SGB VI in Verbindung mit § 43 Abs. 4 SGB VI im Falle vorzeitiger Wartezeiterfüllung nicht erforderlich.

Letztlich gilt auch im Rahmen der Rente für Bergleute nach § 45 Abs. 1 SGB VI das Erfordernis der Erfüllung der allgemeinen Wartezeit. Abgesehen davon, daß diese in der knappschaftlichen Rentenversicherung erfüllt sein muß, bestehen hier keine Besonderheiten[907]. Auch im Rahmen der vorzeitigen Wartezeiterfüllung nach §§ 53, 245, 245a SGB VI gilt nichts anderes, sofern der Versicherte vor Eintritt der im Bergbau verminderten Berufsfähigkeit zuletzt in der knappschaftlichen Rentenversicherung versichert war[908].

### *2. Rente nach § 45 Abs. 3 SGB VI*

Wesentliche Besonderheit der Rente nach § 45 Abs. 3 SGB VI ist, daß ab dem 50. Lebensjahr des Versicherten die verminderte Berufsfähigkeit im Bergbau gesetzlich vermutet wird.

Neben der Vollendung des 50. Lebensjahres ist zunächst zu beachten, daß auch hier mit Vollendung des 65. Lebensjahres die Altersrente an die Stelle der Rente wegen verminderter Berufsunfähigkeit tritt, so daß insoweit ebenfalls eine Altersgrenze gegeben ist. Negative Anspruchsvoraussetzung ist zudem gemäß § 45 Abs. 3 Nr. 2 SGB VI die Nichtausübung einer wirtschaftlich gleichwertigen Beschäftigung oder Tätigkeit. Die Ausübung einer solchen Beschäftigung oder Tätigkeit ist die einzige Möglichkeit, die Vermutung der verminderten Berufsfähigkeit zu widerlegen[909]. Für die Bestimmung der wirtschaftlichen Gleichwertigkeit ist ebenfalls wie bei der Regelung des § 45 Abs. 2 S. 1 Nr. 1 SGB VI der Hauptberuf zwecks Ermittlung einer Lohneinbuße trotz Ausübung einer Beschäftigung oder selbständigen Tätigkeit festzustellen.

---

906 Vgl. oben D I 4 b dd.

907 Zur Erfüllung der allgemeinen Wartezeit vgl. oben D I 4 a.

908 Niesel, in: Kasseler Kommentar Sozialversicherungsrecht, Stand Dezember 1998, § 45 Rd. 14.

909 May, in: Wannagat, Sozialgesetzbuch, Stand August 1997, § 45 Rd. 62.

Wirtschaftliche Gleichwertigkeit ist hier jedoch nach der Rechtsprechung nur gegeben, wenn die Lohndifferenz die absolute Obergrenze von 7,5% nicht übersteigt[910]. Unterhalb dieser Grenze kann jedoch ausnahmsweise ebenfalls keine Gleichwertigkeit anzunehmen sein, etwa bei einer zweistufigen Abweichung von der Lohnskala und Lohnabfall von nahezu 7,5%[911].

Eine weitere Besonderheit bei der Rente nach § 45 Abs. 3 SGB VI ist die erforderliche Wartezeit von 25 Jahren nach § 45 Abs. 3 Nr. 3 SGB VI. Diese beruht darauf, daß bei dieser Rentenform die Vermutung der verminderten Berufsfähigkeit auf die mit der Tätigkeit im Bergbau verbundenen besonderen Gesundheitsbelastungen gestützt wird. Dies setzt damit voraus, daß nicht nur kurzfristig eine Tätigkeit im Bergbau ausgeübt wurde. In Anbetracht der Schwere der Arbeit im Bergbau ist jedenfalls die Grenze von 25 Jahren nicht zu gering.

Zu den anrechenbaren Zeiten gehören hier gemäß § 51 Abs. 2 SGB VI die Kalendermonate mit Beitragszeiten aufgrund einer Beschäftigung mit ständigen Arbeiten unter Tage. Ersatzzeiten werden unter den Voraussetzungen des § 254 Abs. 1, 2 SGB VI angerechnet. Gleiches gilt für Zeiten des Bezugs von Anpassungsgeld an entlassene Arbeitnehmer des Bergbaus unter den Voraussetzungen des § 238 Abs. 1 SGB VI[912].

*3. Sonstiges*

§ 45 Abs. 5 SGB VI enthält eine dem § 43 Abs. 5 SGB VI entsprechende Regelung. Grundsätzlich gelten insoweit keine Unterschiede[913]. Einzige Abweichung ist hier die höhere Hinzuverdienstgrenze des § 96a Abs. 2 Nr. 3 SGB VI.

An Sonderregelungen und Übergangsrecht sind bei der Rente für Bergleute ebenfalls die §§ 102 Abs. 2 (Rente auf Zeit), 302 Abs. 1 (Rente für die am 31. Dezember 1991 bereits 65jährigen Rentner, 302 a,b, 313 (Verhältnis der am 31. Dezember 1991 bestehenden Renten zum Arbeitslosengeld) zu berücksichtigen.

In verfahrensmäßiger Hinsicht bestehen im Vergleich zur Berufsunfähigkeits- beziehungsweise Erwerbsunfähigkeitsrente keine nennenswerten Besonderheiten. Anzumerken ist einzig, daß der Antrag auf Renten nach §§ 43, 44 SGB VI auch den Antrag auf die Rente für Bergleute umfaßt[914].

---

910 BSGE 44, 123 unter Aufgabe der bisherigen Rechtsprechung, wonach die Lohndifferenz bis 10% betragen durfte.

911 Vgl. BSG SozR 2600 § 45 Nr. 28.

912 Jörg, in: Kreikebohm, Sozialgesetzbuch, 1997, § 51 Rd. 5.

913 Vgl. zur Hinzuverdienstgrenze oben D I 3.

914 Niesel, in: Kasseler Kommentar Sozialversicherungsrecht, Stand Dezember 1998, § 45 Rd. 48.

## V. Reform der Erwerbsminderungsrenten

### *1. Geschichte der Rentenreformen*

Die Geschichte zeigt die ständigen Reformbemühungen in der gesetzlichen Rentenversicherung. Zu nennen ist hier zunächst die Rentenreform des Jahres 1957, die das heutige Rentenversicherungssystem prägt[915]. Hierauf gehen nicht zuletzt die bis heute geltenden Grundsätze des Rentensystems, nämlich Versicherungsprinzip, Prinzip der Sicherung des Lebensstandards, Solidarprinzip und der „Generationenvertrag" zurück.

Im Jahre 1972 folgte die nächste Rentenreform. Wesentliche Verbesserung durch diese Reform war die Einführung einer flexiblen Altersgrenze; aber auch die Öffnung der Rentenversicherung für Selbständige und nichterwerbstätige Frauen ist hier als Neuerung zu nennen.

Nächster Schritt war die Rentenreform 1992. Diese zeichnete sich vor allem durch eine Vereinheitlichung des bestehenden Systems aus. Die verschiedenen Rentenversicherungsgesetze wurden im SGB VI zusammengefaßt. Aus über 930 wurden 320 Vorschriften[916]. Das Recht der Renten wegen Berufs- und Erwerbsunfähigkeit blieb jedoch im Rahmen dieser Reform weitgehend unverändert[917].

Die Beibehaltung des bestehenden Systems erfolgte nicht aus dem Grunde, daß man nunmehr davon ausging, ein sachgerechtes und ausreichendes System gefunden zu haben. Zwar hat die Reform 1992 dazu geführt, daß der prognostizierte Beitragssatzanstieg bis zum Jahre 2030 von 36 bis 38% des Einkommens auf etwa 26 bis 28% verringert wurde.

Gleichwohl kann nicht unterstellt werden, daß die Rentenreformer hier keinen weiteren Reformbedarf gesehen hätten. Vielmehr besteht im politischen Raum seit längerem – auch schon bei der Rentenreform 1992 – Übereinstimmung über die Notwendigkeit einer weitergehenden Reform. So hat beispielsweise der Bundesrat in seiner Stellungnahme zum Rentenreformgesetz 1992 sowohl den Bundestag als auch die Bundesregierung aufgefordert, nach Abschluß des Gesetzgebungsverfahrens zum Rentenreformgesetz 1992 eine Änderung des Rechts der Erwerbsminderungsrenten vorzubereiten.

Begründet hat der Bundesrat diese Aufforderung zum einen mit der Rechtsprechung des Bundessozialgerichts, durch welche das Risiko der Vermittlung

915 Bank/Brachmann/Kreikebohm/Schmidt, Rentenreform 1992, 1990, Erster Teil 1.2 Rd. 1 S. 3.

916 Vgl. Bank/Brachmann/Kreikebohm/Schmidt, Rentenreform 1992, 1990, Erster Teil 1.5 Rd. 17 S. 8.

917 Bank/Brachmann/Kreikebohm/Schmidt, Rentenreform 1992, 1990, Erster Teil 3.7 Rd. 94 S. 51; Kolb DRV 1991, 1 (2).

eines geeigneten Arbeitsplatzes zu sehr auf die gesetzliche Rentenversicherung verlagert werde. Dies hat der Bundesrat schon damals aus ordnungspolitischen Gründen als nicht mehr vertretbar angesehen.

Zum anderen wurde hier auf Probleme im Zusammenhang mit der vorgesehenen Anhebung der Altersgrenzen für den Bezug von Altersrenten hingewiesen. Insbesondere hat der Bundesrat hier die bestehende Gefahr betont, daß diese Regelungen durch ein Ausweichen in die Erwerbsminderungsrenten unterlaufen werden können[918].

Nach dem Rentenreformgesetz 1992 sollte die Anhebung der Altersgrenzen für den Bezug von Altersrente erst im Jahr 2001 mit einer mehrjährigen Übergangsphase beginnen[919]. Durch die im Wachstums- und Beschäftigungsförderungsgesetz und im Gesetz über den gleitenden Übergang in den Ruhestand geregelte Heraufsetzung der Altersgrenzen bei den Altersrenten für Arbeitslose bereits ab dem Jahr 1997 und der Altersgrenzen für Frauen und langjährig Versicherte ab dem Jahr 2000 hat sich diese ursprüngliche Zielvorstellung sogar noch schneller realisiert[920]. Die vom Bundesrat betonte Gefahr des Ausweichens in die Erwerbsminderungsrenten ist damit noch größer und die notwendige Reform noch dringlicher geworden.

Letztlich forderte der Bundesrat in seiner Stellungnahme zum Rentenreformgesetz 1992 eine weitergehende Reform des Rechts der Erwerbsminderungsrenten, die eine sachgerechte und sozial ausgewogene Risikoabgrenzung zwischen Renten- und Arbeitslosenversicherung bewirken sollte[921].

Einer umfassenden Reform standen jedoch neben der Schwierigkeit der Materie selbst auch sozialpolitische Hindernisse entgegen. Da eine grundlegende Änderung des bestehenden Systems nicht mehrheitsfähig war, brachte das Rentenreformgesetz 1992 eine Reform im System, nicht eine Reform des Systems[922]. Insofern ist davon auszugehen, daß der Reformgeber 1992 in der Hoffnung auf eine positive Entwicklung auf dem Arbeitsmarkt „auf Zeit gespielt hat"[923] und bewußt die Renten wegen verminderter Erwerbsfähigkeit trotz erkannten Reformbedarfs

---

918 BT-Drucks. 11/4452 S. 9; vgl. hierzu auch Bank/Brachmann/Kreikebohm/Schmidt, Rentenreform 1992, 1990, Erster Teil 3.7 Rd. 95 S. 51.

919 Vgl. hierzu im einzelnen Ruland, NJW 1992, 1 (2).

920 Vgl. von der Heide, Betriebliche Altersversorgung 1998, 285; Seidel, DRV 1997, 110; vgl. Gesetz zur Förderung eines gleitenden Übergangs in den Ruhestand vom 23. Juli 1996, BGBl I S. 1078; Wachstums- und Beschäftigungsförderungsgesetz vom 25. September 1996, BGBl I S. 1461.

921 BT-Drucks. 11/4452 S. 9.

922 Ruland, NJW 1992, 1 (2).

923 Vgl. Bank/Brachmann/Kreikebohm/Schmidt, Rentenreform 1992, 1990, Erster Teil, 3.7. Rd. 95 S. 51.

ausgeklammert hatte[924]. Dies zeigt sich auch an der Ende 1994 – also kurze Zeit nach Verkündung des Rentenreformgesetzes 1992 – für die 13. Legislaturperiode abgeschlossenen Koalitionsvereinbarung der Fraktionen der CDU/CSU und der FDP. Auch hier wurde festgelegt, daß dem Trend der Frühverrentung zu Lasten der Rentenversicherung entgegengewirkt werden sollte.

### *2. Notwendigkeit einer neuerlichen Reform*

Wie sich an dem kurzen geschichtlichen Abriß der Entwicklung des Rentenrechts im Bereich der Erwerbsminderungsrenten zeigt, war eine Neuordnung dieses Gebiets trotz des Rentenreformgesetzes 1992 bereits vorprogrammiert. In heutiger Zeit ist eine solche Neuordnung in Anbetracht mannigfaltiger Probleme des bestehenden Systems außerordentlich notwendig und dringlich geworden.

#### *a. Statistische Entwicklung*

Im Jahre 1958 betrug der Anteil der Renten wegen Berufsunfähigkeit über 40% aller Erwerbsminderungsrenten. Dieser Anteil verringerte sich bis zum Jahr 1993 auf nur noch 15,9% für Männer. Bei Frauen waren 1993 gar nur noch 5,7% aller Renten wegen verminderter Erwerbsfähigkeit solche wegen Berufsunfähigkeit. Der Rentenbestand der Arbeiter und Angestellten am 01. Juli 1996 wies bei einer Gesamtzahl von 1.809.000 Renten wegen verminderter Erwerbsfähigkeit einen Anteil für Renten wegen Erwerbsunfähigkeit von 1.703.000 (=94,14%) und lediglich 106.000 (=5,86%) Renten wegen Berufsunfähigkeit aus.

Auch ein Blick auf den Anteil der arbeitsmarktbedingten Erwerbsminderungsrenten ist hier von Relevanz. Dieser lag 1990 noch bei etwa 22% gemessen an der Anzahl aller Renten wegen verminderter Erwerbsfähigkeit. Die Zahl der arbeitsmarktbedingten Zugänge an Renten wegen Erwerbsminderung lag in diesem Jahr bei 44.000. Im Jahr 1996 war bereits mehr als jede dritte Rente wegen Erwerbsunfähigkeit arbeitsmarktbedingt. Hier beruhten im weiteren schon 90.000 Erwerbsminderungsrentenzugänge auf der Entwicklung des Arbeitsmarktes.

Hieran zeigt sich, daß die Hoffnungen des Rentenreformgebers 1992 auf eine günstige Entwicklung des Arbeitsmarktes, die diesen veranlaßt hatten, auf eine Neuordnung der Berufs- und Erwerbsunfähigkeitsrenten zum damaligen Zeitpunkt zu verzichten, nicht eingetreten sind. Vielmehr ist es zu einer deutlichen finanziellen Mehrbelastung der gesetzlichen Rentenversicherung gekommen. Die

924 Vgl. Kolb DRV 1991, 1.

Mehrausgaben beliefen sich im Jahr 1996 beispielsweise auf etwa 7 Milliarden DM[925].

*b. Ursachen und Reformbedarf / Schwachstellen des geltenden Rechts*

Wesentliche Ursache für diese Entwicklung ist die Rechtsprechung des Bundessozialgerichts, insbesondere die generelle Anwendung der konkreten Betrachtungsweise im Bereich der unter vollschichtig einsatzfähigen Versicherten. Nicht nur in Anbetracht der erheblichen finanziellen Auswirkungen erweist sich die konkrete Betrachtungsweise als nicht haltbar. Sachlich unbegründet werden hierdurch Arbeitsmarkt- und Konjunkturrisiko auf die Rentenversicherung verlagert[926].

Zudem führt die konkrete Betrachtungsweise regelmäßig zu einem Durchschlagen der Rente wegen Berufsunfähigkeit in eine solche wegen Erwerbsunfähigkeit. Bereits geringfügige Leistungseinschränkungen können in die volle Erwerbsunfähigkeit führen[927]. Auch im Hinblick auf den Grundsatz Rehabilitation vor Rentengewährung erweist sich die konkrete Betrachtungsweise als Schwachstelle[928].

Eine weitere Schwachstelle des geltenden Rechts stellt das Mehrstufenschema bei der Beurteilung der Berufsunfähigkeit dar. Dies zunächst in Zusammenhang mit der starken tarifvertraglichen Ausrichtung der Rechtsprechung des Bundessozialgerichts[929].

Im weiteren ist anzuführen, daß durch die Rechtsprechung des Bundessozialgerichts zum Mehrstufenschema für die Versicherten, die ungelernte Tätigkeiten ausüben, kein Berufsschutz besteht. Hier kann faktisch allein die Erwerbsunfähigkeit eine Rente auslösen[930]. Da damit im Prinzip nur Vorarbeiter und Facharbeiter in den Genuß einer Berufsunfähigkeitsrente kommen können, wirken sich die Renten wegen Berufsunfähigkeit im Ergebnis als Privileg von Versicherten mit besonderer Ausbildung und in herausgehobenen Positionen aus[931].

---

925 Vgl. von der Heide, Betriebliche Altersversorgung 1998, 285 (286).

926 Vgl. oben D I 2 c dd (3) (b).

927 Vgl. oben D I 2 c dd (3) (b) und D III 2 d bb.

928 Vgl. zur Kritik an der konkreten Betrachtungsweise umfassend oben D I 2 c dd (3).

929 Vgl. zur Kritik insoweit oben D I 2 c bb (1) (a) (bb).

930 Vgl. Ruland, in: v. Maydell/Ruland, Sozialrechtshandbuch, 2. Auflage, 1996, Rd. 153 S. 939, vgl. oben D I 2 c ee (2), (3).

931 Niemeyer, NZS 1998, 103 (106); v.d.Heide, Betriebliche Altersversorgung 1998, 285 (287); vgl. Ruland, in: v.Maydell/Ruland, Sozialrechtshandbuch, 2. Auflage, 1996, Rd. 154

Obgleich die gegenwärtige Regelung der Berufsunfähigkeitsrente insofern nicht gegen Verfassungsrecht verstößt[932], bleiben die sozialpolitischen Bedenken freilich bestehen. Hier wird eine Personengruppe bevorzugt, die zumindest schicksalsmäßig in keiner Weise benachteiligt ist. Vielmehr beruht ein höherer sozialer Rang oftmals auf schicksalsmäßigen Vorteilen. Insofern besteht unter Einbeziehung des Vorteils einer höheren Rente wegen gezahlter höherer Beiträge bei Versicherten der oberen Gruppen des Mehrstufenschemas kein zwingender Grund an einer entsprechenden Privilegierung festzuhalten.

Ein weiterer aus dem Mehrstufenschema resultierender Problemkreis ergibt sich schließlich aus der Schwierigkeit, exakt festzustellen, welcher Beruf für den konkret Betroffenen zumutbar ist. Die Berufsbilder sind heute so komplex und betriebsspezifisch, daß an sich im jeweiligen Einzelfall genaue – und damit zeitaufwendige – Untersuchungen erfolgen müßten[933]. Nicht auszuschließen ist daher, daß bei unveränderter Beibehaltung der Rente wegen Berufsunfähigkeit die Anforderungen an die berufskundliche Begutachtung bei einer weiteren Steigerung der Komplexität der Berufsbilder ebenfalls steigen müßten[934], was bei der schon derzeit bestehenden Massenverwaltung einen unvertretbaren Aufwand bedeuten würde.

Schließlich sprechen auch Praktikabilitätsgesichtspunkte für eine Reform des bestehenden Rechts der Erwerbsminderungsrenten. Wie gezeigt, haben unter anderem die Entscheidungen des Großen Senats des Bundessozialgerichts und die Tarifstufensystematik zu einer gravierenden Verringerung des Anteils der Berufsunfähigkeitsrenten an den gesamten Erwerbsminderungsrenten geführt. In krassem Gegensatz hierzu steht die Anzahl der Rechtsstreitigkeiten wegen der Berufsunfähigkeitsrente. Seit 1991 sind hier beispielsweise über 300 Leitsatzentscheidungen ergangen[935]. Zudem bereitet die Rente wegen Berufsunfähigkeit in der verwaltungsmäßigen Durchführung große Probleme[936]. Hieran zeigen sich die in der Praxis der Gewährung einer Rente wegen Berufsunfähigkeit bestehen-

---

932 Zur Verfassungsmäßigkeit des Mehrstufenschemas vgl. oben D I 2 c bb (1) (a) (gg).

933 Vgl. Schulz-Weidner, SGb 1996, 305 (312).

934 So auch Schulz-Weidner, SGb 1996, 305 (312), der auf das System der Niederlande verweist, wo die Beteiligung eines Arbeitsmarktspezialisten (vocational advisor) an der Entscheidungsfindung bei der Gewährung von Invaliditätsrenten obligatorisch ist. Vgl. hierzu auch Timmer, in: Ingwer Epsen (Hrsg.), Invalidität und Arbeitsmarkt, 1992, S. 171.

935 Vgl. Meyer, in: GK-SGB VI, Band 3, Stand 1997, § 43 Rd. 41, der sogar davon spricht, daß die Rente wegen Berufsunfähigkeit zu einem ideologischen Kampfplatz in der Richterschaft und ein Lieblingskind der Sozialgerichtsbarkeit geworden ist.

936 Vgl. Niemeyer, NZS 1998, 103 (106).

den Schwierigkeiten. Im Laufe der Zeit, insbesondere durch die ständigen richterlichen Rechtsfortbildungen des Bundessozialgerichts ist der Bereich der Berufsunfähigkeitsrente zu einem kaum überschaubaren Rechtsgebiet herangewachsen. Insoweit ist die teilweise Behauptung von einem Lotteriespiel bei der Feststellung der Berufsunfähigkeit[937] nicht gänzlich von der Hand zu weisen.

Hinzu kommen schließlich die steigenden Beitragssätze in der gesetzlichen Rentenversicherung, die im wesentlichen durch die hohe Arbeitslosigkeit und den dadurch bedingten Trend zum vorzeitigen Ausscheiden aus dem Erwerbsprozeß bedingt sind[938]. Finanzielle Probleme der gesetzlichen Rentenversicherung ergeben sich im weiteren aus der gestiegenen Lebenserwartung, durch die die Rentenlaufzeiten verlängert werden. Auch vereinigungsbedingte Lasten tuen ihr übriges. Die dadurch erforderliche Erhöhung des Beitragssatzes zur gesetzlichen Rentenversicherung[939] steht im Widerspruch zu den politischen Bemühungen, eine Senkung der Lohnnebenkosten zur Verbesserung der Arbeitsmarktsituation herbeizuführen, so daß auch insoweit Reformbedarf besteht[940]. Anstoß für eine erneute Rentenreform ist damit auch in den zu erwartenden demographischen Veränderungen zu sehen[941], insbesondere in dem hierauf beruhenden, für das Jahr 2030 vorhergesehenen hohen Beitragssatz.

### *3. Die Rentenreform 1999 / Rentenreformgesetz 1999*

#### *a. Das Gesetzgebungsverfahren*

Am 10. Oktober 1997 hat der Deutsche Bundestag das Gesetz zur Reform der gesetzlichen Rentenversicherung (Rentenreformgesetz 1999) in zweiter und dritter Lesung verabschiedet. Zuvor hatte die Bundesregierung bereits am 12. Juni 1996 eine Kommission „Fortentwicklung der Rentenversicherung“ eingesetzt, die

---

937 Vgl. Zimmermann, DRV 1992, 217ff. im Hinblick auf die Erkenntnismöglichkeiten.

938 Vgl. v.Maydell, NJW 1997, 850.

939 20,3% seit dem 01. Januar 1997, für das Jahr 2030 wurde aufgrund der demographischen Entwicklung sogar ein Beitragssatz von 26,9% vorausgesagt, vgl. v.Maydell, NJW 1997, 850.

940 So auch v.Maydell, NJW 1997, 850; vgl. hierzu auch Köbl, in: Schulin, Handbuch des Sozialversicherungsrechts, Band 3, 1999, § 26 Rd. 1, die die wachsenden Finanzprobleme der Rentenversicherung als durchschlagenden Impetus für die Erwerbsminderungsreform bezeichnet; zur Finanznot als Motor beziehungsweise Bremse im Voranschreiten der SGB-Kodifikation vgl. allgemein Köbl, in: Festschrift für Zacher, 1998, S. 389.

941 Vgl. Heller, DAngVers 1997, 489.

ihre Vorschläge am 27. Januar 1997 vorgelegt hatte. Die durch die Koalitionsarbeitsgruppe von CDU/CSU und FDP daraufhin erarbeiteten „Eckpunkte für die Rentenreform 1999" stimmten im wesentlichen mit den Vorschlägen der Kommission überein[942].

Unmittelbarer Auslöser der anhaltenden Rentendiskussion, die zu dieser Reform geführt hat, war hauptsächlich die Tatsache, daß der Beitragssatz für 1997 erstmalig die Zwanzig-Prozent-Grenze überschreiten mußte[943]. Hierfür wiederum ursächlich war die bestehende hohe Arbeitslosigkeit mit den hieraus resultierenden hohen Kosten für die Rentenversicherung[944].

Der Bundesrat hat am 07. November 1997 zum Rentenreformgesetz den Vermittlungsausschuß angerufen. Folge dieses Vermittlungsverfahrens war ein sogenanntes unechtes Vermittlungsergebnis, wonach der Gesetzesbeschluß vollständig aufgehoben werden sollte. Am 25. November 1997 wies der Deutsche Bundestag dieses Vermittlungsergebnis zurück, woraufhin der Bundesrat am 28. November 1997 gegen das Gesetz Einspruch einlegte. Diesen Einspruch wiederum wies der Bundestag am 11. Dezember 1997 mit den Stimmen der Mehrheit seiner Mitglieder zurück. Das hiermit mit der sogenannten Kanzlermehrheit verabschiedete Gesetz zur Reform der gesetzlichen Rentenversicherung ist schließlich am 22. Dezember 1997 im Bundesgesetzblatt ordnungsgemäß verkündet worden[945]. Dieses Gesetz enthielt 130 Änderungen des SGB VI und sah unter anderem zum 01. Januar 2000 eine grundlegende Reform der Renten wegen Berufs- und Erwerbsunfähigkeit vor[946].

SPD und Bündnis 90/Die Grünen haben sich jedoch in ihrer Koalitionsvereinbarung vom 20. Oktober 1998 auf eine Aussetzung der im Rentenreformgesetz 1999 beschlossenen Einschnitte bei den Erwerbsminderungsrenten bis zum Inkrafttreten einer neuen Rentenstrukturreform[947] geeinigt. Dementsprechend hat der neu zusammengesetzte Bundestag durch das Gesetz zu Korrekturen in der Sozialversicherung und zur Sicherung der Arbeitnehmerrechte vom 19. Dezember 1998 in Artikel 1 § 1 Nr. 2 dieses Gesetzes eine Korrektur des Rentenreformgesetzes 1999 beschlossen. Hiernach soll die vorgesehene Neuordnung we-

942 Vgl. Heller, DAngVers 1997, 489.

943 Standfest, DRV 1997, 385 (393).

944 Einnahmenseite: 100.000 Arbeitslose mehr kosten die Rentenversicherung rund 400 Millionen DM weniger an Beiträgen; Ausgabenseite: 1997 zahlte die Rentenversicherung an rund 800.000 Personen vorgezogene Rente wegen Arbeitslosigkeit mit einem Kostenvolumen von rund 20 Milliarden DM; vgl. Standfest, DRV 1997, 385 (393).

945 BGBl. I, S. 2998ff.; zum Gesetzgebungsverfahren insoweit vgl. Niemeyer, NZS 1998, 103.

946 Vgl. Heller, DAngVers 1997, 489.

947 geplant bis 31. Dezember 2000.

sentlicher Vorschriften des Rechts der Renten wegen verminderter Erwerbsfähigkeit nicht bereits zum 01. Januar 2000, sondern frühestens (vorbehaltlich einer anderslautenden gesetzlichen Regelung) am 01. Januar 2001 in Kraft treten. Im Hinblick auf die geänderten Mehrheitsverhältnisse im Deutschen Bundestag hat der Gesetzgeber damit Zeit gewonnen, um das Reformvorhaben erneut zu überdenken.

### *b. Parteiübergreifende Übereinstimmungen*

Trotz dieses zeitlichen Aufschubs ist jedoch davon auszugehen, daß wesentliche Inhalte des Rentenreformgesetzes 1999 – unabhängig von der Frage einer nicht auszuschließenden weiteren zeitlichen Verzögerung – tatsächlich in Zukunft verwirklicht werden. Dies folgt bereits aus der Tatsache, daß in den Zielen vielfach Übereinstimmung besteht.

Neben der von der Bundesregierung am 12. Juni 1996 eingesetzten Kommission „Fortentwicklung der Rentenversicherung" bestand seitens der SPD die am 10. Juni 1996 eingesetzte „Alterssicherungskommission". Diese stellte ihre Vorschläge „Strukturreform statt Leistungskürzungen in der Alterssicherung" am 04. Mai 1997[948] vor. Auch Bündnis 90/Die Grünen erarbeiteten unter dem Titel „Den Generationenvertrag neu verhandeln" eigene Vorschläge[949]. Gleiches gilt für die Gruppe der PDS, die unter dem Titel „Rentenversicherung stabilisieren und Reform 2000 vorbereiten"[950] ebenfalls Anregungen gab. Die jeweiligen Kommissionen stimmen in ihrer grundsätzlichen Zielrichtung und in wesentlichen Punkten überein. Insbesondere das überkommene System der Absicherung des Invaliditätsrisikos im Rahmen der gesetzlichen Rentenversicherung wurde nicht in Frage gestellt, da von einer Privatisierung dieses Risikos vor allem Nachteile für die Erhaltung des gegenwärtigen Standards der Rehabilitationsleistungen zu befürchten wären[951].

Zudem wird das grundsätzliche Bedürfnis einer Neuregelung der Berufs- und Erwerbsunfähigkeitsrenten allgemein anerkannt. Übereinstimmend wird eine Rückkehr zur abstrakten Betrachtungsweise für sachgerecht gehalten[952], wodurch

---

948 BT-Drucks. 13/8032.

949 BT-Drucks. 13/8036.

950 BT-Drucks. 13/8044.

951 Köbl, in: Schulin, Handbuch des Sozialversicherungsrechts, Band 3, 1999, § 26 Rd. 2.

952 Vgl. Standfest, DRV 1997 385 (389); in neuerer Zeit mehren sich jedoch angesichts der bestehenden und sich verschärfenden Arbeitsplatzknappheit Stimmen, die eine frühere Verrentung von leistungsgeminderten Versicherten präferieren,

eine gerechtere Aufteilung des gemischten Risikos der Invalidität auf die Rentenversicherung und die Arbeitslosenversicherung erreicht werden soll[953]. Zwar besteht damit grundsätzlich Einigkeit über die Abkehr von der konkreten Betrachtungsweise. Gleichwohl fehlt es an einer Übereinstimmung über den Zeitpunkt einer solchen Abkehr.

Die SPD-Alterssicherungs-kommission will die abstrakte Betrachtungsweise für die Erwerbsminderungsrenten erst nach einer deutlichen Verbesserung der Arbeitsmarktlage gelten lassen[954]. Bis zur Wiedereinführung der abstrakten Betrachtungsweise soll allerdings die Bundesanstalt für Arbeit der Rentenversicherung 50% der durch die konkrete Betrachtungsweise bedingten Mehraufwendungen erstatten und damit die Übernahme des Arbeitsmarktrisikos, soweit diese durch die konkrete Betrachtungsweise bedingt ist[955], zumindest teilweise ausgleichen[956].

Das Rentenreformgesetz 1999 sieht weiter zur sachgerechten Aufteilung des Invaliditätsrisikos zwischen Renten- und Arbeitslosenversicherung eine Ablösung des derzeitigen Systems der Renten wegen Berufs- und Erwerbsunfähigkeit durch ein einheitliches, aber abgestuftes System der Erwerbsminderungsrenten vor. Auch nach den Vorschlägen der SPD-Alterssicherungskommission ist vorgesehen, die Renten wegen Berufs- und Erwerbsunfähigkeit durch ein System zu ersetzen, in dem zwischen Rente wegen teilweiser Erwerbsminderung, Rente wegen voller Erwerbsminderung und rentenrechtlich unbeachtlichen Leistungsminderungen differenziert werden soll. Unterschiede bestehen insoweit lediglich in der näheren Ausgestaltung[957].

Weiter sieht das Rentenreformgesetz 1999 einen ersatzlosen Wegfall des aus den eingeschränkten Verweisungsmöglichkeiten im Mehrstufenschema folgenden Berufsschutzes vor[958]. Auch die SPD-Alterssicherungskommission hält einen – allerdings langfristigen – Wegfall des Berufsschutzes für erforderlich[959]. Aller-

---

vgl. Presse und Informationsamt der Bundesregierung, Sozialpolitische Umschau Nr. 294 vom 30. August 1999 zu den Eckpunkten für eine Rentenreform.

953 BT-Drucks. 13/8011 S. 2; von der Heide, Betriebliche Altersversorgung 1998, 285 (286); Standfest, DRV 1997, 385 (389).

954 Vgl. unten D V 3 c aa (5).

955 Vgl. oben D I 2 c dd (3).

956 Vgl. BT-Drucks. 13/8032 S. 3; von der Heide, Betriebliche Altersversorgung 1998, 285 (286); Standfest, DRV 1997, 385 (389); Köbl, in: Schulin, Handbuch des Sozialversicherungsrechts, Band 3, 1999, § 26 Rd. 24.

957 Vgl. hierzu nachstehend D V 3 c aa (5).

958 Vgl. Niemeyer, NZS 1998, 103 (106); von der Heide, Betriebliche Altersversorgung 1998, 285 (287); Maier, SGb 1998, 1 (6); Standfest, DRV 1997, 385 (389); BT-Drucks. 13/8011 S. 50.

959 Vgl. von der Heide, Betriebliche Altersversorgung 1998, 285 (287).

dings fordert sie zur Wahrung des Vertrauensschutzes entgegen dem Rentenreformgesetz 1999 eine Fortgeltung des bestehenden Rechts für Personen, die bei Inkrafttreten der Neuregelung das 40. Lebensjahr vollendet und die Wartezeit erfüllt haben[960].

*c. Das Rentenreformgesetz 1999 im einzelnen unter besonderer Berücksichtigung der Vorstellungen der SPD-Alterssicherungskommission*

Da zwischen den Parteien in den wesentlichen Zielen Übereinstimmung besteht, ist zu erwarten, daß das Rentenreformgesetz 1999 auch in wesentlichen Punkten unverändert beziehungsweise nur geringfügig verändert in Kraft treten wird. Insoweit sind damit an dieser Stelle die entsprechenden Regelungen darzustellen und auf ihre Auswirkungen zu untersuchen. Soweit die SPD-Alterssicherungskommission vom Rentenreformgesetz 1999 abweichende Standpunkte vertritt, ist aufgrund veränderter politischer Machtverhältnisse davon auszugehen, daß die Rentenreform auch in diesen Punkten Änderungen erfahren wird. Diese Punkte gilt es ebenfalls aufzuzeigen und – unter Berücksichtigung der vermutlichen Änderungen – auf ihre Auswirkungen zu untersuchen.

*aa. Abgestuftes System einer Erwerbsminderungsrente*

*(1). Rentenarten*

Im Hinblick auf das übereinstimmend bestehende Ziel einer sachgerechten Aufteilung des Invaliditätsrisikos zwischen Renten- und Arbeitslosenversicherung sieht das Rentenreformgesetz 1999 eine Ablösung des derzeitigen Systems der Renten wegen Berufs- und Erwerbsunfähigkeit durch ein einheitliches, aber abgestuftes System der Erwerbsminderungsrenten vor[961].

Gerade das Arbeitsmarktrisiko soll künftig nicht mehr durch die Erwerbsminderungsrente abgedeckt sein. Dies bedeutet vor allem die Aufgabe der als systemwidrig empfundenen abstrakten Betrachtungsweise. Aus der Abstufung folgt auch, daß der Rente wegen Erwerbsminderung künftig dann nicht mehr volle Lohnersatzfunktion zukommt, wenn die Intensität der gesundheitlichen Beeinträchtigung noch eine teilweise Tätigkeit zuläßt[962]. Die Rente wegen Erwerbs-

---

960 BT-Drucks. 13/8032 S. 2.

961 BGBl. I S. 2998ff.; vgl. Maier, SGb 1998, 1 (5); von der Heide, Betriebliche Altersversorgung 1998, 285 (286); Niemeyer, NZS 1998, 103 (106); Heller, DAng-Vers 1997, 489 (493).

962 Im Ergebnis wird die Rente wegen teilweiser Erwerbsminderung deutlich niedriger sein als die Berufsunfähigkeitsrente, da sie mit dem Rentenartfaktor 0,5 be-

minderung deckt hier grundsätzlich[963] nur noch das Risiko ab, das durch die gesundheitliche Beeinträchtigung erwachsen ist. Das Risiko, einen der Restleistungsfähigkeit entsprechenden Arbeitsplatz zu finden, soll dabei regelmäßig durch die Arbeitslosenversicherung abgedeckt werden[964]. Das Rentenreformgesetz 1999 beinhaltet dementsprechend eine Neufassung des § 43 SGB VI.

Rente wegen verminderter Erwerbsfähigkeit soll grundsätzlich geleistet werden als Rente wegen teilweiser Erwerbsminderung und Rente wegen voller Erwerbsminderung. Nur ausnahmsweise sollen nach den Vorschriften des Fünften Kapitels[965] noch Leistungen als Rente wegen Berufsunfähigkeit, Rente wegen Erwerbsunfähigkeit und Rente für Bergleute erfolgen. Das Hauptrecht kennt danach allein die Renten wegen teilweiser Erwerbsminderung gemäß § 43 Abs. 1 SGB VI in der Fassung des Rentenreformgesetzes 1999 (RRG) und wegen voller Erwerbsminderung gemäß § 43 Abs. 2 SGB VI in der Fassung des RRG 1999. Entsprechend dieser Neuordnung wird § 44 SGB VI entbehrlich, da die bisherige Rente wegen Erwerbsunfähigkeit in der Neufassung des § 43 SGB VI nach dem RRG 1999 aufgeht. Die die Rente für Bergleute regelnde Vorschrift des § 45 SGB VI bleibt als Sonderregelung – nach dem RRG 1999 geregelt in § 239a SGB VI – erhalten, so daß die §§ 44, 45 SGB VI der Aufhebung unterliegen. Die Einordnung unter das Kapitel der Sonderregelungen wurde hier insbesondere aus dem Gesichtspunkt als vertretbar angesehen, als ein Aussterben des Berufsstandes der Bergleute wohl nicht allzu fern liegt.

*(2). Abstufungen*

Systematisch sieht das RRG 1999 vor, daß ein Versicherter, der auf dem gesamten allgemeinen Arbeitsmarkt nach dessen üblichen Bedingungen nur noch unter drei Stunden täglich erwerbstätig sein kann, eine volle Erwerbsminderungsrente erhält. Auf den zuletzt ausgeübten Beruf kommt es dabei nicht mehr an[966]. Voll erwerbsgemindert sollen auch weiterhin Versicherte nach § 1 S. 1 Nr. 2 SGB VI sein, die wegen Art oder Schwere der Behinderung nicht auf dem allgemeinen Arbeitsmarkt tätig sein können. Kann der Versicherte dagegen noch zwischen

---

rechnet wird, während der Rentenartfaktor bei der Berufsunfähigkeitsrente 0,6667 beträgt; vgl. hierzu §§ 67, 82, 255 SGB VI.

963 In welchen Grenzen dies erfolgen soll, ist noch umstritten. Vgl. hierzu D V 3 c aa (2) und D V 3 c aa (5).

964 Vgl. Neumann, DRV 1999, 393 (403).

965 Sonderregelungen, Ergänzungen für Sonderfälle, Ausnahmen von der Anwendung neuen Rechts.

966 Vgl. hierzu D V 3 e ee.

drei und unter sechs Stunden täglich arbeiten, so soll er eine halbe Erwerbsminderungsrente erhalten.

Sofern er noch sechs Stunden und länger täglich erwerbstätig sein kann, soll er schließlich überhaupt keine Rente wegen verminderter Erwerbsfähigkeit erhalten. Die Grenze des RRG 1999 von unter drei Stunden täglicher Erwerbsfähigkeit als Voraussetzung für eine Rente wegen voller Erwerbsminderung wurde im Interesse einer sachgerechten Risikoabgrenzung zwischen Renten- und Arbeitslosenversicherung gewählt. Gleichzeitig sollte hierdurch die Nahtlosigkeit zu den Regelungen der Renten- und Arbeitslosenversicherung gewährleistet werden[967]. Bei Versicherten mit einem derart geringen Leistungsspektrum soll nach dem RRG 1999 die Rentenversicherung weiterhin das volle Arbeitsmarktrisiko tragen, da diese Betroffenen den Vermittlungsbemühungen der Arbeitsverwaltung nicht zur Verfügung stehen und auch keine Leistungen der Arbeitslosenversicherung erhalten können. Dementsprechend soll hier auch Anspruch auf die volle Erwerbsminderungsrente bestehen[968].

Die Grenze ist also dort gezogen worden, wo nach dem Arbeitsförderungsrecht Arbeitslosigkeit nicht mehr angenommen wird, gerade weil der Versicherte dem Arbeitsmarkt nicht mehr zur Verfügung steht[969]. Zudem ist bei einem solchen Leistungsvermögen der Arbeitsmarkt für den Versicherten in der Regel verschlossen, weil entsprechende stundenweise Tätigkeiten nach Tarifvertrag im Regelfall nicht angeboten werden.

*(3). Ausschlußregelungen*

*(a). Selbständigkeit*

Trotz entsprechend eingeschränkten Leistungsvermögens ist nach § 43 Abs. 2 S. 2 Nr. 1 SGB VI in der Fassung des RRG 1999 zunächst derjenige Versicherte, der eine selbständige Tätigkeit ausübt, nicht voll erwerbsgemindert im Sinne dieser Vorschrift. Insoweit bestehen keine Unterschiede zur im Rahmen der Rente wegen Erwerbsunfähigkeit gemäß § 44 Abs. 2 S. 2 Nr. 1 SGB VI derzeit geltenden Rechtslage[970].

---

967 BT-Drucks. 13/8011 S. 54.
968 Vgl. von der Heide, Betriebliche Altersversorgung 1998, 285 (287).
969 Vgl. BT-Drucks. 13/8011 S. 54, 55.
970 Vgl. hierzu oben D III 2 c.

*(b). Einkommensgrenzen*

Desweiteren schließt nach § 43 Abs. 2 S. 4 Nr. 2 SGB VI in der Fassung des RRG 1999 Einkommen des Versicherten, das ein Siebtel der monatlichen Bezugsgröße überschreitet, den Anspruch auf Rente wegen Erwerbsminderung in Höhe einer vollen Rente grundsätzlich aus. Das Abstellen auf den realen Arbeitsverdienst führt dazu, daß die Gesichtspunkte des „Arbeitens auf Kosten der Gesundheit“ sowie die „vergönnungsweise Beschäftigung“ trotz Vorliegens von Erwerbsunfähigkeit für den Versicherungsfall der vollen Erwerbsminderung keine Rolle mehr spielen.

Bei Überschreiten des Siebtels der monatlichen Bezugsgröße kann lediglich ein Anspruch auf Rente wegen teilweiser Erwerbsminderung gegeben sein, so daß auch insoweit kein sachlich relevanter Unterschied zur geltenden Rechtslage besteht[971]. Insbesondere sind hier weiter die Gesichtspunkte „Arbeiten auf Kosten der Gesundheit“ und „vergönnungsweise Beschäftigung“ zu berücksichtigen[972].

*(c). Leistungsgrenze*

Nach dem im RRG 1999 vorgesehenen System wird schließlich von Versicherten mit einem Leistungsvermögen von sechs Stunden und mehr erwartet, daß sie ihren Lebensunterhalt durch eigene Erwerbstätigkeit finanzieren. Dementsprechend zeitlich geringe Leistungseinschränkungen sollen nach dem RRG 1999 künftig rentenrechtlich völlig unbeachtlich sein.

*(4). Leistungsbeschränkungen*

Die Leistung der Rente wegen teilweiser Erwerbsminderung ist nach dem RRG 1999 in § 43 Abs. 1 SGB VI geregelt. Wegen des noch verbliebenen Restlei-

---

971 Vgl. hierzu oben D III 3. Wie nach geltenden Recht ist höheres als nur geringfügiges Arbeitsentgelt, das als Einmalzahlung des Arbeitgebers (beispielsweise Urlaubs- oder Weihnachtsgeld) geleistet wird, nicht zu berücksichtigen. Ein zweimaliges Überschreiten um jeweils einen Betrag bis zur Höhe eines Siebtels der monatlichen Bezugsgröße je Kalenderjahr bleibt zudem auch weiterhin außer Betracht. Auch in bezug auf Behinderte in Werkstätten wird die derzeit bestehende Rechtslage durch das RRG 1999 übernommen. Sofern diese wegen Art und Schwere der Behinderung nicht auf dem allgemeinen Arbeitsmarkt tätig sein können, sind sie weiterhin unabhängig von dem in der Behindertenwerkstatt (oder für diese in Heimarbeit) erzielten Entgelt voll erwerbsgemindert.

972 Köbl, in: Schulin, Handbuch des Sozialversicherungsrechts, Band 3, 1999, § 26 Rd. 37.

stungsvermögens des Versicherten kommt der Rente wegen teilweiser Erwerbsminderung keine volle Lohnersatzfunktion zu. Anders als nach dem bislang geltenden Recht zur Rente wegen Berufsunfähigkeit, bei der ein Rentenartfaktor[973] von 0,6667 zugrunde zu legen ist, beträgt dieser nach der Gesetzesänderung durch das RRG 1999 für die Rente wegen teilweiser Erwerbsminderung nur noch 0,5[974].

Angesichts dieser niedrigeren Rente im Vergleich zur Berufsunfähigkeitsrente ist faktisch erforderlich, daß die Versicherten zur Deckung ihres Lebensunterhalts weiteres Einkommen, sei es durch Einsatz des verbliebenen Restleistungsvermögens auf dem allgemeinen Arbeitsmarkt oder durch Bezug anderer Sozialleistungen, erzielen müssen[975]. Das Risiko der Verwertbarkeit des Restleistungsvermögens hat insoweit die Arbeitslosenversicherung zu tragen, die in dem Fall, in dem der Versicherte keinen entsprechenden Arbeitsplatz findet, neben der von der Rentenversicherung zu zahlenden Rente wegen teilweiser Erwerbsminderung Arbeitslosengeld beziehungsweise nach Ablauf der Anspruchsdauer Arbeitslosenhilfe zu zahlen hat[976].

Festzustellen ist zunächst insoweit, daß es sich bei dem durch das RRG 1999 vorgesehenen System der Renten wegen verminderter Erwerbsfähigkeit ebenso wie bei den gegenwärtigen Renten wegen Berufs- und Erwerbsunfähigkeit um zwei Rentenarten mit einem unterschiedlichen Leistungsfall handelt[977]. Welcher Leistungsfall einschlägig ist, bestimmt sich nach dem jeweiligen Leistungsvermögen des Versicherten. Ebenso wie nach bisherigem Recht handelt es sich um parallele Rentenansprüche[978].

#### *(5). Abweichende Vorstellungen der SPD-Alterssicherungskommission*

Auch nach den Vorstellungen der SPD-Alterssicherungskommission soll das bisherige System der Berufs- und Erwerbsunfähigkeitsrenten durch ein abgestuftes System der Erwerbsminderungsrenten ersetzt werden[979]. Allerdings besteht hier eine unterschiedliche Auffassung im Hinblick auf die zeitliche Einordnung der Beachtlichkeit von Leistungsminderungen.

---

973 Die Rentenartfaktoren bestimmen das Sicherungsziel der jeweiligen Renten, vgl. Heller, DAngVers 1997, 489 (494).
974 Vgl. § 67 Nr. 2 SGB VI in der Fassung nach dem RRG 1999.
975 Vgl. von der Heide, Betriebliche Altersversorgung 1998, 285 (286).
976 Vgl. von der Heide, Betriebliche Altersversorgung 1998, 285 (286).
977 Heller, DAngVers 1997, 489 (494).
978 Vgl. § 89 Abs. 1 Nrn. 5, 6 und § 265c Nrn. 7, 8 SGB VI in der Fassung des RRG 1999.
979 Vgl. BT-Drucks. 13/8032 S. 3.

So soll rentenrechtliche Unbeachtlichkeit nur bei einem Leistungsvermögen von mehr als sieben Stunden täglicher Erwerbsfähigkeit gegeben sein. Volle Rente hingegen soll gewährt werden, sofern das tägliche Leistungsvermögen unter vier Stunden liegt. Demzufolge soll derjenige Versicherte Anspruch auf die halbe Erwerbsminderungsrente haben, der noch zwischen vier und sieben Stunden täglich arbeiten kann[980].

Damit ist aber im Ergebnis sicher davon auszugehen, daß jedenfalls das derzeitige System der Renten wegen Berufs- und Erwerbsunfähigkeit durch ein abgestuftes System der Erwerbsminderungsrente ersetzt werden wird. Einzig die nähere Ausgestaltung, insbesondere die genaue zeitliche Einordnung anhand des zeitlichen Leistungsvermögens ist noch nicht abschließend geklärt.

*bb. Versicherungsrechtliche Voraussetzungen der Erwerbsminderungsrenten nach dem RRG 1999*

Die versicherungsrechtlichen Voraussetzungen für die Renten wegen verminderter Erwerbsfähigkeit sind nach dem RRG 1999 in § 43 Abs. 3 bis 5 SGB VI geregelt. Diese entsprechen weitgehend dem bislang geltenden Recht. § 43 Abs. 4 SGB VI in der Fassung des RRG 1999 ist mit § 43 Abs. 4 SGB VI in der bislang geltenden Fassung nahezu wortgleich. Sachlich relevante Unterschiede in bezug auf die rentenrechtlichen Voraussetzungen bestehen jedoch nicht. Ebenso entspricht § 43 Abs. 5 SGB VI in der angestrebten Fassung sachlich der Vorschrift des bislang geltenden § 44 Abs. 3 SGB VI. Die Verwendung anderslautender Begriffe beruht lediglich auf der geplanten Systemänderung. Schließlich bestehen auch keine sachlichen Unterschiede zwischen dem jetzigen § 43 Abs. 3 SGB VI, der über § 44 Abs. 4 SGB VI auch für die Erwerbsunfähigkeitsrente gilt, und der durch das RRG 1999 vorgesehenen Formulierung des neuen § 43 Abs. 3 SGB VI.

Damit ist zusammenfassend festzustellen, daß die versicherungsrechtlichen Voraussetzungen entsprechend dem bisherigen Recht beibehalten werden sollen. Auch den Vorschlägen der SPD-Alterssicherungskommission sind keine anderslautenden Tendenzen zu entnehmen, so daß insgesamt auch keinerlei Änderungen zu erwarten sind[981].

---

980 BT-Drucks. 13/8032 S. 3; von der Heide, Betriebliche Altersversorgung 1998, 285 (287).

981 Vgl. zu den einzelnen versicherungsrechtlichen Voraussetzungen oben D I 4, D III 4.

*cc. Befristung der Erwerbsminderungsrenten*

Durch das RRG 1999 ist im weiteren eine Änderung des § 102 Abs. 2 SGB VI vorgesehen. Nach dem Wortlaut der Norm sollen Renten wegen verminderter Erwerbsfähigkeit künftig grundsätzlich nur als Zeitrenten für längstens drei Jahre nach Rentenbeginn geleistet werden[982]. Eine Dauerrente soll nur noch in Betracht kommen, wenn nicht anzunehmen ist, daß die Leistungsminderung in absehbarer Zeit behoben werden kann.

Da die Dauerrente damit – anders als nach der gegenwärtigen Rechtslage – der Ausnahmefall sein soll, kommt sie nur in Betracht, wenn schwerwiegende medizinische Gründe vorliegen, die eine Behebung der Minderung der Erwerbsfähigkeit in absehbarer Zeit als ausgeschlossen erscheinen lassen. Da die in der geltenden Fassung vorgesehene Begrenzung der Befristung auf längstens sechs Jahre nicht mehr vorgesehen ist, ist auch eine Wiederholung einer Befristung, gegebenenfalls auch eine weitere Wiederholung nicht ausgeschlossen.

Folge dieser grundsätzlichen Umkehrung des Regel-/Ausnahmeprinzips von Dauerrenten und Zeitrenten ist eine Entlastung der Rentenversicherung und eine Belastung der Krankenversicherung, weil befristete Renten erst mit Ablauf des sechsten Kalendermonats nach Eintritt der Leistungsminderung gewährt werden. Bei der Gewährung einer Zeitrente sind damit die Krankenkassen regelmäßig für diese sechs Kalendermonate zur Zahlung von Krankengeld verpflichtet, während die Rentenversicherung nur bei Gewährung einer unbefristeten Rente von dem Kalendermonat an, zu dessen Beginn die Anspruchsvoraussetzungen für die Rente erfüllt sind, einstandspflichtig ist[983].

Den Vorstellungen der SPD-Alterssicherungskommission sind insoweit keine Abweichungen zu entnehmen. Da einheitlich die Entlastung der gesetzlichen Rentenversicherung als Ziel einer Rentenreform begrüßt wird, ist folglich davon auszugehen, daß trotz geänderter politischer Machtverhältnisse die im RRG 1999 vorgesehene Änderung des § 102 Abs. 2 SGB VI beibehalten werden wird. Dies umsomehr, als hierdurch tatsächlich eine finanzielle Entlastung der Rentenversicherung zu erwarten ist, durch die zudem der jeweilige Versicherte regelmäßig günstiger gestellt sein wird, da das Krankengeld in der Regel höher sein wird als die Erwerbsminderungsrente.

---

982 BT-Drucks. 13/8011 S. 59; Heller, DAngVers 1997, 489 (494); von der Heide, Betriebliche Altersversorgung 1998, 285 (288); Kreikebohm, Sozialgesetzbuch, 1997, Nachtrag Rd. 19.

983 Vgl. von der Heide, Betriebliche Altersversorgung 1998, 285 (286).

Diese Regelung trägt auch dem Grundsatz „Rehabilitation vor Rente“ Rechnung[984]. Neben der vorgesehenen Änderung des § 102 Abs. 2 SGB VI hat das RRG 1999 die Streichung der Sätze 2 und 3 in § 116 Abs. 1 SGB VI und einhergehend auch die Streichung der §§ 20 Abs. 3 und 4, 24 Abs. 4 und 5, 25 Abs. 2 SGB VI vorgesehen. Folge hiervon wird sein, daß Versicherte, die die Voraussetzungen für den Bezug einer Rente wegen verminderter Erwerbsfähigkeit erfüllen und bei denen Leistungen zur Rehabilitation voraussichtlich erfolgreich sind, zunächst eine befristete Rente erhalten müssen[985]. Diese tritt an die Stelle des nach der bisherigen Regelung zu zahlenden Übergangsgeldes mindestens in Höhe der Rente ab fiktivem Rentenbeginn. Gerade die Gewährung einer bloßen Zeitrente führt nämlich dazu, daß zumindest vor einer Wiederholung der Befristung erneut zu überprüfen ist, ob sich das Leistungsvermögen des betroffenen Versicherten in der Zwischenzeit derart verbessert hat, daß er nunmehr wieder selbst erwerbstätig sein kann oder ob zumindest nunmehr Rehabilitationsmöglichkeiten zur Verbesserung beziehungsweise Wiederherstellung der Leistungsfähigkeit des Versicherten hinreichend Aussicht auf Erfolg bieten. Die mit der Gewährung einer Dauerrente verbundene Gefahr, daß eine gegebenenfalls eingetretene Verbesserung der gesundheitlichen Leistungsfähigkeit vollständig unberücksichtigt bleibt, fällt mithin weg.

*dd. Abkehr von der konkreten Betrachtungsweise*

Wie gezeigt, trägt bislang die Rentenversicherung über die Erwerbsminderungsrenten einen erheblichen Teil des Arbeitsmarktrisikos der leistungsgeminderten Personen[986]. Dies ist im wesentlichen Folge der konkreten Betrachtungsweise der Rechtsprechung, die sich aus den Entscheidungen des Großen Senats des Bundessozialgerichts aus den Jahren 1969 und 1976 ergibt. Demgegenüber sieht die Neuregelung der Erwerbsminderung durch das RRG 1999 eine gravierende Abweichung von der jetzigen Rechtslage vor.

§ 43 Abs. 1 S. 2 a.E. SGB VI in der Fassung des RRG 1999 schreibt zunächst für den Bereich der Rente wegen teilweiser Erwerbsminderung fest, daß die Arbeitsmarktlage insgesamt nicht zu berücksichtigen ist. Gleiches gilt nach § 43 Abs. 2 S. 2 a.E. SGB VI in der Fassung des RRG 1999 für den Bereich der Rente wegen vollständiger Erwerbsminderung. Damit soll nach der Neuregelung ausschließlich auf den Gesundheitszustand des Versicherten abzustellen sein. Das

---

984 Vgl. Maier, SGb 1998, 1 (6), der von einer neuen Chance zur Reintegration des Versicherten in das Erwerbsleben spricht.

985 Vgl. Heller, DAngVers. 1997, 489 (494).

986 Vgl. oben D I 2 c dd (3).

Gesetz in der Fassung des RRG 1999 kehrt damit zu der abstrakten Betrachtungsweise aus der Zeit vor der Rechtsprechung des Bundessozialgerichts aus dem Jahr 1976 zurück[987].

Folge dieser Abkehr von der konkreten Betrachtungsweise ist vor allem die geforderte Neuverteilung des Arbeitsmarktrisikos. Die Versicherten, die nach heutigem Recht eine Rente wegen Berufs- beziehungsweise Erwerbsunfähigkeit infolge der Situation auf dem Arbeitsmarkt erhalten können, sind damit bei Inkrafttreten des RRG 1999 als arbeitslos zu qualifizieren, mit der Folge, daß auch die Arbeitslosenversicherung einstandspflichtig wird. Dies gilt zumindest für diejenigen Versicherten, die ihr verbliebenes Restleistungsvermögen nur deshalb nicht einsetzen können, weil sie etwa keinen Teilzeitarbeitsplatz finden[988].

Der insoweit vorgesehenen Abkehr von der konkreten Betrachtungsweise hat auch die SPD-Alterssicherungskommission prinzipiell zugestimmt. Sie will jedoch die arbeitsmarktbedingte Berufs- und Erwerbsunfähigkeitsrente für arbeitslose Versicherte, die nur noch Teilzeitarbeit verrichten können (mindestens vier Stunden und weniger als sieben Stunden am Tag), bis zu einer deutlichen Verbesserung der Arbeitsmarktlage gelten lassen[989]. Da sie jedoch ebenfalls für eine anderweitige Verteilung des Arbeitsmarktrisikos zwischen Renten- und Arbeitslosenversicherung eintritt, sieht sie zumindest die Notwendigkeit einer Erstattung der Hälfte der Aufwendungen der Rentenversicherung für die arbeitsmarktbedingten Frührenten durch die Bundesanstalt für Arbeit[990].

Für den Fall der mit einer wesentlichen Verbesserung der Arbeitsmarktsituation verbundenen Wiedereinführung der sogenannten abstrakten Betrachtungsweise sollen außerdem Versicherte, die keinen Teilzeitarbeitsplatz gefunden haben, eine halbe Erwerbsminderungsrente erhalten, die durch ein 50%iges (Teil-) Arbeitslosengeld beziehungsweise eine (Teil-) Arbeitslosenhilfe (ohne Anrech-

---

987 Vgl. Offczors, SGb 1997, 293; Maier, SGb 1998, 1.

988 Vgl. von der Heide, Betriebliche Altersversorgung 1998, 285 (286).

989 BT-Drucks. 13/8032 S. 3.

990 BT-Drucks. 13/8032 S. 3; vgl. von der Heide, Betriebliche Altersversorgung 1998, 285 (286). Auch der DGB tritt wegen der derzeit bestehenden hohen Arbeitslosigkeit für eine – zumindest zeitweilige – Beibehaltung der Berücksichtigung der Arbeitsmarktlage bei der Anerkennung einer Erwerbsunfähigkeitsrente für noch zeitweise arbeitsfähige Versicherte ein, die einen entsprechenden Teilzeitarbeitsplatz nicht finden können. Im Hinblick auf die Zuordnung der Risiken Invalidität und Arbeitsmarkt zwischen Renten- und Arbeitslosenversicherung wird teilweise insoweit noch weitergehend vorgeschlagen, daß die Bundesanstalt für Arbeit für eine Übergangszeit der Rentenversicherung die Kosten für den arbeitsmarktbedingten Teil der Erwerbsunfähigkeitsrenten (vollumfänglich) erstatten soll, zu diesem Vorschlag von Frau Dr. Engelen-Kefer vgl. DAngVers 1999, 146.

nung der Teilrente) ergänzt werden soll[991]. Vorgesehen ist damit, daß für den Bereich der Teilzeitarbeitsfähigen eine hälftige Belastung bei der Rentenversicherung verbleibt. Jedenfalls würde auch hierdurch eine deutliche finanzielle Entlastung der gesetzlichen Rentenversicherung erreicht.

Ob die durch das RRG 1999 vorgesehene Rückkehr zur abstrakten Betrachtungsweise in dieser Konsequenz letztlich auch umgesetzt werden wird, ist allerdings in letzter Zeit wieder zweifelhaft geworden. Mit Schreiben vom 18. Juni 1999 hat Bundesarbeitsminister Walter Riester sein Konzept für eine Reform der Rentenversicherung den Mitgliedern der Koalitionsfraktionen von SPD und Bündnis 90/Die Grünen unter dem Titel „Das neue Altersvorsorgepaket" zugeleitet. Nach seinen Vorstellungen soll es zumindest im Bereich der Erwerbsunfähigkeitsrenten bei der konkreten Betrachtungsweise – Berücksichtigung der Verhältnisse am Arbeitsmarkt – bei der Zuerkennung von Erwerbsunfähigkeitsrenten bleiben. Allerdings soll die Rentenversicherung zur pauschalen Abgeltung des Mehraufwandes einen Anteil aus der Öko-Steuerreform erhalten[992].

Im Hinblick auf die dargestellten mannigfaltigen Bedenken gegen die konkrete Betrachtungsweise bleibt jedoch zu hoffen, daß die Vorgabe des RRG 1999 im Hinblick auf die Rückkehr zur abstrakten Betrachtungsweise dennoch eingehalten wird. Dies umsomehr unter dem Gesichtspunkt, daß im Hinblick auf die bis heute erfolgte ständige richterliche Rechtsfortbildung abzusehen ist, daß ohnehin versucht werden wird, mit Hilfe der unbestimmten Tatbestandsmerkmale „übliche Bedingungen des allgemeinen Arbeitsmarktes" entgegen der Intention des RRG 1999 Gesundheits- und Arbeitsmarktrisiken wieder zurück auf die Rentenversicherung zu verlagern[993].

Bereits hierdurch besteht die außerordentliche Gefahr, daß das Ziel der sachgerechten Verteilung des Arbeitsmarktrisikos zwischen Rentenversicherung und Bundesanstalt für Arbeit nicht uneingeschränkt verwirklicht werden kann. Wenn darüber hinaus – wie aus den Eckpunkten Riesters ersichtlich – im Bereich der Erwerbsunfähigkeitsrenten die konkrete Betrachtungsweise beibehalten werden sollte – würde diese Gefahr eindeutig verschärft.

Eine finanzielle Entlastung der Rentenversicherung durch Erhalt von Leistungen aus der Öko-Steuerreform würde an den grundsätzlichen Bedenken gegen die konkrete Betrachtungsweise nichts ändern. Vielmehr würden hier nur die Folgen für die Rentenversicherung gemildert, aber nicht die Ursachen – insbesondere die aus der konkreten Betrachtungsweise folgende Problematik des Grundsatzes Re-

---

991 BT-Drucks. 13/8032 S. 3.

992 Vgl. Presse und Informationsamt der Bundesregierung, Sozialpolitische Umschau Nr. 294 vom 30.8.1999.

993 Vgl. Köbl, in: Schulin, Handbuch des Sozialversicherungsrechts, Band 3, 1999, § 26 Rd. 46.

habilitation vor Rente[994] – bekämpft. Eine bloße politische Nützlichkeit einer solchen Handhabung kann keinesfalls über die bestehenden Bedenken hinwegtäuschen.

An diesem neuerlichen Gedanken zur Beibehaltung der konkreten Betrachtungsweise im Bereich der Erwerbsunfähigkeitsrenten – mit der Folge einer weiterhin bestehenden Verschiebung der Systemgrenzen zwischen Renten- und Arbeitslosenversicherung – zeigt sich, inwieweit politische Interessen – insbesondere die Priorität des Arbeitslosenproblems – dazu führen, daß selbst unbestreitbar gegebene Kritikpunkte und gewichtige Sachargumente hiergegen in den Hintergrund treten[995]. Zudem ist zu berücksichtigen, daß die von Riester angedachte finanzielle Entlastung der Rentenversicherung durch Leistungen aus der Öko-Steuerreform das Rentensystem noch undurchsichtiger macht[996].

*ee. Wegfall des Berufsunfähigkeits-Berufsschutzes*

Bislang ist nach der gesetzlichen Definition der Berufsunfähigkeit nur derjenige Versicherte berufsunfähig, der unter anderem unter Berücksichtigung der Dauer und des Umfangs seiner Ausbildung sowie seines bisherigen Berufes und den besonderen Anforderungen der bisherigen Berufstätigkeit nicht zumutbar auf eine anderweitige Tätigkeit verwiesen werden kann. Durch das vom Bundessozialgericht hierzu entwickelte Mehrstufenschema mit der eingeschränkten Verweisungsmöglichkeit auf Berufe, die allenfalls eine Stufe unter dem bisherigen Beruf liegen, ist eine Privilegierung von Versicherten mit einer höheren Ausbildung eingetreten. Auf der anderen Seite finanzieren Versicherte der unteren Stufen mit ihren Beiträgen die Berufsunfähigkeitsrente mit, die sie selbst nie erhalten können.

Die Neuregelung der Renten wegen Erwerbsminderung nach dem RRG 1999 beinhaltet keine Einschränkungen der Verweisungstätigkeiten unter dem Gesichtspunkt der Zumutbarkeit. Die Frage der Zumutbarkeit der Verweisung auf einen anderen Beruf soll im Hinblick auf die sozialpolitischen Bedenken damit in

994 Vgl. hierzu umfassend oben D I 2 c dd (3) (a) (bb).

995 So auch Köbl, in: Schulin, Handbuch des Sozialversicherungsrechts, Band 3, 1999, § 26 Rd. 62.

996 Vgl. Kannengießer, Deutsches Ärzteblatt 1999, A-1813 (A-1814), der zudem auf eine politische Manipulierbarkeit des Rentensystems durch Koppelung an die Öko-Steuer hinweist. Kannengießer betont weiter, daß es in diesem Zusammenhang im Hinblick auf die Bundestagswahlen im Herbst 2002 sicherlich kein Zufall sei, daß die Koalition die Renten ab 2002 wieder an die Nettolöhne koppeln will, was zu einer stärkeren Anhebung der Renten voraussichtlich zum 01. Juli 2002 führen würde.

Zukunft keine Rolle mehr spielen. Vielmehr ist hiernach für die Beurteilung des Leistungsvermögens auf alle üblichen Tätigkeiten des allgemeinen Arbeitsmarktes abzustellen, das heißt, das Gesetz kennt nach dem RRG 1999 künftig keinen Berufsschutz mehr[997].

Folge des Wegfalls des Berufsschutzes ist, daß der Versicherte unabhängig von seiner bisher ausgeübten beruflichen Tätigkeit und dem damit verbundenen sozialen Status auf jede denkbare Tätigkeit, die der Arbeitsmarkt kennt, verwiesen werden kann. Er muß dementsprechend auch einen sozialen Abstieg in Kauf nehmen, wenn es im Rahmen seiner objektiven Leistungsfähigkeit nur geringerwertige Tätigkeiten für ihn gibt[998].

Damit wird es künftig eine Unterscheidung, nach der für die meisten Versicherten der gesamte allgemeine Arbeitsmarkt, für einen Teil der Versicherten dagegen nur ein auf bestimmte Berufsbilder oder Tätigkeiten mit einem bestimmten Mindesteinkommen eingeengter Ausschnitt des Arbeitsmarktes maßgebend ist, nicht mehr geben[999]. Das Mehrstufenschema ist dann obsolet[1000]. Insbesondere werden hierdurch die mit der Tarifgläubigkeit des Bundessozialgerichts verbundenen besonderen Schwierigkeiten[1001] beseitigt.

Anzumerken ist in diesem Zusammenhang desweiteren, daß zwar grundsätzlich nach dem RRG 1999 auf den allgemeinen Arbeitsmarkt abzustellen ist. Dabei kommen allerdings nur Tätigkeiten in Betracht, die hier üblich sind[1002]. Durch das Merkmal der „Üblichkeit" soll sichergestellt werden, daß für die Feststellung des Leistungsvermögens Tätigkeiten, für die es für den zu beurteilenden Versicherten einen Arbeitsmarkt schlechthin nicht gibt, nicht in Betracht zu ziehen sind[1003]. Damit werden die von der Rechtsprechung entwickelten Katalog- oder Seltenheitsfälle[1004] von der Neuregelung im wesentlichen nicht betroffen und sind weiterhin zu berücksichtigen. Ein Versicherter kann damit auch in Zukunft bei Umsetzung des RRG 1999 nicht auf Tätigkeiten verwiesen werden, für die es für ihn in seiner konkreten Situation keinen Arbeitsmarkt gibt.

---

997 Maier, SGb 1998, 1 (6); Heller, DAngVers 1997, 489 (494).
998 von der Heide, Betriebliche Altersversorgung 1998, 285 (287).
999 BT-Drucks. 13/8011 S. 50; Niemeyer, NZS 1998, 103 (106).
1000 Maier, SGb 1998, 1 (6).
1001 Vgl. oben D I 2 c bb (1) (a) (bb).
1002 BT-Drucks. 13/8011 S. 54; Heller, DAngVers 1997, 489 (494); Maier, SGb 1998, 1 (6).
1003 Vgl. Köbl, in Schulin, Handbuch des Sozialversicherungsrechts, Band 3, 1999, § 26 Rd. 40; BT-Drucks. 13/8011, S. 54 zu Nr. 17.
1004 Vgl. oben D I 2 c dd (1) (b) (aa)-(bb).

*ff. Zwischenresümee*

Zusammenfassend ist festzustellen, daß für leistungsgeminderte Versicherte, die auf dem allgemeinen Arbeitsmarkt zwar noch vollschichtig einsetzbar sind, ihre bisherige Berufstätigkeit aus gesundheitlichen Gründen aber nicht mehr vollschichtig verrichten können und eine Verweisung ansonsten aus sozialen Gründen nicht in Betracht kommt, die Rente wegen Berufsunfähigkeit als Element der gesetzlichen Invaliditätssicherung entfällt[1005]. Ob eine Rente wegen (teilweiser) Erwerbsminderung gezahlt wird, ist allein von der zeitlichen Einsetzbarkeit im Rahmen des verbliebenen Restleistungsvermögens auf dem allgemeinen Arbeitsmarkt abhängig.

Auch die SPD-Alterssicherungskommission hat sich für diesen Weg ausgesprochen. Sie strebt jedoch nur einen langfristigen Wegfall des Berufsschutzes an und tritt für eine Wahrung des Bestandsschutzes für Personen ein, die bei Einführung des neuen Rechts bereits eine solche Rente erhalten oder die die Wartezeit erfüllt und das 40. Lebensjahr vollendet haben[1006]. Obgleich sich eine entsprechende Regelung zur Stärkung des Vertrauensschutzes im Gesetzgebungsverfahren zum RRG 1999 nicht durchsetzen ließ, ist nunmehr davon auszugehen, daß dieser Gedanke im Rentenreformgesetz der neuen Bundesregierung Berücksichtigung finden wird. Dies umsomehr, als auch nach den bereits festgelegten Eckpunkten der Bundesregierung für eine Rentenreform Versicherte eine Rente wegen Berufsunfähigkeit nach dem bislang geltenden Recht erhalten sollen, die vor Inkrafttreten des RRG 1999 das 40. Lebensjahr vollendet haben[1007].

Demgegenüber sieht das RRG 1999 durch eine Änderung des § 302a SGB VI nur vor, daß Ansprüche auf Renten wegen Berufs- oder Erwerbsunfähigkeit mit einem Rentenbeginn vor Inkrafttreten der Änderung auch künftig nach dem bisherigen Recht zu beurteilen sind, solange die Voraussetzungen vorliegen, die für die Bewilligung maßgebend waren. Über § 302a Abs. 1 S. 2 SGB VI soll dies bei befristeten Renten auch für einen Anspruch nach Ablauf der Frist gelten. Damit wird die Forderung der SPD-Alterssicherungskommission nur teilweise erfüllt. Ein bestehender Bedarf für eine Stärkung des Bestandsschutzes kann jedoch nicht ohne weiteres verneint werden. Berufsunfähigkeitsrenten dienen der Existenzsicherung. Durch – oftmals jahrelang – gezahlte Rentenbeiträge entsteht eine Rentenanwartschaft. Da diese Äquivalent eigener Leistung ist, unterfällt sie verfassungsrechtlich dem Eigentumsschutz des Art. 14 GG. Waren Versicherte –

1005 Vgl. Heller, DAngVers 1997, 489 (496).

1006 BT-Drucks. 13/8032 S. 3.

1007 Vgl. Presse und Informationsamt der Bundesregierung, Sozialpolitische Umschau Nr. 294 vom 30.8.1999.

zumindest solche, die höheren Gruppen des Mehrstufenschemas angehören – bislang gegen das Risiko der Berufsunfähigkeit und damit gegen einen wesentlichen sozialen Abstieg versichert und wird dieses Risiko nunmehr aus dem Leistungsspektrum der gesetzlichen Rentenversicherung herausgenommen, so ist hierin ein Eingriff in die verfassungsrechtlich geschützte Rentenanwartschaft zu sehen[1008].

Zwar kann eine entsprechende Neuregelung im Hinblick auf die gegen die bisherige Regelung bestehenden Bedenken[1009] und den aufgrund schon jahrelang anhaltender öffentlicher Diskussion über die Notwendigkeit der Rentenreform[1010] zumindest eingeschränkten Vertrauensschutz nicht als verfassungswidrig eingestuft werden[1011]. Im Hinblick auf die Vielzahl Versicherter, die sich bislang gegen das Risiko eines gesundheitsbedingten sozialen Abstiegs als ausreichend abgesichert betrachteten, ist jedoch ein Bedürfnis anzuerkennen, den vom Wegfall des Berufsschutzes Betroffenen einen gewissen Zeitrahmen zur Verfügung zu stellen, durch den die Möglichkeit gegeben ist, eine anderweitige Absicherung – etwa durch eine Privatversicherung – zu schaffen[1012].

Gerade die von der SPD-Alterssicherungskommission vorgesehene Ausweitung des Bestandsschutzes auf die rentennahen Jahrgänge erscheint als geeignet, diesem Bedürfnis Rechnung zu tragen. Insofern ist eine entsprechende Vorgehensweise durchaus zu begrüßen. Da auch die SPD-Kommission zumindest grundsätzlich dafür plädiert, die Vorsorge für den Fall der Berufsunfähigkeit in Zukunft der Privatversicherung zu überlassen[1013], ist jedoch auch auf hiermit in Zusammenhang stehende Schwierigkeiten hinzuweisen.

Ein Aufstieg in höhere Stufen des Mehrstufenschemas und die damit verbundene Erlangung des Berufsschutzes ist oftmals durch eigene Tüchtigkeit bedingt. Ein gesetzlicher Schutz vor dem „sozialen Absturz“ soll künftig nicht mehr gewährleistet sein. Es soll hier Sache einer individuellen Entscheidung sein, ob

---

1008 So auch der Geschäftsführer des Verbandes Deutscher Rentenversicherungsträger, Franz Ruland, vgl. Handelsblatt vom 19. November 1997 S. 4; vgl. auch Maier, SGb 1998, 1 (6).

1009 Vgl. oben D I 2 c ee (2), (3), insbesondere im Hinblick auf Versicherte der untersten Stufen, die überhaupt keinen Berufsschutz genießen.

1010 Vgl. „Abmahnung“ durch den Bundesrat im Jahre 1989, BR-Drucks. 120/89 zu Nr. 9 vom 21. April 1989

1011 So im Ergebnis auch Maier, SGb 1998, 1 (6) unter ergänzendem Hinweis auf die vorgesehenen – wenn auch kurzen – Übergangsregelungen. A.A. Neumann, DRV 1999, 393 (400ff).

1012 Zur insoweit entsprechenden Auffassung Rulands vgl. Handelsblatt vom 19. November 1997 S. 4; im übrigen hatte auch der VDR in seiner Stellungnahme zum RRG 1999 eine Ausweitung der Vertrauensschutzregelungen gefordert.

1013 Vgl. Standfest, DRV 1997, 385 (389).

demjenigen, der sich einen sozialen Rang „erarbeitet“ hat, dieser Rang so wichtig ist, daß er sich gegen einen Verlust an Sozialprestige eigenständig, das heißt privat versichert.

Jedoch ist hier die Sachlage nicht so einfach, als daß jedermann tatsächlich ohne weiteres eine entsprechende Zusatzversicherung abschließen könnte. Hier ist vielmehr auch der finanzielle Aspekt zu berücksichtigen, der die Frage nach der Zumutbarkeit aufkommen läßt. Wenn Ruland darauf verweist, daß den vom Wegfall des Berufsschutzes Betroffenen ausreichend Zeit gegeben werden muß, eine anderweitige Absicherung zu vertretbaren Kosten zu erreichen[1014], läßt diese Formulierung die Problematik der Kosten einer Absicherung erahnen.

Es steht zu befürchten, daß finanzschwächere Arbeitnehmer – und dies sind in der Regel die den unteren Stufen des Mehrstufenschemas zugehörigen Arbeitnehmer – in Anbetracht hierzu erforderlicher zusätzlicher finanzieller Aufwendungen von einer „Versicherung gegen den sozialen Abstieg“ absehen werden. Vielfach sind sie hierzu überhaupt nicht in der Lage[1015]. Damit wäre der Schutz des beruflichen Status auch in Zukunft auf leistungsstarke Arbeitnehmer beschränkt. Finanzschwächere Arbeitnehmer sind damit wieder solche „zweiter Klasse“, dies allerdings unversehens, da die individualistische Sicht keine Klassen kennt[1016]. Dennoch ist es hier Sache der gesetzgebenden Gewalt, wie sie ihre Prioritäten setzt. Insofern ist die Aufgabe des Berufsschutzes in der vorgesehenen Form – trotz dieser sozialen Komponente – zumindest rechtlich nicht zu beanstanden.

#### *gg. Abschläge bei den Erwerbsminderungsrenten*

Nach den bislang geltenden gesetzlichen Vorschriften kann Altersrente wegen Arbeitslosigkeit oder nach Altersteilzeitarbeit erst mit Vollendung des 65. Lebensjahres vollumfänglich in Anspruch genommen werden. Die Altersgrenze ist gültig seit dem 01. Januar 1997. Ab dem Jahr 2000 gilt diese Grenze auch hinsichtlich der Altersrente für Frauen und hinsichtlich der Altersrente für langjährig Versicherte.

Wer vor Ablauf dieser Altersgrenzen Altersrente in Anspruch nehmen will, kann dies allenfalls unter Inkaufnahme von Abschlägen. Der Abschlag bei den Altersrenten beträgt je Monat der vorzeitigen Inanspruchnahme 0,3%. Arbeitslose – und derzeit auch Frauen – können vorzeitig Altersrente mit Vollendung des

---

1014 Vgl. zur Auffassung Rulands: Handelsblatt vom 19. November 1997 S. 4.

1015 Vgl. Köbl, in Schulin, Handbuch des Sozialversicherungsrechts, Band 3, 1999, § 26 Rd. 60; Kamprad, SGb 1997, 403 (404f.).

1016 König, DRV 1997, 177 (179).

60. Lebensjahres in Anspruch nehmen, so daß hier der maximale Abschlag bei sechzig Monaten vorzeitiger Altersrentengewährung 18% beträgt. Langjährig Versicherte können frühestens mit Vollendung des 62. Lebensjahres Altersrente vorzeitig in Anspruch nehmen, so daß hier ein maximaler Abschlag in Höhe von 10,8% erfolgen kann. Dementsprechend ist nicht von der Hand zu weisen, daß viele Versicherte, die vor Vollendung des 65. Lebensjahres aus dem Erwerbsleben ausscheiden wollen, versuchen werden, diesen Abschlag zu vermeiden.

Da bislang die Renten wegen verminderter Erwerbsfähigkeit ohne jeglichen Abschlag gezahlt wurden, besteht die Gefahr, daß Versicherte eine Erwerbsminderungsrente statt einer Altersrente mit Abschlägen anstreben. Aus einer derartigen Praxis würde eine nicht unerhebliche Steigerung des Verwaltungsaufwandes folgen. Zudem droht durch eine steigende Anzahl unberechtigter Anträge auf Renten wegen verminderter Erwerbsfähigkeit zur Vermeidung von Abschlägen bei den Altersrenten die Gefahr einer vermehrten gerichtlichen Inanspruchnahme.

Auch der Gesetzgeber des RRG 1999 hat diese Gefahr gesehen. Zur Vermeidung solcher Ausweichreaktionen in Renten wegen Erwerbsminderung hat er es als unausweichlich angesehen, die Höhe der Erwerbsminderungsrenten an die Höhe der zum frühestmöglichen Zeitpunkt in Anspruch genommenen Altersrente mit Abschlag anzupassen[1017]. Dementsprechend hatte der Gesetzentwurf zum RRG 1999 ursprünglich vorgesehen, die Abschläge bei den Erwerbsminderungsrenten gänzlich an die Abschläge bei den Altersrenten für Arbeitslose und für Frauen – bei denen mit Vollendung des 60. Lebensjahres die früheste Gewährung einer Altersrente möglich ist – anzupassen, also auch die Erwerbsminderungsrenten mit Abschlägen von maximal 18% zu versehen[1018].

Ein derart hoher Abschlag wirft jedoch nicht unerhebliche Probleme auf. Vor allem droht hier ein Absinken der Erwerbsminderungsrente auf das Niveau der Sozialhilfe[1019]. Um diesem Bedenken Rechnung zu tragen, sieht das RRG 1999 nunmehr einen geringeren höchstmöglichen Abschlag bei den Renten wegen verminderter Erwerbsfähigkeit vor.

Nach § 77 Abs. 2 S. 1 Nr. 3 SGB VI in der Fassung des RRG 1999 soll der Zugangsfaktor bei Renten wegen verminderter Erwerbsfähigkeit für jeden Kalendermonat, für den eine Rente vor Ablauf des Kalendermonats der Vollendung des 63. Lebensjahres in Anspruch genommen wird, um 0,003 niedriger als 1,0 sein[1020]. Nach § 77 Abs. 2 S. 3 SGB VI in der Fassung des RRG 1999 gilt im weiteren die Zeit des Bezugs einer Rente vor Vollendung des 60. Lebensjahres

---

1017 BT-Drucks. 13/8011 S. 50.
1018 BT-Drucks. 13/8011 S. 58.
1019 Vgl. von der Heide, Betriebliche Altersversorgung 1998, 285 (288).
1020 BGBl 1997 Teil I S. 3004.

des Versicherten nicht als Zeit einer vorzeitigen Inanspruchnahme. Damit ist die Vornahme von Abschlägen nach dem RRG 1999 für den Bereich der Erwerbsminderungsrenten auf den Zeitraum ab Vollendung des 60. Lebensjahres bis zur Vollendung des 63. Lebensjahres, also auf insgesamt maximal sechsunddreißig Kalendermonate begrenzt. Der höchstmögliche Abschlag beträgt damit auch hier 10,8% und gilt für alle Versicherten, die vor Vollendung des 60. Lebensjahres Rente wegen verminderter Erwerbsfähigkeit in Anspruch nehmen.

Sofern die Erwerbsminderungsrente nach dem 63. Lebensjahr beginnt, gibt es keinen Abschlag. Ein einmal erfolgter Abschlag soll zudem in der veranschlagten Höhe auch bei einer Folgerente bestehen bleiben. Überschreitet der Versicherte damit die Zeitgrenze des 65. Lebensjahres mit der Folge, daß sich die Erwerbsminderungsrente in eine Altersrente umwandelt, so wird auch diese nach dem RRG 1999 nur mit entsprechendem Abschlag gezahlt.

Die Rentenabschläge bei den Erwerbsminderungsrenten sollen nach dem RRG 1999 durch eine Verlängerung der Zurechnungszeit zumindest teilweise wieder ausgeglichen werden[1021], um insbesondere unangemessene Auswirkungen auf Versicherte, die schon frühzeitig erwerbsgemindert werden, zu vermeiden. Entgegen der bisherigen Rechtslage soll durch eine Neufassung des § 59 Abs. 3 SGB VI die Zurechnungszeit zwischen dem 55. und dem 60. Lebensjahr künftig zu zwei Dritteln und nicht mehr wie bisher zu einem Drittel angerechnet werden[1022].

Die Vorschläge der SPD-Alterssicherungskommission hingegen sehen keine Abschläge im Bereich der Erwerbsminderungsrenten vor. Dementsprechend ist hier auch keine Verlängerung der Zurechnungszeit vorgesehen[1023]. Damit ist nach diesem Modell davon auszugehen, daß die nach dem RRG 1999 vorgesehene Einführung von Abschlägen bei den Renten wegen verminderter Erwerbsfähigkeit letztlich nicht eintreten wird.

Im Hinblick auf die mit der Einführung entsprechender Abschläge verbundenen finanziellen Einbußen für den jeweils betroffenen Versicherten ist eine solche Entscheidung sicherlich zu begrüßen. Gleichwohl besteht die eingangs ge-

---

1021 von der Heide, Betriebliche Altersversorgung 1998, 285 (288).

1022 BT-Drucks. 13/8011 S. 50, 56; BGBl 1997 Teil I S. 3004; ursprünglich war wegen der an sich vorgesehenen Abschläge von bis zu 18% sogar eine volle Anrechnung der Zurechnungszeit zwischen dem 55. und dem 60. Lebensjahr vorgesehen, vgl. von der Heide, Betriebliche Altersversorgung, 1998, 285 (288).

1023 Wiederum gegenläufig ist das Modell der Bundesregierung. Dieses sieht eine Verlängerung der Zurechnungszeit bis zur Vollendung des 60. Lebensjahres zur Abmilderung der versicherungsmathematischen Abschläge vor, vgl. Presse und Informationsamt der Bundesregierung, Sozialpolitische Umschau Nr. 294 vom 30.08.1999.

schilderte Gefahr der Ausweichreaktion der (gegebenenfalls unberechtigten) Beantragung einer Erwerbsminderungsrente statt vorzeitiger Altersrente. Im Falle einer möglichen Abweichung vom RRG 1999 in bezug auf die vorgesehenen Rentenabschläge obliegt es damit der Verwaltung und den Gerichten, durch eine genaue Überprüfung des jeweiligen Einzelfalles die unberechtigten Anträge von einer Rentengewährung wegen Erwerbsminderung auszuschließen, um dieser Gefahr einer Umgehung entgegenzuwirken. Die damit verbundene Mehrbelastung ist angesichts der nach dem Modell der SPD-Alterssicherungskommission zu erwartenden politischen Entscheidung der Nichteinführung von Abschlägen im Bereich der Erwerbsminderungsrenten ähnlich den Abschlägen bei den Altersrenten wohl nicht zu vermeiden.

*hh. Zusammentreffen der Erwerbsminderungsrenten mit Einkommen oder Lohnersatzleistungen und anderen Sozialleistungen nach dem RRG 1999*

Das RRG 1999 sieht für den Fall des Zusammentreffens der Erwerbsminderungsrenten mit Erwerbs- oder Erwerbsersatzeinkommen im Unterschied zur bislang geltenden Rechtslage mehrere Neuregelungen vor. Im wesentlichen handelt es sich um Regelungen zur Kumulation, die dem Versicherten einen Anreiz zur Erzielung eines Hinzuverdienstes belassen[1024].

Zu nennen ist in diesem Zusammenhang zunächst die durch das RRG 1999 vorgesehene Änderung des § 95 SGB VI. Bisher wird durch diese Vorschrift nur das Zusammentreffen von Rente wegen verminderter Erwerbsfähigkeit und Arbeitslosengeld geregelt. Nach dem RRG 1999 ist dieser Regelungsgehalt in § 313a SGB VI festgelegt worden. Die Neufassung des § 95 SGB VI regelt demgegenüber die Anrechnung von Einkommen aus einer Erwerbstätigkeit auf Renten wegen Erwerbsminderung. Dem Einkommen aus der Erwerbstätigkeit stehen dabei nach der Neufassung des § 95 Abs. 2 SGB VI das Vorruhestandsgeld, das Krankengeld, das Versorgungskrankengeld und das Übergangsgeld sowie die Leistungen nach § 18 a Abs. 3 S. 1 Nr. 1 SGB IV gleich.

*(1). Anrechnung bei teilweiser Erwerbsminderung*

Nach § 95 Abs. 1 SGB VI in der Fassung des RRG 1999 soll auf eine Rente wegen teilweiser Erwerbsminderung Einkommen (mit oder ohne Arbeitsleistung) angerechnet werden, wenn dieses einen individuell zu berechnenden Freibetrag übersteigt. Die Höhe dieses Freibetrages orientiert sich nach § 95 Abs. 2 SGB VI in der Fassung des RRG 1999 an dem Arbeitsentgelt des Versicherten der letzten

1024 Vgl. BT-Drucks. 13 /8011 S. 50; Niemeyer, NZS 1998, 103 (106).

drei Jahre, wobei der Freibetrag mindestens das 13fache des aktuellen Rentenwertes betragen soll. Durch die Anbindung an den aktuellen Rentenwert soll vermieden werden, daß eine starre Grenze entsteht, die bei veränderten Umständen den Gesetzgeber jeweils zum Tätigwerden in Form einer Neufestlegung des Freibetrages zwingt. Es soll vielmehr eine Dynamisierung des Freibetrages[1025] bestehen.

Daß der Gesetzgeber als Mindestbetrag das 13fache des aktuellen Rentenwerts festgelegt hat, folgt aus der Tatsache, daß dieser Wert etwa einem Betrag in Höhe von einem Siebtel der monatlichen Bezugsgröße, also der bislang nach § 96a SGB VI geltenden Hinzuverdienstgrenze bei einer Rente wegen Erwerbsunfähigkeit entspricht. Unberücksichtigt sollen nach der Neufassung des § 95 SGB VI durch das RRG 1999 grundsätzlich einmalig gezahltes Arbeitsentgelt und Änderungen des der Anrechnung unterliegenden Arbeitsentgelts oder Arbeitseinkommens um weniger als 10% bleiben, es sei denn, der Freibetrag wird durch diese Änderung unterschritten.

Um eine Umgehung durch Ausübung mehrerer Beschäftigungen oder Tätigkeiten in jeweils geringfügigem Umfang zu verhindern, schreibt § 95 Abs. 1 S. 3 SGB VI in der Fassung des RRG 1999 die Zusammenrechnung solcher nebeneinander erzielten Arbeitsentgelte oder Arbeitseinkommen fest. Wesentlichen Charakter erfährt die Neuregelung durch das RRG 1999 dadurch, daß § 95 Abs. 1 S. 1 SGB VI in der Fassung des RRG 1999 anordnet, daß Einkommen, das den Freibetrag übersteigt, nur zur Hälfte zu berücksichtigen ist. Hierdurch soll ein Anreiz zur Erwerbstätigkeit bei nur teilweiser Erwerbsminderung geschaffen werden[1026].

Hinzuweisen ist in diesem Zusammenhang desweiteren auf die Neuregelung des § 95 Abs. 3 SGB VI. Hiernach sind bei der Einkommensanrechnung im Rahmen der Rente wegen teilweiser Erwerbsminderung neben dem Einkommen auch die dort aufgezählten Sozialleistungen zu berücksichtigen. Im einzelnen handelt es sich hier um Vorruhestandsgeld, Krankengeld, Verletztengeld, Versorgungskrankengeld, Mutterschaftsgeld, Übergangsgeld, Unterhaltsgeld, Kurzarbeitergeld, Winterausfallgeld, Arbeitslosengeld, Insolvenzausfallgeld und vergleichbare Leistungen[1027].

Sinn und Zweck dieser Regelung ist, daß Versicherte mit Anspruch auf mehrere Sozialleistungen nicht besser stehen als Versicherte, die neben einer Rente

---

1025 Vgl. von der Heide, Betriebliche Altersversorgung 1998, 285 (288); BT-Drucks. 13/8011 S. 59.

1026 von der Heide, Betriebliche Altersversorgung 1998, 285 (288); BT-Drucks. 13/8011 S. 59.

1027 Vgl. Heller, DAngVers. 1997, 489 (496).

wegen teilweiser Erwerbsminderung Erwerbseinkommen erzielen[1028]. Nach § 95 Abs. 3 S. 2 SGB VI in der Fassung des RRG 1999 hat auch dann eine Berücksichtigung der Sozialleistung zu erfolgen, wenn diese Leistung aus Gründen ruht, die nicht in dem Rentenbezug liegen[1029].

*(2). Anrechnung bei voller Erwerbsminderung*

Da auch bei einer Rente wegen voller Erwerbsminderung sowohl nach dem bisherigen Recht der Rente wegen Erwerbsunfähigkeit als auch nach der Neuregelung durch das RRG 1999 jeweils ein begrenzter Hinzuverdienst in Höhe von einem Siebtel der monatlichen Bezugsgröße möglich ist[1030], schreibt § 95 Abs. 4 SGB VI in der Fassung des RRG 1999 fest, daß neben dem Einkommen auch andere Sozialleistungen auf die Rente wegen voller Erwerbsminderung anzurechnen sind, wenn das der Sozialleistung zugrundeliegende monatliche Arbeitsentgelt oder Arbeitseinkommen ein Siebtel der monatlichen Bezugsgröße übersteigt. Auch hier dient diese Anrechnung ebenfalls dem Zweck, ungerechtfertigte Doppelleistungen zu vermeiden.

*(3). Einkommen aus einem Beschäftigungsverhältnis vor Rentenbeginn*

In Zusammenhang mit der Frage des Zusammentreffens der Erwerbsminderungsrenten mit Einkommen nach dem RRG 1999 ist weiter auf die vorgesehene Neufassung des § 94 SGB VI hinzuweisen. Anders als nach dem bisher geltenden Recht[1031] ist nach § 94 SGB VI neue Fassung die vollständige Nichtleistung der Rente wegen Erwerbsminderung beim Zusammentreffen mit einem ohne Arbeitsleistung bei Beginn der Rente wegen Erwerbsminderung bezogenem Arbeitsentgelt aus einem vor Rentenbeginn aufgenommenem Beschäftigungsverhältnis vorgesehen. Ausdrücklich vorgesehen ist hier die Gleichstellung von Vorruhestandsgeld und Arbeitsentgelt.

---

1028 BT-Drucks. 13/8011 S. 59; Heller, DAngVers 1997, 489 (496); von der Heide, Betriebliche Altersversorgung 1998, 285 (288).

1029 Beispielsweise wegen einer Sperrzeit nach dem Arbeitsförderungsrecht, vgl. BT-Drucks. 13/8011 S. 59.

1030 Zum bisherigen Recht vgl. § 96a Abs. 2 Nr. 1 SGB VI; zur beabsichtigten Neuregelung vgl. § 43 Abs. 2 S. 3 Nr. 2 SGB VI in der Fassung des RRG 1999.

1031 Bloße Anrechnung des erzielten Einkommens.

*(4). Ausnahmen*

Eine Ausnahme vom Grundsatz der Anrechenbarkeit des Arbeitsentgelts macht letztlich § 95 Abs. 6 SGB VI in der Fassung des RRG 1999 bei besonders schutzwürdigen Versicherungsverhältnissen. Es handelt sich hierbei zum einen um Entgelt, das eine Pflegeperson von einem Pflegebedürftigen erhält, und zum anderen um Entgelt, das ein Behinderter von dem Träger einer in § 1 S. 1 Nr. 2 SGB VI genannten Einrichtung erhält.

*(5). Inkrafttreten*

Da § 95 SGB VI n.F. ursprünglich am 01. Januar 2000[1032] in Kraft treten sollte und nunmehr nach dem Gesetz zu Korrekturen in der Sozialversicherung und zur Sicherung der Arbeitnehmerrechte vom 19. Dezember 1998[1033] erst am 01. Januar 2001 in Kraft treten soll, wurde bereits durch das RRG 1999 eine § 95 Abs. 3, 4 und 6 SGB VI neue Fassung entsprechende Regelung dem § 96a SGB VI mit Wirkung vom 01. Januar 1999 angefügt[1034]. Damit sind bereits nach der derzeitigen Rechtslage gewährte Sozialleistungen bei der Feststellung des Hinzuverdienstes – der neben der Rente wegen Berufsunfähigkeit oder einer Rente für Bergleute oder der Rente wegen Erwerbsunfähigkeit[1035] erzielt werden darf – zu berücksichtigen beziehungsweise stehen Arbeitsentgelt oder Arbeitseinkommen gleich. Nicht gleichgestellt sind hier wiederum das Entgelt aus Pflegetätigkeiten und das Entgelt, das ein Behinderter von dem Träger einer in § 1 S. 1 Nr. 2 SGB VI genannten Einrichtung erhält.

*(6). Ausblick*

Da auch den Ausführungen der SPD-Alterssicherungskommission keine anderweitigen Vorschläge in diesem Zusammenhang zu entnehmen sind, ist davon auszugehen, daß die Neuregelung des § 95 SGB VI in der Fassung des RRG 1999 – zumindest ihrem wesentlichen Inhalt nach – tatsächlich in Kraft treten und bis dahin die entsprechende Regelung des § 96a Abs. 3, 4 SGB VI beibehalten wird.

---

1032 Vgl. Art. 33 Abs. 13 RRG 1999, BGBl 1997 Teil I S. 3037.

1033 BGBl 1998 Teil I S. 3843, hier: Artikel 1 § 1.

1034 Dieser § 96a SGB VI soll zum Zeitpunkt des tatsächlichen Inkrafttretens des § 95 SGB VI in der Fassung des RRG 1999 aufgehoben werden, wobei beabsichtigt ist, die Vorschrift des § 313 SGB VI neu zu fassen und in deren Abs. 2 eine § 96a Abs. 1 und 2 SGB VI entsprechende Bestandsschutzregelung zu treffen.

1035 Vgl. hierzu § 96a Abs. 3 SGB VI.

*ii. Sonstiges*

Im weiteren ist durch das RRG 1999 die Änderung einer Vielzahl gesetzlicher Vorschriften, die das Recht der Renten wegen Erwerbsminderung betreffen, vorgesehen. Soweit diese bisher nicht behandelt wurden, handelt es sich in der Mehrzahl um Ergänzungen für Sonderfälle, Ausnahmeregelungen von der Anwendung neuen Rechts und oftmals auch nur um bloße redaktionelle oder systematische Anpassungen oder um Streichungen entbehrlich werdender Vorschriften.

Durch die Ausnahmen von der Anwendung neuen Rechts (§§ 300 ff. SGB VI) wird vor allem sichergestellt, daß die Voraussetzungen für laufende Renten unverändert bleiben, wodurch dem Vertrauen der Rentner angemessen Rechnung getragen wird[1036]. Eine nach den bislang geltenden gesetzlichen Bestimmungen gewährte und laufende Rente wird insbesondere auch bei Inkrafttreten einer Neuordnung der Berufs- und Erwerbsunfähigkeit nach dem RRG 1999 weder entzogen oder gekürzt noch anderweitig – etwa durch Gewährung der Rente nur noch auf Zeit statt auf Dauer – verändert. So wird unter anderem durch die durch das RRG 1999 vorgesehene Änderung des § 302a SGB VI sichergestellt, daß Ansprüche auf Renten wegen Berufsunfähigkeit oder wegen Erwerbsunfähigkeit mit einem Rentenbeginn vor Inkrafttreten der Änderung auch künftig nach dem bisherigen Recht – einschließlich der dazu ergangenen Rechtsprechung – zu beurteilen sind[1037].

Durch die Neufassung des § 302b Abs. 3 SGB VI ist sichergestellt, daß bei Rentenbeginn vor Inkrafttreten der entsprechenden Änderung Sozialleistungen dem Arbeitsentgelt oder dem Arbeitseinkommen – wie bisher – nicht gleichstehen.

§ 306a SGB VI neue Fassung dient dem Zweck, daß für bestehende Rentenansprüche wegen Berufs- oder Erwerbsunfähigkeit auch bei einer Neuberechnung die Zurechnungszeiten entsprechend dem bisher geltenden Recht ermittelt werden.

Problematisch hingegen ist der Vertrauensschutz der rentennahen Jahrgänge. Zum Teil wird davon ausgegangen, daß auch diesem Vertrauen durch die Bestimmung der Zeitpunkte des Inkrafttretens der Neuregelungen des RRG 1999 sowie durch Übergangsregelungen ausreichend Rechnung getragen worden sei[1038]. Auf der anderen Seite werden die Übergangszeiten – insbesondere die zum Wegfall des Berufsschutzes – allerdings zum Teil als sehr knapp bezeich-

1036 Niemeyer, NZS 1998, 103 (105).
1037 BT-Drucks. 13/8011 S. 66.
1038 Niemeyer, NZS 1998, 103 (105).

net[1039]. Dies insbesondere unter dem Gesichtspunkt, daß es nicht ohne weiteres möglich erscheint, in kurzer Zeit zu wirtschaftlich vertretbaren Konditionen einen äquivalenten privaten Versicherungsschutz aufzubauen[1040].

Die SPD-Alterssicherungskommission teilt diese Einschätzung von zu kurzen Übergangszeiten. Dementsprechend sieht sie im Hinblick auf den Vertrauensschutz der rentennahen Jahrgänge – wie bereits dargestellt[1041] – entgegen dem RRG 1999 nur einen langfristigen Wegfall der heutigen Berufsunfähigkeitsrente unter Wahrung des Bestandsschutzes für Personen, die bei Einführung des neuen Rechts bereits eine solche Rente erhalten oder die die Wartezeit erfüllt und das 40. Lebensjahr vollendet haben, vor[1042].

Gerade im Hinblick auf die zuletzt genannte Personengruppe wird deutlich, daß eine erhebliche Ausweitung des Vertrauensschutzes durch die neue Bundesregierung zu erwarten ist. Da nach den Vorstellungen der SPD-Alterssicherungskommission als schutzwürdig bereits Personen ab Vollendung des 40. Lebensjahres angesehen werden, wird bei einer entsprechend langen Übergangszeit das bisherige Recht der Berufsunfähigkeitsrente auch weiterhin – sogar über Jahrzehnte – Geltung für den so in seinem Vertrauen auf die bisherige Rechtslage geschützten Personenkreis beanspruchen[1043].

Damit wird das bisher geltende Recht – zumindest in seiner wesentlichen Grundstruktur – auch noch weiterhin neben den durch das RRG 1999 vorgesehenen Änderungen, soweit diese seitens der neuen Bundesregierung beibehalten werden, gerade aus dem Gesichtspunkt des Vertrauensschutzes noch lange Zeit von Relevanz sein. Dies gilt insbesondere im Hinblick auf die Tatsache, daß der Vorschlag der Alterssicherungskommission die Wiedereinführung der abstrakten Betrachtungsweise erst bei einer – zur Zeit nicht absehbaren – Verbesserung der Arbeitsmarktsituation vorsieht. Deshalb ist davon auszugehen, daß bis zu einer Neuregelung der hiermit in Zusammenhang stehenden Vorschriften beziehungs-

---

1039 von der Heide, Betriebliche Altersversorgung 1998, 285 (289).

1040 Vgl. Köbl, in Schulin, Handbuch des Sozialversicherungsrechts, Band 3, 1999, § 26 Rd. 60 m.w.N.; Kamprad, SGb 1997, 403 (404f.).

1041 Vgl. oben D V 3 c aa (5).

1042 BT-Drucks. 13/8032 S. 3.

1043 Hiergegen wird vereinzelt Kritik geübt. Argumentiert wird, daß ein mitschleppen des überkomplizierten Berufsunfähigkeitsrechts über mehr als zwei Jahrzehnte die ohnehin allzulang hinausgezögerte Reform um einen wesentlichen Teil des Ertrages bringen werde, vgl. Köbl, in Schulin, a.a.O., § 26 Rd. 61. Im Hinblick auf den Grundrechtsbezug im Zusammenhang mit der Abschaffung des Berufsunfähigkeits-Berufsschutzes erscheint die Ausweitung des Vertrauensschutzes jedoch als sachgerecht, so daß die Kritik an einer zeitlich immerhin beschränkten Weitergeltung der bisherigen Rechtslage für einen ebenfalls beschränkten Personenkreis insoweit zurücktreten muß.

weise bis zu einem Inkrafttreten der entsprechenden Änderungen durch das RRG 1999 noch ein – derzeit gar nicht absehbarer – geraumer Zeitraum vergehen wird.

Im Hinblick auf die durch das RRG 1999 vorgesehenen Änderungen im Bereich des Rechts der Erwerbsminderungsrenten ist abschließend noch auf zweierlei hinzuweisen. Zum einen ist vorgesehen, die die Rente für Bergleute regelnde Vorschrift des § 45 SGB VI aufzuheben. Diese Regelung entfällt jedoch nach dem Willen des Gesetzgebers des RRG 1999 nicht, sondern wird durch Einführung einer inhaltsgleichen Vorschrift (§ 239a SGB VI) ersetzt.

Zum anderen ist die durch das RRG 1999 vorgesehene Änderung des § 10 Nr. 2 SGB VI hervorzuheben. Diese Vorschrift betrifft die persönlichen Voraussetzungen für Leistungen zur Rehabilitation. Bislang sind Maßnahmen zur Rehabilitation nur zulässig, wenn hierdurch bei in ihrer Erwerbsfähigkeit gefährdeten oder geminderten Personen eine wesentliche Besserung beziehungsweise Wiederherstellung der gesundheitlichen Leistungsfähigkeit erreicht werden kann. Nach der vorgesehenen Neufassung sollen berufsfördernde Leistungen auch bei teilweiser Erwerbsminderung ohne Aussicht auf eine wesentliche Besserung der Erwerbsfähigkeit zulässig sein, wenn hierdurch der Arbeitsplatz erhalten werden kann. Dies gilt jedoch nur zur Erhaltung des Arbeitsplatzes, nicht jedoch zur Erlangung eines neuen Arbeitsplatzes, wo ausschließlich die Zuständigkeit der Arbeitsverwaltung gegeben ist[1044].

---

1044 Kreikebohm/Mette, in: Schulin, Handbuch des Sozialversicherungsrechts, Band 3, 1999, § 78 Rd. 27.

# E. Erwerbsminderung bei Landwirten unter besonderer Berücksichtigung der Reformbemühungen

Regelungen zur Erwerbsminderung bei Landwirten finden sich in dem Gesetz über die Alterssicherung der Landwirte vom 29. Juli 1994[1045]. Wesentliche Besonderheit dieses berufsspezifischen Alterssicherungssystems ist, daß dieses die Berufsunfähigkeitsrente nicht kennt. Einzig kann hiernach ein Anspruch auf Rente wegen Erwerbsunfähigkeit gegeben sein. Ein solcher kann sich aus § 13 ALG ergeben. Im wesentlichen verweist diese Vorschrift auf die die Erwerbsunfähigkeit regelnden Vorschriften des SGB VI.

Ein Rentenanspruch für Landwirte wegen Erwerbsunfähigkeit ist nach den bislang geltenden Vorschriften gegeben, wenn Erwerbsunfähigkeit im Sinne des § 44 SGB VI vorliegt und die allgemeinen versicherungsrechtlichen Voraussetzungen erfüllt sind. Damit müssen auch hier von den letzten fünf Jahren vor Eintritt der Erwerbsunfähigkeit mindestens drei Jahre mit Pflichtbeitragszeiten zur landwirtschaftlichen Alterskasse belegt sein und die allgemeine Wartezeit von fünf Jahren vor Eintritt der Erwerbsunfähigkeit eingehalten sein. Weitere besondere Voraussetzung für den Rentenanspruch ist die erfolgte Übertragung des landwirtschaftlichen Unternehmens.

Der Gesetzgeber des RRG 1999 hat beabsichtigt, die Neuregelungen im Bereich der Renten wegen verminderter Erwerbsfähigkeit in der gesetzlichen Rentenversicherung auf die Alterssicherung der Landwirte zu übertragen[1046]. Hierbei sollen jedoch die Besonderheiten dieses Alterssicherungssystems beibehalten werden. Dementsprechend ist auch nach dem RRG 1999 für Landwirte keine Rente wegen teilweiser Erwerbsminderung vorgesehen, da es hier bislang auch keine Berufsunfähigkeitsrente gab. Die Erwerbsunfähigkeitsrente soll – wie in der gesetzlichen Rentenversicherung – durch die Rente wegen voller Erwerbsminderung ersetzt werden[1047].

Als Ausgleich für die fehlende Möglichkeit der Inanspruchnahme einer Rente wegen Berufsunfähigkeit beziehungsweise teilweiser Erwerbsminderung ist eine Ergänzung des § 12 ALG vorgesehen, wonach Landwirte vorzeitig ab Vollendung des 60. Lebensjahres Altersrente in Anspruch nehmen können, wenn sie Anspruch auf Rente wegen Erwerbsminderung nur deshalb nicht haben, weil sie

---

1045 BGBl. 1994 Teil T S. 1890.
1046 BT-Drucks. 13/8011 S. 50.
1047 BT-Drucks. 13/8011 S. 50; Niemeyer, NZS 1998, 103 (107).

nicht voll, sondern nur teilweise erwerbsgemindert im Sinne von § 43 SGB VI in der Fassung des RRG 1999 sind. Jedoch sind nach dem RRG 1999 auch hier entsprechende Abschläge bei der Altersrente vorgesehen[1048]. Nach den Vorstellungen des Reformgebers der Rentenreform 1999 soll damit im Ergebnis ein lediglich teilweise erwerbsgeminderter Landwirt wirtschaftlich ähnlich abgesichert sein, wie ein teilweise Erwerbsgeminderter, der in der gesetzlichen Rentenversicherung versichert ist.

Da nach den Vorstellungen der SPD-Alterssicherungskommission im Bereich der gesetzlichen Rentenversicherung Erwerbsminderungsrenten jeweils ohne Abschläge vorgesehen sind, stellt sich die Frage, wie sich diese Vorstellungen auf den Bereich der Erwerbsminderung in der Landwirtschaft auswirken. Wird in der gesetzlichen Rentenversicherung Rente wegen teilweiser Erwerbsminderung ohne Abschläge geleistet, so gebietet der Gleichbehandlungsgrundsatz, daß die für Landwirte vorgesehene Möglichkeit der Inanspruchnahme einer vorzeitigen Altersrente so ausgestaltet wird, daß diese ebenfalls ohne Abschläge geleistet wird.

Zwar handelt es sich hierbei um eine vom System der vorzeitigen Altersrente grundsätzlich abweichende Lösung, da bei der „normalen" vorzeitigen Altersrente nach der gesetzlichen Rentenversicherung jeweils Abschläge hinzunehmen sind. Im Hinblick darauf, daß der in der Landwirtschaft tätige Versicherte trotz Fehlens einer Regelung über die Rente wegen nur teilweiser Erwerbsminderung nicht schlechter stehen sollte als ein vergleichbar in der gesetzlichen Rentenversicherung teilweise erwerbsgeminderter Versicherter, sind hier Abschläge bei Gewährung einer vorzeitigen Altersrente als Ersatz der Rente wegen teilweiser Erwerbsminderung sachlich nicht gerechtfertigt.

Eine entsprechende Regelung einer vorzeitigen Altersrente ohne Abschläge für Landwirte bei teilweiser Erwerbsminderung wäre auch verfassungsmäßig. Insbesondere ein Verstoß gegen Art. 3 Abs. 1 GG im Hinblick auf die vorzeitige Altersrente in der gesetzlichen Rentenversicherung, die nur mit Abschlägen geleistet wird, wäre nicht gegeben, da die vorzeitige Altersrente ohne Abschläge bei Landwirten gerade auf den Bereich der teilweisen Erwerbsminderung beschränkt wäre. Insofern bestünde der erforderliche sachliche Grund für die Differenzierung gerade in dem Fehlen von Regelungen der Berufsunfähigkeitsrente beziehungsweise Rente wegen teilweiser Erwerbsminderung in dem berufsspezifischen Alterssicherungssystem für Landwirte.

---

1048 BT-Drucks. 13/8011 S. 50.

# F. Berufsunfähigkeit in der berufsständischen Versorgung

## I. Mitgliedschaft in der berufsständischen Versorgung

Besonderes Merkmal der freien Berufe[1049] ist das Prinzip der Selbstverwaltung. Die Selbstverwaltung umfaßt auch den Bereich des Versorgungswesens. Das Versorgungswesen ist, wie die Entstehungsgeschichte zeigt[1050], aus der Selbstorganisation der jeweiligen Berufsstände entstanden. Es gehört – wie die Selbstverwaltung der freien Berufe insgesamt – dem öffentlichen Recht an[1051]. Grundlage der berufsständischen Versorgung ist die auf Gesetz beruhende Pflichtmitgliedschaft in der Versorgungseinrichtung, die mit Schaffung eines eigenen berufsständischen Versorgungswerkes festgeschrieben wird[1052]. Die Versicherungspflicht ist grundsätzlich an die jeweilige Kammerzugehörigkeit gebunden, so daß hier von einer obligatorischen Mitgliedschaft gesprochen werden kann.

### *1. Zusammentreffen von berufsständischer Versorgung und gesetzlicher Rentenversicherung*

Soweit Angehörige eines freien Berufes auch in der gesetzlichen Rentenversicherung versicherungspflichtig waren oder sind, können sie sich dort nach § 6 Abs. 1 Nr. 1 SGB VI befreien lassen. Unterbleibt ein solcher Befreiungsantrag durch den Versicherten, besteht eine Versicherungspflicht sowohl im Rahmen der berufsständischen Versorgung als auch in der gesetzlichen Rentenversicherung. Insoweit bestehen auch keine Bedenken an der Rechtmäßigkeit dieser doppelten Versicherungspflicht, da es allein in der Hand des Versicherten liegt, einen Be-

---

1049 Zu den freien Berufen zählen die Architekten, Ärzte, Apotheker, Rechtsanwälte, Notare, Steuerberater, Tierärzte, Wirtschaftsprüfer und Zahnärzte.

1050 Vgl. oben A. Einleitung.

1051 Vgl. Vogt, Ärztliche Selbstverwaltung im Wandel, 1998, S. 1001. Die Versorgungswerke sind allerdings dabei nicht einheitlich strukturiert. Zum Teil sind sie als juristisch selbständige Personen des öffentlichen Rechts ausgestaltet (wie z.B. das Versorgungswerk der Rechtsanwälte im Land NRW); zum Teil handelt es sich um Einrichtungen der jeweiligen Kammer (wie z.B. die Nordrheinische Ärzteversorgung).

1052 Vgl. Vogt, Ärztliche Selbstverwaltung im Wandel, 1998, S. 979.

freiungsantrag zu stellen. Die Verhältnismäßigkeit wird zudem dadurch gewahrt, daß die Satzungen der Versorgungswerke für diesen Fall regelmäßig eine Beitragsermäßigung vorsehen[1053].

### *2. Berufsunfähigkeit und Beginn der Mitgliedschaft*

#### *a. Wartezeit*

Während das Recht der Berufsunfähigkeit in der gesetzlichen Rentenversicherung eine Vielzahl von unterschiedlichen Wartezeitregelungen kennt[1054], sind solche Bestimmungen im Recht der berufsständischen Versorgung ebenso wie im Bereich der privaten Lebensversicherung eher selten[1055]. Soweit überhaupt Wartezeitregelungen bestehen, sind sie unterschiedlich ausgestaltet[1056] und erklären sich meist aus der historischen Entwicklung des jeweiligen Versorgungswerkes. Nicht unter den Begriff der Wartezeit fallen solche Vorschriften, die die Gewährung von Versorgungsleistungen von der Entrichtung eines Monatsbeitrages abhängig machen[1057]; solche Bestimmungen dienen allein der Manifestation der jeweiligen Mitgliedschaft und grenzen Scheinmitgliedschaften aus[1058].

#### *b. Berufsunfähigkeit vor Beginn der Pflichtmitgliedschaft*

Ebenso wie im Bereich der gesetzlichen Rentenversicherung[1059] wird auch auf dem Gebiet des berufsständischen Versorgungswesens kein Versicherungsschutz für ein Risiko gewährt, das sich schon vor Beginn der Versicherung realisiert hat. Aus diesem Grunde schreiben die Satzungen der Versorgungswerke zum Teil ausdrücklich fest, daß eine Pflichtmitgliedschaft nicht eintritt, wenn das potentielle Mitglied bereits vor Eintritt der sonstigen Voraussetzungen für die Pflicht-

---

1053 Vgl. z.B. § 21 Abs. 2 und § 23 Abs. 1 der Satzung der NÄV.

1054 Vgl. hierzu oben D I 4 a, sowie §§ 50ff SGB VI.

1055 Kuhberg, in: Berufsunfähigkeit in der berufsständischen Versorgung, 1995, S. 10.

1056 Vgl. z.B. § 20 Abs. 5 ASO der Tierärzteversorgung Niedersachsen, § 27 Abs. 1 der Satzung des Versorgungswerkes der Tierärztekammer Nordrhein, § 21 der Satzung des Versorgungswerkes der Zahnärztekammer SchleswigHolstein, § 21 Abs. 1 Nr. 4 der Satzung der Baden-Würtembergischen Rechtsanwaltsversorgung.

1057 Vgl. z.B. § 16 Abs. 1 ASO der Ärzteversorgung Niedersachsen, § 10 Abs. 1 der Satzung der Ärzteversorgung Westfalen-Lippe, § 10 Abs. 1 der Satzung der Nordrheinischen Ärzteversorgung.

1058 Kuhberg, in: Berufsunfähigkeit in der berufsständischen Versorgung, S. 10.

1059 Vgl. hierzu oben D I 2 c cc (4) (a), sowie Fichte, in: Erlenkämper/Fichte, Sozialrecht, 3. Auflage, 1996, S. 366.

mitgliedschaft berufsunfähig war[1060]. In diesen Fällen führt die von vornherein angelegte Berufsunfähigkeit damit allerdings nicht nur – wie in der gesetzlichen Rentenversicherung – zum Leistungsausschluß, sondern zum Ausschluß der Mitgliedschaft[1061].

## II. Rentengewährung wegen Berufsunfähigkeit

### *1. Begriff der Berufsunfähigkeit*

Die einzelnen Versorgungswerke verfügen über unterschiedliche Regelungen der Berufsunfähigkeit, die zum Teil im Detail voneinander abweichen. Allerdings werden diese unterschiedlichen Regelungen im wesentlichen von übereinstimmenden, gleichlautenden Leitbildern getragen, die insoweit auch eine einheitliche Betrachtung zulassen[1062].

Der Begriff der Berufsunfähigkeit in der berufsständischen Versorgung selbst deckt sich nicht mit den Begriffen der Berufs- und Erwerbsunfähigkeit der gesetzlichen Rentenversicherung[1063]. Der Berufsunfähigkeitsbegriff in der berufsständischen Versorgung ist wesentlich enger. Hier kommt es jeweils allein darauf an, ob die Fähigkeit zur Berufsausübung als solche noch besteht oder nicht; eine Zwischenstufe – insbesondere eine Teilinvalidität oder eine Berufsunfähigkeit im Sinne der gesetzlichen Rentenversicherung – kennt das berufsständische Versorgungswesen nicht[1064]. Vor diesem Hintergrund wird zum Teil auch die Berufsun-

---

1060 Vgl. z.B. § 18 Nr. 1 der Satzung der Baden-Würtembergischen Versorgungsanstalt für Ärzte, Zahnärzte und Tierärzte, § 13 Nr. 2 der Satzung der Bayerischen Ärzteversorgung, § 6 Abs. 2 des Versorgungsstatuts der Ärztekammer Hamburg, § 6 Abs. 2 der Satzung der Berliner Zahnärzteversorgung, § 9 Nr. 1b des Statuts der Hessischen Zahnärzteversorgung, § 17 Abs. 4 der Satzung der Nordrheinischen Zahnärzteversorgung.

1061 Problematisch ist insofern jedoch, daß die Berufsunfähigkeit dem Versorgungswerk in der Regel erst zu einem späteren Zeitpunkt bekannt wird und die Nachweispflicht für die anfängliche Berufsunfähigkeit beim Versorgungswerk liegt. Bei der Entscheidung über die Aufhebung sind grundsätzlich nicht die Einschränkungen des § 48 VwVfG zu beachten, da die Pflichtmitgliedschaft automatisch bei Erfüllung der tatbestandlichen Voraussetzungen erwächst (vgl. Boecken, in: Berufsunfähigkeit in der berufsständischen Versorgung, S. 75). Dies gilt jedoch dann nicht, wenn die Mitgliedschaft ausnahmsweise -etwa bei einer freiwilligen Mitgliedschaft – durch Verwaltungsakt begründet wird.

1062 Vgl. Kuhberg, in: Berufsunfähigkeit in der berufsständischen Versorgung, S.1.

1063 Vgl. Kuhberg, in: Berufsunfähigkeit in der berufsständischen Versorgung, S. 40.

1064 Vgl. Vogt, Ärztliche Selbstverwaltung im Wandel, Köln, 1998, S. 1028; Kilger, in: Berufsunfähigkeit in der berufsständischen Versorgung, 1995, S. 45.

fähigkeit im Bereich der freien Berufe als berufsbezogene Erwerbsunfähigkeit definiert[1065].

## 2. *Grenzen der Absicherung bei Berufsunfähigkeit*

### *a. Verweisbarkeit*

Dieses enge Verständnis der Berufsunfähigkeit wird immer wieder kritisiert[1066]. Da es für die Gewährung einer Berufsunfähigkeitsrente im Bereich des berufsständischen Versorgungswesens nicht auf die zuletzt ausgeübte, spezifizierte Tätigkeit ankommt, sondern jedwede Tätigkeit innerhalb einer bestimmten Berufsgruppe unmöglich sein muß, liegt es auf der Hand, daß der Einbruch der Leistungsfähigkeit im Einzelfall zu ganz erheblichen Härten führen kann.

Gerade im Bereich der freien Berufe ist davon auszugehen, daß mit einer zunehmenden Technisierung und Reglementierung eine Spezialisierung, die bis in Detailbereiche hineingehen kann, mittlerweile unerläßlich ist. Die Annahme der Berufsunfähigkeit könnte damit bereits dann geboten sein, wenn der Versicherte zwar noch eine Tätigkeit in seinem Berufsfeld ausüben kann, aber der von ihm zuletzt ausgeübten konkreten Tätigkeit nicht mehr nachgehen kann. In diesem Zusammenhang könnte auch der Gedanke herangezogen werden, daß eine Verweisung auf solche Tätigkeiten unzumutbar ist, deren Ausübung für den Einzelnen zu einem wesentlichen sozialen Abstieg führen würde. Voraussetzung für eine Verbesserung der sozialen Absicherung wäre hier, daß man auf die Höhe der jeweils erzielbaren Einkünfte oder auf eine besondere hierarchische Struktur abstellt[1067].

Derartige Differenzierungen vermögen jedoch nicht zu überzeugen. Insoweit ist vielmehr zu berücksichtigen, daß dem Gedanken der berufsständischen Solidarität die gesamte, zur Mitgliedschaft verpflichtende Tätigkeit zugrunde liegt[1068]. Zudem läge bei gleichen Beitragsleistungen kein einheitlicher Versicherungsschutz vor. Je spezialisierter eine Tätigkeit wäre, umso größer wäre der Berufsschutz. Berufsschutz kann aber systembedingt nur einheitlich gewährt werden[1069]. Dabei greift auch nicht das Argument, daß gerade mit der Aufgabe einer

---

1065 Kilger, in: Berufsunfähigkeit in der berufsständischen Versorgung, S. 45.

1066 Vgl. Vogt, Ärztliche Selbstverwaltung im Wandel, 1998, S. 1028.

1067 Vgl. Saam, in: Berufsunfähigkeit in der berufsständischen Versorgung, 1995, S. 22, unter Hinweis auf die entsprechende Rechtsprechung des VG Köln.

1068 VG Sigmaringen, Urteil vom 10. August 1992 – 7 K 983/91 – unter Hinweis auf OVG NW, Urteil vom 26. Mai 1992 – 5 A 189/91 -.

1069 Kilger, in: Berufsunfähigkeit in der berufsständischen Versorgung, S. 48.

hoch spezialisierten Tätigkeit regelmäßig ein sozialer Abstieg verbunden sei. Der Versicherte hat bereits dann einen Rentenanspruch gegen das jeweilige Versorgungswerk, wenn er seinen Beruf als solchen nicht mehr ausüben kann. Er braucht sich deshalb im Gegensatz zu den in der gesetzlichen Rentenversicherung Versicherten[1070] nicht auf eine Tätigkeit außerhalb des jeweiligen Berufsbildes verweisen zu lassen. Für die Frage der Berufsunfähigkeit kommt es damit auf die zuletzt ausgeübte, spezielle Tätigkeit des Versicherten nicht an.

### *b. Konkrete Betrachtungsweise*

Ebenso wie im Bereich der gesetzlichen Rentenversicherung gehören die Renten wegen Berufsunfähigkeit auch auf dem Gebiet des berufsständischen Versorgungswesens zu den sozialen Grundnotwendigkeiten[1071]. Damit könnte es auch für die Beurteilung der Berufsunfähigkeit im Rahmen der berufsständischen Versorgung nicht nur auf die Frage ankommen, ob der Versicherte gesundheitlich noch bestimmte Tätigkeiten ausüben kann. Ebenso wie im Hinblick auf Teilbereiche der gesetzlichen Rentenversicherung[1072] könnte auch hier von Bedeutung sein, ob der Arbeitsmarkt praktisch verschlossen ist und der Versicherte nicht damit rechnen kann, einen entsprechenden Arbeitsplatz zu finden[1073].

Für die Anwendung der vom Bundessozialgericht entwickelten konkreten Betrachtungsweise würde insbesondere die Interessenidentität auf Seiten der Versicherten sprechen. Hiergegen sprechen jedoch schon starke, auch auf die Leistungsfähigkeit der Versorgungswerke bezogene Einwände[1074], die auch im Bereich der gesetzlichen Rentenversicherung eine Abkehr von der konkreten Betrachtungsweise unabweislich werden lassen[1075].

Zudem ist auch hier zu berücksichtigen, daß der im Bereich der Versorgungswerke geltende Begriff der Berufsunfähigkeit nicht deckungsgleich mit dem der gesetzlichen Rentenversicherung ist. Bei einer unmittelbaren Übertragung der sozialgerichtlichen Rechtsprechung durch die zuständige Verwaltungsgerichtsbarkeit würde übersehen, daß eine Verweisung im Bereich des berufsständischen Versorgungswesens nicht auf eine andere, als die bislang ausgeübte Berufsart möglich ist[1076], so daß auch die unterschiedlichen Reichweiten und

---

1070 Vgl. hierzu oben D I 2 c ee.
1071 Vgl. Vogt, Ärztliche Selbstverwaltung im Wandel, 1998, S. 1028.
1072 Vgl. ausführlich oben D I 2 c dd (1) (b), (2).
1073 So Bayerischer VGH, Urteil vom 17. August 1992 – 9B 89.2969 – ; Mogwitz, Die Berufsunfähigkeit in der berufsständischen Versorgung, 1995, S. 39.
1074 Vogt, Ärztliche Selbstverwaltung im Wandel, 1998, S. 1028.
1075 Vgl. oben D I 2 c dd (3).
1076 Saam, in: Berufsunfähigkeit in der berufsständischen Versorgung, 1995, S. 22.

Ausgestaltungen der sozialen Absicherung einer Übertragung der konkreten Betrachtungsweise im Wege stehen. Schließlich kennen die berufsständischen Versorgungswerke in der Regel keine Wartezeiten. Das offene Eingangstor erfordert daher auch als Korrektiv die abstrakte Betrachtungsweise[1077]. Für die Berufsunfähigkeit kommt es damit allein darauf an, ob der Versicherte noch eine seinen Kräften und Fähigkeiten entsprechende Tätigkeit ausüben kann. Weiter ist zu berücksichtigen, daß sich die berufsständischen Versorgungswerke anders als die gesetzliche Rentenversicherung allein aus den Beiträgen ihrer Mitglieder finanzieren. Eine Übernahme des Arbeitsmarktrisikos wäre hier nicht gerechtfertigt.

### *3. Aufgabe der beruflichen Tätigkeit*

Im Bereich des berufsständischen Versorgungswesens finden sich in den jeweiligen Satzungen der Versorgungswerke unterschiedliche Regelungen darüber, ob die Gewährung der Berufsunfähigkeitsrente neben der Berufsunfähigkeit auch die vollständige Aufgabe der beruflichen Tätigkeit voraussetzt.

#### *a. Rentengewährung nur bei vollständiger Aufgabe der beruflichen Tätigkeit*

##### *aa. Verfassungsmäßigkeit*

Soweit die Versorgungssatzungen eine Rentengewährung wegen Berufsunfähigkeit von einer vollständigen Aufgabe jeder beruflichen Tätigkeit abhängig machen, bestehen bereits Bedenken, ob diese Regelung mit der durch Art. 12 Abs. 1 S. 1 GG geschützten Berufsausübungsfreiheit in Einklang zu bringen ist. Art. 12 Abs. 1 S. 1 GG schützt unter anderem auch die Ausübung des Berufes, das heißt die gesamte berufliche Tätigkeit[1078]. Ein Eingriff in den Schutzbereich des Art. 12 Abs. 1 S. 1 GG liegt jedoch im Ergebnis nicht vor. Sofern Berufsunfähigkeitsrente nur bei vollständiger Aufgabe des Berufes gewährt wird, liegt hier lediglich eine zulässige Leistungsbeschränkung vor, die die Grundrechtssphäre des Einzelnen nicht berührt. Zum einen sind Grundrechte nur im Ausnahmefall als Leistungsrechte ausgestaltet[1079]. Zum anderen soll die Berufsunfähigkeitsrente ja gerade nur vor dem Risiko schützen, daß der Versicherte seine berufliche Tätigkeit nicht mehr ausüben kann. Es würde damit dem Solidargedanken der berufsständischen Versorgungseinrichtung widersprechen, wenn im selben Zeitraum neben

---

1077 Kilger, in: Berufsunfähigkeit in der berufsständischen Versorgung, 1995, S. 46.
1078 Jarass, in: Jarass/Pieroth, 4. Auflage, 1997, Art. 12 Rd. 7.
1079 Hierzu Roth, Die kommunalen öffentlichen Einrichtungen, 1998, S. 76ff.

neben der Berufsunfähigkeitsrente auch Einkünfte aus einer beruflichen Tätigkeit erzielt werden könnten; andernfalls würden zu Lasten der übrigen Mitglieder der Versorgungseinrichtung Leistungen über das zur sozialen Absicherung auf hohem Leistungsniveau erforderliche Maß hinaus gewährt[1080].

*bb. Verhältnismäßigkeit*

*(1). Grundsatz*

Neben den Grundrechten sind das aus dem Rechtsstaatsprinzip erwachsende Verhältnismäßigkeitsgebot sowie das Willkürverbot zu beachten[1081]. Die Beschränkung der Rentengewährung durch das Erfordernis der vollständigen Aufgabe jeder beruflichen Tätigkeit ist jedoch grundsätzlich weder unverhältnismäßig noch willkürlich. Auch hier greift die Überlegung, daß eine Doppelversorgung gerade nicht gewollt ist. Zudem dient die Beschränkung auch der Verwaltungsvereinfachung, da mit dem Erfordernis der Aufgabe der beruflichen Tätigkeit eine überprüfbare Manifestation des Versicherungsfalles nach außen gegeben wird[1082]. Auch insoweit gilt der schon aus der gesetzlichen Rentenversicherung bekannte Grundsatz, daß die tatsächliche Berufsausübung die von einem ärztlichen Gutachter angenommene Berufsunfähigkeit widerlegt[1083].

*(2). Ausnahmen*

*(a). Aufgabe der beruflichen Tätigkeit zur Entscheidung über die Berufsunfähigkeit*

Bedenken im Hinblick auf die Verhältnismäßigkeit bestehen jedoch dann, wenn man die Aufgabe jeder Tätigkeit schon im Vorfeld der Entscheidung über die Berufsunfähigkeit fordern würde. Nach dem Wortlaut der entsprechenden Satzungsregelungen stehen sich Berufsunfähigkeit und Aufgabe der beruflichen Tätigkeit als gleichstufige Voraussetzungen gegenüber, so daß hiernach die Forderung nach der Einstellung der beruflichen Tätigkeit ebenso wie die Berufsunfähigkeit schon bei Antragstellung vorliegen müßten.

Eine solche Auslegung ist jedoch nicht sachgerecht. Zweck der Einschränkung ist insbesondere, daß die Berufsunfähigkeitsrente nicht dazu dient, dem

1080 OVG NW, Urteil vom 13. Oktober 1992 – 5 A 2404/91; VG Düsseldorf, Urteil vom 22. Mai 1995 – 23 K 4441/91 -

1081 VG Gelsenkirchen, Urteil vom 18. Mai 1981 – 3 K 4411/80 -.

1082 OVG NW, Urteil vom 13. Oktober 1992 – 5 A 2404/91 -.

1083 Vgl. oben D I 2 c aa (4) (a) (bb).

Versicherten eine vom Solidargedanken nicht getragene zusätzliche Einnahmequelle zu schaffen. Diese Gefahr besteht jedoch erst nach der Entscheidung über die Berufsunfähigkeit. Würde man demgegenüber von einem freiberuflich Tätigen bereits bei Antragstellung die Einstellung seiner Tätigkeit fordern, hätte dies unübersehbare wirtschaftliche Risiken zur Folge.

In den Tätigkeitsfeldern der Freiberufler kommt dem Kundenstamm und der persönlichen Präsenz eine im Verhältnis zu anderen Wirtschaftszweigen weit größere Bedeutung zu. Müßte der Versicherte seine Tätigkeit bereits so frühzeitig einstellen, ohne daß – wie in den meisten Fällen – eine gesicherte oder zumindest vorhersehbare Entscheidung über die Gewährung der Berufsunfähigkeitsrente gegeben ist, würde dies zu einer unkalkulierenden Belastung des Versicherten führen, die durch den Zweck der Regelung nicht gedeckt ist. Insoweit ist es vielmehr ausreichend, wenn sichergestellt wird, daß mit Beginn der Rentenzahlung die berufliche Tätigkeit unterbleibt[1084].

*(b). Vertretertätigkeit*

Eine einheitliche Regelung darüber, wie sich eine Vertretertätigkeit auf die Aufgabe des Berufes auswirkt, besteht nicht. Zum Teil schreiben die Satzungen der Versorgungswerke jedoch ausdrücklich fest, daß eine Aufgabe der beruflichen Tätigkeit jedenfalls dann nicht vorliegt, wenn eine selbständige Praxis durch einen Vertreter weitergeführt wird[1085]. Bedenken gegen die Rechtmäßigkeit einer solchen Regelung bestehen jedenfalls solange nicht, als die Versorgungssatzung die Möglichkeit einer zeitlich begrenzten Gewährung von Berufsunfähigkeitsrente nicht kennt, also eine Rentengewährung auf Dauer gegeben ist.

Etwas anderes muß jedoch in den Fällen gelten, in denen die Versorgungssatzung die Möglichkeit einer vorübergehenden Rentengewährung wegen Berufsunfähigkeit vorsieht[1086]. In diesen Fällen ist der Versicherte schon aus Gründen seiner Existenzsicherung gehalten, seine Existenzgrundlage durch die Beschäftigung eines Vertreters aufrecht zu erhalten.

Dem steht auch nicht der Solidargedanke entgegen. Zumindest bei der Beschäftigung eines qualifizierten Vertreters wird der Versicherte die durch die Tätigkeit des Vertreters erzielten Einnahmen – zumindest weitgehend – auch an diesen wieder auskehren müssen, so daß von einer Doppelversorgung nicht die Rede

---

1084 Hierzu gehört insbesondere die Rentengewährung unter der aufschiebenden Bedingung, daß die berufliche Tätigkeit eingestellt wird.

1085 Vgl. § 10 der Satzung der NÄV.

1086 Z.B. §§ 31 Abs. 1, 37 Abs. 2 der Satzung der Bayerischen Ärzteversorgung, § 25 Abs. 1 der Satzung der BadenWürtembergischen Versorgungsanstalt für Ärzte, Zahnärzte und Tierärzte, § 15 Abs. 3 der Satzung der Bremer Ärzteversorgung.

sein kann. Der Gewährung einer beschränkten Berufsunfähigkeitsrente kann mithin die Beschäftigung eines Vertreters nicht im Wege stehen[1087].

*b. Fehlen einer Verpflichtung zur Aufgabe der Berufstätigkeit*

Fehlt es an einer Regelung, die für die Gewährung einer Berufsunfähigkeitsrente die Aufgabe jeder beruflichen Tätigkeit festschreibt, so muß die Gewährung von Berufsunfähigkeitsrente jedenfalls dann ausscheiden, wenn sich aus Art und Umfang der ausgeübten Tätigkeit ergibt, daß eine Berufsunfähigkeit nicht vorliegt. Andererseits steht in diesem Fall die Berufsausübung der Bewilligung der Rente wegen Berufsunfähigkeit nicht entgegen, solange die Tätigkeit – gegebenenfalls im Zusammenspiel mit einer weiteren berufsspezifischen Tätigkeit – nicht in einem nennenswerten Umfang ausgeübt wird[1088] und die Sicherung der Existenz nicht gewährleistet.

*4. Die Berufsunfähigkeit im konkreten Berufsbild*

Da das berufsständische Versorgungswesen für die Frage der Berufsunfähigkeit allein auf den Beruf des Versicherten abstellt, kommt dem jeweiligen Berufsbild eine zentrale Bedeutung zu. Allen freien Berufen ist gemeinsam, daß das jeweilige Berufsbild nicht statisch ist, sondern sich in einem ständigen Prozeß der Anpassung an die allgemeine, technische und wirtschaftliche Entwicklung befindet[1089]. Damit können auch die einzelnen Satzungen jeweils keine abschließende Definition oder Umschreibung der einzelnen Berufsbilder abgeben. Die Tatsache, daß in den einzelnen Satzungen der Begriff der beruflichen Tätigkeit nicht definiert ist, stellt damit keinen Mangel dar, sondern bedeutet lediglich, daß die jeweiligen Begriffsbilder auszulegen sind[1090]. Da es für den Anspruch auf Gewährung von Berufsunfähigkeitsrente nicht auf die zuletzt ausgeübte Tätigkeit ankommt, ist im Einzelfall damit stets das gesamte Berufsbild zu ermitteln.

---

1087 a.A. Kuhberg, in: Berufsunfähigkeit in der berufsständischen Versorgung, 1995 S. 10.

1088 Bayerischer VGH, Urteil vom 17. August 1992 – 9 B 89.2969 -; vgl. auch Mogwitz, in: Berufsunfähigkeit in der berufsständischen Versorgung, 1995, S. 36.

1089 Saam, in: Berufsunfähigkeit in der berufsständischen Versorgung, 1995, S. 14.

1090 Saam, in: Berufsunfähigkeit in der berufsständischen Versorgung, 1995, S. 14.

### *a. Die Heilberufe*

#### *aa. Berufsbild der Ärzteschaft*

Auf der Ebene des Bundesrechts, auf der mit Rücksicht auf Art. 74 Abs. 1 Nr. 19 GG nur Berufswahl und Berufszugang geregelt werden können[1091], ist für den Kernbereich des medizinischen Berufsrechts in der Bundesärzteordnung keine Definition der ärztlichen Tätigkeit enthalten. Die in § 2 Abs. 5 BÄO enthaltene Legaldefinition „Ausübung des ärztlichen Berufes ist die Ausübung der Heilkunde unter der Berufsbezeichnung Arzt oder Ärztin" grenzt die ärztliche Tätigkeit lediglich in subjektiver Hinsicht dadurch ab, daß die entsprechende Berufsbezeichnung als Arzt oder Ärztin nach § 2a BÄO denjenigen Personen vorbehalten bleibt, die als Arzt approbiert oder zur vorübergehenden Ausübung des ärztlichen Berufes befugt sind[1092]. Damit ist die ärztliche Tätigkeit objektiv zu bestimmen, so daß von einem umfassenden Begriff der ärztlichen Tätigkeit auszugehen ist.

Vor diesem Hintergrund umfaßt das ärztliche Tätigkeitsfeld nicht nur die bloße Heilbehandlung, sondern auch diejenigen Tätigkeiten, bei denen die ärztliche Vorbildung überwiegend (ganz oder teilweise) verwandt werden kann[1093]. Somit umfaßt die ärztliche Tätigkeit neben der heilenden Tätigkeit unter anderem auch die Forschungs- und Entwicklungsarbeit[1094], die Gutachtertätigkeit, die Publikationstätigkeit sowie die im gesamten medizinischen Bereich liegende Werbe- oder Verkaufstätigkeit. Die Grenze der ärztlichen Tätigkeit liegt dort, wo eine Verknüpfung zwischen dem Arztberuf an sich und der ausgeübten beziehungsweise vom Versicherten noch ausübbaren Tätigkeit nicht mehr besteht[1095].

#### *bb. Zahnärzte*

Die zahnärztliche Tätigkeit umfaßt zunächst die Behandlung von Zahn-, Mund- und Kieferkrankheiten als Ausübung der Zahnheilkunde. Ob zu den zahnärztlichen Tätigkeiten auch Tätigkeiten als Fachberater in der Dentalindustrie, als Ge-

---

1091 Vgl. BVerfGE 33, 125 (152ff.).

1092 Saam, in: Berufsunfähigkeit in der berufsständischen Versorgung, 1995, S. 15.

1093 So ausdrücklich § 12 Abs. 2 der Satzung des Versorgungswerks der Ärztekammer Bremen, § 10 Abs. 1 Nordrheinische Ärzteversorgung, § 14 Abs. 1 Ärzteversorgung Thüringen.

1094 OVG NW, Urteil vom 06. Oktober 1989 – 5 A 1946/88 -; zu der früher von der Rechtsprechung vertretenen gegenteiligen Auffassung vgl. Saam, in: Berufsunfähigkeit in der berufsständischen Versorgung, 1995, S. 16.

1095 Beschluß des OVG NW vom 17. August 1994 – 25 B 1580/94 -.

schäftsführer in Zahnärztekammern, Kassenärztlichen Vereinigungen oder Versicherungen und als Schriftführer in der Fachpresse gehören, ist umstritten[1096].

Zwar ist auch hier im Ausgangspunkt auf das gesamte Berufsbild abzustellen. Für eine weite Betrachtung des Berufsbildes spricht insbesondere, daß die freien Berufe einem ständigen Prozeß der allgemeinen, technischen und wirtschaftlichen Entwicklung unterzogen und nicht etwa statisch sind. Zudem üben zahlreiche Zahnärzte eine Tätigkeit aus, die zwar die zahnärztliche Vorbildung erfordert, für deren Ausübung die Approbation aber nicht Voraussetzung ist[1097].

Gleichwohl ist aber die Forderung, daß die zahnärztliche Approbation für eine entsprechende Verweisungstätigkeit zwingende Voraussetzung ist, nicht zu weitgehend, da gerade die Approbation den Umfang des Berufsbildes umschreibt[1098]. Dies gilt umso mehr, als andernfalls eine Ausweitung gegeben wäre, bei der von einem gewissen Berufsschutz keine Rede mehr sein kann. Dies widerspräche aber gerade dem System des berufsständischen Versorgungswesens.

*cc. Tierärzte*

Schließlich ist auch für das Berufsfeld der Tierärzte von einem umfassenden Berufsbild auszugehen, das nicht auf einen direkten Kontakt mit Tieren beschränkt ist. Insoweit gilt auch hier, daß eine Verengung des Berufsbildes schon wegen der stetigen Entwicklung des Berufsbildes abgelehnt werden muß. Berufsunfähigkeit scheidet auch hier insbesondere dann aus, wenn ein Tierarzt auf eine zumutbare Tätigkeit in Forschung und Lehre oder als Gutachter verwiesen werden kann.

*b. Berufsgruppe der Apotheker*

Innerhalb der Berufsgruppe der Apotheker gestaltet sich das Berufsbild enger, so daß auch die Verweisungsmöglichkeiten sinken. Die pharmazeutische Tätigkeit wird zu 90% in der öffentlichen Apotheke und in der Krankenhausapotheke ausgeübt[1099]. Daneben kommen regelmäßig nur Tätigkeiten in der Verwaltung, in der Forschung, in Fachorganisationen oder der Wirtschaft – insbesondere im Vertrieb pharmazeutischer Produkte – in Betracht, so daß sich das Verweisungs-

---

1096 Bejahend Kuhberg, in: Berufsunfähigkeit in der berufsständischen Versorgung, 1995, S. 29; verneinend VGH Baden-Würtemberg, Urteil vom 23. August 1998 – 9 S 2273/92.

1097 Kuhberg, in: Berufsunfähigkeit in der berufsständischen Versorgung, 1995, S. 30.

1098 Diesen Ansatzpunkt wählt gerade der VGH Baden-Württemberg in seinem Urteil vom 23. August 1994 – 9 S 2273/92 -.

1099 Mogwitz, in: Berufsunfähigkeit in der berufsständischen Versorgung, 1995, S. 37.

feld grundsätzlich auch auf diese Bereiche beschränkt. Voraussetzung ist aber auch hier stets, daß die Verweisungstätigkeit die Ausbildung als Apotheker voraussetzt.

*c. Berufsgruppe der Rechtsanwälte*

Die Berufsgruppe der Rechtsanwälte verfügt im Vergleich zu den ärztlichen Versorgungseinrichtungen noch nicht lange über berufsständische Versorgungseinrichtungen. Deshalb ist eine Rechtsprechung, die Berufsbild und Verweisbarkeit bei Erwerbsminderung konkretisiert, nur in ganz geringem Umfang vorhanden[1100]. Zudem existiert heute ein einheitliches Berufsbild der Rechtsanwälte nicht mehr. Die Vorstellung vom Kanzleianwalt, der nur zu Gerichtsterminen sein Büro verläßt, ist überholt. Rechtsanwälte sind als Testamentsvollstrecker, Insolvenzverwalter, Beiräte, Vormünder, juristische Gutachter oder Berater tätig; neben einer Tätigkeit als Einzelanwalt oder in einer Sozietät nimmt eine erhebliche Zahl die Stellung eines Syndikusanwalts ein.

Eine Antwort auf die Frage, was den Beruf des Rechtsanwalts ausmacht, wird zusätzlich dadurch erschwert, daß die mit dem Beruf verbundenen weiteren Tätigkeiten durch die „Zweitberufsentscheidung" des Bundesverfassungsgerichts[1101] außerordentlich ausgeweitet worden sind. Hiernach kann der Rechtsanwalt sein Arbeitseinkommen aus vielerlei Beschäftigungen und Tätigkeiten erzielen, ohne daß dies zu einem Entzug der Anwaltszulassung führt.

Insoweit ist jedoch zu berücksichtigen, daß Ausgangspunkt für das gesamte berufsständische Versorgungswesen die Beschränkung der Verweisbarkeit auf eine Tätigkeit in dem jeweiligen Beruf ist[1102]. Tätigkeiten, die zwar die Zulassung zur Rechtsanwaltschaft nicht ausschließen, mit dem Rechtsanwaltsberuf aber in keiner inneren Verbindung stehen, müssen damit bei der Bestimmung der objektiven Kriterien zur Erfassung des Berufsbildes außer Betracht bleiben. Sie bestimmen damit nicht das objektive Berufsbild der Rechtsanwaltschaft.

Wesenskern des Anwaltsberufs ist nach § 1 BRAO, daß der Rechtsanwalt Organ der Rechtspflege ist. Zentrale Bedeutung kommt dabei nach § 3 BRAO dem Recht zur Beratung und Vertretung zu. Von einer Tätigkeit innerhalb des Anwaltsberufes kann damit in der Regel nur gesprochen werden, solange eine Beratungs- oder Vertretungstätigkeit im Vordergrund steht. Beratung und Vertretung setzen jeweils Kommunikationsfähigkeit, selbständiges Urteilen und Arbei-

1100 Kilger, in: Berufsunfähigkeit in der berufsständischen Versorgung, 1995, S. 43.
1101 BVerfG, NJW 1993, 317ff.
1102 Vgl. oben F II 2.

ten voraus[1103]. Erstreckt sich dabei die Leistungsminderung des Rechtsanwalts auf diesen Bereich, so scheidet damit eine Verweisbarkeit innerhalb des Rechtsanwaltsberufs von vornherein aus.

*d. Steuerberater, Wirtschaftsprüfer und Notare*

Die Aufgaben und Tätigkeitsfelder der Steuerberater, Wirtschaftsprüfer und Notare sind durch die jeweiligen Berufsordnungen eng umrissen, so daß die einzelnen Berufsbilder hier allein an den gesetzlichen Vorgaben zu messen sind[1104]. Damit gelten hier allein die allgemeinen Grundsätze, insbesondere die Beschränkung der Verweisbarkeit innerhalb des jeweiligen Berufes[1105].

*e. Architekten*

Zu den Aufgaben der Architekten gehören die technische und wirtschaftliche Planung von Bauwerken, die Überwachung der Ausführung, die Betreuung und Vertretung des Auftraggebers in allen mit der Planung und Durchführung des Vorhabens zusammenhängenden Fragen, die Rationalisierung von Planung und Plandurchführung, die Erstellung von Fachgutachten sowie die Ausarbeitung städtebaulicher Pläne und die städtebauliche Beratung[1106]. Damit erstreckt sich das Tätigkeitsfeld des Architekten auf das gesamte Feld der Planung, Durchführung, Überwachung, Beratung und Begutachtung im öffentlichen wie im privaten Bauwesen, so daß auch das Berufsbild des Architekten sehr breit angelegt ist.

Ebenso wie im Hinblick auf die übrigen freien Berufe kommt es auch hier entsprechend dem allgemeinen Grundsatz nicht auf die tatsächliche Art der zuletzt nachgegangenen Berufsausübung an. Deshalb ist hier eine Verweisbarkeit auf der gesamten Breite des Berufsbildes denkbar, sofern die jeweiligen Verweisungstätigkeiten aufgrund des verbliebenen Leistungsvermögens des Versicherten ausgeübt werden können[1107].

---

1103 Kilger, in: Berufsunfähigkeit in der berufsständischen Versorgung, 1995, S. 48.

1104 Vgl. zum Beispiel § 1 BNotO.

1105 Vgl. Kilger, in: Berufsunfähigkeit in der berufsständischen Versorgung, 1995, S. 50.

1106 Kuhberg, in: Berufsunfähigkeit in der berufsständischen Versorgung, 1995, S. 40 m.w.N..

1107 Vgl. hierzu oben F II 2 a; zur Verweisbarkeit innerhalb der Berufsgruppe der Architekten vgl. auch OVG NW, Urteil vom 08. Mai 1987 – 13 A 1198/86 -.

## III. Verfahren

### *1. Antrag*

Da der Versorgungsfall bei Berufsunfähigkeit anders als bei der Altersrente nicht automatisch mit einem von vornherein feststehenden Stichtag, sondern vielmehr aufgrund des jeweiligen individuellen Gesundheitszustandes eintritt, sehen die Satzungen der Versorgungswerke regelmäßig vor, daß Berufsunfähigkeitsrente auf Antrag des Mitglieds gewährt wird. Aber auch wenn die Satzung des Versorgungswerkes nicht ausdrücklich ein Antragserfordernis enthält, ist eine Willenserklärung des Mitglieds, Berufsunfähigkeitsrente erhalten zu wollen, für die Leistungsgewährung erforderlich[1108].

### *2. Feststellung der Berufsunfähigkeit*

Die Satzungen der berufsständischen Versorgungswerke regeln nicht einheitlich, wer das Vorliegen der Berufsunfähigkeit feststellt. Zum Teil schreiben die Satzungen fest, daß allein der Verwaltungsausschuß des jeweiligen Versorgungswerkes die Entscheidung über das Vorliegen der Berufsunfähigkeit trifft[1109]. Einer etwa eingeholten gutachterlichen Stellungnahme kommt dabei nur eine Hilfsfunktion zu. Dies gilt auch für Regelungen, wonach die Berufsunfähigkeit durch ärztliche Gutachten nachzuweisen ist, da allein durch eine solche Regelung die Entscheidungskompetenz der Versorgungswerke nicht berührt wird[1110].

Zum Teil finden sich aber auch in den Satzungen der Versorgungswerke Regelungen, nach denen die Feststellungen über das Vorliegen der Berufsunfähigkeit nicht durch den Verwaltungsausschuß oder ein entsprechendes Verwaltungsorgan des berufsständischen Versorgungswerkes, sondern verbindlich durch Gutachten einer von beiden Seiten – nämlich Antragsteller und Versorgungswerk – zu benennenden Gutachterkommission getroffen wird. Soll eine Verweisung auf eine andere Tätigkeit erfolgen, genügt es nicht, wenn ein Gutachter und ihm folgend das Versorgungswerk nur allgemeine Angaben machen[1111]. Zum Schutz des Versicherten ist es erforderlich, konkrete Angaben über die verbliebene Leistungsfähigkeit und die verbleibenden Arbeitsmöglichkeiten zu machen.

---

1108 Kuhberg, in: Berufsunfähigkeit in der berufsständischen Versorgung, 1995, S. 2.

1109 Vgl. zum Beispiel § 14 Versorgungssatzung der Ärztekammer Bremen. Hier heißt es: “Aufgrund der Untersuchungs- und/oder Beobachtungsergebnisse fällt der Verwaltungsausschuß eine Entscheidung“.

1110 Saam, in: Berufsunfähigkeit in der berufsständischen Versorgung, 1995, S. 61.

1111 Vgl. Peters-Lange, NZS 1994, 207 (210).

*3. Mitwirkung*

Die berufsständischen Versorgungseinrichtungen können sich nicht unmittelbar auf die in §§ 60 bis 67 SGB I für die gesetzliche Rentenversicherung statuierten Mitwirkungspflichten berufen, da es sich bei den Leistungen der Versorgungswerke nicht um Leistungen nach dem Sozialgesetzbuch handelt. Aus diesem Grund enthalten alle Satzungen der berufsständischen Versorgungswerke eine rechtliche Grundlage für die Anordnung einer Begutachtung des Antragstellers[1112]. Demgegenüber finden sich in den Satzungen der Versorgungswerke nur vereinzelt Regelungen, die entsprechend der Regelung des § 63 SGB I eine Mitwirkungspflicht bei zumutbaren Heilbehandlungen zur Abwendung oder zum Hinausschieben der Berufsunfähigkeit vorsehen[1113].

Vor dem Hintergrund des Gesetzesvorbehalts ist streitig, ob eine Mitwirkungspflicht zur Vermeidung oder zum Hinausschieben der Berufsunfähigkeit auch dann besteht, wenn es insoweit an einer ausdrücklichen Regelung fehlt[1114]. Richtigerweise wird man bei Fehlen einer entsprechenden ausdrücklichen Regelung aber auch davon ausgehen müssen, daß das jeweilige Mitglied jedenfalls im Rahmen der Zumutbarkeit zu einer umfassenden Mitwirkung verpflichtet ist. Zwischen den Versorgungswerken und ihren Mitgliedern besteht ein öffentlichrechtliches Schuldverhältnis[1115], so daß die jeweiligen Mitwirkungspflichten von vornherein über die in bloßen Verwaltungsverfahren bestehenden Mitwirkungspflichten hinausgehen. Die berufsständische Versorgung hat die Beiträge ihrer Mitglieder mit größtmöglicher Sorgfalt zu verwalten und die Fälle von Berufsunfähigkeit wegen ihrer für die Versichertengemeinschaft erheblich ins Gewicht fallenden finanziellen Dimensionen unter Kontrolle zu halten. Deshalb ist dem Versorgungsverhältnis immanent, Mitglieder zu einer möglichen, erfolgversprechenden und zumutbaren Heilbehandlung veranlassen zu können, um Versorgungsfälle zu verhindern oder zu beseitigen[1116].

---

1112 Saam, in: Berufsunfähigkeit in der berufsständischen Versorgung, 1995, S. 62.

1113 Eine solche Mitwirkungspflicht findet sich beispielsweise in § 9 Abs. 3 S. 3ff. der Satzung der Ärzteversorgung Hamburg.

1114 Bedenken insbesondere bei Kuhberg, in: Berufsunfähigkeit in der berufsständischen Versorgung, Köln, S. 90f.

1115 Zum Begriff vgl. Bonk, in: Stelkens/Bonk/Sachs, Verwaltungsverfahrensgesetz, Kommentar, 5. Auflage, 1998, § 54 Rd. 19ff.

1116 Vgl. OLG NW, Beschluß vom 31. Juli 1990 – 5 A 494/89 -.

### *4. Aufhebung und Rückforderung*

Die Aufhebung von Verwaltungsakten, durch die berufsständische Versorgungswerke eine Berufsunfähigkeitsrente gewähren, erfolgt nach den allgemeinen verfahrensrechtlichen Vorschriften über die Rücknahme und den Widerruf, das heißt nach den den §§ 48, 49 VwVfG entsprechenden Regelungen der Landesverwaltungsverfahrensgesetze, da das Sozialgesetzbuch auf die berufsständischen Versorgungswerke keine Anwendung findet. Die Rückforderung von Leistungen, die aufgrund eines Verwaltungsaktes erbracht wurden, erfolgt nach den dem § 49a VwVfG entsprechenden Vorschriften auch durch Verwaltungsakt.

Beruht die von einem Mitglied zu erstattende Leistung nicht auf einem Verwaltungsakt und besteht kein gesetzlich begründeter Leistungsanspruch, ist die Rückforderung im Wege der verwaltungsgerichtlichen Klage durchzusetzen[1117].

Ob ein Erstattungsanspruch gegen die Erben des Versicherten vor den ordentlichen Gerichten allein nach den allgemeinen bereicherungsrechtlichen Vorschriften geltend zu machen ist, ist bislang nicht geklärt. Für eine entsprechende Anwendung des § 118 Abs. 3 SGB VI – der für den Bereich der Rentenversicherung die Möglichkeit eröffnet, die nach dem Tode des Berechtigten geleistete Rente durch Verwaltungsakt zur Rückzahlung festzusetzen – spricht, daß auch im Bereich des berufsständischen Versorgungswesens eine zur gesetzlichen Rentenversicherung vergleichbare Interessenlage besteht. Gleichwohl handelt es sich hier aber um einen wesentlichen Eingriff in die Rechte der Erben, so daß hier eine ausdrückliche, auf das berufsständische Versorgungswesen bezogene Ermächtigungsgrundlage zu fordern ist.

## IV. Rehabilitation in der berufsständischen Versorgung

Die Versorgungsleistungen der berufsständischen Versorgungswerke umfassen neben der Rentengewährung wegen Berufsunfähigkeit auch Rehabilitationsmaßnahmen, die zur Erhaltung oder Wiederherstellung der Berufsfähigkeit dienen. Anders als die gesetzliche Rentenversicherung[1118] kennen die Satzungen der einzelnen Versorgungswerke aber keine ausdrückliche Regelung, die den Grundsatz „Rehabilitation vor Rente" festschreibt. Gleichwohl besteht aber auch hier – je nach Krankheitsbild – die tatsächliche Möglichkeit, die Durchführung der Reha-

1117 Vgl. Maurer, Allgemeines Verwaltungsrecht, 12. Auflage, 1998, § 28 Rd. 29.
1118 Vgl. oben D I 2 c dd (3) (a) (bb), sowie § 9 Abs. 1 SGB VI.

bilitationsmaßnahme durch Ablehnung des Rentenantrages zu veranlassen, wenn die Wiederherstellung der Arbeitsfähigkeit im Bereich des Möglichen liegt[1119].

### *1. Anspruchsgrundlagen*

Die Anspruchsgrundlagen für Rehabilitationsmaßnahmen ergeben sich aus den jeweiligen Satzungen der Versorgungswerke. Das Gesetz über die Angleichung von Leistungen zur Rehabilitation[1120] gilt für die berufsständischen Versorgungswerke nicht[1121].

### *2. Leistungsumfang*

Die Rehabilitationsleistungen der berufsständischen Versorgungswerke – ob sie nun als Regel- oder Kannleistungen beziehungsweise als Voll- oder Zuschußleistungen gewährt werden – beschränken sich regelmäßig auf die medizinischen Leistungen für den Fall gefährdeter, geminderter oder aufgehobener Berufsfähigkeit des Mitglieds, soweit kein anderer Kostenträger vorhanden ist[1122]. Neben der Gewährung von medizinischen Rehabilitationsleistungen kommt der reinen Berufsförderung schon wegen der Möglichkeit, auf die Zuständigkeit der Bundesanstalt für Arbeit zu verweisen[1123], selbst in den Fällen keine gewichtige Bedeutung zu, in denen die Satzung des Versorgungswerkes berufsfördernde Maßnahmen vorsieht[1124].

### *3. Anspruchsberechtigung*

Da die Rehabilitationsmaßnahmen allein der Abwendung der Berufsunfähigkeit des Versicherten dienen, erstreckt sich die Anspruchsberechtigung nur auf das Mitglied selbst. Familienangehörige sind nicht leistungsberechtigt.

---

1119 Vgl. Breuer, in: Berufsunfähigkeit in der berufsständischen Versorgung, 1995, S. 85.

1120 BGBl I 1974, 1881.

1121 Vgl. § 2 RehaAnglG.

1122 Breuer, in: Berufsunfähigkeit in der berufsständischen Versorgung, 1995, S. 82 m.w.N.

1123 Vgl. §§ 22 Abs. 2, 97 SGB III.

1124 Breuer, in: Berufsunfähigkeit in der berufsständischen Versorgung, 1995, S. 82.

### *4. Anspruchsvoraussetzungen*

Rehabilitationsleistungen werden in der berufsständischen Versorgung grundsätzlich nur dann gewährt, wenn der Versicherte einen entsprechenden Antrag stellt und bereits eine Anwartschaft auf Berufsunfähigkeitsrente hat. Da Rehabilitationsleistungen auch im berufsständischen Versorgungswesen der Abwendung der Berufsunfähigkeit dienen, ist für die Gewährung einer Rehabilitationsmaßnahme jeweils Voraussetzung, daß sie voraussichtlich geeignet ist, die Berufsunfähigkeit zu vermeiden oder hinauszuschieben. Die berufsständischen Versorgungswerke gewähren damit keine Rehabilitationsleistungen, die allein einer erreichbaren Linderung des Leidens oder einer sonstigen Erleichterung der Lebensumstände dienen.

Die Rehabilitationsleistungen müssen darüber hinaus auch erforderlich sein[1125], das heißt, es darf keinen einfacheren oder besseren Weg geben, das verfolgte Ziel zu erreichen.

### *5. Zusammenfassung*

Die Rehabilitation in der berufsständischen Versorgung umfaßt nur diejenigen Maßnahmen, die unmittelbar auf die Vermeidung der Berufsunfähigkeit gerichtet sind[1126]. Ambulante Behandlungen, medikamentöse Versorgung oder Behandlungskosten akuter Krankheitszustände sind damit auch dann nicht von den berufsständischen Versorgungswerken zu übernehmen, wenn das Mitglied keine oder eine nicht ausreichende Krankenversicherung hat[1127].

---

1125 Breuer, in: Berufsunfähigkeit in der berufsständischen Versorgung, 1995, S. 83.

1126 Vogt, Ärztliche Selbstverwaltung im Wandel, 1998, S. 1030.

1127 BSG, NJW 1971, 1911; zur Anschlußheilbehandlung vgl. Breuer, a.a.O., S. 84f.; Vogt, Ärztliche Selbstverwaltung im Wandel, 1998, S. 1030.

# G. Das Recht der Beamtenversorgung

## I. Fürsorgepflicht und Versorgung im öffentlichen Dienst

Nach Art. 33 Abs. 5 GG ist das Recht des öffentlichen Dienstes unter Berücksichtigung der hergebrachten Grundsätze des Berufsbeamtentums zu regeln. Die hergebrachten Grundsätze des Berufsbeamtentums werden allgemein definiert als ein Kernbestand von Strukturprinzipien, die allgemein oder doch überwiegend und während eines längeren, Tradition bildenden Zeitraums, mindestens unter der Reichsverfassung der Weimarer Republik, als verbindlich anerkannt und gewahrt worden sind[1128].

Zu diesen anerkannten Grundsätzen des Beamtentums gehört die Alimentationspflicht, die nicht nur die Besoldung des Beamten, sondern auch eine angemessene Versorgung für den Versorgungsfall umfaßt[1129]. Die Verpflichtung des Dienstherrn zur Gewährung eines standesgemäßen Unterhalts auch nach Beendigung des aktiven Dienstes des Beamten folgt damit aus dem Wesen des Berufsbeamtentums, so daß letztendlich auch der Versorgungsanspruch Ausfluß aus Art. 33 Abs. 5 GG ist.

## II. Rechtsquellen und Rechtsanspruch

Wie die Besoldung, die durch das Bundesbesoldungsgesetz geregelt ist, ist auch die Versorgung der Beamten einheitlich im Beamtenversorgungsgesetz geregelt. Das Beamtenversorgungsgesetz regelt die Versorgung der Bundesbeamten, der Beamten der Länder, der Gemeinden, der Gemeindeverbände und sonstigen der Aufsicht eines Landes unterstehenden Körperschaften, Anstalten und Stiftungen des öffentlichen Rechts sowie nach Maßgabe des Deutschen Richtergesetzes[1130] der Richter abschließend[1131]. Zusicherungen, Vereinbarungen oder Vergleiche, die dem Beamten eine höhere als die gesetzlich zustehende Versorgung verschaffen sollen, sind nach § 3 Abs. 2 BeamtenVG unwirksam. Auf die gesetzlich zu-

---

1128 BVerfGE 8, 332 (343); 70, 69 (79); 83, 89 (98).

1129 Jarass, in: Jarass/Pieroth, 4. Auflage, 1997, Art. 33 Rd. 17.

1130 Vgl. § 1 Abs. 2 BeamtenVG.

1131 Vgl. § 1 BeamtenVG; das BeamtenVG gilt nicht für öffentlich-rechtliche Religionsgemeinschaften; auf Soldaten findet das SoldatenVG Anwendung.

stehende Versorgung kann nach § 3 Abs. 3 BeamtenVG weder ganz noch teilweise verzichtet werden.

Der Kernbestand der Versorgung ist das Ruhegeld[1132], das jedem Ruhestandsbeamten nach § 47 Abs. 3 BBG, § 30 Abs. 3 BRRG beziehungsweise den entsprechenden landesrechtlichen Vorschriften[1133] nach Maßgabe des Beamtenversorgungsgesetzes lebenslänglich zusteht.

## III. Dienstunfähigkeit

### *1. Rehabilitation vor Versorgung*

Ausgangspunkt für den Versorgungsfall ist die Dienstunfähigkeit, die wiederum in engem Zusammenhang mit dem Grundsatz „Rehabilitation vor Versorgung" steht. Nicht nur im Bereich der gesetzlichen Rentenversicherung, sondern auch auf dem Gebiet der beamtenrechtlichen Versorgung sind die Versorgungslasten stark angestiegen. Um diesen Anstieg zu bremsen, wurde durch das Dienstrechtsreformgesetz vom 24. Februar 1997[1134] der Grundsatz „Rehabilitation vor Versorgung" weiter verstärkt, während der Bereich der Dienstunfähigkeit eingeschränkt wurde.

Durch die Neuregelung des § 42 BBG beziehungsweise der entsprechenden landesrechtlichen Vorschriften[1135] ist zur Vermeidung des vorzeitigen Ruhestandes die Übertragung eines anderen Amtes derselben oder einer anderen Laufbahn im Bereich desselben Dienstherrn an einen Beamten ohne dessen Zustimmung zulässig, wenn diese Arbeit (ohne Berücksichtigung der Stellenzulagen) mit demselben Endgrundgehalt verbunden ist wie das bisherige Amt des Beamten und wenn zu erwarten ist, daß der Beamte den gesundheitlichen Anforderungen des neuen Amtes genügt.

#### *a. Geringerwertige Tätigkeiten*

Zur Vermeidung der Versetzung in den Ruhestand kann dem Beamten unter Beibehaltung seines Amtes auch eine geringerwertige Tätigkeit innerhalb seiner Laufbahngruppe übertragen werden, sofern eine anderweitige gleichwertige Ver-

---

1132 Wallerius, in: Wind/Schimana/Wallerius, Öffentliches Dienstrecht, 3. Auflage, 1991, S. 237.

1133 Vgl. z.B. § 50 Abs. 3 iVm § 90 LBG NW; der Regelungsgehalt der Landesgesetze stimmt im übrigen im wesentlichen mit dem Bundesbeamtengesetz überein.

1134 BGBl. 1997 I S. 322.

1135 Vgl. z.B. § 56 BayBG, § 51 HBG, § 45 LBGNW.

wendung nicht möglich ist und dem Beamten die Wahrnehmung der neuen Aufgabe unter Berücksichtigung seiner bisherigen Tätigkeit zuzumuten ist. Auch dieser Fall wird ausdrücklich von der Zustimmung des Beamten ausgenommen.

Einigkeit besteht hier jedoch insoweit, daß wegen der Beeinträchtigung des grundsätzlich bestehenden Rechts des Beamten auf amtsangemessene Tätigkeit an die Zumutbarkeit der zu übertragenden geringerwertigen Tätigkeiten zum Schutz des Beamten hohe Anforderungen zu stellen sind[1136]. Eine anderweitige Beschäftigung darf damit mit Blick auf das verfassungsrechtlich verbriefte Recht am Amt nur die Ausnahme, der letzte Ausweg und auch keine auf Dauer angelegte Maßnahme sein[1137].

*b. Umschulungsmaßnahmen*

Mit der Neuregelung des § 42 BBG beziehungsweise der entsprechenden landesrechtlichen Vorschriften[1138] soll von einer Versetzung des Beamten in den Ruhestand wegen Dienstunfähigkeit auch dann abgesehen werden, wenn der Beamte gesundheitlich in der Lage ist, ein anderes Amt in derselben oder in einer anderen Laufbahn zu bekleiden. Im Falle eines Laufbahnwechsels kommt es dabei nicht darauf an, ob der Beamte die Befähigung für eine andere Laufbahn hat. Er ist vielmehr jeweils nach dem Gesetz verpflichtet, an Maßnahmen für den Erwerb der neuen Befähigung teilzunehmen.

Welche Grenzen diese Umschulungsverpflichtung hat, ist bislang nicht abschließend geklärt[1139]. Zwar soll die Umschulungsverpflichtung auch sicherstellen, daß dem Beamten bei einem Laufbahnwechsel die gleichen Chancen für den weiteren Aufstieg wie den Regelbewerbern der neuen Laufbahn eröffnet werden[1140]. Gleichwohl ergeben sich aber aus der Sache selbst jedenfalls im Rahmen der Verhältnismäßigkeit Einschränkungen. Die Laufbahnvorschriften schreiben zum Teil eine bestimmte Vorbildung, Ausbildung oder Prüfung vor[1141]. Da in jedem Einzelfall eine umfassende Interessen- und Güterabwägung vorzunehmen ist, muß man jedenfalls eine generelle Verpflichtung zur Teilnahme an einem

---

1136 Battis, Bundesbeamtengesetz, 2. Auflage, 1997, § 42 Rd. 10; Adolf/Durner, Gesetz zur Reform des öffentlichen Dienstrechts, 1997, S. 37.

1137 Adolf/Durner, Gesetz zur Reform des öffentlichen Dienstrechts, 1997, S. 37.

1138 Vgl. z.B. §§ 56 BayBG, 51 HBG, 45 LBG NW.

1139 Ohne Einschränkungen zum Beispiel Korn, in: Korn/Tadday, Das Beamtenrecht in Nordrhein-Westfalen, Kommentar, Loseblattsammlung, Stand Mai 1999, § 45 Anm. 3.

1140 Adolf/Durner, Gesetz zur Reform des öffentlichen Dienstrechts, 1997, S. 36.

1141 Vgl. § 6 BLV.

Vorbereitungsdienst sowie eine generelle Verpflichtung zur Ablegung einer Laufbahnprüfung ablehnen[1142].

*2. Dienstunfähigkeit*

§ 42 BBG und die entsprechenden landesrechtlichen Vorschriften[1143] differenzieren jeweils zwischen nachgewiesener, fingierter und besonderer Dienstunfähigkeit.

*a. Nachgewiesene Dienstunfähigkeit*

Nach der Legaldefinition des § 42 Abs. 1 S. 1 BBG beziehungsweise den entsprechenden landesrechtlichen Regelungen liegt Dienstunfähigkeit dann vor, wenn der Beamte infolge körperlicher Gebrechen oder wegen Schwäche seiner körperlichen oder geistigen Kräfte zur Erfüllung seiner Dienstpflichten dauernd unfähig ist. Für die Frage, ob ein Beamter dauernd außerstande ist, seine Dienstpflichten zu erfüllen, ist auf den Zeitpunkt der Entscheidung abzustellen.

Von einer dauernden Dienstunfähigkeit ist auszugehen, wenn der Dienstherr nach den ihm zur Verfügung stehenden Erkenntnismitteln die Überzeugung gewinnen durfte, daß der Beamte in absehbarer Zeit nicht in der Lage ist, seine Aufgaben wahrzunehmen[1144]. Dabei kann auch eine Vielzahl von Erkrankungen, die jede für sich betrachtet weder schwer noch von langer Dauer ist, den Schluß rechtfertigen, daß der Beamte schon wegen seiner gesamten körperlichen oder psychischen Verfassung zur Erfüllung seiner Dienstpflichten dauerhaft unfähig ist[1145]. Dauernde Dienstunfähigkeit liegt auch vor, wenn bei einer latent vorhandenen geistigen Erkrankung Krankheitsschübe zu erwarten und damit krankheitsbedingte Fehlleistungen nicht ausgeschlossen sind[1146].

*b. Vermutete Dienstunfähigkeit*

Nach § 42 Abs. 1 S. 2 BBG beziehungsweise den entsprechenden landesrechtlichen Vorschriften kann ein Beamter auch dann als dienstunfähig angesehen wer-

---

1142 Noch weitergehend Battis, Bundesbeamtengesetz, 2. Auflage, 1997, § 42 Rd. 9; Adolf/Durner, Gesetz zur Reform des öffentlichen Dienstrechts, 1997, S. 37, die sich insoweit auf die Freiwilligkeit beschränken.

1143 Z.B. §§ 56 BayBG, 51 HBG, 45 LBG NW.

1144 BVerwG, DVBl 1958, 61; BVerwG, ZBR 1967, 148 (149).

1145 BVerwG, ZBR 1967, 148 (149).

1146 Battis, Bundesbeamtengesetz, 2. Auflage, 1997, § 42 Rd. 5 m.w.N.

den, wenn er infolge eines Zeitraums von sechs Monaten mehr als drei Monate keinen Dienst getan hat und keine Aussicht besteht, daß die Dienstfähigkeit innerhalb eines Zeitraums von weiteren sechs Monaten wieder voll hergestellt wird. Bei der Entscheidung handelt es sich um eine Ermessensentscheidung.

*c. Besondere Dienstunfähigkeit*

Schließlich enthalten die gesetzlichen Regelungen zum Teil Sondervorschriften für einzelne Beamtengruppen, die besondere Voraussetzungen für die Dienstunfähigkeit bestimmen. Solche Sondervorschriften existieren insbesondere für Polizei- und Justizvollzugsbeamte sowie die Feuerwehr[1147].

## IV. Versorgungsfolgen der Dienstunfähigkeit im Beamtenrecht

*1. Beamte auf Lebenszeit*

*a. Ruhegehalt*

Sowohl das Bundesbeamtengesetz als auch die entsprechenden landesrechtlichen Vorschriften sehen vor, daß Beamte auf Lebenszeit bei Verlust ihrer Dienstfähigkeit in den vorzeitigen Ruhestand zu versetzen sind[1148]. Mit der Versetzung in den Ruhestand erhält der Beamte – sofern er die durch § 4 Abs. 1 Nr. 1 BeamtenVG festgeschriebene Mindestdienstzeit von fünf Jahren abgeleistet hat oder die Dienstunfähigkeit nach § 4 Abs. 1 Nr. 2 BeamtenVG in Zusammenhang mit der Dienstausübung steht und kein grobes Verschulden seitens des Beamten vorliegt, Ruhegehalt.

Die Höhe des Ruhegehalts bemißt sich nach § 14 BeamtenVG anhand der ruhegehaltsfähigen Dienstzeit (§§ 6 – 13 BeamtenVG) sowie anhand der jeweils ruhegehaltsfähigen Dienstbezüge (§ 5 BeamtenVG). Durch das Dienstrechtsreformgesetz vom 24. Februar 1997[1149] wurde jedoch die soziale Komponente, wonach bei vorzeitiger Versetzung in den Ruhestand wegen Dienstunfähigkeit der Bemessung des Ruhegehalts die ruhegehaltsfähigen Dienstbezüge aus der Dienstaltersstufe, die der Beamte bis zum Eintritt in den Ruhestand wegen Erreichens der Altersgrenze hätte erreichen können (das ist in der Regel die Endstufe

1147 Vgl. hierzu auch die Aufstellung bei Battis, Bundesbeamtengesetz, 2. Auflage, 1997, § 42 Rd. 8.
1148 Vgl. § 43 BBG, § 46 LBG NW.
1149 BGBl. 1997 Teil I S. 322.

der erreichten Besoldungsgruppe), zugrunde zu legen sind, aufgegeben. Vielmehr wird – mit Ausnahme der Fälle, in denen die Dienstunfähigkeit aufgrund eines Dienstunfalles eingetreten ist – das Ruhegehalt aus der jeweils erreichten Stufe errechnet[1150].

Das Ruhegehalt erhöht sich im Falle der Dienstunfähigkeit nach Maßgabe des § 14a Abs. 2 BeamtenVG, wenn der Beamte bis zum Beginn des Ruhestandes die Wartezeit von sechzig Kalendermonaten für eine Rente der gesetzlichen Rentenversicherung erfüllt hat, einen Ruhegehaltssatz von siebzig vom Hundert noch nicht erreicht hat und die Einkommensfreigrenze[1151] nicht überschritten ist.

*b. Unterhaltsbeitrag*

Ist die Wartezeit des § 4 Abs. 1 Nr. 1 BeamtenVG nicht erfüllt und liegt auch kein Wartezeitersatz vor, so endet das Beamtenverhältnis auf Lebenszeit gemäß § 35 S. 2 BBG beziehungsweise den entspechenden landesrechtlichen Vorschriften[1152] statt durch Übertritt in den Ruhestand durch Entlassung. Damit ist für den Beamten der Bezug von Ruhegehalt ausgeschlossen.

Zur Minderung der hieraus erwachsenden Härten kennt das Beamtenversorgungsgesetz den Unterhaltsbeitrag[1153]. Insoweit sind jedoch auch neben den beamtenrechtlichen Vorschriften die Vorschriften der gesetzlichen Rentenversicherung zu beachten, da nach § 8 Abs. 2 SGB VI ein Beamter, der ohne Anspruch auf Versorgung aus dem Beamtenverhältnis ausscheidet, für die Zeit, während der er auf Grund seiner Beamteneigenschaft versicherungsfrei war, grundsätzlich in der gesetzlichen Rentenversicherung nachzuversichern ist. Die Nachversicherung hat damit Vorrang gegenüber der Bewilligung eines Unterhaltsbeitrags. Der entlassene Beamte wird – von Ausnahmen abgesehen – zur Sicherung seiner Invaliditäts- und Altersversorgung folglich primär auf die Rentenversicherung verwiesen[1154].

Der Vorrang der Nachversicherung in der gesetzlichen Rentenversicherung führt somit dazu, daß eine Bewilligung eines Unterhaltsbeitrags auf Lebenszeit in aller Regel nur in Betracht kommt, wenn feststeht, daß der Beamte trotz der

---

1150 Vgl. hierzu Adolf/Durner, Gesetz zur Reform des öffentlichen Dienstrechts, 1997, 1997, S. 104.

1151 Vgl. hierzu Aufstellung bei Bauer, in Stegmüller/Schmalhofer/Bauer, Beamtenversorgungsgesetz, Band I, Stand März 1999, § 14a Erl. 10.6 m.w.N.

1152 Vgl. z.B. § 37a LBG NW.

1153 Schütz, BeamtenVG, Beamtenversorgungsgesetz, 1980, Teil D § 15 Rd. 1.

1154 Bauer, in: Stegmüller/Schmalhofer/Bauer, Beamtenversorgungsgesetz, Band 1, Stand März 1999, Erl. 4.2.3 zu § 15; Schütz, Beamtenversorgungsgesetz, 1980, Teil D § 15 Rd. 2a.

Nachversicherung die Voraussetzungen für den Bezug einer Rente aus der gesetzlichen Rentenversicherung nicht erfüllt und auch in Zukunft nicht mehr erfüllen kann. Besteht demgegenüber noch die Möglichkeit, weitere auf die Wartezeit der gesetzlichen Rentenversicherung anrechenbare Beitragszeiten zurückzulegen – etwa durch Entrichtung von Beiträgen für nach der Entlassung liegende Beitragszeiten, Kindererziehungszeiten oder durch im Rahmen des Versorgungsausgleichs übertragene oder begründete Rentenanwartschaften –, so kann die Gewährung eines Unterhaltsbeitrags regelmäßig nur unter Widerrufsvorbehalt beziehungsweise auf Zeit erfolgen[1155]. Wenn durch die Nachversicherung das Ziel, dem entlassenen Beamten eine ausreichende Versorgung zu geben, nicht erreicht werden kann, ist die Nachversicherung bei Bewilligung der Unterhaltsleistung auf Lebenszeit auf Dauer und bei Bewilligung auf Zeit vorübergehend ausgeschlossen.

Die Bewilligung eines Unterhaltsbeitrages steht im Ermessen der nach § 49 Abs. 1 BeamtenVG zuständigen Behörde. Seinem Sinn und Zweck nach – die schon aus der Bezeichnung folgen – ist der Unterhaltsbeitrag nur ein Beitrag zur Absicherung des Lebensunterhalts. Entscheidungserheblich sind damit in erster Linie die wirtschaftlichen Verhältnisse des Beamten[1156]. Daneben soll nach Ziffer 15.14 der Verwaltungsvorschriften vom 03. November 1980 zum Beamtenversorgungsgesetz[1157] die Dauer der Dienstzeit angemessen berücksichtigt werden. Nach § 15 Abs. 1 BeamtenVG bildet dabei die Höhe des (fiktiven) Ruhegehalts die Obergrenze der Versorgung.

### *2. Beamte auf Probe*

Eine schon im Ansatzpunkt andere Situation stellt sich für Beamte auf Probe. Nur Beamte, die in jeder Hinsicht geeignet sind, können in das Beamtenverhältnis auf Lebenszeit berufen werden[1158]. Hierzu gehört auch die gesundheitliche Eignung[1159]. Vor diesem Hintergrund sehen sowohl das Bundesbeamtengesetz[1160]

---

1155 Vgl.Bauer, in: Stegmüller/Schmalhofer/Bauer, Beamtenversorgungsgesetz, Band 1, Stand März 1999, § 15 Erl. 4.3.2.3 und 4.3.1.

1156 Bauer, in: Stegmüller/Schmalhofer/Bauer, Beamtenversorgungsgesetz, Band 1, Stand März 1999, § 15 Erl. 4.1.1

1157 GMBl. Nr. 35/1980.

1158 BVerwGE 11, 139 (141); Plog/Wiedow/Beck, Bundesbeamtengesetz, Kommentar, Stand 1996, § 9 Rd. 15; Wiese, Beamtenrecht, 3. Auflage, 1988, S. 80.

1159 BVerwGE 41, 75.

1160 § 31 Abs. 1 Nr. 3 BBG.

als auch die entsprechenden landesrechtlichen Vorschriften[1161] vor, daß ein Beamter auf Probe entlassen werden kann, wenn er dienstunfähig ist. Neben der Entlassung sehen die beamtenrechtlichen Vorschriften[1162] auch die Möglichkeit einer Versetzung in den Ruhestand vor.

Der Unterschied zwischen beiden Alternativen ist sehr bedeutsam, denn bei Entlassung erhält der frühere Beamte allenfalls durch die Nachversicherung eine Rente aus der gesetzlichen Sozialversicherung; bei der Versetzung in den Ruhestand dagegen Ruhegehalt, das wesentlich höher ist[1163]. Die beamtenrechtlichen Vorschriften unterscheiden dabei zwischen der obligatorischen und der fakultativen Versetzung in den Ruhestand.

*a. Obligatorische Versetzung in den Ruhestand*

Ist ein Beamter auf Widerruf in Zusammenhang mit der Ausübung seines Dienstes ohne grobes Verschulden infolge Krankheit, Verwundung oder sonstiger Beschädigung dienstunfähig geworden, so muß der Dienstherr den Beamten in den vorzeitigen Ruhestand versetzen. Die Kausalität zwischen der Beschädigung und der Dienstunfähigkeit beziehungsweise dem dienstlichen Anlaß und der Beschädigung wird allgemein nach der Theorie der wesentlichen mitwirkenden Teilursachen bestimmt. Haben mehrere Ursachen den Erfolg herbeigeführt, ist hiernach nur die wesentlichste von ihnen, nämlich diejenige, die den anderen gegenüber von überragender Bedeutung ist und die den Schadenseintritt entscheidend geprägt hat, Ursache im Rechtssinn[1164].

Der Dienstbegriff selbst ist weit auszulegen. Zum Dienst gehören nicht nur die eigentliche Tätigkeit, sondern auch Dienstreisen, Dienstgänge, Teilnahme an dienstlichen Veranstaltungen, der Weg von und zur Dienststelle einschließlich geschützter Umwege (Kindergartenweg, Fahrgemeinschaftsweg etc.)[1165].

*b. Fakultative Versetzung in den Ruhestand*

Steht die Dienstunfähigkeit nicht in einem Zusammenhang mit der Ausübung der dienstlichen Tätigkeit, kann ein Beamter auf Probe im Rahmen der sogenannten fakultativen Zurruhesetzung in den Ruhestand versetzt werden. Zweck der Bestimmung des § 46 Abs. 2 BBG beziehungsweise der entsprechenden landes-

1161 Vgl. zum Beispiel § 34 Abs. 1 Nr. 3 LBG NW.
1162 Vgl. § 46 BBG, § 49 LBG NW, § 55 HBG, § 60 BayBG.
1163 Dürr, Beamtenrecht, 2. Auflage, 1995, S. 24.
1164 BVerwGE 7, 48 (49); 23, 201 (206); Battis, Bundesbeamtengesetz, 2. Auflage, 1997, § 46 Rd. 3 m.w.N.
1165 Battis, Bundesbeamtengesetz, 2. Auflage, 1997, § 46 Rd. 3.

rechtlichen Vorschriften ist es, dienstunfähig gewordenen Probebeamten eine Versorgung zu gewähren, wenn und soweit diese auch nach den Umständen des Einzelfalles notwendig und angemessen erscheint, um der Fürsorgepflicht des Dienstherrn zu genügen. Dabei ist im Einzelfall auf Lebens- und Dienstalter, den Grund der Bedürftigkeit, die wirtschaftliche Lage des Probebeamten sowie die Bewährung und Würdigkeit des Beamten auf Probe abzustellen[1166].

*aa. Ausschluß der fakultativen Versetzung in den Ruhestand bei grobem Verschulden*

Umstritten ist, ob von der fakultativen Zurruhesetzung notwendigerweise abzusehen ist, wenn der Beamte auf Probe seine Dienstunfähigkeit außerhalb des Dienstes durch eigenes, grobes Verschulden herbeigeführt hat[1167]. Die Notwendigkeit eines Ausschlusses im Falle eines groben Verschuldens könnte sich bereits aus systematischen Erwägungen ergeben. Verliert ein Beamter auf Probe schon dann seinen Rechtsanspruch, in den Ruhestand versetzt zu werden, wenn er im Zusammenhang mit seiner dienstlichen Tätigkeit die dauernde Dienstunfähigkeit vorsätzlich oder grob fahrlässig herbeigeführt hat, so könnte dies erst recht gelten, wenn die Dienstunfähigkeit außerhalb der dienstlichen Tätigkeit herbeigeführt wird.

Diese Argumentation würde jedoch Rechtsanspruch und bloße Möglichkeit gleichsetzen. Im Einzelfall kann es gerade geboten sein und der Billigkeit entsprechen, den Beamten auf Probe in den Ruhestand zu versetzen, obgleich er in bezug auf die eigene Verletzung grob fahrlässig gehandelt hat. Dies wird beispielsweise der Fall sein, wenn ein Beamter außerhalb des Dienstes ohne Bezug zu seiner dienstlichen Tätigkeit zum Schutz überragender Individualrechtsgüter – wie beispielsweise dem Leben eines Einzelnen – gehandelt hat.

Es entspricht gerade dem Wesen der Ermessensentscheidung, besonders gelagerten Einzelfällen Rechnung zu tragen. Die Möglichkeit der fakultativen Zurruhesetzung eröffnet damit dem obersten Dienstherrn einen breiten Ermessensspielraum. Diese Regelung ist damit auch als umfassende Ausnahmeregelung zu verstehen, die unabhängig von den allgemeinen Vorschriften ist, so daß ein zwingender Ausschlußmechanismus bei Vorliegen groben Verschuldens abzulehnen ist.

---

1166 BVerwGE 22, 215 (219); VGH Mannheim, DÖD 1975, 231 (232, 233); Battis, Bundesbeamtengesetz, 2. Auflage, 1997, § 46 Rd. 6.

1167 Ablehnend Battis, Bundesbeamtengesetz, 2. Auflage, 1997, § 46 Rd. 6; bejahend Plog/Wiedow/Beck, Bundesbeamtengesetz, Stand 1996, § 46 Rd. 13.

*bb. Ausschluß der fakultativen Versetzung in den Ruhestand bei Nichterfüllung der allgemeinen Wartezeit*

Neben dem groben Verschulden bei der Verursachung der Dienstunfähigkeit ist die Frage, welche Auswirkungen die Nichterfüllung der in § 4 Abs. 1 Nr. 1 BeamtenVG statuierten allgemeinen Wartezeit auf die Möglichkeit der fakultativen Versetzung in den Ruhestand hat, problematisch. Auch hier könnte ein Ausschluß der fakultativen Versetzung in den Ruhestand in Betracht kommen, soweit die allgemeinen Voraussetzungen nicht erfüllt sind.

Hierfür spricht, daß selbst der stärker gesicherte Beamte auf Lebenszeit nur einen Unterhaltsbeitrag – nicht aber die Versetzung in den Ruhestand – verlangen kann, wenn er die Wartezeit nicht erfüllt hat[1168]. Zwar kommt auch hier die Gewährung eines Unterhaltsbeitrages nach § 15 BeamtenVG in Betracht[1169], sofern der Beamte auf Probe nicht nach § 46 BBG beziehungsweise den entsprechenden landesrechtlichen Vorschriften im Falle der Dienstunfähigkeit in den Ruhestand versetzt wird. Dies bedeutet jedoch noch nicht, daß die Möglichkeit der Gewährung eines Unterhaltsanspruchs die fakultative Versetzung des Probezeitbeamten bei Nichterfüllung der Wartezeit ausschließen muß. Eine solche Betrachtung ließe nämlich unberücksichtigt, daß es sich bei der fakultativen Versetzung in den Ruhestand um eine Ausnahmevorschrift zu den allgemeinen Vorschriften handelt[1170]. Auch hier muß es möglich sein, besonders gelagerten Einzel- und Ausnahmefällen Rechnung zu tragen.

Zudem liefen die Regelungen wegen einer fakultativen Zurruhesetzung eines Beamten auf Probe weitgehend leer. Nach § 9 Abs. 2 BBG beziehungsweise den entsprechenden landesrechtlichen Vorschriften[1171] ist das Beamtenverhältnis auf Probe grundsätzlich längstens nach fünf Jahren in ein Beamtenverhältnis auf Lebenszeit umzuwandeln, wenn die beamtenrechtlichen Voraussetzungen hierfür erfüllt sind. Die in § 4 Abs. 1 Nr. 1 BeamtenVG festgeschriebene Wartezeit selbst beläuft sich aber auch auf einen Zeitraum von fünf Jahren. Damit erweist sich auch hier die Forderung nach Berücksichtigung der allgemeinen Wartezeit als zu eng, so daß der obersten Dienstbehörde im Ergebnis ein weiter Ermessensspielraum zusteht, ohne daß dabei die allgemeinen Vorschriften zu beachten wären. Allein dies entspricht Sinn und Zweck der Vorschrift, nämlich auch in besonders

1168 So BVerwG, ZBR, 1965, 53 (54).

1169 Vgl. zum Unterhaltsbeitrag und den einzelnen Voraussetzungen oben, § 15 Abs. 2 BeamtenVG schreibt ausdrücklich fest, daß die Vorschriften über den Unterhaltsbeitrag auch für Beamte auf Probe gelten.

1170 Vgl. oben G IV 2 b.

1171 Vgl. zum Beispiel § 9 LBG NW, § 11 HBG.

gelagerten Einzelfällen eine individuelle und gerechte Lösung zu finden, um der Fürsorgepflicht des Dienstherrn nachzukommen.

### *3. Probebeamtenverhältnis*

Von dem Beamten auf Probe ist das Probebeamtenverhältnis nach §§ 12a BRRG, 24a BBG und den entsprechenden landesrechtlichen Vorschriften zu unterscheiden. Es handelt sich hier um Beamte auf Lebenszeit, die für die Erprobung in einem Amt mit leitender Funktion in ein Beamtenverhältnis auf Probe berufen worden sind. Ihr Beamtenverhältnis auf Lebenszeit wurde hierdurch nicht beendet. Ihre Versorgungsansprüche ergeben sich damit grundsätzlich aus dem Beamtenverhältnis auf Lebenszeit[1172]. War das Probebeamtenverhältnis dem Beamten dabei jedoch mindestens für die Dauer von fünf Jahren übertragen, so werden die ruhegehaltsfähigen Dienstbezüge auch nach § 15a Abs. 5 BeamtenVG allein aus dem Beamtenverhältnis auf Zeit berechnet, wenn der Beamte während seiner Dienstzeit dienstunfähig wird.

### *4. Beamte auf Widerruf*

Beamte auf Widerruf können nach § 32 Abs. 1 BBG beziehungsweise den entsprechenden landesrechtlichen Vorschriften jederzeit aus dem Beamtenverhältnis entlassen werden. Als sachlicher Widerrufsgrund reicht dabei neben der mangelnden körperlichen Eignung[1173] bereits der bloße Zweifel an der gesundheitlichen Eignung aus[1174].

Die Gewährung von Ruhegeld sieht das Beamtenversorgungsgesetz für Beamte auf Widerruf nicht vor. Dies gilt selbst für die dienstunfallbedingte Dienstunfähigkeit. Die wegen dienstunfallbedingter Dienstunfähigkeit entlassenen Beamten auf Widerruf gehören jedoch zum Empfängerkreis des § 38 BeamtenVG, der den durch einen Dienstunfall verletzten früheren Beamten, deren Beamtenverhältnis nicht durch den Eintritt in den Ruhestand geendet hat, für die Dauer einer durch den Dienstunfall verursachten Erwerbsbeschränkung einen Unterhaltsbeitrag zubilligt.

---

1172 Bauer, in: Stegmüller/Schmalhofer/Bauer, Beamtenversorgungsgesetz, Band 1, Stand März 1999, § 15 Erl. 1.3.2.

1173 BVerwGE 10, 213.

1174 BVerwGE 19, 344.

### *5. Beamte auf Zeit*

Für Beamte auf Zeit gelten nach § 66 Abs. 1 BeamtenVG grundsätzlich die Vorschriften für die Versorgung der Beamten auf Lebenszeit entsprechend[1175]. Endet das Beamtenverhältnis auf Zeit im Falle der Dienstunfähigkeit wegen Nichterfüllung der Wartezeit gemäß § 35 S. 2 BBG beziehungsweise den entsprechenden landesrechtlichen Vorschriften[1176] oder bei Fehlen eines Wartezeitersatzes statt durch Übertritt in den Ruhestand durch Entlassung, so schreibt § 66 Abs. 5 BeamtenVG ausdrücklich fest, daß für den früheren Beamten auf Zeit die Möglichkeit der Gewährung des allgemeinen Unterhaltsbeitrags nach § 15 BeamtenVG besteht.

### *6. Ehrenbeamte*

Grundsätzlich dürfen Ehrenbeamte nach § 115 Abs. 2 BRRG weder Dienstbezüge noch eine Versorgung erhalten. Ausnahmsweise sieht insoweit lediglich § 68 S. 1 BeamtenVG aus Billigkeitsgründen die Möglichkeit vor, Ehrenbeamten einen Unterhaltsbeitrag zu gewähren, wenn ein Dienstunfall erwerbsmindernde Folgen hinterlassen hat. Dabei kann der Unterhaltsbeitrag nach pflichtgemäßer Ermessensausübung dauerhaft, auf Zeit oder aber auch widerruflich bewilligt werden[1177].

## V. Verfahren

Das Verfahren bestimmt sich nach dem Verwaltungsverfahrensgesetz des Bundes und der Länder. Die Versetzung in den Ruhestand kann dabei auf Antrag des Beamten[1178] oder auch zwangsweise erfolgen[1179].

### *1. Entscheidung auf Antrag des Beamten*

Der Entscheidung über die Versetzung in den Ruhestand durch die jeweils zuständige Behörde geht ein verwaltungsinternes Verfahren zur Feststellung der

1175 Vgl. hierzu oben G IV 1.
1176 Vgl. zum Beispiel § 37a LBG NW.
1177 Schütz, Beamtenversorgungsgesetz, 1980, Teil D § 68 Rd. 5.
1178 Vgl. zum Beispiel § 43 BBG, § 46 LBG NW, § 41 HBG.
1179 Vgl. zum Beispiel § 44 BBG, § 47 LBG NW, § 53 HBG.

Dienstunfähigkeit voraus, in dem der unmittelbare Dienstvorgesetzte auf Grund eines amtsärztlichen Gutachtens eine eigene Wertung über die Dienstunfähigkeit abgeben muß. Da es sich hier allein um ein verwaltungsinternes Verfahren handelt, ist das Verlangen des Dienstvorgesetzten, die Dienstunfähigkeit infolge Erkrankung durch amtsärztliches Gutachten nachzuweisen, kein Verwaltungsakt[1180].

Beantragt der Beamte die Versetzung in den Ruhestand, so muß er das nach den gesetzlichen Regelungen erforderliche amtsärztliche Gutachten auf eigene Kosten erstellen lassen, da er allein durch das von ihm ausgelöste Verfahren begünstigt werden will[1181]. Die über das Vorliegen der Dienstunfähigkeit entscheidende Behörde ist bei ihrer Entscheidung weder an die Stellungnahme des unmittelbaren Vorgesetzten noch an die Wertung des amtsärztlichen Gutachtens gebunden. Die Entscheidung ergeht vielmehr anhand der Auslegung des unbestimmten Rechtsbegriffs der Dienstunfähigkeit[1182].

Inwieweit die Anwendung und Auslegung des unbestimmten Rechtsbegriffs der Dienstunfähigkeit gerichtlich nachprüfbar ist, ist umstritten. Zum Teil wird die Auffassung vertreten, daß der unbestimmte Rechtsbegriff der Dienstunfähigkeit der Verwaltung einen weiten Beurteilungsspielraum einräume, der eine gerichtliche Überprüfung der von der Verwaltung getroffenen Wertung ausschließe[1183]. Dem steht jedoch entgegen, daß die Verwaltung umfassend an das Recht gebunden ist. Selbst wenn eine gesetzliche Regelung nur unvollständig und nicht abschließend die Tatbestandsvoraussetzungen oder Rechtsfolgen festlegt, ist die Verwaltung gehalten, das richtige Ergebnis zu ermitteln[1184]. Die von der Verwaltungsbehörde erarbeiteten Ergebnisse unterliegen folglich grundsätzlich vollständig der Kontrolle der Verwaltungsgerichte.

Dies entspricht auch der Wertung des Art. 19 Abs. 4 GG, der umfassenden gerichtlichen Schutz garantiert[1185]. Ein begrenzter Entscheidungsfreiraum kommt damit ausnahmsweise nur da in Betracht, wo unbestimmte Rechtsbegriffe wegen

1180 Lemhöfer, in: Plog/Wiedow/Beck, Bundesbeamtengesetz, Stand April 1996, § 42 Rd. 11; a.A. VGH Mannheim, ZBR 1975, 322, unter Hinweis auf mögliche Disziplinarmaßnahmen bei Nichtbefolgung des Verlangens des Nachweises der Dienstunfähigkeit.

1181 Battis, Bundesbeamtengesetz, 2. Auflage, 1997, § 43 Rd. 3.

1182 Battis, Bundesbeamtengesetz, 2. Auflage, 1997, § 43 Rd. 4.

1183 Ule, BRRG, 1970, § 26 Rd. 1; Battis, Bundesbeamtengesetz, 2. Auflage, München, 1997, § 42 Rd. 4; vgl. zur Lehre vom Beurteilungsspielraum auch Schwerdtfeger, Öffentliches Recht in der Falllbearbeitung, 10. Auflage, 1997, § 5 II 3b; Wolff/Bachof/Stober, Verwaltungsrecht I, 10. Auflage, 1994,§ 31 III 2 Rd. 14ff.; Ossenbühl, DVBl 1974, 309ff. jeweils m.w.N.

1184 Peine, Allgemeines Verwaltungsrecht, 4. Auflage, 1998, § 4 II 2 Rd. 73 m.w.N.

1185 BVerfGE 64, 261 (279).

der hohen Komplexität und der besonderen Dynamik der geregelten Materie so vage sind und ihre Konkretisierung im Nachvollzug der Verwaltungsentscheidung so schwierig ist, daß die gerichtliche Kontrolle an die Funktionsfähigkeitsgrenzen der Rechtsprechung stößt[1186].

Ein solcher Ausnahmefall liegt aber gerade bei der Beurteilung der Dienstunfähigkeit regelmäßig nicht vor. Zwar kann die Frage, ob eine gesundheitliche Schädigung auf Dauer angelegt ist, generell nur anhand einer prognostischen Einschätzung entschieden werden. Allein das Vorliegen eines prognostischen Elements vermag die gerichtliche Überprüfung jedoch nicht auszuschließen[1187]. Ist – wie hier – in der Sache kein Entscheidungsspielraum gegeben, muß auch stets die volle gerichtliche Nachprüfbarkeit möglich sein. Im Ergebnis erfolgt die Einschätzung der künftigen gesundheitlichen Entwicklung allein unter Zugrundelegung gesicherter und gefestigter wissenschaftlich-medizinischer Erfahrungssätze, zumal auch die Konturen der Dienstunfähigkeit selbst durch das Gesetz vorgegeben werden. Damit muß auch die behördliche Entscheidung in vollem Umfang gerichtlich nachprüfbar sein.

Etwas anderes kann vor dem dargestellten Hintergrund allenfalls ausnahmsweise da gelten, wo es allein um die Wertung wissenschaftlicher Streitfragen – etwa um unterschiedliche Behandlungsansätze oder Behandlungsmöglichkeiten – geht.

### *2. Zwangsweise Versetzung in den Ruhestand*

Wenn ein als dienstunfähig anzusehender Beamter seine Zurruhesetzung nicht selbst beantragt, ist ein Zwangspensionierungsverfahren nach § 44 BBG beziehungsweise den entsprechenden landesrechtlichen Vorschriften einzuleiten. Das Zwangspensionierungsverfahren hat eine besondere Schutzfunktion für den Beamten zur Sicherung der Unabhängigkeit und Neutralität des Beamtentums[1188]. Nach den beamtenrechtlichen Vorschriften kommt als Grundlage für die Beurteilung der Dienstunfähigkeit hier allein ein amtsärztliches Gutachten in Betracht[1189].

---

1186 BVerfGE 84, 34 (50).

1187 BVerwGE 79, 208 (214).

1188 Wind, in: Wind/Schimana/Wallerius, Öffentliches Dienstrecht, 3. Auflage, 1991, 10. Abschnitt 3.2.1.1 (2) S. 191; Battis, Bundesbeamtengesetz, 2. Auflage, 1997, § 44 Rd. 2.

1189 Vgl. zum Verfahren die detailierte Darstellung bei Wind, in: Wind/Schimana/Wallerius, Öffentliches Dienstrecht, 3. Auflage, 1991, 10. Abschnitt 3.2.1.1 (2) S. 191.

### *3. Erneute Berufung*

Der Grundsatz Rehabilitation und Weiterverwendung statt Versorgung hat nicht nur Bedeutung für die Frage der Dienstunfähigkeit. Mit dem Dienstrechtsreformgesetz vom 24. Februar 1997[1190] hat der Gesetzgeber diesen Grundsatz auch für diejenigen Beamten festgeschrieben, die bereits wegen Dienstunfähigkeit in den Ruhestand getreten sind.

#### *a. Verpflichtung zur Folgeleistung einer erneuten Berufung*

Nach § 45 Abs. 1 BBG beziehungsweise den entsprechenden landesrechtlichen Vorschriften[1191] ist ein in den Ruhestand versetzter Beamter, solange er das 63. Lebensjahr noch nicht vollendet hat, verpflichtet, einer erneuten Berufung in das Beamtenverhältnis Folge zu leisten, wenn ihm im Dienstbereich seines früheren Dienstherrn ein Amt übertragen werden soll, das seiner früheren oder einer anderen Laufbahn angehört sowie mit mindestens demselben Endgrundgehalt wie das bisherige Amt ausgestattet ist (Stellenzulagen gelten dabei nicht als Teil des Grundgehalts), und wenn zu erwarten ist, daß der Beamte den gesundheitlichen Anforderungen des neuen Amtes genügt.

Wenn für den Beamten eine anderweitige Verwendung nicht möglich ist und ihm die Wahrnehmung einer neuen Aufgabe unter Berücksichtigung seiner früheren Tätigkeit zuzumuten ist, kann dem wegen Dienstunfähigkeit in den Ruhestand getretenen Beamten zur Beendigung des Versorgungsfalles auch eine geringerwertige Tätigkeit innerhalb einer Laufbahngruppe übertragen werden.

Auch hier ist darauf hinzuweisen, daß wegen der Beeinträchtigung des grundsätzlich bestehenden Rechts auf amtsangemessene Tätigkeit an die Zumutbarkeit der zu übertragenden geringerwertigen Tätigkeit zum Schutze des Beamten hohe Anforderungen zu stellen sind[1192]. Hat der Beamte das 55. Lebensjahr vollendet, bestimmen die durch das Dienstrechtsreformgesetz geänderten beamtenrechtlichen Vorschriften, daß nach Ablauf von fünf Jahren seit Beginn des Ruhestandes eine erneute Berufung nur mit Zustimmung des Beamten zulässig ist. Kommt ein wegen Dienstunfähigkeit in den Ruhestand versetzter Beamter einer erneuten Berufung in das aktive Beamtenverhältnis nicht nach, so verliert er, wenn er auf die Folgen seines Verhaltens schriftlich hingewiesen wurde, nach § 60 BeamtenVG für diese Zeit seine Ansprüche auf Versorgungsleistungen.

---

1190 BGBl. 1997 Teil I S. 322.
1191 Vgl. zum Beispiel § 48 Abs. 1 LBG NW.
1192 Battis, Bundesbeamtengesetz, 2. Auflage, 1997, § 42 Rd. 10.

*b. Anspruch auf Wiedereinstellung*

Neben der erneuten Berufung durch den Dienstherrn kann eine erneute Berufung auch auf Veranlassung des wegen Dienstunfähigkeit in den Ruhestand getretenen Beamten erfolgen. Dem Antrag des wieder dienstfähig gewordenen Beamten ist nach § 45 Abs. 2 BBG beziehungsweise den entsprechenden landesrechtlichen Vorschriften[1193] nachzukommen, wenn zwingende dienstliche Gründe nicht entgegenstehen und der Antrag vor Ablauf von fünf Jahren seit Beginn des Ruhestandes gestellt wird. Diese Frist soll sicherstellen, daß ein durch längere Untätigkeit dem Dienstbetrieb entfremdeter Ruhestandsbeamter nicht erneut eingestellt wird[1194].

Zwingende dienstliche Gründe, die der erneuten Berufung entgegenstehen, können sich aus unterschiedlichen Sachverhalten ergeben. Beispielsweise sind hier der Mangel an Planstellen sowie Behördenabbau und Einstellungssperre, also haushaltsrechtliche und personalwirtschaftliche Gründe, aber auch in der Person liegende Gründe wie mangelnde Eignung[1195] oder kurz bevorstehendes Erreichen der Altersgrenze[1196] zu nennen.

*c. Mitwirkungspflicht bei der erneuten Berufung*

Die Vorschriften über die erneute Berufung sehen übereinstimmend vor, daß der wegen Dienstunfähigkeit in den Ruhestand getretene Beamte verpflichtet ist, sich zur Nachprüfung der Dienstunfähigkeit amtsärztlich untersuchen zu lassen. Die Untersuchungspflicht gilt dabei sowohl für Fälle der erneuten Berufung auf Veranlassung des Dienstherrn als auch für diejenigen Fälle, in denen der Beamte die erneute Berufung begehrt[1197].

## VI. Rückforderung überzahlter Versorgungsbezüge

Die Rückforderung von Versorgungsbezügen ist in §§ 52 BeamtenVG, 87 BBG beziehungsweise den entsprechenden Vorschriften des jeweiligen Landesrechts geregelt. Dabei behandelt § 52 BeamtenVG jedoch ausdrücklich nur die materiellrechtlichen Voraussetzungen der Rückforderung. Eine ausdrückliche Ermäch-

1193 Vgl. zum Beispiel § 48 Abs. 2 LBG NW.
1194 Battis, Bundesbeamtengesetz, 2. Auflage, 1997, § 45 Rd. 3.
1195 VGH Kassel, ZBR 1961, 248; OVG Münster, ZBR 1967, 367 (369).
1196 VGH Mannheim, ZBR 1974, 66.
1197 Vgl. Korn, in: Korn/Tadday, Das Beamtenrecht in Nordrhein-Westfalen, Stand Mai 1999, § 48 Anm. 3.

tigung, daß ein Rückforderungsanspruch durch Verwaltungsakt geltend gemacht werden darf, enthält § 52 BeamtenVG nicht.

### *1. Verwaltungsaktbefugnis aus den allgemeinen Rückforderungsvorschriften*

Nach § 49a Abs. 1 S. 2 VwVfG beziehungsweise nach den entsprechenden Vorschriften der Verwaltungsverfahrensgesetze der Länder sind bei Aufhebung eines Verwaltungsaktes die aufgrund des aufgehobenen Verwaltungsaktes erbrachten Leistungen zur Rückforderung festzusetzen. Ergibt sich mithin die Rückforderung aus der Aufhebung eines Verwaltungsaktes, so bestehen im Hinblick auf die Verwaltungsaktbefugnis der rückfordernden Behörde keine Bedenken[1198].

### *2. Verwaltungsaktbefugnis kraft Gewohnheitsrecht*

Liegt der Rückforderung demgegenüber nicht die Aufhebung eines Verwaltungsaktes zugrunde[1199], ist fraglich, ob eine Verwaltungsaktbefugnis der Behörde besteht.

#### *a. Ablehnung der Verwaltungsaktbefugnis kraft Gewohnheitsrecht*

Nach einer Ansicht bedarf die Handlungsform des Verwaltungsaktes stets einer gesetzlichen Grundlage[1200]. Danach verstößt der Erlaß von Leistungsbescheiden ohne gesetzliche Regelung gegen das aus Art. 20 Abs. 3 GG folgende Prinzip vom Vorbehalt des Gesetzes[1201]. Nach dieser Meinung ist ein Rückforderungsbescheid insoweit bereits wegen fehlender Befugnis zum Erlaß eines Verwaltungsaktes rechtswidrig.

---

1198 Vgl. Schütz, Beamtenversorgungsgesetz, 1980, § 52 Rd. 8.

1199 Etwa bei bloßen Überzahlungen, Rechenfehlern, die lediglich zu berichtigen sind, Fehlüberweisungen.

1200 Vgl. OVG Lüneburg, NVwZ 1989, 880 (881); Achterberg, Allgemeines Verwaltungsrecht, 2. Auflage, 1986, § 21 Rd. 81, 85; Erichsen, in: Erichsen/Martens, Allgemeines Verwaltungsrecht, 11. Auflage, 1998, § 30 III Rd. 29.

1201 OVG Lüneburg, NVwZ 1989, 880 (881); Erichsen, in: Erichsen/Martens, Allgemeines Verwaltungsrecht, 11. Auflage, 1998, § 29 IV Rd. 31.

*b. Annahme der Verwaltungsaktbefugnis kraft Gewohnheitsrecht*

Nach der Rechtsprechung und einem weiteren Teil der Literatur ist die zuständige Behörde auch ohne ausdrückliche Ermächtigung befugt, Zahlungsansprüche gegen einen Beamten durch Leistungsbescheid geltend zu machen[1202]. Danach sind in hoheitlichen Über- und Unterordnungsverhältnissen, zu denen das Beamtenverhältnis gehört, die Behörden grundsätzlich zum Erlaß von Verwaltungsakten befugt, wobei dieser Grundsatz als gewohnheitsrechtlicher Rechtssatz angesehen wird, der dem Prinzip vom Vorbehalt des Gesetzes genügt[1203].

*c. Stellungnahme*

Einigkeit besteht zunächst darin, daß die Handlungsform des Verwaltungsaktes dem Vorbehalt des Gesetzes aus Art. 20 Abs. 3 GG unterfällt. Gegen eine gewohnheitsrechtliche Verwaltungsaktbefugnis könnte sprechen, daß die Behörde einen Streit in eigener Sache durch Verwaltungsakt entscheiden dürfte, was aber typischerweise dem Aufgabenbereich eines unbeteiligten Dritten beziehungsweise Richters unterfällt[1204]. Dagegen läßt sich jedoch anführen, daß beamtenrechtliche Verhältnisse seit jeher durch Verwaltungsakt geregelt werden. Unter anderem werden zum Beispiel auch Besoldung und Versorgung, Ernennung, Beförderung, Versetzung und Entlassung durch Verwaltungsakt festgesetzt, was aus der öffentlich-rechtlichen Rechtsnatur des Beamtenverhältnisses folgt, in dem der Dienstherr dem Beamten hoheitlich übergeordnet ist[1205].

Dieses Über- und Unterordnungsverhältnis führt im Rahmen des Besoldungs- und Versorgungsrechts dazu, daß die Bezüge zwischen dem Dienstherrn und dem Beamten nicht ausgehandelt werden. Vielmehr wird die Höhe der Bezüge entweder unmittelbar durch Gesetz oder aufgrund gesetzlicher Ermächtigung durch gebundenen oder auf Ermessensausübung beruhenden Verwaltungsakt des Dienstherrn bestimmt[1206]. Damit spricht die Tatsache, daß die Behörde hier einen Streit

---

1202 Vgl. BVerwGE 18, 283 (285f.); 19, 243 (245); 21, 270 (271); 28, 1 (2); 71, 354 (357); Kopp, VwVfG, 6. Auflage, 1996, § 35 Rd. 2 m.w.N.; Maurer, Allgemeines Verwaltungsrecht, 12. Auflage, 1999, § 10 Rd. 5, 7; Schnellenbach, Beamtenrecht in der Praxis, 4. Auflage, 1998, Rd. 564; Ule, Beamtenrecht, 1970, § 53 Rd. 15; Witthohn, Gewohnheitsrecht als Eingriffsermächtigung, 1997, S. 49ff, 55f., 154f.

1203 Vgl. Ule, Beamtenrecht, 1970, § 53 Rd. 15; Kopp, VwVfG, 6. Auflage, 1996, § 35 Rd. 2.

1204 Vgl. Achterberg, Allgemeines Verwaltungsrecht, 2. Auflage, 1986, § 21 Rd. 85.

1205 BVerwGE 19, 243 (246); 28, 1 (4).

1206 BVerwGE 28, 1 (4).

in eigener Sache entscheidet, nicht gegen eine Verwaltungsaktbefugnis der Behörde im Rahmen von Zahlungsansprüchen gegen den Beamten.

Gegen die Befugnis der Behörde, Leistungsansprüche gegen Beamte durch Verwaltungsakt geltend zu machen, könnte aber sprechen, daß der Beamte bei Annahme der Verwaltungsaktbefugnis in eine nachteiligere Stellung gedrängt werden könnte; insbesondere ist er, um die Bestandskraft des Verwaltungsaktes zu verhindern, zur Gegenwehr gezwungen[1207]. Zudem trägt er das Risiko der Fristversäumung und wird mit dem Prozeßrisiko belastet[1208].

Demgegenüber ist jedoch festzustellen, daß ein Vorgehen durch Verwaltungsakt für den betroffenen Beamten nicht nur Nachteile, sondern auch Vorteile mit sich bringt. Gemäß § 28 Abs. 1 VwVfG des Bundes und den entsprechenden landesrechtlichen Vorschriften muß der Beamte vor Erlaß eines Verwaltungsaktes angehört werden. Darüber hinaus ist der Bescheid nach § 39 VwVfG des Bundes und den entsprechenden landesrechtlichen Bestimmungen zu begründen.

Dafür, daß neben der Bewilligung der Versorgungsbezüge auch die Festsetzung der Rückforderung im Wege des Verwaltungsaktes möglich ist, spricht auch die Regelung des § 52 Abs. 2 S. 3 BeamtenVG. Hiernach ist es dem Dienstherrn einseitig möglich, von einer Rückforderung abzusehen. Hieraus ergibt sich aber, daß der Gesetzgeber gerade von der Möglichkeit der Geltendmachung des Rückzahlungsanspruchs bezüglich überzahlter Versorgungsbezüge durch Verwaltungsakt ausgegangen ist. Damit kann der Grundsatz, daß der Dienstherr auch ohne ausdrückliche Ermächtigung befugt ist, Zahlungsansprüche durch Leistungsbescheid geltend zu machen, zumindest bezüglich der Rückforderung überzahlter Versorgungsbezüge als gewohnheitsrechtlicher Rechtssatz angesehen werden, der dem Prinzip vom Vorbehalt des Gesetzes genügt.

### *3. Rückforderung gegen die Erben*

Ist der Beamte verstorben, so sind die Erstattungsansprüche gegen die Erben zu richten. Allerdings ist hier eine Geltendmachung durch Verwaltungsakt nicht möglich, da die Erben gegenüber der rückfordernden Behörde nicht in einem Verhältnis hoheitlicher Über- beziehungsweise Unterordnung stehen[1209]. Eine

---

1207 OVG Lüneburg, NVwZ 1989, 880 (881).

1208 OVG Lüneburg, NVwZ 1989, 880 (881).

1209 BVerwGE 21, 270 (271); BVerwG, NJW 1977, 1838 (1839); OVG Münster, NJW 1985, 2438; VGH München, NJW 1990, 933; BGH, NJW 1978, 1385; a.A.: Bethge, NJW 1978, 1801; Haueisen, NJW 1975, 2070; Kopp / Schenke, Verwaltungsgerichtsordnung, 11. Auflage, 1998, § 40 Rd. 21.

dem § 118 Abs. 3 und 4 SGB VI entsprechende Regelung gibt es im Beamtenrecht nicht.

# H. Das Zusammentreffen anderer Leistungen mit Renten wegen verminderter Erwerbsfähigkeit

## I. Leistungen der gesetzlichen Rentenversicherung

Wird neben der Rente wegen der geminderten Erwerbsfähigkeit eine weitere Rente aus der gesetzlichen Rentenversicherung gezahlt, so bestimmt sich nach dem bislang geltenden Recht deren Verhältnis nach §§ 89 bis 92 SGB VI. Tritt neben die Rente wegen geminderter Berufsfähigkeit eine Leistung der gesetzlichen Unfallversicherung, so dürfen die Leistungen den nach § 93 SGB VI zu bestimmenden Grenzbetrag nicht übersteigen.

Nach § 94 Abs. 1 SGB VI erfolgen keine Rentenleistungen wegen verminderter Erwerbsfähigkeit, wenn aus einem Beschäftigungsverhältnis, das vor Rentenbeginn aufgenommen wurde, noch ein Arbeitseinkommen erzielt wird, ohne daß dabei die Tätigkeit selbst ausgeübt wird. Entsprechendes gilt nach § 94 Abs. 2 SGB VI bei dem Bezug von Vorruhestandsgeld. Nach § 95 SGB VI wird auf eine Rente wegen verminderter Erwerbsfähigkeit das für denselben Zeitraum geleistete Arbeitslosengeld angerechnet. Die Anrechnung von Versorgungsbezügen oder einer Berufsunfähigkeitsrente von einem berufsständischen Versorgungswerk ist dagegen nicht vorgesehen[1210].

## II. Leistungen berufsständischer Versorgungswerke

Für das berufsständische Versorgungswesen gilt der Grundsatz, daß für die Zahlung einer Rente durch das Versorgungswerk die Leistungen anderer Versicherungsträger nicht angerechnet werden[1211]. Die Berufsunfähigkeitsrente wird damit auch dann in voller Höhe gezahlt, wenn Rentenleistungen aus der gesetzlichen Rentenversicherung oder Versorgungsleistungen auf Grund beamtenrechtlicher Vorschriften erbracht werden.

---

1210 Schmidt-Lafleur, in: Berufsunfähigkeit in der berufsständischen Versorgung, 1995, S. 78.

1211 Schmidt-Lafleur, in: Berufsunfähigkeit in der berufsständischen Versorgung, 1995, S. 78.

## III. Versorgungsleistungen nach den beamtenrechtlichen Vorschriften

Das Zusammentreffen von Versorgungsbezügen wegen Dienstunfähigkeit mit anderen Versorgungsbezügen ist in § 54 BeamtenVG geregelt. Die Versorgungsbezüge dürfen insgesamt die nach § 54 Abs. 2 BeamtenVG zu bestimmenden Höchstgrenzen nicht übersteigen. Treffen Versorgungsbezüge mit anderen Renten zusammen, so werden Versorgungsbezüge wegen Dienstunfähigkeit nur bis zum Erreichen der nach § 55 Abs. 2 BeamtenVG zu bestimmenden Höchstgrenze gezahlt.

Ob unter den Rentenbegriff des § 55 Abs. 1 BeamtenVG neben den Renten aus der gesetzlichen Rentenversicherung und den Rentenleistungen bei zusätzlicher Alters- und Hinterbliebenenversorgung des öffentlichen Dienstes auch die Leistungen berufsständischer Versorgungseinrichtungen fielen, war zunächst nicht abschließend geklärt. Dabei führte eine unterschiedliche Auslegung in der Vergangenheit zu einer unterschiedlichen Praxis[1212]. Nunmehr stellt das Beamtenversorgungsgesetz ausdrücklich klar, daß auch Leistungen einer berufsständischen Versorgungseinrichtung der Anrechnung unterliegen.

---

1212 Vgl. hierzu Schmidt-Lafleur, in: Berufsunfähigkeit in der berufsständischen Versorgung, 1995, S. 81.

# J. Zusammenfassung

1. Die Entwicklung der Renten- und Pensionsgewährung wegen Erwerbsminderung im öffentlichen Recht ist nicht gleichförmig verlaufen. Verschiedene wirtschaftliche und soziale Ausgangssituationen haben dazu geführt, daß hier ein einheitliches, alle Bereiche umfassendes Absicherungssystem besteht und heute zwischen den Bereichen der gesetzlichen Rentenversicherung, den berufsständischen Versorgungswerken und der Beamtenversorgung zu unterscheiden ist. Diese Entwicklung ist allein historisch zu begründen.

2. Die Rente wegen Erwerbsminderung soll den durch die gesundheitlich bedingte Aufgabe des Berufes entstehenden Einnahmeverlust ausgleichen. Ihr kommt damit in erster Linie Lohnersatzfunktion zu.

3. Kaum ein anderer Bereich wurde durch die Rechtsprechung so geprägt wie der der Berufs- und Erwerbsunfähigkeit in der gesetzlichen Rentenversicherung.

4. Anknüpfend an die Lohnersatzfunktion der Berufs- und Erwerbsunfähigkeitsrente ist nach der Auffassung des Bundessozialgerichts die Frage, welche Tätigkeiten bei gesundheitsbedingten Leistungseinschränkungen noch ausgeübt werden können, nicht allein nach abstrakten Gesichtspunkten zu klären, sondern anhand einer konkreten Betrachtungsweise zu beantworten.

a. Berufs- und Erwerbsunfähigkeit liegen nach der konkreten Betrachtungsweise bei nicht vollschichtig einsatzfähigen Versicherten – d.h. bei solchen Versicherten, die nicht etwa acht Stunden täglich ihrer Erwerbstätigkeit nachgehen können – auch dann vor, wenn sie zwar bei abstrakter Betrachtung noch regelmäßig erwerbstätig sein können und mehr als nur geringfügige Erwerbseinkünfte erzielen können, ihnen aber infolge des Gesundheitszustandes und der dadurch bewirkten Herabsetzung der Erwerbsfähigkeit der Arbeitsmarkt praktisch verschlossen ist und ihnen so eine weitere lohnbringende Verwertung ihrer restlichen Erwerbsfähigkeit faktisch nicht möglich ist.

b. In der sozialen Wirklichkeit führt der Mangel an geeigneten Arbeitsplätzen oftmals dazu, daß auch derjenige, der zwar nicht mehr vollschichtig arbeiten kann, aber dennoch über ein Restleistungsvermögen verfügt, vollständig aus dem Erwerbsleben ausscheidet. Die konkrete Betrachtungsweise bewirkt damit die Umkehrung des gesetzlich verankerten Grundsatzes Rehabilitation vor Rente. Dieser Grundsatz besagt, daß kranke und behinderte Menschen vorrangig in das tägliche Arbeitsleben zu integrieren sind. Der Grundsatz Rehabilitation vor Rente ist durchgängig im gesamten Sozialrecht verankert.

aa. Nach der Lehre Degenharts kann einfaches Gesetzesrecht Verfassungsrang erlangen, wenn es das Verfassungsrecht wesentlich ausgestaltet und prägt. Dies ist insbesondere im Sozialrecht der Fall. Folgt man diesem Ansatz, resultiert aus der Umkehrung des gesetzlich festgeschriebenen Grundsatzes Rehabilitation vor Rente ein Verfassungsverstoß.

bb. Das Erstarken einfachen Gesetzesrechts zu Verfassungsrecht ist abzulehnen, da rein materielle Rangunterschiede ohne formelle Rangunterschiede nicht denkbar sind. Dies ergibt sich schon daraus, daß eine sichere Abgrenzung nicht möglich wäre. Die einzelnen Grenzen würden vielmehr fließend ineinander übergehen, was zu einer Auflösung der bestehenden Normenpyramide führen würde.

c. Die Rechtsprechung des Bundessozialgerichts zur konkreten Betrachtungsweise trägt den verfassungsrechtlichen Vorgaben hinreichend Rechnung. Gleichwohl ist das generelle Abstellen auf die Arbeitsmarktsituation für unter vollschichtig arbeitsfähige Versicherte systemwidrig, da es – ohne daß dies sachlich geboten wäre – zu einer Übertragung des Arbeitsmarkt- und Konjunkturrisikos auf die gesetzliche Rentenversicherung führt. In der Sache selbst begründet die Berücksichtigung der Arbeitsmarktlage regelmäßig ein Durchschlagen der Rente wegen Berufsunfähigkeit in eine Rente wegen Erwerbsunfähigkeit, so daß selbst geringfügige Leistungseinschränkungen zu einer Rente wegen voller Erwerbsunfähigkeit führen können. Die erheblichen finanziellen Aufwendungen für die Rentenversicherungsträger liegen dabei auf der Hand.

5. Neben der konkreten Betrachtungsweise wird die Frage der Berufsunfähigkeit entscheidend durch das vom Bundessozialgericht entwickelte Mehrstufenschema, das dem Berufsschutz Rechnung trägt, geprägt. Ausgehend vom bisherigen Beruf des Versicherten und seiner Qualität in der Arbeitswelt werden mit Hilfe des Mehrstufenschemas die dem Versicherten zumutbaren Verweisungstätigkeiten bestimmt. Die Verweisungstätigkeiten im Rahmen der Rente wegen Berufsunfähigkeit sind diejenigen Tätigkeiten, deren Ausübung dem Versicherten vor dem Hintergrund seiner Erkrankung sowie seiner Ausbildung und beruflichen Qualifikation zugemutet werden können.

a. Ansatzpunkt der Rechtsprechung für die Einordnung der bisher ausgeübten Tätigkeit in das Mehrstufenschema ist die tarifvertragliche Einordnung der Beschäftigung. Zwar geht von der tarifvertraglichen Einordnung durchaus in der Regel eine nicht zu leugnende Indizwirkung aus. Der tarifvertraglichen Einordnung darf jedoch über die Indizwirkung hinaus keine Bindungswirkung zukommen. Dies ist zum einen in der Sache selbst begründet. Die tarifliche Einordnung sagt nicht zwingend etwas über die Qualität der Arbeitsleistung aus. Hier können durchaus noch andere Erwägungen, wie beispielsweise der Mangel an Arbeitskräften in einem bestimmten Bereich, eine Rolle spielen. Zum anderen kann die tarifvertragliche Einstufung die Gerichte grundsätzlich nicht von einer eigenen Bewertung freistellen.

b. Auch im übrigen ist das Mehrstufenschema verfassungsgemäß. Dem steht nicht entgegen, daß innerhalb des Mehrstufenschemas kein durchgängiger Berufsschutz gewährt wird. Zwar können Versicherte, die eine Tätigkeit ausüben, die einer der oberen Stufen zugerechnet wird, nur eingeschränkt verwiesen werden, während ungelernte Arbeitnehmer auf den gesamten Arbeitsmarkt verweisbar sind. Dies findet jedoch eine ausreichende Rechtfertigung im Beitrags- und Versicherungssystem, da die Mitglieder einer höheren Stufe regelmäßig zuvor auch höhere Versicherungsbeiträge erbracht haben.

6. Anders als die Berufsunfähigkeitsrente besteht im Rahmen der Erwerbsunfähigkeitsrente keine Beschränkung der Verweisbarkeit auf zumutbare Arbeiten. Damit ist bei der Gewährung einer Rente wegen Erwerbsunfähigkeit grundsätzlich zu überprüfen, ob der Versicherte noch irgendwelche Tätigkeiten auf dem allgemeinen Arbeitsmarkt ausüben kann.

Während auch hier der Arbeitsmarktsituation für unter vollschichtig einsatzfähige Arbeitnehmer Rechnung zu tragen ist, ist die Frage nach dem sozialen Abstieg ohne Belang.

7. Gerade die Rechtsprechung des Bundessozialgerichts hat zu einer stetigen Ausweitung des Kreises der Leistungsberechtigten geführt. Diese Entwicklung wurde zudem in der Vergangenheit auch von der politischen Zielsetzung unterstützt, durch frühzeitige Verrentung den Arbeitsmarkt zu entlasten. Schließlich hat dies zu einem enormen Kostenanstieg bei den Rentenversicherungsträgern geführt. Diese Entwicklung wurde letztendlich auch durch eine steigende Lebenserwartung unterstützt, während auf der anderen Seite die Zahl der beitragszahlenden Versicherten durch die Bevölkerungsentwicklung und die Entwicklung auf dem Arbeitsmarkt ständig zurückgegangen ist.

a. Der Kostendruck läßt im Bereich der gesetzlichen Rentenversicherung den Ruf nach Reformen laut werden. In diesem Bereich bedeuten Reformen nichts anderes als bloße Leistungseinschränkungen, so daß die Reformbemühungen zum Teil auch schlicht als Sozialabbau bezeichnet werden.

b. Einzelfragen der Reform sind bis heute offen. Die mit dem Rentenreformgesetz 1999 in Gang gebrachte Reform ist zunächst zum Teil wieder ausgesetzt worden und soll überarbeitet werden. Ansatzpunkt der Reform ist ein abgestuftes, einheitliches Modell der Erwerbsminderungsrente. Verkürzt bedeutet dies, daß künftig nicht zwischen Berufs- und Erwerbsunfähigkeit zu unterscheiden ist. Zur Abgrenzung der Risikoverteilung zwischen gesetzlicher Rentenversicherung und Arbeitslosenversicherung soll im Rahmen der Rentenversicherung nur Versicherungsschutz für die Beeinträchtigungen gewährt werden, die durch gesundheitliche Schäden hervorgerufen wurden. Die konkrete Betrachtungsweise soll ebenso wie das Mehrstufenschema aufgegeben werden. Damit wird der berechtigten Kritik zu der bisherigen Handhabung Rechnung getragen.

8. Die für die gesetzliche Rentenversicherung von der Rechtsprechung entwickelten Grundsätze sind auf die berufsständischen Versorgungswerke nicht übertragbar. Die Berufsunfähigkeit ist für die berufsständischen Versorgungswerke eigenständig geregelt. Diese Regelungen sind mit der Normierung der Berufsunfähigkeit in der gesetlichen Rentenversicherung nicht deckungsgleich.

Während in der gesetzlichen Rentenversicherung der Kreis der Verweisungsberufe wesentlich weiter gezogen ist, wird im Rahmen der berufsständischen Versorgung Berufsschutz für den der Mitgliedschaft zugrunde liegenden Beruf umfassend gewährt. Wartezeiten sind hier in der Regel nicht vorgesehen. Auch eine konkrete Betrachtungsweise ist hier nicht geboten, zumal sich die Versorgungswerke allein aus den Beiträgen der Mitglieder finanzieren. Eine Übernahme des Arbeitsmarktrisikos wäre hier nicht gerechtfertigt. Soweit eine Rentengewährung die vollständige Aufgabe der beruflichen Tätigkeit verlangt, ist dies nur dann verfassungsgemäß, wenn die Aufgabe der beruflichen Tätigkeit zeitgleich mit der Rentengewährung verlangt wird und die Rente auf Dauer gewährt wird.

9. Zu den hergebrachten Grundsätzen des Berufsbeamtentums gehört die Alimentationspflicht, die nicht nur die Besoldung des Beamten, sondern auch eine angemessene Versorgung für den Versorgungsfall umfaßt. Allerdings sind auch hier in der Vergangenheit zahlreiche Leistungseinschränkungen zu verzeichnen. Das Dienstrechtsreformgesetz vom 24. Februar 1997 hat den Grundsatz Rehabilitation vor Versorgung weiter verstärkt, während der Bereich der Dienstunfähigkeit eingeschränkt wurde. Zur Vermeidung des vorzeitigen Ruhestandes ist auch die Übertragung eines anderen Amtes grundsätzlich zulässig. Beschränkt ist diese jedoch durch das Recht des Beamten auf eine amtsangemessene Tätigkeit, so daß an die Zumutbarkeit der Übertragung einer anderweitigen Beschäftigung hohe Anforderungen zu stellen sind.

In welchen Grenzen eine Umschulungsverpflichtung des Beamten besteht, ist bislang nicht abschließend geklärt. Da in jedem Einzelfall eine umfassende Interessen- und Güterabwägung vorzunehmen ist, muß man aber eine generelle Verpflichtung zur Teilnahme an einem Vorbereitungsdienst sowie zur Ablegung einer Laufbahnprüfung ablehnen. Die Verfestigung des Grundsatzes Rehabilitation vor Versorgung wirkt sich auch für denjenigen Beamten aus, der bereits wegen Dienstunfähigkeit in den Ruhestand getreten ist. Auch hier ist grundsätzlich eine erneute Berufung zulässig. Kommt der Beamte der erneuten Berufung in das aktive Beamtenverhältnis nicht nach, so kann er hierdurch seine Ansprüche auf Versorgungsleistungen für den Zeitraum der erneuten Berufung verlieren.

c. Gleichwohl sind im Rahmen der Neuregelung auch die Interessen des Betroffenen in ausreichendem Maße zu berücksichtigen. Für den Einzelnen können dabei die Auswirkungen u.U. sogar von existentieller Natur sein, da es hier gerade um den Fall geht, daß der Betroffene in seiner Möglichkeit beeinträchtigt ist, seinen Lebensunterhalt durch Arbeitsleistung sicherzustellen. Es gilt hier zu berücksichtigen, daß demjenigen, der auf den Bestand der bisherigen Gesetzesregelung vertraut hat, jedenfalls dann eine hinreichende Absicherung gewährt wird, wenn ihm der Aufbau einer eigenen Vorsorge nicht mehr möglich ist. Das Erfordernis einer langfristigen Übergangsregelung ist dabei insbesondere auch durch den von Art. 14 GG gewährten Eigentumsschutz angezeigt, dem auch der Bereich der Berufs- und Erwerbsunfähigkeitsrente unterfällt.

# Literaturverzeichnis


Achterberg, Norbert, Allgemeines Verwaltungsrecht, 2. Aufl., Heidelberg 1986.

Adami, Manfred, Neue Rechtsprechung zur Berufs- und Erwerbsunfähigkeit Teil 1, SozVers 1989, 64ff.

–, Neue Rechtsprechung zur Berufs- und Erwerbsunfähigkeit Teil 2, SozVers 1989, 90ff.

Adolf, Hartmut/Durner, Heinz, Gesetz zur Reform des öffentlichen Dienstrechts, Bonn 1997.

Baltes, Joachim/Rogowski, Alfons, Sozialrecht, Köln 1986.

Bank, Hans-Peter/Brachmann, Wolfgang/Kreikebohm, Ralf/Schmidt, Wolfgang, Rentenreform 1992 (Rentenreformgesetz 1992), Stuttgart 1990.

Battis, Ulrich, Bundesbeamtengesetz, Kommentar, 2. Aufl., München 1997.

Bauer, Erwin, in: Stegmüller/Schmalhofer/Bauer (Hrsg.), Beamtenversorgungsgesetz, Kommentar, Loseblattsammlung, §§ 1 bis 5, 14 bis 15a, 30 bis 48, Hauptband I (§§ 1 bis 48), München, Berlin, Stand: März 1999.

Beck, Gerhard, in: Plog/Wiedow/Beck (Hrsg.), Kommentar zum Bundesbeamtengesetz mit Beamtenversorgungsgesetz, Loseblattsammlung, Neuwied, Darmstadt, Stand: 1996.

Behn, Michael, „Selbständige Erwerbstätigkeit" und Anspruch auf Erwerbs- beziehungsweise Berufsunfähigkeitsrente, NZA 1970, 175ff.

Bergner, Ludwig, Berufs- und Erwerbsunfähigkeit, DRV 1976, 141ff.

Bertuleit, Achim, Das 2. SGB VI-Änderungsgesetz – Neuabgrenzung zwischen berufsständischer Versorgung und Rentenversicherung sowie Neuregelung bei den Erwerbsminderungsrenten, NZS 1996, 107ff.

Bialas, Rolf/Jung, Michael, in: Berufsunfähigkeit in der berufsständischen Versorgung, Arbeitsgemeinschaft berufsständischer Versorgungseinrichtungen e.V. (Hrsg.), Köln 1995.

Bley, Helmer, Die Unzumutbarkeit der Verweisbarkeitsgrenze – Dargestellt am Tatbestand der Berufsunfähigkeit unter besonderer Berücksichtigung der Rechtsprechung, SGb 1980, 274.

Bley, Helmer/Kreikebohm, Ralf, Sozialrecht, 7. Aufl., Neuwied, Kriftel, Berlin 1993.

Boecken, Winfried, Die Pflichtversorgung der verkammerten freien Berufe und der Bundesgesetzgeber, Schriften zum Sozial- und Arbeitsrecht, Band 80, Berlin 1986.

Brand, Jürgen, in: Niesel, Klaus (Hrsg.), Sozialgesetzbuch SGB III, Arbeitsförderung, Kommentar, München 1998.

Breuer, Rolf, in: Berufsunfähigkeit in der berufsständischen Versorgung, Arbeitsgemeinschaft berufsständischer Versorgungseinrichtungen e.V. (Hrsg.), Köln 1995.

Bunge, Thomas, Künstlerversicherung – ein Streit ohne Ende?, JZ 1981, 119ff.

Burger, Werner, Tarifliche Einstufung, soziales Ansehen, gesellschaftliche Stellung der Arbeitnehmer aus der Sicht der Sozialgerichtsbarkeit, VSSR 1975, 46ff.

–, Die zumutbare Verweisungstätigkeit als praktikabler Rechtsbegriff bei der Prüfung der Berufsunfähigkeit, SGb 1977, 273ff.

Conze, Werner, in: Deutsche Verwaltungsgeschichte, Band 2, Vom Reichsdeputationshauptbeschluß bis zur Auflösung des Deutschen Bundes, hrsg. von Kurt G.A. Jeserich, Hans Pohl, Georg-Christoph v. Unruh, Stuttgart 1983.

Degenhart, Christoph, Systemgerechtigkeit und Selbstbindung des Gesetzgebers als Verfassungspostulat, Diss., München 1976.

Deneke, J.F.Volrad, Zur Alters- und Hinterbliebenenvorsorge, in: Der Mensch im sozioökonomischen Prozeß, Festschrift für Wilfried Schreiber, Berlin 1969, S. 325ff.

Dersch, Hermann, Das neue Angestellten-Versicherungsgesetz nebst allen Ausführungsbestimmungen, Mannheim, Berlin, Leipzig 1926.

Detterbeck, Steffen, Grundfragen der Aufrechnung im Verwaltungsprozeß, DÖV 1996, 889ff.

Dürr, Hansjochen, Beamtenrecht, 2. Aufl., Münster 1995.

Eichenhofer, Eberhard, Sozialrecht, 2. Aufl., Tübingen 1997.

Eicher, Hans/Haase, Winfried/Rauschenbach, Fritz, Die Rentenversicherung der Arbeiter und der Angestellten, 6. Aufl., München 1978.

Elsner, Werner/Pelikan, Wolfgang, in: Rehabilitationsangleichungsgesetz, Sozialgesetzbuch, Besonderer Teil, Band 2, Kommentar, Köln 1977.

Erichsen, Hans-Uwe, in: Erichsen/Martens, Allgemeines Verwaltungsrecht, 11. Aufl., Berlin, New York 1998.

Erlenkämper, Arnold, in: Erlenkämper/Fichte (Hrsg.), Sozialrecht, 3. Aufl., Köln 1996.

–, Soziale Sicherheit und soziale Leistungen, Köln, Berlin, Bonn, München, 1993.

–, Verschlossener Arbeitsmarkt auch für erheblich erwerbsgeminderte Langzeitarbeitslose, die noch vollschichtig arbeiten können?, ZfS 1992, 4ff.

–, Nochmals: Verschlossener Arbeitsmarkt für erheblich Erwerbsgeminderte, die noch vollschichtig arbeiten können?, NZS 1994, 259ff.

–, Nochmals: Verschlossener Arbeitsmarkt auch für erwerbsgeminderte Versicherte, die noch vollschichtig arbeiten können?, DRV 1992, 39ff.

Fichte, Wolfgang, in: Erlenkämper/Fichte (Hrsg.), Sozialrecht, 3. Aufl., Köln 1996.

Fürstenberg, Horst, Die Alterssicherung der freien Berufe, Diss., Berlin 1961.

Genzke, Jürgen, Vorläufige Rechnungsergebnisse des Jahres 1998 und mittelfristige Modellrechnungen über die finanzielle Entwicklung in der gesetzlichen Rentenversicherung, DAngVers 1999, 163ff.

Gitter, Wolfgang, Sozialrecht, 4. Aufl., München 1996.

Gleitze, Wilfried, Reformüberlegungen zur Kompensation teilweiser Leistungsminderung im sozialrechtlichen Schadensausgleich, in: Ebsen, Ingwer (Hrsg.), Invalidität und Arbeitsmarkt, Baden-Baden 1992, S. 339 ff.

Göring, Hans, Bundessozialgerichts-Rechtsprechung und Ausbildungsberufe, SozVers 1989, 117ff.

Grandi, Werner, Die rentenrechtlichen Zeiten und die Wartezeit, in: Handbuch der gesetzlichen Rentenversicherung, Festschrift aus Anlaß des 100jährigen Bestehens der gesetzlichen Rentenversicherung, hrsg. von: Ruland, Franz, Neuwied, Frankfurt a.M. 1990, S. 645ff.

Hahn, Dierck, Die öffentlich-rechtliche Alterssicherung der verkammerten freien Berufe, Berlin 1974.

Haneberg, Eva, Aktueller gesetzgeberischer Handlungsbedarf bei den Renten wegen verminderter Erwerbsfähigkeit, DRV 1995, 327ff.

Haueisen, Fritz, Anmerkung zum Urteil des LG Krefeld vom 03.07.1975, NJW 1975, 2069, NJW 1975, 2070.

Heide, Dirk von der, Die Neuordnung der Erwerbsminderungsrenten, Betriebliche Altersversorgung 1998, 285ff.

Heilemann, Uwe, Berufliche Rehabilitation und Rente wegen verminderter Erwerbsfähigkeit, SGb 1997, 464ff.

Heller, Bernd, Entwurf zum Rentenreformgesetz 1999, DAngVers 1997, 489ff.

Henke, Norbert, in: Bochumer Kommentar zum Sozialgesetzbuch, Allgemeiner Teil, Berlin, New York 1979.

Hennies, Günter, in: Berliner Kommentar zum Renten-Reformgesetz 1992 – Die Rentenversicherung im Sozialgesetzbuch, Band 4, Loseblattsammlung, Stand: Januar 1999.

–, in: Berliner Kommentar zum Renten-Reformgesetz 1992 – Die Rentenversicherung im Sozialgesetzbuch, Band 5, Loseblattsammlung, Stand: Januar 1999.

Henning, Hansjoachim, in: Deutsche Verwaltungsgeschichte, Band 3: Das Deutsche Reich bis Ende der Monarchie, § 4 Aufbau der Sozialverwaltung, hrsg.

von Kurt G.A. Jeserich, Hans Pohl, Georg-Christoph v. Unruh, Stuttgart 1984.
Hilfer, Willi, Das System sozialer Absicherung in der Bundesrepublik Deutschland, Diss., Marburg 1981.
Jarass, Hans D., in: Jarass/Pieroth, Grundgesetz für die Bundesrepublik Deutschland, Kommentar, 4. Aufl., München 1997.
Jörg, Michael, in: Kreikebohm, Jörg (Hrsg.), Sozialgesetzbuch SGB VI, – Gesetzliche Rentenversicherung –, Kommentar, München 1997.
Kamprad, Peter, Die Rente wegen Erwerbsunfähigkeit als soziale Absicherung für ältere langzeitarbeitslose Versicherte, Teil I, SGb 1993, 413ff.
–, Die Rente wegen Erwerbsunfähigkeit als soziale Absicherung für ältere langzeitarbeitslose Versicherte, Teil II, SGb 1993, 462ff.
–, in: Hauck, Sozialgesetzbuch SGB VI, – Gesetzliche Rentenversicherung –, Kommentar, Loseblattsammlung, Berlin, Stand: 01. März 1999.
–, Reform der Erwerbsminderungsrenten (insbesondere im RRG 1999), SGb 1997, 403ff.
–, Der Zugang älterer langzeitarbeitsloser Versicherter zur Rente wegen Erwerbsunfähigkeit, DRV 1992, 583.
Kannengießer, Walter, Ausgaben kürzen und verlagern, Deutsches Ärzteblatt 1999, A1813.
Kapischke, Annemarie/Schultz, Jürgen, Bedeutung der tariflichen Einstufung für die Berufsunfähigkeitsrente, BB 1993, 2527ff.
Keßler, Herbert, Vorschlag des Deutschen Richterbundes zur Neuregelung der Renten wegen Berufsunfähigkeit in der gesetzlichen Rentenversicherung, SGb 1977, 515ff.
Kilger, Hartmut, in: ABV-Materialien, Die Berufsunfähigkeit in der berufsständischen Versorgung, Köln 1995.
Kinzel, Dirk, Leistungsgewährung im Ausland, DAngVers 1984, 343ff.
Kleis, Karl-Heinz, Der Begriff der Berufsunfähigkeit in der Neuregelung der Rentenversicherung, Diss., Saarbrücken 1964.
Köbl, Ursula, in: Schulin, Bertram (Hrsg.), Handbuch des Sozialversicherungsrechts, Band 3, Rentenversicherungsrecht, München 1999.
–, Kodifikation – nicht nur bei Gelegenheit dringlicher Sachreform, in: Verfassung, Theorie und Praxis des Sozialstaats, Festschrift für Hans F. Zacher, Heidelberg 1998, S. 389ff.
–, Rente vor Rehabilitation?, VSSR 1979, 1ff.
Koch, Friedrich v., in: Schulin, Bertram (Hrsg.), Handbuch des Sozialversicherungsrechts, Band 3, Rentenversicherungsrecht, München 1999.
Kolb, Rudolf, Zukunftsprobleme in der gesetzlichen Rentenversicherung, DRV 1991, 1ff.

–, Risikoabgrenzung und Nahtlosigkeit zwischen Arbeitslosen- und Rentenversicherung, DRV 1980, 246ff.
–, Der zumutbare Verweisungsberuf in der gesetzlichen Rentenversicherung, in: Festschrift für Georg Wannagat, Köln, Berlin, Bonn, München 1981, S. 223ff..
König, Helmut, Zu einer Reform der Berufs- und Erwerbsunfähigkeitsrenten, DRV 1997, 177ff.
–, Zur Auslegung der Nr. 15 des Anhangs VI Abschnitt C der EWG-Verordnung 1408/71, SozVers 1985, 230ff.
Kopp, Ferdinand O., Verwaltungsverfahrensgesetz, Kommentar, 6. Aufl., München, 1996.
–, Anmerkung zu BSG SGb 1985, 246, SGb 1985, 248f.
Kopp, Ferdinand O./Schenke, Wolf-Rüdiger, Verwaltungsgerichtsordnung, Kommentar, 11. Aufl., München 1998.
Korn, Herbert, in: Korn/Tadday (Hrsg.), Das Beamtenrecht in Nordrhein-Westfalen, Loseblattsammlung, Siegburg, Stand: Mai 1999.
Kreikebohm, Ralf, in: Schulin, Bertram (Hrsg.), Handbuch des Sozialversicherungsrechts, Band 3, Rentenversicherungsrecht, München 1998.
–, in: Kreikebohm, Sozialgesetzbuch, Gesetzliche Rentenversicherung – SGB VI –, Kommentar, München 1997.
Kreil, J., Die Arbeits- und Erwerbsunfähigkeit in der deutschen Sozialversicherung, Stuttgart 1935.
Kreßel, Eckhard/Wollenschläger, Michael, Leitfaden zum Sozialversicherungsrecht, 2. Aufl., Neuwied, Kriftel, Berlin 1996.
Kuhberg, Winrich, in: Berufsunfähigkeit in der berufsständischen Versorgung, Arbeitsgemeinschaft berufsständischer Versorgungseinrichtungen e.V. (Hrsg.), Köln 1995.
Kühne, Hansdieter, Die Rechtsprechung des Großen Senats des Bundessozialgerichts zur Teilerwerbsunfähigkeit, BB 1977, 1608ff.
Kunz, Jürgen/Kunz, Petra, Freie Mitarbeiter als Freiberufler im Fokus der Sozialversicherungsträger, DB 1999, 583ff.
Kuschel, Walter, Gründe und Grenzgründe einer Sonderversicherung für Angestellte, ZfgV 1917, 538ff.
Lange, Peter, in: Handbuch des Fachanwalts – Sozialrecht –, 2. Aufl., hrsg. von Ulrich Hambüchen, Neuwied 1990.
Langenheim, Hermann, Grundsätze zur Berufs- und Erwerbsunfähigkeit in der gesetzlichen Rentenversicherung, DRV 1993, 493ff.
Leipold, Dieter, in: Stein/Jonas, Zivilprozeßordnung, 21. Aufl., Band 4, Teilband 1, §§ 300 – 347, Tübingen 1998.

Lemhöfer, Bernt, in: Plog/Wiedow/Beck (Hrsg.), Kommentar zum Bundesbeamtengesetz mit Beamtenversorgungsgesetz, Loseblattsammlung, Neuwied, Darmstadt, Stand: April 1996.

Lilge, Werner, Kritische Anmerkungen zur neuesten Rechtsprechung des 13. Senats des Bundessozialgerichts, SGb 1998, 195ff.

–, Berufsunfähigkeits/Erwerbsunfähigkeits-Rente ohne Pflichtbeitragszeiten (§ 240 SGB VI), SGb 1991, 340ff.

–, in: Gesamtkommentar Sozialversicherung SGB VI, Gesetzliche Rentenversicherung, Band 3b, Loseblattsammlung, Wiesbaden, Stand: Dezember 1995.

Löns, Martin, in: Kreikebohm, Jörg (Hrsg.), Sozialgesetzbuch SGB VI, – Gesetzliche Rentenversicherung –, Kommentar, München 1997.

Louven, Klaus, Die absichtliche Herbeiführung von Berufs- und Erwerbsunfähigkeit nach § 1277 Abs. 1 Satz 1 RVO, DRV 1982, 361ff.

Maier, Kurt, Rente wegen Erwerbsunfähigkeit an arbeitslose, erwerbsgeminderte, aber noch vollschichtig einsatzfähige Versicherte?, SGb 1994, 453ff.

–, Rente an 50-jährige arbeitslose erwerbsgeminderte Versicherte, die noch vollschichtig arbeiten können?, Bemerkungen zum Urteil des LSG Niedersachsen vom 25. November 1992, SozVers 1993, 114ff.

–, Stop weiterer Rechtsfortbildung in Richtung „Arbeitsmarktrente“ durch die Rechtsprechung, SGb 1998, 1ff.

Majerski, Monika, Das Verhältnis von Rehabilitation und Rente im Leistungsbereich der gesetzlichen Rentenversicherung, Diss., Berlin 1982.

Marburger, Horst, Änderungen bei den Renten wegen verminderter Erwerbsfähigkeit, BB 1996, 1498ff.

Marotzke, Wolfgang, in: J. von Staudingers Kommentar zum Bürgerlichen Gesetzbuch mit Einführungsgesetz und Nebengesetzen, Fünftes Buch, Erbrecht, §§ 1922 - 1966, 13. Aufl., Berlin 1994.

Maurer, Hartmut, Allgemeines Verwaltungsrecht, 12. Aufl., München 1999.

May, Artur, Beurteilung der Berufsunfähigkeit - Tat- und Rechtsfragen –, SGb 1994, 359ff.

–, in: Wannagat Sozialgesetzbuch, Kommentar zum Recht des Sozialgesetzbuches, Gesetzliche Rentenversicherung, Loseblattsammlung, Köln, Berlin, Bonn, München, Stand: August 1997.

Maydell, Bernd Baron v., in: Gemeinschaftskommentar zum Sozialgesetzbuch, Gesetzliche Krankenversicherung, Band 2, Loseblattsammlung, Neuwied, Kriftel, Berlin 1992, Stand: Juni 1997.

–, Hat die gesetzliche Rentenversicherung noch eine Zukunft? Zu den Vorschlägen der Kommission „Fortentwicklung der Rentenversicherung“ vom 27.1.1997, NJW 1997, 850ff.

Mette, Rüdiger, in: Schulin, Bertram (Hrsg.), Handbuch des Sozialversicherungsrechts, Band 3, Rentenversicherungsrecht, München 1999.
Meyer, Wolfgang, in: Gemeinschaftskommentar zum Sozialgesetzbuch, Gesetzliche Rentenversicherung, Band 3, Loseblattsammlung, Neuwied, Kriftel, Berlin 1992, Stand: Juni 1997.
Mogwitz, Hansjörg, in: Berufsunfähigkeit in der berufsständischen Versorgung, Arbeitsgemeinschaft berufsständischer Versorgungseinrichtungen e.V. (Hrsg.), Köln 1995.
Mrozynski, Peter, Rehabilitationsrecht, 3. Aufl., München 1992.
Münchener Rechts-Lexikon, Band 3, R-Z, München 1987.
Neumann, Volker, Konsolidierungsmaßnahmen im Rentenversicherungsrecht contra Grundrechtsschutz, DRV 1999, 393ff.
Niemeyer, Werner, Die Rentenreform 1999, NZS 1998, 103ff.
Niesel, Klaus, in: Kasseler Kommentar zum Sozialversicherungsrecht, Loseblattsammlung, Band 1, SGB I, IV, V, VI ( §§ 1-124), 2. Aufl., München, Stand: Dezember 1998.
–, in: Kasseler Kommentar zum Sozialversicherungsrecht, Loseblattsammlung, Band 2, SGB VI, VII, IX, X, RVO, 2. Aufl., München, Stand: Dezember 1998.
Nitsche, Michael, Die Geschichte des Leistungs- und Beitragsrechts der gesetzlichen Rentenversicherung von 1889 bis zum Beginn der Rentenreform, Diss., Frankfurt a.M., Bern, New York 1986.
Oberfeld, Hans-Christoph, Berufsschutz und tarifvertragliche Einstufung, SGb 1985, 309ff.
Offczors, Günter, Abschied von der gesetzlichen Invaliditätssicherung – Überlegungen zu den Vorschlägen der Rentenreformkommission und der derzeitigen Rechtspraxis, SGb 1997, 293ff.
Ossenbühl, Fritz, Vom unbestimmten Rechtsbegriff zur letztverbindlichen Verwaltungsentscheidung, DVBl 1974, 309ff.
Ost, Wolfgang/Mohr, Gerhard/Estelmann, Martin, Grundzüge des Sozialrechts, 2. Aufl., München 1998.
Ottmüller, Eva, Verschlossener Arbeitsmarkt auch für erwerbsgeminderte Versicherte, die noch vollschichtig arbeiten können?, DRV 1991, 509ff.
Peine, Franz-Joseph, Systemgerechtigkeit, Studien und Materialien der Verfassungsgerichtsbarkeit, Band 27, Baden-Baden 1985.
–, Allgemeines Verwaltungsrecht, 4. Aufl., Heidelberg 1998.
Pelikan, Wolfgang, Rentenversicherung SGB VI, 9. Aufl., München 1998.
–, in: Rehabilitationsangleichungsgesetz, Sozialgesetzbuch Besonderer Teil, Band 2, Kommentar, Köln 1977.

Peters, Horst, Handbuch der Krankenversicherung, Teil II, Band 1, Zweites Buch der Reichsversicherungsordnung, 18. Aufl., Loseblattsammlung, Stuttgart, Berlin, Köln, Mainz, Stand: 31.1.1987.

Peters-Lange, Susanne, Begutachtungsprobleme im Verfahren der Berufs- oder Erwerbsunfähigkeitsrenten, NZS 1994, 207ff.

Ploetz, Karl, Hauptdaten der Weltgeschichte, 29. Aufl., Würzburg 1983.

Pohl, Hans, Wirtschaft und Gesellschaft 1871 bis 1918, in: Deutsche Verwaltungsgeschichte, Band 3: Das Deutsche Reich bis Ende der Monarchie, hrsg. von Kurt G.A. Jeserich, Hans Pohl, Georg-Christoph v. Unruh, Stuttgart 1984.

Press, Volker, Calvinismus und Territorialstaat, Stuttgart 1970.

Presse- und Informationsamt der Bundesregierung, Sozialpolitische Umschau Nr. 294, Berlin, 30 August 1999.

Rauscher, Bruno, Rechtsfortbildung durch Richterrecht in den Rentenversicherungen der Arbeiter und der Angestellten, in: Festgabe aus Anlaß des 100jährigen Bestehens der sozialgerichtlichen Rechtsprechung, Köln, Berlin, Bonn, München 1984.

Roller, Hartmut, Tendenzwende in der Bearbeitung von Rentenbegehren, SGb 1977, 280ff.

Roth, Helmut, Die kommunalen öffentlichen Einrichtungen, Diss., Frankfurt a.M., Berlin, Bern, New York, Paris, Wien 1998.

Rüfner, Wolfgang, Einführung in das Sozialrecht, 2. Aufl., München 1991.

Ruland, Franz, Berufsunfähigkeit eines Berufsfußballspielers, Besprechung von BSG, Urteil v. 25.4.1989 -4 RA 67/88 –, JuS 1990, 676ff.

–, Deutsches und europäisches Rentenversicherungsrecht, DRV 1990, 709ff.

–, in: Handelsblatt vom 19.11.1997, S. 4

–, Rentenversicherung, in: v.Maydell/Ruland (Hrsg.), Sozialrechtshandbuch, 2. Aufl., München 1996.

–, Das neue Rentenversicherungsrecht des SGB VI, NJW 1992, 1ff.

Saam, Gerhard, in: Berufsunfähigkeit in der berufsständischen Versorgung, Arbeitsgemeinschaft berufsständischer Versorgungseinrichtungen e.V. (Hrsg.), Köln 1995.

Schickedanz, Erich, Keine Erwerbsunfähigkeitsrente für Selbständige?, SozVers 1986, 266ff.

Schmidt, Wolfgang, in: Kreikebohm (Hrsg.), Sozialgesetzbuch, Gesetzliche Rentenversicherung, – SGB VI –, Kommentar, München 1997.

Schmidt-Lafleur, Volker, in: Berufsunfähigkeit in der berufsständischen Versorgung, Arbeitsgemeinschaft berufsständischer Versorgungseinrichtungen e.V. (Hrsg.), Köln 1995.

Schmidt-Preuß, Matthias, Verminderte Erwerbsfähigkeit und verschlossener Arbeitsmarkt, – Zur rentenrechtlichen Problematik bei vollschichtiger Tätigkeit –, SGb 1992, 431ff.
Schmitt, Jochem, in: Wannagat (Hrsg.), Sozialgesetzbuch, Kommentar zum gesamten Recht des Sozialgesetzbuches, Loseblattsammlung, Ordner 1, SGB I, Allgemeiner Teil, Köln, Berlin, Bonn, München, Stand: August 1997.
–, in: Wannagat (Hrsg.), Sozialgesetzbuch, Kommentar zum gesamten Recht des Sozialgesetzbuches, Loseblattsammlung, Ordner 2, Köln, Berlin, Bonn, München, Stand: August 1997.
–, Gesetzliche Unfallversicherung, SGB VII, Kommentar, München 1998.
Schmitt-Lermann, Hans, Hundert Jahre Bayerische Versicherungskammer, in: Die Bayerische Versicherungskammer in Vergangenheit und Gegenwart, 3. Aufl., München 1975.
Schnellenbach, Helmut, Beamtenrecht in der Praxis, 4. Aufl., München 1998.
Scholz, Rupert, in: Maunz-Dürig (Hrsg.), Kommentar zum Grundgesetz, Loseblattsammlung, Band II, §§ 12a – 37 GG, München, Stand: Juni 1998.
Schroeder-Printzen, Günther, Sozialgesetzbuch, Verwaltungsverfahren SGB X, Kommentar, 3. Aufl., München 1996.
Schultes, Manfred, Zur Feststellung der Berufsunfähigkeit in der Rentenversicherung nach der einschlägigen Rechtsprechung des Bundessozialgerichts, SGb 1997, 555ff.
Schulz-Weidner, Wolfgang, Reform der Renten wegen verminderter Erwerbsfähigkeit, I. Teil, SGb 1996, 305ff.
Schütz, Erwin, Beamtenversorgungsgesetz, Kommentar, Heidelberg, Hamburg 1980.
Schwerdtfeger, Gunther, Öffentliches Recht in der Fallbearbeitung, 10. Aufl., München 1997.
Seidel, Ehrentraud, „Die gesicherten Risiken“, in: Handbuch der gesetzlichen Rentenversicherung, Festschrift aus Anlaß des 100jährigen Bestehens der gesetzlichen Rentenversicherung, hrsg. v. Ruland, Franz, Neuwied, Frankfurt a.M. 1990.
–, Reformüberlegungen zur Neuordnung der Renten wegen verminderter Erwerbsfähigkeit, DRV 1997, 110ff.
Spiolek, Ursula, Benennungspflicht bei Verweisbarkeit auf den allgemeinen Arbeitsmarkt, NZS 1997, 415ff.
Standfest, Erich, Zur aktuellen Lage der Rentenversicherung, DRV 1997, 385ff.
Statistisches Bundesamt, Statistisches Jahrbuch 1997 für die Bundesrepublik Deutschland, Wiesbaden 1997.
–, Statistisches Jahrbuch 1998 für die Bundesrepublik Deutschland, Wiesbaden 1998.

Steffen, Achim, Selbstverwaltung in der Sozialversicherung, Köln 1973.

Stelkens, Paul/Bonk, Heinz Joachim/Sachs, Michael: Verwaltungsverfahrensgesetz, Kommentar, 5. Aufl., München 1998.

Stern, Klaus, Das Staatsrecht der Bundesrepublik Deutschland, Band I, 2. Aufl., München 1984.

Tannen, Karl-Heinz, Anmerkung zu BSG, 5b Senat, Urteil vom 29. Oktober 1985, – 5b / 1 RJ 14 /84 –, DRV 1986, 533f.

Tennstedt, Florian, Berufsunfähigkeit im Sozialrecht, Frankfurt a.M. 1972.

Terdenge, Franz, in: Hauck (Hrsg.), Sozialgesetzbuch SGB VI, Gesetzliche Rentenversicherung, Kommentar, 2. Band, Loseblattsammlung, Berlin, Stand: 1. März 1999.

Thieler, Heinz-Siegmund, Sozialrecht, 2. Aufl., Köln, Berlin, Bonn, München 1987.

Timmer, M., Are the Dutch Disablement Acts beyond legal and administrative control?, in: Ebsen, Ingwer (Hrsg)., Invalidität und Arbeitsmarkt, Baden-Baden 1992, S. 158ff.

Ule, Carl Hermann, Beamtenrecht, Köln, Berlin, Bonn, München 1970.

Vogt, Gerhard, Ärztliche Selbstverwaltung im Wandel, Köln 1998.

Wallerius, Peter, Öffentliches Dienstrecht, in: Wind/Schimana/Wallerius (Hrsg.), Köln, Stuttgart, Berlin, Hannover, Kiel, Mainz, München 1991.

Wertenbruch, Wilhelm, Schwerpunkte der Eingliederung Behinderter, in: Festschrift für Kurt Brackmann, Grundlagen der Sozialversicherung, St. Augustin 1977, S. 201ff.

–, in: Bochumer Kommentar zum Sozialgesetzbuch, Allgemeiner Teil, Berlin, New York 1979.

Wiegand, Dietrich, „Vollschichtig“ erwerbsfähig – keine Rente?, SozSich 1979, 48ff..

–, Der „bisherige Beruf“ des Wanderarbeitnehmers in der EWG, SozVers 1984, 147ff.

–, Der offene Arbeitsmarkt für Ganztagsbeschäftigungen, SozSich 1978, 13ff.

Wiese, Walter, Beamtenrecht, 3. Aufl., Köln, Berlin, Bonn, München 1988.

Wiesner, Siegfried, in: Schroeder-Printzen (Hrsg.), Sozialgesetzbuch SGB X, Verwaltungsverfahren, Kommentar, 3. Aufl., München 1996.

Wilde, Klaus/Schimmelpfennig-Schulte, Ruth, Das Mehrstufenschema der Berufsunfähigkeitsrente – Zum aktuellen Stand der Rechtsprechung, NZA 1989, 93ff.

Willoweit, Dietmar, in: Deutsche Verwaltungsgeschichte, Band 1, Vom Spätmittelalter bis zum Ende des Reiches, § 5 Die Entwicklung und Verwaltung der spätmittelalterlichen Landesherrschaft, Stuttgart 1983.

Wind, Ferdinand, Öffentliches Dienstrecht, in: Wind/Schimana/Wallerius (Hrsg.), 3. Aufl., Köln, Stuttgart, Berlin, Hannover, Kiel, Mainz, München 1991.

Witthohn, Hauke, Gewohnheitsrecht als Eingriffsermächtigung, Baden-Baden 1997.

Wolff, Ingeborg, Zur Verschlossenheit des Arbeitsmarktes bei vollschichtiger Einsatzfähigkeit, DRV 1980, 238ff.

Wolff, Hans J./Bachof, Otto/Stober, Rolf, Verwaltungsrecht I, 10. Aufl., München 1994.

Zimmermann, Theo, Die Feststellung der Versicherungsfälle Berufs- beziehungsweise Erwerbsunfähigkeit – Wissenschaft oder Lotterie?, DRV 1992, 217ff.

Zweng, Johann/Scheerer, Reinhard/Buschmann, Gerhard, Handbuch der gesetzlichen Rentenversicherung, 2. Aufl., Loseblattsammlung, Band 2, Stuttgart, Berlin, Köln, Mainz, Stand: September 1986.

**Schriften zum deutschen und europäischen öffentlichen Recht**

Herausgegeben von Prof. Dr. Steffen Detterbeck

Band 1 Henry Roth: Berufs- und Erwerbsunfähigkeit. Renten- und Versorgungsansprüche geltendem und reformiertem Recht. 2000.